科学、规范、实用

随书赠送人力资源管理表格光盘

企业人力资源管理制度制订规范与最新实用范例全书

施 新 编著

QIYE RENLIZIYUAN

为企业人力资源管理人员量身打造
从几百家企业搜集的最新实用例文以供借鉴

● 制订程序 ● 常用结构 ● 基本内容 ● 最新例文

● 可现查现用，稍加改动，即可成文

中国纺织出版社

内 容 提 要

《企业人力资源管理制度制订规范与最新实用范例全书》一书按照企业人力资源管理的实际需要，系统介绍了企业人力资源综合管理制度、企业员工聘任制度、企业教育技能培训制度、企业员工岗位职责制度、企业员工行为规范制度、企业员工薪酬管理制度、企业员工考评奖惩制度的制订规范，涵盖了全部企业人力资源管理制度内容，又从几百家企业搜集了最新实用例文以供借鉴，可为企业制定人力资源管理制度提供具体实际的帮助。本书是企业人力资源管理人员必备的工具书。

图书在版编目（CIP）数据

企业人力资源管理制度制订规范与最新实用范例全书／施新编著．—北京：中国纺织出版社，2011.8

ISBN 978-7-5064-7587-7

Ⅰ．①企…　Ⅱ．①施…　Ⅲ．①人力资源管理—企业管理制度　Ⅳ．①F272.92

中国版本图书馆CIP数据核字（2011）第110907号

策划编辑：姜　冰　　责任编辑：王雷鸣　　责任印制：陈　涛

中国纺织出版社出版发行
地址：北京东直门南大街6号　邮政编码：100027
邮购电话：010—64168110　传真：010—64168231
http：//www. c-textilep.com
E-mail：faxing @ c-textilep.com
北京云浩印刷有限责任公司印刷　各地新华书店经销
2011年8月第1版第1次印刷
开本：710 × 1000　1/16　印张：26
字数：444千字　定价：49.80元（附赠光盘）

前　言

在世上的一切资源中，人力资源是第一宝贵的。虽然“人力资源”这一概念是由现代管理学之父彼德·德鲁克在其1954年出版的《管理的实践》中提出并加以明确界定，但这只是人们所知道的一个方面。其实，作为社会主义经济建设的实践者，对这个问题的认识要比资本主义经济学家认识得还早。1949年9月16日新中国成立前夕，毛泽东在《唯心历史观的破产》一文中就指出：“世间一切事务中，人是最可宝贵的。在共产党领导下，只要有了人，什么人间奇迹也可以造出来。”这是中国共产党人对人力资源的最早认识。

20世纪80年代以来，人力资源管理理论不断成熟，并在实践中得到进一步发展，为企业所广泛接受。进入20世纪90年代，人力资源管理理论不断发展、成熟。人们更多地探讨人力资源管理如何为企业的战略服务，以及人力资源部门的角色如何向企业管理的战略合作伙伴关系转变。战略人力资源管理理论的提出和发展，标志着现代人力资源管理的新阶段。从一定意义上说，当今人力资源管理已成为现代管理的核心。

人力资源管理泛指企业的一系列人力资源政策以及相应的管理活动。这些活动主要包括企业人力资源战略的制订，通过招聘、甄选、培训及开发，绩效管理，薪酬管理，员工流动管理，员工关系管理，员工安全与健康管理等形式对组织内外相关人力资源进行有效运用，满足组织当前及未来发展的需要，保证组织目标实现与成员发展的最大化。即企业运用现代管理方法，对人力资源的获取（选人）、开发（育人）、保持（留人）以及利用（用人）等方面，进行的计划、组织、指挥、控制及协调等一系列活动，最终达到实现企业发展目标的一种管理行为。

21世纪是全球化、市场化、信息化的世纪，是知识主宰的世纪。在新经济条件下，企业人力资源管理必然要发生相应的变化。因此，不断提高人力资源开发与管理的水平，不仅是当前发展经济、提高市场竞争力的需要，也是一个国家、一个民族、一个地区、一个单位长期兴旺发达的重要保证。

企业人力资源管理的最有效方式还是通过制度的功能和作用。为了给企业提供一本可供参考的人力资源管理制度范本，编写了本书。

本书的主要内容及其特点。

1. 内容的代表性。本书共分九章，三十节。其中，前八章，十八节选择了七大类、一百零五个企业人力资源管理制度的经典范文作为例文。包括人力资源综合管理、员工聘任、教育技能培训、员工岗位职责、员工行为规范、员工薪酬管理以及员工考评奖惩七个方面，基本上涵盖了企业的基本人力资源管理制度。

2. 体例的实践性。本书从第二章开始，每章安排两节，第一节从企业人力资源管理制度的基本概念和基本特点入手，重点介绍了企业人力资源管理制度的基本内容、基本格式及基本要求。目的在于引导读者在全面了解企业人力资源管理制度的含义、任务及特点的基础上，掌握其主要内容、写作格式及基本要求。第二节选择了一些企业使用的人力资源管理制度范文实例，目的是为企业提供可资借鉴的优秀例文。使读者在阅读完第一节，对企业人力资源管理制度有了一定的理性认识之后，再达到一个感性认识的飞跃。

3. 例文的实用性。在企业人力资源管理制度例文的选择上，一是全部来源于企业已经运用，且已经被企业人力资源管理实践证明是有效的制度例文；二是这些企业人力资源管理制度没有追求大而全，而是力求少而精；三是重点选择了一些企业人力资源管理亟待解决的实际问题和写作的制度。

由于时间和水平有限，因此本书的缺点和错误在所难免。借此机会，承望广大读者给予批评指正，更希望大家能够提供更好的企业人力资源管理制度例文，以使本书的内容更加完善。

编著者

2011 年 2 月 1 日

目　录

第一章　企业人力资源管理制度概论

第一节　企业及企业管理

一、企业的概念及特点

（一）企业的概念

在市场经济条件下，企业是从事生产、流通、服务等经济活动，以盈利为目的，以生产或服务满足社会需要，实行自主经营、独立核算、依法设立的经济组织，是社会经济生活中的基本经济单位。

企业主要指独立的盈利性组织，并可进一步分为公司和非公司企业，后者如合伙制企业、个人独资企业、个体工商户等。

（二）企业的特点

我国的企业具有以下基本特征。

1. **专业性**　根据《国民经济行业分类标准》，企业可以分为15个大类，62个中类，222个小类。比如，工业中分为重工业、轻工业。重工业又分为冶金、机械、化工等行业。化工还可分为几十种不同性质的企业。不同生产性质的企业之间千差万别，即使生产同一产品的企业，生产规模、工艺流程及管理水平也不一样。

2. **事务性**　企业是生产单位，不管是什么性质的企业，都有大量的事务，如生产经营方面的事务、企业管理方面的事务、行政管理方面的事务、经济技术协作方面的事务、涉外经营方面的事务以及经济纠纷方面的事务等。

3. **多元性**　企业是由领导、干部及工人所组成，或者说是企业管理人员、技术人员及生产工人组合的群体。企业的办事机构是企业管理人员、技术人员及生产工人相互联系的桥梁，在企业经营活动和生产过程中，发挥着组织管理企业经营活动和生产活动，处理各种事务和人际关系，以及反映员工提出的合理化建议等方面的作用。

4．多样性 如前所述，我国的企业不仅有专业的区别，还有多样性的特征，根据不同的划分形式，可以划分为许多种类。

（1）按投资人的出资方式和责任形式：可分为个人独资企业、合伙企业及公司制企业。

（2）按投资者的不同：可分为内资企业、外资企业以及港、澳、台商投资的企业。

（3）按所有制结构：可分为全民所有制企业、集体所有制企业及私营企业。

（4）按股东对公司负责任的不同：可分为无限责任公司、有限责任公司及股份有限公司。

（5）按信用等级的不同：可分为人合公司、资合公司及人合兼资合公司。

（6）按规模大小不同：可分为大型企业、中型企业及小型企业。

（7）按经济部门不同：可分为农业企业、工业企业及服务企业等。

二、企业管理的概念、特点及职能

（一）企业管理的概念

企业管理是管理学的一个分支，是指企业为实现预定目标而组织和使用人力、物力、财力等各种资源的过程。

（二）企业管理的特点

企业管理具有两种属性。

1．一般属性 一般属性指企业管理具有生产力属性。生产力属性使企业管理的作用，在于根据生产过程中分工协作的规律，来组织、指挥、协调企业活动有秩序地进行，从而实现一定的生产目的。因此，企业管理的重要意义在于合理地组织生产力各要素，使之最大效益地结合起来。也就是说，通过管理，使劳动力、劳动资料及劳动对象最大效益地结合起来，使劳动者之间很好地组织起来，使各种生产工具、机械设备及原材料很好地搭配起来。同时，还要协调“人、财、物”与“产、供、销”之间的辩证关系，达到最佳最优的结合，这是企业管理的基本任务和一般属性。

2．特殊属性 特殊属性指企业管理具有生产关系属性。生产关系属性使企业管理的作用，在于协调和处理社会生产过程中的人与人之间的辩证关系。这就是指协调和处理企业内部工人与工人之间的关系，工人与技术人员、管理人员之间的关系，还有领导与被领导之间的关系等；在企业外部，还有企业与企业之间、企业与国家之间的关系。企业外部这些关系，实际上也是人与人之间关系的扩大和延伸，其实质是经济责任与经济利益的关系。这些关系处理不好，就会影响各方面的积极性、主动性和创造性，也就影响了生产力的组织和协调。

（三）企业管理的职能

由于企业的性质和规模不同，企业管理的具体内容也不能相同，一般说来，大体上包括以下几个职能。

1．**决策与计划** 所谓决策是指对企业远期或近期的奋斗目标以及与实现此目标有关的一些重大问题所作出的选择和决定，如产品方向、生产规模、设备更新、技术引进以及企业体制改革等。这些问题解决不好，就会导致企业的发展变得盲目。随着市场经济的发展和完善，需要企业自主决策的内容会越来越多，因而企业管理中的决策职能显得更加重要。

有了正确的决策，还必须根据编制周密、详细的计划，指导企业的生产和经营活动，从而来实现决策所确定的目标。计划是企业管理的首要职能，忽视计划职能，必然会导致企业生产的盲目性。不管什么样性质和规模企业的生产活动，只有在计划的指导下，才能把企业各方面的工作有机地组织起来，协同工作，建立正常的生产秩序，从而有计划地实现企业的目标。

2．**组织与指挥** 所谓组织是指把生产过程的各个要素、各个环节以及各个方面，从劳动的分工和协作、上下左右的关系以及时间和空间的联系上，都能够合理地组织起来，形成一个有机的整体，使整个企业能够成为一部正常运作的“大机器”。在这部“大机器”中，包括人、物、环境等要素，尽可能地做到优化组合，从而最大限度地发挥它们的作用。从一定意义上说，组织水平的高低，直接决定着企业生产经营活动成果的大小。

指挥就是对企业的各级、各类人员的领导或调度。由于企业的生产经营活动十分复杂，并且环环相扣，因此必须要有高度集中的指挥。否则，企业这部“大机器”即使组织起来，也不能正常运转。由此可见，指挥和调度是保证企业生产经营活动顺利进行必不可少的条件。

3．**监督与控制** 监督与控制是企业在计划执行过程中，必须经常监督与控制计划的执行情况，把实际情况与原定的目标、计划、规章制度、标准作业相对比，找出差异，分析其原因，采取必要的对策，以推动生产经营的不断发展。监督与计划的关系非常密切，即监督要以计划为依据，而计划要靠监督来保证实现。

监督的职能要求建立合理的工作制度，特别是明确责任制，要有完整的定额或标准以及系统的检查和严格的考核，包括生产控制、质量控制、成本控制、库存控制及财务控制等。

监督与指挥不同，指挥是上级对下级的领导与指示，而监督是考核下级机构和人员完成任务情况是否认真负责，生产经营活动有无偏离经营的方针、方向，有无违反国家的方针政策和法律法规。这种监督，既包括对人的监督，也包括对企业的计划执行情况的监督检查。

4．调解与激励 在这里，调解也可称为协调，是指协调企业内部各单位、各部门的工作，协调各项生产经营活动，使他们能建立起良好的配合关系，且不发生重复或矛盾，从而有效地实现企业的目标。调解有纵向调解和横向调解，内部调节和外部调解。纵向调解是指上下级领导人员和职能部门之间活动的协调；横向调解是指同级各单位、各部门之间活动的协调；内部调节是指企业内部所进行的协调；外部调解则是指企业与其他单位进行的协调。作为调节工作，关键在于使全体员工对企业生产经营活动的目标、方针、决策、计划及规章制度等都能够清楚了解，树立全局观念，互相协作、支援，克服本位主义和自我封闭意识。

提高企业的管理水平，归根到底就是要充分调动人在生产经营活动中的积极性、主动性及创造性，这是企业管理中一项根本职能。要调动全体员工的主动性、积极性及创造性，就必须在坚持物质鼓励与精神激励的原则下，以人为本，在加强员工的思想政治工作基础上，充分关心、关怀、关注他们的物质利益和精神状态，使他们能够最大限度地发挥主人翁作用。

第二节　企业管理制度

一、企业管理制度的概念

什么叫制度？制度有狭义和广义两种解释。狭义的制度也称为规章制度或管理制度，它的一般含义是要求大家共同遵守的办事规程或行动准则。它是在一定历史条件下形成的管理体系。制，就是强力约束；度，就是强力约束的程度。广义的制度是指某一领域的制度体系，如大家通常所说的政治制度、经济制度、法律制度及文化制度等。

企业单位在行使管理职权，处理日常工作过程中，需要具有一定的规范的文书做辅助或保证。换句话说，企业单位开展工作的各种方法、措施，都需要靠管理制度进行规范、安排。因此，企业管理制度是企业为了自身的建设，在进行生产、流通及服务等一系列经营活动时，为保障经营活动的合法、有效进行，经过一定程序制作的，在生产运作、财务会计、人力资源等各方面进行规范管理及其相应的规范性文件，不仅是企业单位依法管理社会事务、经济事务以及进行公务活动的重要工具，还是企业管理的依据和保证。

二、企业管理制度的特点、分类及作用

（一）企业管理制度的特点

1．**管理性** 企业制度包括产权制度、运行制度及管理制度。其中，管理制度是企业进行基础管理不可替代的工具。制订管理制度的目的，是为了规范员工的行为，使企业内部各项活动行之有效地进行，从而提高企业的经济效益。企业为什么要用制度去管理？制度既是管理之法，又是管理的必经之路。企业发展到一定阶段后，必须有科学规范的管理制度作保障，因为它是改善企业管理现状，打造核心竞争力的根本。

企业管理是企业经营跨越、腾飞的基础，而企业制度是企业经营管理稳定、规范、持续、高效的保障。企业管理通过全体员工共同的价值观和行为的规范，使他们产生强烈的认同感、凝聚力，同时对企业的战略、策略可以形成良好的沟通环境和默契；企业制度通过强制力的保证，使员工在企业制订的规则里行事，并形成习惯，从而使企业的经营管理规范、高效。企业制度的相对稳定，又能确保其经营、管理策略的稳定、持续。

2．**实用性** 企业管理制度的制订目的是十分明确的，它主要是服务于企业管理、经营、生产、技术及销售等工作。换个角度说，企业把追求最大效益作为其经营活动的终极目的，而这一根本目的的实现，必须通过一定的经济和社会效益来完成，因此经济效益和社会效益是一切企业生产、经营活动的杠杆。作为反映企业管理生产、经营活动的企业管理制度，首先强调其目的性、实用性及可操作性，以为解决企业经营活动中的具体问题、实际问题而作。

3．**联系性** 一个企业的生产经营以至生存和发展，既受企业内部条件的限制，也受外部各种条件的制约。企业必须面对市场，开拓横向的、纵向的经济联系，以求与外界建立起一种长期稳定、不断发展的合作关系，才能使其周而复始的进行再生产运动，并且有稳定的信息来源、物质来源、资金来源、人才来源及技术来源等。然而，这就使企业管理制度成为处理本企业与上级主管部门、本企业与其他企事业单位等相互关系中，协调、联系的工具。

4．**针对性** 任何管理制度都是为了解决实际问题而制订的。但制订制度并

不是目的，而是一种手段。从内部作用来看，企业管理制度作为解决其产、供、销等经营活动和处理人、财、物等具体问题的内部公务时而制订使用的企业文书，要求一事对一文，具有鲜明、突出的针对性。

5．时效性　这可以从两方面来理解。一方面，在市场经济条件下，时间就是效率，时间就是金钱，已为企业所共识。为企业经营活动的顺利进行而制订的企业管理制度，讲究时效的特点十分突出。任何一项制度都有其时效性，并且必须强调执行的必要性，否则时过境迁，再好的制度就没有实行的意义了。另一方面，每一项制度还需要随着企业管理事务的变化而变化，否则也会失去实施的意义。

（二）企业管理制度的分类

企业管理制度具有广泛的范畴，包含许多概念和内容。

1．按企业管理制度职能的不同　企业管理制度大体上可以分为规章制度和责任制度。规章制度侧重于工作的内容、范围、程序及方式，如管理细则、行政管理制度、生产经营管理制度等。责任制度侧重于规范责任、职权、利益的界限及其相互之间的关系。一套科学完整的公司管理制度可以保证企业的正常运转和职工的合法利益不受侵害。

2．按企业管理制度内容的不同　企业管理制度可以划分为企业经营管理制度、企业党务管理制度、企业政务管理制度、企业工会管理制度、企业行政管理制度、企业事务管理制度、企业文秘管理制度、企业财务管理制度、企业人力资源管理制度以及企业总务管理制度等。

3．按企业管理制度对象的不同　每一类管理制度，都可以细化为多个方面。如企业人力资源管理制度就包括员工招聘、教育培训、劳动合同管理、工资管理、社会保险、福利待遇、工时休假、职工奖惩以及其他管理规定等。

对企业管理制度进行科学的划分，能够使企业在制订企业管理制度时，更加具有针对性、实践性、目的性、时效性及管理性。

（三）企业管理制度的作用

一个成功的企业必须制订一套健全而科学的管理制度。企业管理制度是企业为求得最大效益，在企业管理实践活动中指定的各种带有强制性义务，并能保障一定权利的各项规定或条例的实施方案。

1．有助于建立正常的生产经营秩序　企业是一个多因素、多层次、多系列、多结构的复杂综合体，要把这个综合体里的每一个成员的智慧和力量充分发挥并最优化地组织起来，并高质、高效地完成生产经营任务，就必须要有一整套管理制度，以使企业的一切工作和所有员工有章可循。实践证明，凡是这样做的企业，其各项工作就能够有序地进行。

2．有助于调动员工的积极性　对于企业来说，只有在它的每一位员工的积极性、主动性及创造性都得到充分地发挥，并形成一种集体合力时，这个企业才能搞得好。当企业建立起符合市场规律，符合现代管理原理，并能充分体现社会主义的道德观念和行为规范的管理制度时，就会使全体员工知道：应该做什么，不应该做什么；应该怎样做，不应该怎样做；以及明确自己的主要职责，所担负的职责对整个企业工作具有什么意义和作用。只有这样，才能把全体员工的工作积极性充分地调动起来，成为推动企业生产、经营不断前进的巨大动力。

3．有助于企业形成一流的企业文化　井然有序、蓬勃向上的员工队伍是办好企业的重要条件，也是一流企业的重要标志。企业管理制度的显著特点是具有实践性。企业管理制度一经制订，就要求所有员工按章办事，行为有所规范，并在日积月累、反复实践的过程中，形成一种良好的风气和优良的学习、工作习惯。先进企业的发展一刻也离不开企业管理制度的建设。有什么样的企业管理制度及其相应的实施效果，就有什么样的企业发展成效。企业管理制度的建设工作日益成为企业发展中的根本性问题，其中企业管理制度本身的规范化、有效性则属于根本中的根本。在企业管理制度的规范化建设，则是企业文化建设的重要组成部分。

4．有助于实现企业管理的现代化　实现企业管理的现代化，不仅要实现生产经营技术装备的现代化，还要实现人力资源管理的现代化。一个企业只有拥有一流的人才，才能有一流的计划、一流的组织以及一流的领导，也才能充分而有效地掌握和应用一流的现代化技术，创造出一流的产品。否则，如果企业不具备优秀的管理者和劳动者，那么即使企业的设备、技术再先进，也不能发挥作用。企业管理制度，通过对员工的培训、教育、管理等方面的规范，注重和加强对企业人力资源的开发和利用，从而成为提高企业劳动者的素质，实现企业管理现代化不可缺少的重要工具。

三、完善企业管理制度的意义

（一）健全制度是制度化管理的基础

一个建立现代管理制度的企业，从法人治理结构到经营运作，包括党群组织，都要建立一整套的规章制度，从企业的章程和议事规则、生产经营的运作和监督以及员工的行为规范等。制度建立以后，通过运作中的实践，可以得到不断完善。企业内部的管理制度缺一不可，如果缺失那一方面的制度，就会造成管理制度上的空缺，形成经营管理中议事无规则，一部分人就会钻无制度的空子而作出影响企业形象的行为，或者导致有损企业利益问题发生。

要健全制度，一方面要向制度的纵向深入，另一方面要向制度的横向拓展。纵向深入是指在制度的深度、广度、内涵上提升，横向拓展是指在制度与制度之间的制衡和关联上展开。只有在这两个方面上健全制度，才能涵盖企业管理的各个方面，企业的经营运作才能游刃有余，企业的制度化管理才能有坚实的基础。

（二）制度创新是制度化管理的活力

随着市场经济和现代企业制度的不断深化，企业机制的不断改革，企业管理制度也要与时俱进、不断创新，使制度不断得到强化和完善，以适应不断变化了的新形势，否则旧的制度只能阻碍企业的发展，而难以起到促进企业发展的积极作用。如何实现制度创新，就现阶段而言，首先要在管理制度中的权、责上进行创新，即在隐蔽的权力公开与公开的权力制衡上创新。比如，大宗物资的采购，要实行比价、阳光采购；企业的技术改造项目、基建项目，要实行招投标，防止暗箱操作和内部人为控制等问题；企业重大事项的决策，要实行民主决策等。同时，在责任、业绩的考核奖惩方面，要结合企业的实际，进行制度上的创新。其次，要在管理制度的有效性和可操作性上创新。有的制度在定性定量上比较模糊，或者随着时间推移，已不合事宜；有的制度涉及部门较多，主责部门、牵头部门不明确；还有的制度就制度的本身而言有一定的合理性，但在实践操作中难以实施。这样的制度就需要创新。最后，要在适应市场经济的快速反映上进行制度创新。面对瞬息万变的市场竞争形势，繁杂的管理制度会导致不能从速、从快地反映企业的决策，从而使企业失去了机遇，损害了企业的利益。

（三）规范制度是制度化建设的核心

制度首先应该是规范的，也就是说，只有规范的制度才能发挥制度的规范作用。从这个意义上说，规范制度是制度化建设的核心。怎样规范制度，应该从以下方面入手。

（1）在制订制度时要把握政策性和实效性，即使是阶段性的制度也要充分的体现这一点。要注重多一些标准，少一些概念；多一些定量，少一点定性。

（2）要保持制度的连续性。在修改、创新制度时，要注意保持制度的连续性。企业的管理制度在没有修订、创新之前，原有的制度仍要继续执行。要避免全盘否定原有制度的现象，否则，就容易导致制度上的复杂性和不连续性。

（3）要使制度符合本企业的实际。在制订制度时，既不能定得过高，又不能定得过低。只有这样，才能保证制度的最大功效。

第三节 企业人力资源管理制度

一、企业人力资源管理制度的概念

（一）企业人力资源管理的概念

企业人力资源就是企业进行生产经营活动所需要的劳动力。劳动力是生产力中最基本、最活跃的因素，但在不同的管理方式下，人力因素发挥的作用是不同的。其中的差别就在于如何进行人力资源管理。企业人力资源管理就是对企业人力因素进行一系列的组织和激励活动，使企业的人力与物力保持最佳的结合，充分发挥人的主观能动性，以促进企业不断地发展。

企业人力资源管理对象是企业的劳动者，它包括企业的管理人员、技术人员、工人及其他人员。由于这些人员从不同的角度参与企业生产经营活动，因而就存在人力与物力的最佳比例问题，存在着不同人员之间的最佳比例问题。这些问题，要求从数量上对企业的人力资源管理进行管理。这也可以说是对人的外在管理。但是，仅仅从数量上进行管理还不够，因为人是有思想和情感的，既需要物质生活，又需要精神生活。如何通过心理的激励，感情的交流和沟通以及物质生活与精神生活的满足与协调，来发挥每一个人的主观能动性；如何提高人的素质，使主观能动性发挥更大的作用。这一系列的问题，就是要求从质量上对企业人力资源进行管理，这也就是人们所说的对人的内在管理。人的外在管理和内在管理是相辅相成、相互联系的。企业的人力资源管理包含着这两方面的管理，缺一不可。

（二）企业人力资源管理制度的概念

企业人力资源管理制度是企业管理文书的重要组成部分。如前所述，人力资源管理是企业内部生产力管理的一个重要方面。一个企业若要完成既定的生产任务或经营目标，不仅需要具备一定的机器设备、原材料及服务设施，还需要一定数量的、经过培养和训练的劳动力，这样生产过程或经营过程才能得以顺利进行。企业人力资源管理需要通过一定手段来进行，企业人力资源管理制度就是实现企业人力资源管理的重要手段之一。

二、企业人力资源管理制度的作用

（一）企业人力资源管理制度有利于保证生产经营活动顺利进行

企业人力资源管理制度通过对劳动力的选择、培训、组织、责任、待遇等方面的规范，能够合理组织劳动力，不断协调劳动力之间、劳动力与生产资料以及劳动力与劳动对象之间的关系，以充分利用现有的生产资料和劳动力资源，使它们在生产经营活动过程中最大限度地发挥作用，并在空间上和时间上使劳动力、生产资料及劳动对象形成最优组合，从而保证生产经营活动有条不紊地进行。

（二）企业人力资源管理制度有利于调动劳动者的积极性，提高劳动生产率

企业管理中的人是有思想、有尊严、有感情的，这就决定了企业人力资源管理必须要以人为本，并千方百计地创造一个适合他们的劳动环境，使他们安于工作、乐于工作、主动工作、忠于工作，能够积极主动地把个人劳动潜力和全部智慧贡献出来，以为企业创造出更有效地生产经营成果。企业人力资源管理制度通过对企业员工的岗位职责、物质奖励、行为奖励以及管理等方面进行规范，能够正确处理企业员工个人与企业集体、社会三者之间的关系，使劳动者始终保持旺盛的工作热情，充分发挥自己的专长，努力学习技术和钻研业务，不断改进工作，从而达到提高劳动生产率的目的。

（三）企业人力资源管理制度有利于实现企业管理的现代化

实现企业管理的现代化，不仅要实现生产经营技术设备的现代化，更重要的是实现人才管理的现代化。一个企业只有拥有一流的人才，才会有一流的计划、一流的组织以及一流的领导，才能充分、有效地掌握和应用一流的现代化技术，从而创造出一流的产品。否则，如果企业不具备优秀的管理者和劳动者，那么即使其设备、技术再先进，也不能发挥作用。企业人力资源管理制度是提高劳动者的素质，实现企业管理现代化不可缺少的工具。

（四）有利于减少劳动耗费，提高经济效益

经济效益是进行经济活动中所耗费的与所得到的比较。减少劳动耗费的过

程，就是提高企业经济效益的过程。企业人力资源管理制度可以合理组织、调配劳动力，确保劳动力、生产资料及劳动对象之间的正确结合，从而达到促使企业以最小的劳动消耗，取得最大的经济成果的目的。

三、企业人力资源管理制度的分类

根据管理的内容不同，企业人力资源管理制度可以划分为不同的种类，主要有企业人力资源综合管理制度、企业员工聘任制度、企业教育技能培训制度、企业员工岗位职责制度、企业员工行为规范制度、企业员工薪酬管理制度以及企业员工考评奖惩制度等。

第四节 企业人力资源管理制度的制订

一、企业人力资源管理制度的内容

（一）企业人力资源管理制度的名称

现在企业里，被大家习惯成为人力资源规章制度类或企业人力资源管理制度类的文件主要有制度、规定、办法、实施细则、条例、规范等，这些都是企业人力资源管理制度类文书，但这些企业人力资源管理制度类文书又分别因为各自的功能作用、影响范围、制订实施的程序等而有不同的含义。

1．**制度** 是企业人力资源管理系统的基本框架，调整企业人力资源管理业务、规范人力资源管理工作， 依据国家法律、法规及规章，由企业统一组织制订，并以企业名义颁布实施， 具有普遍约束性的各种人力资源管理规范的总称。它是企业为了保证正常生产经营管理秩序的根本性，不可缺少的、影响人力资源发挥最大作用的管理制度，对企业全体成员都有约束作用或对企业的人力资源管理系统工作的基本职能、管理原则、工作流程、操作方法等所作出的原则性的要求。是企业与国家、行业性法规相结合的、企业内部可以自成一体的专业性管理制度，是企业人力资源管理系统的核心部分。

人力资源管理制度包括基本制度和具体制度。基本制度主要包括企业人力资源综合管理方面的制度规范。它规定了企业人力资源综合管理的基本内容。具体制度主要包括人力资源管理部门的职能划分及其相互间的配合、协调关系以及各项专业管理等方面的制度。它是对企业人力资源管理各基本方面规定活动框架，调节集体协作行为的制度规范。

2. 规定 对某一个专项的人力资源管理工作所作出的具体要求。如“企业新进人员薪酬规定”。

3. 办法 对于一项涉及企业人力资源具体工作的控制环节和操作步骤的管理所作出的要求。管理办法可以是管理制度或规定中的一个组成部分，也可以是从管理制度或规定中分离、延伸出来的自成一项规范性文书，对于一个具体事物的管理要求。如员工薪酬管理规定中可以有“员工薪酬发放办法”。

4. 实施细则 对于企业人力资源管理系统内某一个管理制度的具体实施步骤所作出的具体规定。如“企业深化员工管理模式改革实施细则”。

5. 规范 企业对员工行为进行定性的信息规定。由于企业有些工作程序，因为无法精准定量的形成标准，因此被称为规范。如“企业劳动组织管理规范”。

6. 方案 工作方案是企业对未来要做的重要人力资源管理工作作出的最佳安排，它具有较强的方向性、导向性。如“企业绩效管理实施方案”。

（二）企业人力资源管理制度的结构

企业人力资源管理制度一般由总则、分则及附则三部分组成。

1. 总则 总则为制度的纲领性部分。主要包括制订制度的目的、依据、解释性条款、适用范围、基本原则等内容。

2. 分则 分则为制度的具体内容部分，也是制度的核心部分。主要包括管理原则、管理职能、管理内容及要求、检查与考核、奖惩等内容。

3. 附则 附则为制度的说明性部分。主要包括所发布制度与原有相关制度、上位法之间的关系，未尽事宜的处置办法、生效时间、解释权限等内容。

有的企业人力资源管理制度标出总则、分则及附则，有的企业人力资源管理制度不标出总则、分则及附则。但无论是否出现上述标示，企业人力资源管理制度都由这三部分构成。

（三）企业人力资源管理制度的形式结构

企业人力资源管理制度一般采用一条到底式和分章贯条式两种结构。

1. 一条到底式 即全文分条叙述、统一序号的人力资源管理制度结构。主要适用于内容较少、层次相对简单的制度编写。

2. 分章贯条式 即章下分条、章断条连，每章内容相对集中的制度结构。开头标明“第一章　总则”，经过中间分别诸章，到最末章标“第×章　附则”结束。分则部分可以不出现“分则”字样，只按照内容标出章的题目。主要适用于内容较多、层次相对复杂的制度编写。

（四）企业人力资源管理制度的编制原则

企业人力资源管理制度的制订不能随心所欲或单纯强调领导意志，也不能想写什么就写什么，想怎么写就怎么写。必须遵循一定的原则，即要在权限范围内依法制订规章制度。

（1）以国家法律、法规、规章（以下简称上位法）为依据原则。企业人力资源管理制度不能与上位法相抵触；凡上位法已明确规定的内容，原则上不做简单的重复规定。

（2）符合党和国家的有关方针、政策原则。如企业员工加班的薪酬给付标准必须按照国家的规定发放。

（3）服从于组织结构和规模的原则。要符合企业实际情况，不能超出实际情况或规定做不到的内容。

（4）充分考虑拟制订制度与现行相关制度的衔接性与协调性。拟制订制度与现行相关制度最好不出现交叉，更不能出现“打架”的情况。

（5）民主与集中相结合的原则。制订制度需要全体员工的共同参与。

（6）相对稳定与适度超前的原则。企业管理制度制订以后，不能经常变化，更不能朝令夕改，要保持相对的稳定性；制订出来的规范条文不能落后，应适当超前，但绝对不能过度超前，而应使制订出来的管理制度，行得通，做得到。

（五）企业人力资源管理制度的序号

（1）根据制度的内容及编排结构需要，依次分为“章”、“条”、“款”、“项”、“目”等层次。

（2）“章”、“条”的序号用中文数字依次表述。如第一章、第二章、第三章……第一条、第二条、第三条……

（3）“款”不编序号按自然段依次表述。

（4）“项”的序号用中文数字加圆括号依次表述。如（一）（二）（三）……

（5）“目”的序号用阿拉伯数字加顿号依次表述。如1、2、3……

（六）企业人力资源管理制度的符号规范

（1）“项”的序号用（一）（二）（三）……表述，后面不能加“、”。

（2）符号一律在中文输入状态下使用。如句号用“。”，不要用“.”。

（3）正确使用数字。如“三至五人，十至二十元”，或者“3～5人，10～20元”，不能写成“3 — 5 人、10 — 20 万元”。

（4）正确使用百分号。必须写成“%”。

（5）引用公文时，必须加引号。引用中央文件可加书名号。

二、企业人力资源管理制度的写作要求

（一）从实际出发、深入调研、反复实践

制订制度应准确、周密，符合本企业特点和技术类型，满足统一指挥、管理协调的需要，并充分反映企业组织活动的规律性，保证制度具有可行性、实用性及可操作性。

（二）全面、系统及配套

既要做到纵向贯通、横向衔接，又要确保制度的连续性和一贯性，避免前后矛盾、政出多门、管理疏漏。整个制度体系应全面、系统及配套，每个制度的基本要素应齐全、相对独立、形成闭环。

（三）语言表达应准确、精练

以说明文为主要表达方式。写法上一般采用标题摘由、篇头总起、段首撮要、分章列条列款、依次说明以及篇尾收束，直截了当的方式来表述。

（四）逻辑结构科学、明晰

一般按照先总纲后细目、先整体后部分、先一般后个别、先原则后例外的顺序，组织制度内容和编排制度结构。

（五）规范内容合情合理

一方面要讲究科学、理性；另一方面又要避免过分使用强制性的生硬手段。

三、企业人力资源管理制度的制订程序

（一）企业人力资源管理制度的申报

（1）职能部门根据管理工作需要，向主管部门提交拟制订制度的书面申请。申请应包括拟制订制度的名称及主要内容；拟制订制度的必要性及所要解决的主要问题；拟制订制度的主要依据；拟制订制度的相关制度建立情况等。

(2) 人力资源主管部门受理有关部门的拟制订制度申请后，应根据企业总体工作部署，对申请进行分类汇总与研究，提出有关制度制订与否的具体意见，并反馈申请部门。

(3) 对于确需制订的制度，由主管部门组织有关部门制订。

(二) 企业人力资源管理制度的审核

1. 部门内部审核　指负责起草制度的职能部门内部进行的审核，主要审核所起草的制度是否符合实际情况、有无管理缺口等内容。

2. 相关部门审核　指对于内容涉及其他相关部门或与其他相关部门业务关系相对密切的制度，起草部门应当征求相关部门的意见。相关部门主要审核起草制度与相关制度之间的联系是否科学、合理，起草部门与相关部门之间的业务关系是否协调，有无相互矛盾、内容重复、政出多门、提法不一等问题。

对于内容单一、涉及其他部门业务较少，或者原有制度已对相关内容作出明确规定的制度，可不经相关部门审核，直接转入制度的送审阶段。

(三) 企业人力资源管理制度的送审

1. 报送　起草部门完成制度草案的审核后，向主管部门报送制度送审稿及其说明。

(1) 制度送审稿：报送的制度送审稿，应经起草部门主要负责人签署。符合企业管理制度的申报规定的，还应经相关部门主要负责人会签。

(2) 制度送审稿说明：对于起草部门与相关部门存在不同意见，且经过充分协商仍不能达成一致意见的制度，起草部门应当在报送制度送审稿的同时，以制度送审稿说明的形式说明其有关情况和理由。

2. 反馈　主管部门对制度送审稿进行修订与完善后，反馈起草部门。起草部门拟写正式文件，经核稿（会签）后，送企业行政管理部门，按照公文处理有关规定印发实施。

3. 评审　对于重要制度，由主管部门组织有关部门进行评审。制度的评审主要是对其合法合规性、实用性、协调性及系统性等方面进行评审，并提出有关意见，同时责成起草部门进行补充与完善。

4. 修订　制度送审稿出现下列情形之一，主管部门应将其返回起草部门进行修订与完善。

(1) 违反国家法律、法规、规章，拟制订的企业管理制度内容与上位法相抵触。

（2）制订制度的基本条件尚不成熟的。

（3）与相关制度规定不统一、不协调的。

（4）有关部门对制度的主要内容存在较大争议，且未达成共识的。

（5）规定内容不适当的。

（6）超越管理权限的。

（7）制订制度的技术方面存在问题的。

（8）未按规定进行审核和签署的。

5．调研论证　制度送审稿中，出现起草部门与相关部门就主要问题存在重大原则性分歧、涉及企业重大决策或制度与制度之间对同一管理事项规定不一致等情况，主管部门应就相关问题进行调研论证，拿出具体意见，按照制度批准权限提交有关会议进行审议，并在形成决议后，组织起草部门修订有关制度。

（四）企业人力资源管理制度的发布实施

（1）制度送审稿经评审与完善后，由主管部门返回起草部门。起草部门拟写正式文件，经核稿（会签）后，送企业行政管理部门，按照公文处理有关规定印发实施。

（2）新制度和主要内容变化较大，涉及范围较广或时限较长的制度，原则上应先试行。待制度经过一定时间的试行、完善后，再正式发布执行。

（3）制度在实施过程中出现问题，各有关部门应当以书面形式向主管部门反馈意见。反馈意见主要包括出现问题的制度名称与发文字号（或汇编名称）、存在的主要问题以及改进或修订的具体意见。

（4）主管部门收集、汇总及整理制度实施中的各种问题后，应组织起草部门补充完善相关制度。

第二章　企业人力资源综合管理制度

第一节　企业人力资源综合管理制度制订规范

一、基本概念

人力资源是指能够推动经济和社会发展的劳动者的能力，人力的最基本方面包括体力和智力，如果从现实的应用形态来看，则包括体质、智力、知识及技能四个方面。企业人力资源综合管理制度是企业管理制度的一个重要组成部分，其基本任务主要有三个方面。一是从总体上宏观保证对人力资源管理的组织建设；二是最大限度地开发与管理组织内外的人力资源，以促进组织的持续发展；三是维护与激励组织内部人力资源，使其潜能发挥到最大的限度，并使其人力资本得到应有的提升与扩充。

二、基本特点

（一）目的性

企业人力资源综合管理制度的目标是实现企业的经济效。人力资源综合管理既要考虑组织目标的实现，又要考虑员工个人的发展，强调在实现组织目标的同时实现个人的全面发展。

（二）战略性

人力资源战略是企业战略的核心。目前的企业竞争中，人才是企业的核心资源，人力资源战略处于企业战略的核心地位。企业的发展取决于企业战略决策的制订，企业的战略决策基于企业的发展目标和行动方案来制订，而最终起决定作用的还是企业对高素质人才的拥有量。因此，企业人力资源综合管理制度目的在于有效利用与企业发展战略相适应的管理和专业技术人才，并最大限度地发掘他们的才能，以推动企业战略的实施，从而促进企业飞跃发展。

（三）合力性

人力资源综合管理制度是企业组织对其员工的综合管理活动的规范性文书，并通过一系列子职能及其之间的相互作用来发挥系统的整体功能。

三、基本内容

企业人力资源综合管理制度的基本内容有以下四个方面。

（一）企业组织机构设置制度

企业组织机构设置制度主要包括公司总部职能部门职责与定编制度、企业员工分类管理制度及企业劳动组织管理制度等。

（二）企业人力资源配套管理制度

企业人力资源配套管理制度主要包括人力资源预算管理制度、人事档案管理制度、劳动合同管理制度及人力资源信息管理系统制度等。

（三）企业人力资源综合管理制度

企业人力资源综合管理制度主要包括人力资源综合管理规章、人力资源综合管理程序等。

（四）不同行业的人力资源综合管理制度

不同行业的人力资源综合管理制度主要包括商业企业人力资源管理制度、民营企业人力资源管理制度等。

四、基本格式

企业人力资源综合管理制度一般由标题与正文两部分组成。

（一）标题

企业人力资源综合管理制度标题通常有以下两种写法。

（1）由制发单位名称、规范事项（主要内容）及文种名称组成。如制度、办法、规范、规定、守则、方案、实施方案及实施细则等组成。

（2）省略制发单位名称，由规范事项（主要内容）和文种名称组成。

（二）结构

根据企业人力资源综合管理制度的内容特点，在逻辑结构上可采用分章列条式、总分条文式及序号排列式的写法。

（三）正文内容

企业人力资源综合管理制度的内容主要包括员工的招聘与录用，员工的工作，员工的薪酬，员工的休假，员工的请假与销假，员工加班及报酬的支付，员工出差的报批、待遇及补助，员工的岗位培训与学习，员工的岗位异动与调职，员工的保密规定，员工的绩效考核，员工的奖惩，员工的福利待遇，员工的辞职，员工的生活与娱乐，以及员工的安全与卫生等。

五、基本要求

（一）提高企业的绩效

员工的工作绩效是企业效益的基本保障，而企业绩效的实现是通过向社会提供产品和服务体现出来的。企业人力资源综合管理制度的重要任务之一就是实施对提高企业绩效有益的活动，并通过这些活动来发挥其对企业成功所作出的贡献。过去，人力资源综合管理制度主要考虑应该做什么，不应该做什么，而不考虑成本和人力的需求。现在，经济发展正在从资源型经济向知识型经济过渡，企业人力资源综合管理制度也就必须实行战略性的转移。人力资源综合管理制度必须把员工工作和活动所产生的结果作为企业的成果，特别是作为人力资源综合管理投资的回报，使企业获得更多的利润。企业人力资源纳入管理制度范畴，可以使人力资源综合管理与企业经营管理有机结合，从而有效推进企业的调整和优化，促进企业战略的成功实施。

（二）增强企业的人力资本总合

企业人力资源综合管理制度的重点应当是如何扩展人力资本，利用企业内部所有员工的才能吸引外部的优秀人才。人力资源综合管理制度就是要保证各个工作岗位所需人员的供给，保证这些人员具备其岗位所需的技能，即通过培训和开发来缩短及消除企业各职位所要求的技能和员工所具有的能力之间的差距。当然，还可以设计与企业的战略目标相一致薪酬系统、福利计划、提供培训以及为员工设计职业生涯计划等来增强企业人力资本的竞争力，达到扩展人力资本，形成持续竞争优势的目的。

（三）帮助企业建立适合自身特点的人力资源管理方法

如根据市场变化确定人力资源的长远供需计划；根据员工期望，建立与企业实际相适应的激励制度；用更科学、先进、合理的方法降低人力成本；根据科学技术的发展趋势，有针对性地对员工进行培训与开发，提高员工的适应能力，以适应未来科学技术发展的要求等。人力资源综合管理制度可以使企业的人才建设和人力资源配置最优化、人才效益最大化。同时，还可以将人力资源由社会性资源转变成企业性资源，从而最终转化为企业的现实劳动力。

第二节　企业人力资源综合管理制度范文实例

一、企业组织机构设置方案范文实例

公司组织机构设置方案

第一章　总则

第一条　为适应集团公司改革与发展的需要，进一步优化集团公司的组织结构，以使之能够精干、高效地运行，特制订本方案。

第二条　本方案适用于集团公司总部，并随着集团公司的发展而调整。

第二章　总部职能部门

第三条　总部包括以下职能部门。

（一）办公室。

（二）督察部。

（三）党群工作部。

（四）规划发展部。

（五）财务部。

（六）人力资源部。

（七）综合事务部。

第三章　全资子公司

第四条　全资子公司包括以下单位。

（一）××光学精密机械厂（简称光机厂）。

（二）××汽车光学玻璃厂（简称光玻厂）。

（三）××汽车车灯有限责任公司（简称车灯公司）。

（四）××光学仪器工具厂（简称工具厂）。

第四章　控股子公司

第五条　控股子公司包括以下单位。

（一）××汽车离合器股份有限公司（简称离合器公司）。

（二）××机械制造有限公司（简称机械制造公司）。

（三）××汽车镜有限公司（简称汽车镜公司）。

第五章　直属单位

第六条　公司包括以下直属单位。

（一）营销公司。

（二）能源公司。

（三）物业公司。

（四）通信公司。

（五）信息公司。

（六）销售公司。

第六章　附则

第七条　集团公司组织机构图。

第八条　本方案经集团公司董事会会议审议批准，自印发之日起施行。

第九条　本方案由集团公司人力资源部负责解释。

二、企业总部职能部门职责与定编方案范文实例

公司总部职能部门职责与定编方案

第一章　总则

第一条　为明确集团公司各职能部门主要职能和工作内容，根据《集团公司组织机构设置方案》，特制订本方案。

第二条　本方案适用于集团公司总部各职能部门。

第二章　集团公司总部组织职责

第三条　办公室职责。

（一）负责建立、完善董事会、经理层的各项制度，并监督制度的有效运行。

（二）负责董事会、总经理办公会议、活动的筹备以及现场组织。

（三）负责董事会、总经理办公会议的会务管理，包括会议通知发放、日程安排、人员通知、材料准备、会议记录及纪要传达等。

（四）负责草拟董事会领导和总经理所需文稿，对提交董事会会议的文件进行预先审核，并督促、检查董事会、总经理办公会议决议的执行情况。

（五）负责董事会文件与内部信息（刊物）的编订、发布及档案保存。

（六）负责为董事长、董事以及各专业委员会、经理层进行信息的收集与事务性的工作安排。

（七）负责董事会、经理层成员的信息联络。

（八）负责集团公司股权管理工作。

（九）负责组织拟订集团公司各项管理制度及业务流程，报请各专业委员会或经理层审批后执行。

（十）负责上级和集团公司公文的收发、批转、传阅、保管、催办及归档工作。

（十一）负责各分、子公司、各部门报送集团公司的公文收发、处理，并审核以集团公司名义制发的文件。

（十二）负责集团公司保密网络管理和集团网络平台终端管理、印鉴和证照管理以及车辆调度和管理。

（十三）负责集团公司总部办公用品的采购、保管及发放工作。

（十四）负责集团公司大型公关活动的组织、参与以及重大事件的协调管理，负责集团公司办公场所的统一规划与调配。

（十五）负责集团公司驻京办事处的管理。

（十六）在特殊情况下，由董事长或总经理指派完成任务，并在事后向董事会和股东会报告。

（十七）完成法律、法规或集团公司章程、规定以及董事长、总经理交办的其他事项。

第四条　督察部职责。

（一）负责集团公司监督体系的建立和维护。

（二）监督集团公司运行状况，按季度向监事会提交监督报告，向有关单位提交建议或意见书，并按监事会的决定对有关单位和人员进行处理。

（三）负责对董事会、经理层的审计监督工作。

（四）负责对集团公司委派到分、子公司的经营管理者的离任审计，以及对集团公司管理领导人员的经济责任审计。

（五）负责对执行国家相关法律和政策、集团公司管理制度及控制制度执行情况进行审计、监察。

（六）负责对分、子公司财务计划、财务预算执行和决算情况、财务收支和内部控制情况、财经纪律、资产管理、专项资金使用及其经济效益情况，以及其他经济活动进行审计。

（七）负责对分、子公司财务管理制度及内部控制制度执行情况进行审计。

（八）负责对集团公司基本建设，分、子公司技改、技措工程决算审计。

（九）负责受理并调查处理集团公司直接管理人员的违法、违纪事件及案卷管理工作。

（十）负责受理法律、行政法规规定的应由企业内部监察部门受理的申诉。

（十一）按照集团公司的管理权限，负责集团公司总部的纪检监察、党风廉政建设及信访工作。

（十二）负责组织开展集团公司效能监察工作。

（十三）负责完成上级审计监察机关和集团公司委托的其他审计及监察事项。

（十四）负责集团公司的法律诉讼及涉诉法律事务的处理。

（十五）参与对集团公司直接管理人员的考核，负责对集团公司中高层管理人员进行道德风险评估。

（十六）参与集团公司大额投资、招投标活动，负责过程监督管理。

（十七）负责在监事会和纪委指导下开展集团公司审计监督与纪检监察管理专题研究。

（十八）负责对分、子公司监事会和纪检监察工作进行有效的监督、检查、考核以及专业指导。

（十九）完成法律、法规或集团公司章程规定和监事会、纪委领导交办的其他事项。

第五条　党群工作部职责。

（一）负责集团公司党委、工会、团委的组织建设工作，组织指导分党委（党支部）、工会（分工会）、团委（团支部）换届改选工作；检查各级党团、工会组织生活与党团、工会组织活动开展情况。

（二）负责集团公司党员、工会会员、团员发展，接转组织关系和外调接待。

（三）参与集团公司中高层管理人员的考核，协助上级主管部门对集团公司高层领导人员进行管理。

（四）负责集团公司和分、子公司党群工作人员的考核和任免以及后备领导人员选拔、培养、日常考核管理工作。

（五）负责组织集团公司政工专业职务评聘工作。

（六）负责组织集团公司党、团、工会工作的总结、评比、表彰及党代会、团代会、职工代表大会的筹备工作；负责对公司先进人物、劳动模范的推荐、评选、管理工作。

（七）负责集团公司党员、团员及工会会员管理；负责党费、团费、工会会费的收缴和管理（各分党委收缴党费的80%上缴集团公司党委，工会会费的5%各分、子公司留用，团费全额上缴）；负责党委、工会、团委印鉴、证照管理。

（八）负责组织集团公司党委、工会、团委召开的各类会议，检查会议精神贯彻落实情况。

（九）负责党委、工会、团委公文处理与流转。

（十）负责集团公司稳定工作，分析员工思想动态。

（十一）负责集团公司宣传教育工作，开展思想政治教育、政治理论学习、党建教育、形势学习、典型教育，树立正确的舆论导向。

（十二）负责企业文化建设工作，提炼企业核心价值理念；负责企业CIS设计、修订；负责检查、监督各分、子公司企业文化建设方案的审批及贯彻落实情况；配合企业市场营销活动进行企业形象和品牌形象的材料设计、宣传推广。

（十三）负责企业精神文明建设和普法、统战、党委保密工作。

（十四）负责企业内部刊物的策划、编排、出刊；负责宣传资料管理、电视台设备维护与管理以及集团公司期刊的选购、分配。

（十五）负责贯彻老干部政策，积极指导下级党组织为老干部服务。

（十六）负责组织召开职工代表大会和职工代表团（组）长联席会议，组织开展民主选举职工代表，组织员工参与企业民主管理和民主监督活动，督促有关部门及时处理代表提案。

（十七）负责推行司务公开制度，组织选举职工董事、职工监事，参与民主评议集团公司领导人员。

（十八）负责集团公司大型文体娱乐活动的组织开展工作。

（十九）配合开展员工劳动保护和劳动安全生产教育，负责检查监督员工劳动保护设施及用品发放，参与安全检查和事故处理工作。

（二十）负责组织开展员工互助保险和扶贫帮困工作，组织家访慰问。

（二十一）负责代表员工参与企业平等协商和签订集体合同，参与员工劳动争议调解处理工作。

（二十二）负责集团公司总部女工工作的开展与实施，维护女工合法权益和特殊利益；协同社区居委会管理集团公司计划生育工作。

（二十三）负责员工合理化建议、技术创新、管理创新以及班组建设活动的组织开展工作。

（二十四）负责工会财务管理、资产管理以及经费审查工作。

（二十五）负责组织集团公司史记及大事记的撰写工作。

（二十六）负责在党委和工会指导下开展集团公司党建、思想政治工作与企业文化建设专题研究。

（二十七）负责对分、子公司党团、工会工作进行有效的监督、检查、考核以及专业指导。

（二十八）完成党委、工会领导交办的其他事项。

第六条 规划发展部职责。

（一）负责研究集团公司所处行业分析，拟订集团公司战略和中长期发展规划，根据企业内外部环境的改变组织进行战略调整与修订，报请总经理办公会、战略与投资委员会审核，并在董事会审议批准后执行。

（二）负责拟订集团公司年度经营方案和年度经营计划，落实年度主要经营目标、管理责任目标及专项任务，审核、下达总部各部门工作计划。

（三）负责拟订集团公司经济责任政策，并将目标分解、落实到各分子公司和总部各部门，拟订年度经营、发展（管理）责任书。

（四）负责定期监控分、子公司经济运行情况，提出分析报告、措施建议及评价意见。

（五）负责集团公司综合统计报表工作，定期开展统计分析。

（六）负责组织开展资本运营工作，包括长期投资、合资合作、联合、收购重组以及改组、改制等业务。

（七）负责集团公司及分、子公司投资管理工作，包括科研开发、技术改造、更新改造、小型技措、基建维修等业务。

（八）负责集团公司技术中心的日常管理工作，组织协调集团及分、子公司的相关业务工作。

（九）负责集团公司整体信息化建设规划，并负责集团内各分、子公司之间的业务对接。

（十）负责集团公司总部网站建设，包括网络维护、管理软件编制、软件升级、硬件维护、知识培训等。

（十一）负责审核分、子公司信息化建设技术方案，组织对分子公司信息化建设项目进行技术验收和评价。

（十二）负责集团公司知识产权、标准化、招投标业务的归口管理。

（十三）参与集团公司重大经营决策，拟订决策方案；会同财务部门进行财务预算的编制。

（十四）负责定期、不定期向总经理办公会、战略与投资委员会提供规划计划和资本运营信息、资料，并在战略与投资委员会指导下开展集团公司战略规划、资本运营专题研究。

（十五）对分、子公司规划计划、信息化、标准化等工作进行有效的监督、检查、考核以及专业指导。

（十六）完成集团公司领导交办的其他事项。

第七条　财务部职责。

（一）贯彻落实上级部门的有关财务政策，负责拟订集团公司财务和会计制度，完善集团公司财务管理体系。

（二）负责组织集团公司年度全面预算草案的编制和提出全面预算调整方案，报请总经理办公会、财务与运营监控委员会审核，并在董事会审议批准后执行。

（三）负责拟订集团公司重大资产与不动产处置、资产出租、出借、抵押、担保以及对外捐赠方案等事项。

（四）负责集团公司总部资产评估事项的实施及分、子公司资产评估事项的审核批准。

（五）负责集团公司经济指标的测算、拟订及考核工作。

（六）负责集团公司总部融资工作及分、子公司融资计划的审核批准。

（七）负责组织集团公司资金预算编制，审核批准各分、子公司（不含上市公司）年度资金预算，并对上收的同城全资分、子公司资金，按月份资金需求划拨。

（八）负责监督各分、子公司（不含上市公司）资金预算执行情况，并定期上报执行情况分析报告。

（九）负责超预算和预算外资金的审核，报请财务与运营监控委员会批准。

（十）负责全资分、子公司资本结构调整方案及控股子公司（不含上市公司）资本结构调整方案的审核。

（十一）负责集团公司总部日常核算业务和各部门费用控制。

（十二）负责编制集团公司总部财务报告和集团公司汇总、合并报表及分析报告（含财务预、决算）。

（十三）负责集团公司总部经营活动中应收、应付款项的业务监督管理和风险规避工作。

（十四）负责集团公司总部的税收筹划和缴纳工作及集团公司所得税合并纳税业务。

（十五）负责提出集团公司总部财务人员培训需求，并会同人力资源部门组织实施。

（十六）负责集团公司组织实施的基本建设项目的财务核算工作。

（十七）负责集团公司财务信息采集、报送、发布和集团公司总部会计档案的整理、归档。

（十八）负责集团公司外部财务审计及社会各有关部门财务监督、检查工作。

（十九）负责派驻各分、子公司财务负责人的考核及分、子公司开立账户的审批，以及分、子公司福利费、工会经费、教育经费上缴工作。

（二十）负责对分、子公司财务会计核算情况进行检查，包括会计凭证、账簿、财务报告等。

（二十一）参与集团公司投资项目可行性研究及方案论证，参与分、子公司大额投资、招投标活动，负责过程监督管理。

（二十二）负责定期、不定期向总经理办公会、财务与运营监控委员会提供财务信息、资料，在财务与运营监控委员会指导下开展集团公司财务管理的专题研究。

（二十三）负责对分、子公司财务工作进行有效的监督、检查、考核以及专业指导。

（二十四）完成集团公司领导交办的其他事项。

第八条　人力资源部职责。

（一）负责组织编制集团公司人力资源规划草案，报请总经理办公会、提名与薪酬考核委员会审核，并在董事会审议批准后组织实施。

（二）审批分、子公司人力资源规划并进行有效的监督、检查及指导。

（三）负责拟订、完善集团公司人力资源管理制度，并组织落实；对分、子公司人力资源管理提供政策指导，并对其制度的落实情况进行监督、检查。

（四）负责拟订集团公司年度人力资源工作计划，报请提名与薪酬考核委员会审批后执行；审批分、子公司年度人力资源工作计划并监督执行。

（五）负责拟订集团公司各机构组织结构设置、职责及各部门定岗、定责、定编、定员方案。

（六）负责拟订分、子公司班子和中层管理者职数、在职员工总量核定以及人员结构管控方案。

（七）负责组织集团公司及分、子公司中高层管理人员和集团公司各机构一般员工的内、外部招（竞）聘与录用工作。

（八）负责集团公司各机构及派驻分、子公司员工的劳动合同的签订、续订、终止、解除、劳动争议处理及日常管理工作。

（九）负责集团公司各机构员工岗位聘任、流出、流入以及内部岗位异动（包括退休、内退、待岗等）管理，审批全资子公司、分公司国有身份员工的流入。

（十）负责拟订集团公司工效挂钩实施办法，对分、子公司工资发放总额和人工成本实行有效控制。

（十一）负责拟订集团公司薪酬分配指导政策和分、子公司班子成员及集团公司各机构员工薪酬分配办法并组织实施。

（十二）负责集团公司各机构，分、子公司中高层管理人员的年度和任前考核，以及分、子公司班子成员、中层管理人员日常管理与考核工作。

（十三）负责分、子公司班子成员、集团公司总部员工绩效考核、岗位适应度评价，以及分、子公司中层管理人员岗位适应度评价工作。

（十四）负责集团公司和分、子公司中高层管理人员的后继计划工作。

（十五）负责拟订集团公司员工培训与职业生涯发展计划并组织实施；负责总部员工，分、子公司中层以上管理人员及专业管理人员日常培训和上级部门安排的专门培训工作。

（十六）负责集团公司总部员工的养老、失业、医疗等社会保险的日常管理工作。

（十七）负责组织实施专业技术职务评聘和职业技能资格鉴定及技师、高级技师考评工作。

（十八）负责集团公司人力资源信息系统的日常管理与维护，分、子公司上报信息审核，以及集团公司人力资源报表工作。

（十九）负责集团公司人事档案、总部财务档案、文秘档案管理工作。

（二十）负责定期、不定期向总经理办公会、提名与薪酬考核委员会提供人力资源管理信息、资料，在提名与薪酬考核委员会指导下开展集团公司人力资源开发与管理专题研究。

（二十一）负责对分、子公司人力资源、档案管理工作进行有效的监督、检查、考核以及专业指导。

（二十二）完成集团公司领导交办的其他事项。

第九条　综合事务部职责。

（一）负责制订集团公司安全、环保、职业卫生、消防、保密、武装、综合治理、质量、能源、现场管理等项工作规章制度、管理标准及考核办法。

（二）负责制订集团公司安全、环保、职业卫生、消防、保密、质量、能源、现场管理工作长远规划、年度计划、管理目标及考核指标。

（三）负责组织开展集团公司安全质量标准化、职业健康体系认证以及生产现场管理达标建设工作。

（四）负责组织开展安全生产、职业卫生、环保、消防、保密、质量、能源、现场管理等方面的宣传、教育及培训工作。

（五）负责组织开展安全生产、职业卫生、消防、保密、现场管理、质量管理及节能减排等专项活动。

（六）负责组织开展安全生产、职业卫生、环保、质量、现场、能源、消防及保密等项工作的季度、节前综合检查和不定期监督抽查工作。

（七）负责集团公司组织实施的新建、改建、扩建工程项目及技术改造项目的安全、环保、职业卫生、消防设施的设计审查和竣工验收，对外办理“三同时”审批和验收手续。

（八）负责组织重伤及以上事故、急性职业中毒事故、重大火灾事故、环境污染事故的调查处理工作。

（九）负责组织工伤、职业病的审批工作，对外办理评残鉴定手续。

（十）负责集团公司治安保卫、门卫管理、出入厂物资管理等。

（十一）负责集团公司国家安全、综合治理、人防、武装、民兵、预备役等工作的管理。

（十二）负责集团公司员工出国安全教育和进入集团公司外国人登记的管理。

（十三）负责集团公司安全生产、职业卫生、环保、质量、能源等月度、季度、年度报表的编制和上报工作，并作出季度和年度分析。

（十四）负责集团公司总部临时线、动火证、危险作业的审批和消防器材、报警器材的配备与管理。

（十五）负责集团公司保密资格认证和总部的保密日常管理工作。

（十六）负责集团公司节能技术的咨询、培训、推广及实施，对违反能源管理制度和规定的行为进行制止，责令改正或进行处罚；对各用能单位的高能耗设备和明令淘汰的设备提出限期更换和改造意见。

（十七）负责制订集团公司总部劳保用品的采购和发放细则，协调与综合事务部门工作有关的对外公共关系。

（十八）负责集团公司总部报纸、邮件的收发和劳保用品的采购、保管及发放工作。

（十九）负责集团公司办公楼现场管理（卫生环境、定置管理、设备设施管理与维修）和更值管理。

（二十）负责对分、子公司安全生产、职业卫生、环境保护、消防、质量、现场、能源、保密等工作进行有效的监督、检查、考核以及专业指导。

（二十一）完成集团公司领导交办的其他事项。

第三章　附则

第十条　本方案自印发之日起施行。

第十一条　本方案由集团公司人力资源部负责解释。

附表　总部管理岗位定编表

附表　总部管理岗位定编表

单位：人

<table>
<tr><th>序号</th><th>部门（编制）</th><th colspan="4">机构（编制）</th><th>辅助机构（编制）</th></tr>
<tr><td rowspan="2">1</td><td>办公室</td><td>领导</td><td>秘书室</td><td>文秘室</td><td></td><td rowspan="2">驻京办事处1、
小车班6</td></tr>
<tr><td>6</td><td>2</td><td>2</td><td>2</td><td></td></tr>
<tr><td rowspan="2">2</td><td>督察部</td><td>领导</td><td>审计室</td><td>纪检监察室</td><td></td><td rowspan="2"></td></tr>
<tr><td>6</td><td>1</td><td>3</td><td>2</td><td></td></tr>
<tr><td rowspan="2">3</td><td>党群工作部</td><td>领导</td><td>组织室</td><td>宣传室</td><td>党群工作室</td><td rowspan="2"></td></tr>
<tr><td>9</td><td>2</td><td>2</td><td>3</td><td>2</td></tr>
<tr><td rowspan="2">4</td><td>规划发展部</td><td>领导</td><td>战略室</td><td>投资室</td><td></td><td rowspan="2">信息技术中心3</td></tr>
<tr><td>7</td><td>2</td><td>2</td><td>3</td><td></td></tr>
<tr><td rowspan="2">5</td><td>人力资源部</td><td>领导</td><td>开发室</td><td>薪酬室</td><td></td><td rowspan="2">技工学校5、
公寓管理员1</td></tr>
<tr><td>7</td><td>2</td><td>3</td><td>2</td><td></td></tr>
<tr><td rowspan="2">6</td><td>财务部</td><td>领导</td><td>会计室</td><td>财务室</td><td></td><td rowspan="2">外派财务部长6</td></tr>
<tr><td>8</td><td>2</td><td>3</td><td>3</td><td></td></tr>
<tr><td rowspan="2">7</td><td>综合事务部</td><td>领导</td><td>安全保密室</td><td>质量现场室</td><td></td><td rowspan="2">护卫队23、
更值清洁3</td></tr>
<tr><td>7</td><td>2</td><td>3</td><td>2</td><td></td></tr>
<tr><td rowspan="2">8</td><td>集团公司领导、助理</td><td></td><td></td><td></td><td></td><td></td></tr>
<tr><td>10</td><td></td><td></td><td></td><td></td><td></td></tr>
</table>

三、企业中层领导人员分类管理办法范文实例

公司中层领导人员分类管理办法

第一章　总则

第一条　为进一步加强对集团公司中层领导人员的管理、考核及任用，规范管理权限与管理程序，选拔任用一批懂经营、会管理、善谋发展、勇于改革、成事高效的领导人员队伍，特制订本办法。

第二条　本办法适用于集团公司及各分、子公司。

第二章　中层领导人员的管理

第三条　管理范围。

(一) 工厂制全资子公司的厂长、副厂长以及党组织、工会组织负责人，集团公司委派的财务部长，各分厂（车间）厂长（主任）、副厂长（副主任），各部室部长（主任）、副部长（副主任）。

(二) 公司制全资子公司的董事、监事，总经理、副总经理以及党组织、工会组织负责人，集团公司委派的财务部长，各分厂（车间）厂长（主任）、副厂长（副主任），各部室部长（主任）、副部长（副主任）。

(三) 集团公司方委派到控股子公司的董事、监事，总经理、副总经理以及党组织、工会组织负责人，集团公司委派的财务部长，各分厂（车间）厂长（主任）、副厂长（副主任），各部室部长（主任）、副部长（副主任）。

(四) 集团公司方委派到上市公司的董事、监事，总经理、副总经理、财务负责人、董事会秘书以及党组织、工会组织负责人，各分厂（车间）厂长（主任）、副厂长（副主任），各部室部长（主任）、副部长（副主任）。

(五) 集团公司方委派到参股公司的董事、监事，总经理、副总经理。

(六) 集团公司直属职能部门的部长（主任、经理）、副部长（副主任、副经理）以及党组织负责人。

(七) 年销售收入在5000万元以下的分、子公司，中层领导人员由其自行管理，报集团公司领导人员管理部门备案。

第四条　管理程序。

(一) 工厂制的全资子公司。

1. 子公司厂长由集团公司领导人员管理部门统一考核或竞聘上岗，集团公司

决定聘用或解聘。

2．子公司副厂长由集团公司领导人员管理部门会同子公司厂长提出建议人选，由集团公司决定聘用或解聘。

3．子公司党组织、工会组织及其负责人，按照《中华人民共和国公司法》、《中国共产党章程》及《中华人民共和国工会法》等法律法规的有关规定执行。子公司不设专职党委（党支部）书记、工会主席。离退休和在岗员工人数较多的子公司可设专职党委副书记。

4．子公司财务部长由集团公司领导人员管理部门组织考核或竞聘上岗，集团公司决定聘用或解聘。

5．子公司其他行政中层管理人员，由集团公司领导人员管理部门组织考核或竞聘上岗，子公司参与，由集团公司决定聘用或解聘。

6．子公司下设的党组织负责人原则上由行政领导人员兼任，由子公司党组织决定任免。

（二）公司制的全资子公司。

1．子公司董事、监事由集团公司考核和委派。

2．子公司董事长由集团公司提出建议人选，子公司董事会依法履行程序；规模较小的子公司，可以设一名执行董事，不设董事会。

3．子公司不设监事会，设一名监事。

4．子公司总经理由集团公司领导人员管理部门组织考核或竞聘上岗，集团公司提出建议人选，由子公司董事会依法履行程序。

5．子公司副总经理由集团公司领导人员管理部门会同子公司总经理提出建议人选，由子公司董事会依法履行程序。

6．子公司党组织、工会组织及其负责人，按照《中华人民共和国公司法》、《中国共产党章程》及《中华人民共和国工会法》等法律法规的有关规定执行。子公司不设专职党委（党支部）书记、工会主席。离退休和在岗员工人数较多的子公司可设专职党委副书记。

7．子公司财务部长由集团公司领导人员管理部门组织考核和委派，由子公司总经理决定聘用或解聘。

8．子公司其他行政中层管理人员，经集团公司领导人员管理部门组织考核或竞聘上岗，子公司参与，集团公司提出建议人选，由子公司总经理决定聘用或解聘。

9．子公司下设的党组织负责人原则上由行政领导人员兼任，由子公司党组织决定任免。

（三）控股子公司。

1．集团公司方出任的子公司董事、监事由集团公司考核和委派。

2．子公司董事长由集团公司提出建议人选，子公司董事会依法履行程序；股东人数较少或者规模较小的子公司，可以设一名执行董事，不设董事会。

3．子公司独立董事由集团公司商其他股东方提出建议人选，子公司董事会依法履行程序。

4．子公司监事会主席由集团公司提出建议人选，子公司监事会依法履行程序；股东人数较少或规模较小的子公司，可以设一至二名监事，不设监事会。

5．子公司总经理由集团公司领导人员管理部门组织考核或竞聘上岗，集团公司提出建议人选，由子公司董事会依法履行程序。

6．子公司副总经理由集团公司领导人员管理部门会同子公司总经理提出建议人选，由子公司董事会依法履行程序。

7．子公司党组织、工会组织及其负责人，按照《中华人民共和国公司法》、《中国共产党章程》及《中华人民共和国工会法》等法律法规的有关规定执行。子公司不设专职党委（党支部）书记、工会主席。离退休和在岗员工人数较多的子公司可设专职党委副书记。

8．子公司财务部长由集团公司领导人员管理部门组织考核和委派，由子公司总经理决定聘用或解聘。

9．子公司其他行政中层管理人员，经子公司组织考核或竞聘上岗，集团公司领导人员管理部门参与，由子公司总经理决定聘用或解聘；

10．子公司下设的党组织负责人原则上由行政领导人员兼任，由子公司党组织决定任免。

11．上述领导人员的聘任（任免）结果报集团公司领导人员管理部门备案。

（四）上市公司。

1．上市公司董事、独立董事、职工董事、董事长、董事会秘书、监事、职工监事、监事会主席、总经理、副总经理、财务负责人与党组织、工会组织及其负责人按集团公司的“上市公司管理办法”执行。

2．上市公司其他中层管理人员，经上市公司组织考核或竞聘上岗，由上市公司决定聘用（任）或解聘（免），结果报集团公司领导人员管理部门备案。

（五）参股公司。

1．集团公司方出任参股公司的董事、监事由集团公司考核和委派。

2．集团公司方出任参股公司的董事长、副董事长，由集团公司提出建议人选，并由参股公司董事会依法履行程序。

3．集团公司方委派到参股公司的总经理、副总经理，并由集团公司领导人员管理部门组织考核或竞聘，集团公司提出建议人选，并由参股公司董事会依法履行程序。

（六）集团公司直属职能部门。

1．集团公司直属职能部门的部长（主任、经理）、副部长（副主任、副经理），由集团公司领导人员管理部门组织考核或竞聘上岗，集团公司决定聘任或解聘。

2．集团公司直属职能部门党组织及其负责人，按照《中国共产党章程》等法律法规的有关规定执行，原则上由行政领导人员兼任。

第五条　管理原则。

（一）集中管理、分级聘任、各负其责、协调运转。

（二）组织选拔、择优任用、不拘一格、高效精干。

第三章　领导人员的选拔与任用

第六条　基本思想。

坚持“以能为本、知人善任、唯才是举、竞岗聘任”的选人用人思想，将经营思想新、管理能力强、具有强烈的市场意识和开拓创新精神、能够带出一支团结务实、活力高效、勇于奉献、善打硬仗的领导团队的优秀领军人才选拔出来，为实现集团公司“十二五”发展目标提供坚实的人才、组织保证。

第七条　基本条件。

（一）政治上靠得住，业务上有本事，肯干事，能成事。

（二）具有较强的驾驭市场能力、组织管理能力、开拓创新能力以及协调沟通能力。

（三）具有强烈的闯市场、求发展意识，对实现战略规划、完成经营目标信心十足、措施得力。

（四）有强烈的责任感，工作主动，讲效率，讲效果。

（五）工作思路清晰，讲究工作方法，审时度势，有胆有识，善打硬仗，执行力强。

（六）能够承担责任，工作雷厉风行，敢抓敢管，不怕得罪人，不做老好人。

（七）团结协作好，心胸开阔，善于做思想工作，确保员工队伍的稳定。

第八条　任职资格。

（一）大学本科以上学历或中级专业技术职称（新提拔人员），有较强的学习能力。

（二）新任用的人员年龄不超过40周岁（特殊专业人才可以适当放宽），且身体健康，精力充沛，适应工作需要。

（三）熟悉和掌握企业管理知识，有三年以上企业工作经验。

第九条 选拔与任用方式。

（一）一般情况下通过采取竞聘的形式产生中层领导人员人选，然后按照管理程序进行选拔与任用。

（二）中层领导人员选拔以集团公司内部竞聘为主，对部分岗位可面向社会公开招聘。

（三）集团公司鼓励中层领导人员进行岗位轮换和交流，对在同一个岗位上任职时间超过五年的中层领导人员，原则上应进行交流。

第四章 解聘

第十条 领导人员有下列情况之一者，在任期内按照相关程序予以解聘。

（一）违反国家法律、法规、党纪、政纪或集团公司规章制度，在员工中造成严重影响。

（二）严重失职、渎职，给集团公司造成重大经济损失。

（三）因个人素质及能力所限，不能有效完成年度或任期责任目标。

（四）不服从组织安排。

第五章 考核

第十一条 考核原则。

（一）对各级领导人员的考核依据集团公司下达的“经营发展责任书”、“经营管理责任书”、“岗位适应度评价标准”或“中层以上领导人员考核办法”进行。

（二）在考核素质和能力的基础上，要突出对岗位工作业绩的考核，既要看本单位的整体工作绩效，更要看个人在其中的贡献和努力程度；既要看本人即期的业绩，更要看本人的发展潜力和对本单位可持续发展的影响力。

（三）坚持战略目标考核与履行岗位职责考核并重，形成以能力素质为基础，以岗位职责为核心，以工作业绩为重点的考核体系。

（四）量化考核内容，坚持用数据说话，考核工作力求全面、客观、反映真实的工作状态。

第十二条 考核形式。

（一）考核分日常考核、年度考核及任期考核。

（二）日常考核由各级领导人员管理部门按照管理程序分别进行。

（三）年度考核和任期考核由集团公司领导人员管理部门会同相关业务部门进行考核，并将考核结果报至集团公司，作为对领导人员任用的重要依据。

第六章　其他

第十三条　对未竞聘到领导岗位的原中层领导人员，可由组织安排到非领导岗位上工作，或者参加其他工作岗位竞聘。

第十四条　已达到公司规定内退年龄的中层领导人员，办理内退手续（因工作需要的特殊专业人员，可特聘使用）。

第十五条 原属集团备案并享受待遇的领导人员，不再聘任领导职务，允许其离岗休息。

第七章　附则

第十六条　本办法自印发之日起施行。

第十七条　本办法由集团公司人力资源部负责解释。

四、企业员工分类管理实施办法范文实例

公司员工分类管理实施办法

第一章　总则

第一条　为贯彻集团对员工分类管理的精神，紧紧围绕集团公司科研、生产、经营对人才的需要，结合人才工作管理现状、岗位分析以及职位说明工作，对各类领域、各类岗位设置情况和员工数量、结构状况进行系统分析，根据员工从事工作领域、所在岗位以及个人发挥的角色作用，将全体员工进行细化管理，特制订本办法。

第二条　本方案适用于集团公司及各分、子公司。

第二章　员工分类

第三条　对员工推行“A＋Y”管理法，实现“岗位能上能下、薪酬能高能低、人员能进能出”的人才流动机制，提升员工活力。

第四条　A类员工即骨干类员工，主要包括在人力资源信息管理系统中从事工作领域中的各领域领军人物、骨干人才，以及在其他重要工作岗位上发挥关键骨干作用的员工，总量比例大体掌握在30%。

（一）领军人物主要包括。

1．集团成员单位的领导人员。

2．国家“两院”院士、工业首席专家以及集团级科技和关键技能带头人。

3．重点产品项目及重大科研项目负责人、关键技术和技能攻关负责人。

4．重大发明创造技术负责人等。

（二）骨干员工主要包括。

1．集团公司各分、子公司负责人。

2．集团公司级科技和关键技能带头人。

3．重点产品项目及重大科研项目管理、关键技术和技能攻关工作骨干。

4．重大发明创造技术骨干等。

第五条　Y类员工即支撑类员工，包括除骨干员工以外的其他人员，总量比例大体掌握在70%。

第三章　对不同类型员工的配置

第六条　对不同类型员工的配置，要采取不同的配置方式选择和配备不同类别人员。

第七条　对各领域领军人物要采取职业生涯设计与竞争上岗相结合的方式产生，对骨干人才要积极推进竞争上岗方式择优聘用，对支撑类员工要积极推进竞争上岗和向社会公开招聘的方式配置。

第八条　对各成员单位中的紧缺人才，对内要加强培养选拔，对外争取国家引进、面向国际国内进行公开招聘、通过中介机构“猎取”以及人才租赁、兼职服务、项目合作、科技咨询等“柔性”方式合理配置。

第九条　支撑类员工根据工作需要可以竞聘骨干岗位；骨干类员工工作态度、能力水平和业绩不适应岗位要求的，要及时从骨干岗位上调整下来。

第四章　对不同类型员工的管理

第十条　骨干员工是组织中最有价值的人力资本，他们可以给组织带来突出的工作业绩，并且要对组织有非常高的承诺，他们通常被认为是组织的象征。对他们的管理包括以下形式。

（一）公开赞扬，尊重骨干员工的人格、知识及成果，为其发展提供良好的制度环境，创新环境是对此种类型员工最好的管理方式。不间断的对骨干员工进行赞赏和奖励，使其意识到自己在组织中的特殊地位。

（二）有效激励，为其提供舒适、优越的工作环境和工作条件，提供较高的报酬，提供充裕的职业道路设计、成长机会都是有效激励骨干员工的方式。

（三）适当安排具有挑战性的工作，以提高其工作熟练程度和市场适应性。

第十一条　对于支撑型员工，要为其提供安全的工作、长久的激励以及公平的环境，以此来保证其对组织的忠诚度。

第五章　不同类型员工合同的订立期限

第十二条　对骨干型员工，劳动合同订立期限至少五年。

第十三条　对支撑型员工，劳动合同订立期限至少三年。

第六章　附则

第十四条　本办法自印发之日起施行。

第十五条　本办法由集团公司人力资源部负责解释。

五、企业深化员工管理模式改革实施细则范文实例

公司深化员工管理模式改革实施细则

第一章　总则

第一条　为促进骨干类、支撑类员工的分类管理，根据集团公司“关于进一步深化员工管理模式改革工作的指导意见”的要求，特制订本细则。

第二条　本细则适用于集团公司及各分、子公司。

第二章　员工分类

第三条　根据员工从事工作领域、岗位重要程度以及员工个人角色作用，将全部员工分成骨干类员工与支撑类员工，并建立相应的员工管理制度，对员工进行分类管理。

第四条　骨干类员工分为集团级和集团公司级两个层级，总量一般不超过员工总量的30%。

（一）集团级骨干类员工主要范围。

1．集团公司级领导人员。

2．国家“两院”院士、工业首席专家、集团级科技和关键技能带头人。

3．重点产品项目及重大科研项目负责人、关键技术和技能攻关负责人。

4．重大发明创造技术负责人等。

（二）集团公司级骨干员工主要范围。

1．集团公司级科技和关键技能带头人。

2．重点产品项目及重大科研项目管理、关键技术和技能攻关工作骨干。

3．重大发明创造技术骨干；集团公司及各分、子公司中层以上管理人员。

4．集团“×××人才工程”和集团公司“×××人才工程”成员。

5. 具有中级以上职称（含技师、高级技师）员工。

6. 全日制本科及以上毕业生见习期满并被聘任到管理技术岗位工作3年以上的员工等。

第五条 支撑类员工包括除骨干类员工以外的其他员工，总量一般占员工总量的70%左右。

第三章　骨干类员工管理办法

第六条　各分、子公司要建立吸引、稳定、保护骨干类员工管理制度，为其充分发挥作用创造条件，培育发展集团公司核心力量，提升集团公司核心竞争能力。

第七条　各单位要每两年为骨干员工组织一次身体检查，对骨干员工实行每年一次为期一周时间的带薪休假。

第八条　按照集团公司推进“用人、考评、激励”的要求，各分子公司要针对不同领域骨干类员工研究制订具体管理细则，保证骨干类员工收入、福利待遇要具有一定市场竞争力，能够吸引、稳定、用好各类人才。

（一）对经营管理领域的骨干类员工，要建立骨干员工职业生涯规划制度，有针对性有组织地进行培养锻炼，特别要加大岗位轮换工作力度，防止“岗位疲劳”，重要岗位每年岗位轮换率不低于20%；同时要坚持公开、平等、竞争、择优的原则，在中层领导岗位积极推行竞聘上岗工作，拓宽人才选聘视野，选拔优秀人才，每年中层领导空缺岗位竞聘上岗率达到100%。

（二）对专业技术领域的骨干类员工，要给予事业平台，通过承担重点型号、项目科研任务，参与重大项目联合攻关、重大工程技术改造实践，鼓励和推动广泛参与技术交流、项目合作，主动进行知识更新，提高自主创新能力，培养和造就一批掌握核心技术、具有世界前沿水平的领军型科技人才；对专业技术领域的骨干类员工要创造良好的工作环境，改善办公、实验工作条件。

（三）对专门技能领域的骨干类员工，要建立定期岗位练兵、技能竞赛、技术比武、技术交流等活动制度，造就和发现一批企业重点工种、重点工艺、重点专业技术能手，通过使其承担重点产品生产任务，参与重点项目科研试制攻关、重大工程技术改造实践，解决难题，充分发挥作用。

第九条　骨干类员工的劳动（聘用）合同管理。用人单位要与骨干类员工签订劳动（聘用）合同，期限至少为5年，但一定是签订有固定期限的合同。

第十条　骨干类员工的岗位合同管理。

（一）用人单位应与骨干类员工签订岗位合同，明确岗位职责、工作目标、考核指标、岗位期限等内容。

（二）骨干类员工岗位合同期限，应当根据岗位特点和承担的任务情况而确定，一般可3年一签，同时对每年工作目标也要进行分解。如确因岗位任职、项目任务周期需要，可适当放宽。

（三）岗位合同到期，应通过竞聘上岗、岗位轮换等方式进行重新聘用。连续同一岗位原则上不超过6年。

第十一条　加强骨干人才团队建设。

（一）建立骨干类员工人才培养工作责任制，有计划、分步骤、分阶段的对各类骨干员工进行脱产、半脱产带薪培训。

（二）骨干员工在接受集团公司同意的学历教育时，管理技术人员取得大学本科及以上学历，技能人员取得大学专科及以上学历，学费由所在单位予以报销。

第十二条　建立与骨干员工沟通制度。各分、子公司人力资源部门负责人要采用定期或不定期的形式，通过座谈会、信箱等渠道加强同骨干类员工的联系与沟通，畅通信息交换通道，关爱骨干类人才的事业、家庭困难，调动骨干人才一心一意干事业的积极性，充分发挥“事业留人、情感留人”的最大效应。

第十三条　建立骨干员工离职约束制度。

（一）骨干员工在劳动合同期内未经同意擅自离开集团公司到其他企业工作，是严重的违约行为，集团公司除收取违约金外，还要求其必须赔偿因离职给企业造成的经济损失，包括集团公司招收录用其所支付的费用、助学金或定向培养费、集团公司为其支付的培训费用、对生产经营和工作造成的直接经济损失以及劳动合同约定的其他赔偿费用。

（二）骨干员工未经同意擅自离开集团公司，企业为其支付的学历教育学费全额收回。脱产学习的，企业为其在脱产学习期间支付的工资一并全额收回。

（三）骨干员工离开集团公司属涉密人员的，在脱密期限内不得从事相关工作，并且要严格保守国家和集团公司秘密，否则将依法追究泄密责任。给集团公司造成经济损失的，还要依法承担赔偿责任。属集团公司商业秘密涉密人员，在脱密期限内不得到与集团公司有竞争关系的企业从事相关工作，否则，要对给企业造成的经济损失依法承担赔偿责任。

第十四条　建立骨干类员工流失预警报告制度。建立骨干类员工流失预警报告制度，针对不同领域、不同类型的骨干类员工划分不同的预警级别。在骨干类人才分析盘点的基础上，预测可能存在的流失风险，实时监控各种风险源，对集团公司级以上的骨干员工出现流失倾向要及时向集团公司人力资源部门报告，并及时采取措施主动应对。

第十五条　建立系统外高级人才情报库。各分、子公司要建立系统外同业竞争领域高级人才情报库，通过多种途径和方式，及时跟踪了解系统外相关领域科研动态、前沿技术发展方向以及人才动向，为寻求合作、借鉴成果创造条件。

第四章　支撑类员工管理模式

第十六条　各分、子公司要建立按任务总量确定用人总量的市场化调控模式，引导支撑类员工的有序流动。

第十七条　严格控制支撑类员工总量。在对现有各类领域支撑类员工总量与结构分析的基础上，以满足单位年度科研、生产、经营任务需要为基础，制订人力资源增减预算，严格控制支撑类员工补充数量。

第十八条　新增支撑类员工，必须面向社会公开招聘，鼓励引进并稳定大专及以上学历人员，不得再新接收、录用中专（职高、技校）以下学历人员。经营管理和专业技术岗位新招聘引进人员，必须具备全日制大学本科及以上学历；关键技能岗位应当招聘高等职业技术学院毕业生。

第十九条　加强劳动合同管理。

（一）各分、子公司要进一步建立健全劳动合同管理制度。用人单位应与新引进支撑类员工签订劳动合同，合同期限一般不超过3年，并约定试用期。

（二）支撑类员工劳动合同到期，凡是工作不是急需的，应及时依法办理合同终止手续；对合同期内，出现解除劳动合同情况，及时办理解除劳动合同手续。

第二十条　支撑类员工岗位合同管理。

（一）用人单位与支撑类员工签订岗位合同，应明确规定员工上岗后的工作职责、任务目标、上岗期限、考核指标等内容。

（二）岗位合同的期限，应根据岗位特点与所承担的任务情况来确定。岗位合同期限为一年的，岗位合同经营目标可与年度工作任务书相结合。

第二十一条　建立“上岗、学习培训、待岗”动态管理模式。

（一）凡出现空缺岗位，应该按照“逢缺必竞”的原则，面向本单位发布竞聘公告，实行竞聘上岗。

（二）因任务不饱满岗位撤销，或者经考核，能力水平不符合岗位要求，进入学习培训岗，进行转岗培训或提高工作技能与水平后，参加其他新增或空缺岗位的竞聘。

（三）经学习培训后，工作能力、表现还不能达到岗位要求，列入待岗管理。待岗员工按当地最低生活保障标准发放基本生活费。

第二十二条　支撑类员工岗位薪酬与市场水平接轨，适度控制支撑类员工人工成本总额过快增长。

第五章　人员流动

第二十三条　结合事业发展需求，建立骨干类、支撑类员工动态流动机制，实现骨干类、支撑类员工的双向互动，有效盘活两类人才资源。

第二十四条　根据业务工作需要，当骨干类岗位出现空缺，鼓励具备资格条件的支撑类员工参加竞聘。

第二十五条　经考核，骨干类员工工作态度、能力水平及业绩不适应岗位要求的，应及时从骨干岗位上调整。

第六章　附则

第二十六条　各分、子公司根据本细则，结合本单位实际，制订具体改革实施方案，重点通过建立制度构建起员工分类管理模式。

第二十七条　本细则自印发之日起施行。

第二十八条　本细则由集团公司人力资源部负责解释。

六、企业劳动组织管理规范范文实例

公司劳动组织管理规范

第一章　总则

第一条　为规范劳动组织管理，科学合理配置人力资源，提高工作效率，促进集团公司又好又快发展，特制订本规范。

第二条　劳动组织管理包括集团公司内部组织结构设置、定岗、定责、定编、定员及劳动定额管理，其管理的目标是压缩总量、优化结构、精干高效。

第三条　本规范适用于集团公司及各分、子公司。

第二章　管理组织

第四条　集团公司劳动组织评审委员会及其办公室（办公室设在人力资源部），分、子公司人力资源部负责内部劳动组织调整、优化、评审及日常管理工作。

第五条　集团公司劳动组织评审委员会职责。

（一）负责集团公司，分子公司组织结构设置和优化调整的评审。

（二）负责集团公司，分、子公司部门职能的审定和调整。

（三）负责集团公司，分、子公司岗位设置和调整的评审。

（四）负责集团公司，分、子公司岗位职责的审定和调整。

（五）负责集团公司，分、子公司岗位定编和编制调整的评审。

（六）负责分、子公司产品劳动定额审批、修订及定额水平的评估。

（七）负责集团公司，分、子公司劳动组织调整其他相关工作评审。

第六条　集团公司劳动组织评审办公室职责。

（一）负责集团公司劳动组织评审委员会的会议组织和日常工作。

（二）负责收集集团公司，分、子公司上报的有关劳动组织调整意见。

（三）负责分、子公司组织结构、定岗、定责、定编、定员及劳动定额落实执行情况的检查、考核及指导。

（四）负责将劳动组织评审委员会关于劳动组织评审意见提交集团公司提名与薪酬考核委员会批准。

第七条　分、子公司人力资源部职责。

（一）负责拟定内部组织结构、定岗、定责、定编、定员调整优化建议。

（二）负责产品劳动定额的制订、修订及计件工资的核定。

（三）负责组织结构、定岗、定责、定编、定员调整优化以及劳动定额的组织落实。

第三章　日常管理

第八条　根据企业发展需要，集团公司及分、子公司要不断调整优化内部组织结构、岗位设置及人员结构。

第九条　每年初，集团公司人力资源部向分、子公司下达员工总量及人员结构调整指标，并纳入经营发展责任考核。

第十条　分、子公司要在集团公司核定的员工总量和结构范围内科学合理配置人力资源。

第十一条　分、子公司人力资源部应按集团公司要求，及时上报人力资源报表。

第四章　工作时间

第十二条　集团公司实行每周 5 天、每天 8 小时工作制，法定节假日照常休息，具体上下班时间根据季节进行调整。

第十三条　分子公司根据生产任务、设备能力、工艺规程、能源配置等情况，可增加生产部门、班组工作班次或调整上下班时间。

第十四条　分、子公司及基层单位根据生产工作任务，可适当安排员工加班。生产部门员工休息日加班，要安排串休、补休，不能串休、补休及法定节假日上班的员工，按国家相关法律、法规支付加班费。

第五章 附则

第十五条 本规范自印发之日起施行。

第十六条 本规范由集团公司人力资源部负责解释。

七、企业人力资源信息管理系统制度范文实例

公司人力资源信息管理系统制度

第一章 总则

第一条 为更有效地开展人力资源管理信息化建设工作，提高工作效率，保证系统安全、有效运行和信息规范、及时地流通，进而更好地帮助管理决策，特制订本制度。

第二条 本制度所称人力资源信息管理系统（以下简称信息管理系统），是指由计算机（包括相关和配套设备）为终端设备，利用计算机、软件、通信、网络等技术进行信息采集、处理、存储及传输的设备、技术、管理及信息的组合。

第三条 本制度适用于集团公司及各分、子公司。

第二章 管理责任制

第四条 信息管理系统为秘密级系统。

第五条 信息管理系统实行四级责任制管理。

（一）一级责任人由主管人力资源的集团公司领导担任，负责总体工作。

（二）二级责任人由集团公司人力资源部门负责人及各分、子公司主管人力资源的领导担任，负责具体工作。

（三）三级责任人由集团公司信息管理系统信息管理员（以下简称信息管理员）及分、子公司人力资源部门负责人担任，负责信息管理及日常维护的总体工作。

（四）四级责任人由集团公司及各分、子公司人力资源部门负责日常维护的工作人员担任，负责信息管理系统中具体模块的日常管理和维护工作。

第六条 信息管理系统各级责任人和工作人员应保证系统软硬件运行安全有效，上级责任人应定期检查本单位系统的运行状况，在出现问题应尽快予以解决；出现单位无法应对的问题应及时向集团公司信息管理员报告，信息管理员要尽快予以解决。如发现单位出现问题未解决的、不报送的，将追究各级责任人的相关

责任。

第七条 信息管理员应及时对系统数据进行更新维护，各分、子公司也应在日常工作中加大对系统的应用力度，并建立分析制度，定期结合本单位管理需要对系统数据进行多方面的分析。上级责任人应随时对系统数据进行检查，如发现错误信息，应立即责成信息管理员进行更新。集团公司将定期对各分子公司的系统应用情况进行专项检查，如发现应用较差、信息失真等情况，将追究各级责任人的相关责任。

第三章 信息管理员

第八条 信息管理员是信息化相关工作的最终执行者和责任人，对于本单位的信息化工作提出合理建议并有效落实。

第九条 信息管理员为核心涉密岗位。集团公司应选择政治素质高、业务素质好、责任心较强的业务骨干担任信息管理员。

第十条 信息管理员必须参加集团公司的统一培训，并经考试合格后，获得资格证书，持证上岗。

第十一条 信息管理员必须具备较丰富的计算机相关知识技能，能熟练操作信息管理系统，掌握一定的计算机硬件、软件、数据库及互联网知识。

第十二条 集团公司将协助集团定期对信息管理员进行考查。不合格者，取消其资格。

第四章 系统环境管理

第十三条 各分、子公司应不断加强系统环境建设，确保系统在安全可靠的环境下稳定、高效地运行。

第十四条 信息管理系统服务器运行的机房由集团公司计算机技术部门统一管理，信息管理员要建立严格的访问管理制度。

第十五条 运行信息管理系统的计算机和计算机局域网络务必与互联网物理隔离，禁止计算机与互联网相连接。

第十六条 对运行信息管理系统的计算机及网络设备进行专项备案，无关计算机严禁连入本网络。信息管理员负责系统整体网络维护和日常管理，每台接入系统的客户端计算机根据业务和使用需要明确责任人，负责计算机的使用管理和日常维护。

第十七条 系统服务器及客户端计算机应安装正版杀毒软件及防火墙，并定期进行升级更新。

第五章　应用管理

第十八条　各分、子公司应在日常工作中加强对信息管理系统的应用和管理，主管人力资源的领导及人力资源等相关部门工作人员应会操作使用信息管理系统，并保证其办公计算机内连通或安装了信息管理系统，通过系统对本单位数据信息进行查询分析。

第十九条　信息管理员负责系统应用的统筹管理，建立严格的系统接入和用户权限分配制度。

（一）系统信息管理员享有最高权限，可以对管理信息管理系统进行所有操作。

（二）集团公司及分、子公司领导人员，根据其业务分工，浏览查询单位信息、生产经营信息、项目信息、后备领导人员信息以及各类人员信息等，但不能增加、修改可删除人员记录。

（三）人力资源部门工作人员，根据所承担业务情况，可以进行增加、修改、查询信息等工作，但不能删除人员记录。

（四）其他部门领导人员，根据需要可以对本部门的人员情况进行查询浏览。

（五）如领导和工作人员在使用过程中发现问题，应及时与信息管理员联系，由信息管理员对系统进行更新维护。

第二十条　集团公司人力资源部门负责对应用系统的领导和人员进行培训，使其能够熟练应用信息管理系统。

第二十一条　严格控制拥有信息修改权限的用户，严禁使用他人用户登录系统。如发现系统被人为破坏，将追究其用户的相关责任。

第二十二条　集团公司人力资源定期报表是信息管理系统数据维护的重要组成部分，各分、子公司人力资源部门在每月二十五日前将本月定期报表报送集团公司人力资源部门。各分、子公司人力资源部门主管信息管理系统日常管理与维护的工作人员要在定期报表中详细列出本部门在本月对信息管理系统的维护和修改情况。此表要有本部门负责人签字，以留存备案。

第二十三条　信息管理系统年终总结时要结合人力资源报表一起审核，各分、子公司要保证报表数据准确。年终审核时，要将数据不一致之处附以说明。

第六章　安全保密管理

第二十四条　信息管理系统为核心机密，建立严格的访问控制管理办法，严禁无关人员参观访问。

第二十五条　信息管理系统所在服务器及网内计算机均为涉密计算机，由集团公司保密部门负责管理，严防信息泄露。

第二十六条　建立相关应急预案。

第七章　信息管理

第二十七条　集团公司及各分、子公司应加强对各种信息载体的管理，对处理人力资源信息的载体进行登记备案，定期进行保密处理。使用移动存储设备（如U盘、软盘、光盘、移动硬盘）外出时要经保密部门审核批准。

第二十八条　严禁使用私人载体存储人力资源信息。

第二十九条　无论以任何渠道向集团报送信息管理系统及相关数据，在数据传输前必须用集团提供的加密软件对数据进行加密处理。

第三十条　信息管理系统数据打印、拷贝、报送等操作要建立备案制度，确保信息不传送到无关人员。

第八章　系统更新维护

第三十一条　系统信息更新维护工作秉承“以业务应用带动信息更新，以信息更新促进业务应用”的原则，各分、子公司应在日常应用系统的过程中对其数据进行更新维护。

第三十二条　信息更新维护严格执行四级责任制，层层负责，层层把关。

第三十三条　各级信息维护人员在每月五日前完成对上月变动信息的更新维护工作。

第三十四条　信息管理员至少每周对信息管理系统的数据备份一次，并将备份数据进行异地存放。

第九章　附则

第三十五条　本制度自印发之日起施行。

第三十六条　本制度由集团公司人力资源部负责解释。

八、企业人力资源预算管理制度范文实例

公司人力资源预算管理制度

第一章　总则

第一条　为更好地适应市场经济需要，建立具有自主工业特色的人力资源调控管理模式，规范集团公司人力资源配置管理工作，特制订本制度。

第二条　人力资源预算管理是根据本单位发展战略目标和事业发展需求，在

对人员现状分析和供求预测的基础上，以人力资源能够按事业需求实现余缺平衡、配置最优为目的，对一定时期内人力资源补充、调整、分流安置的配置情况进行预期控制的管理办法。

第三条　人力资源预算单位范围包括列入财务决算并表范围的全部单位，人员范围包括在集团公司及各分、子公司就业并获得劳动报酬的各类从业人员。

第四条　人力资源预算管理工作的指导思想。

紧紧围绕集团公司发展战略目标，以科学发展观为指导，以提升人力资源基础能力建设为目的，以提高人才素质和优化人才资源结构为重点，以构建体系化、充满生机与活力的新型用人机制为手段，通过加强人力资源预算管理，建设一支整体素质适应发展要求、人员总体规模适度、专业配套齐全、重点领域突出及层次、学历、年龄等配比结构合理的员工队伍，为集团公司事业的发展提供人力资源基础保障。

第五条　人力资源预算管理的基本原则。

数据真实，有理有据；科学预测，规范管理；提升素质，优化结构；余缺平衡，动态调控。

第二章　编制程序

第六条　人力资源预算管理根据人力资源总体规划和年度生产经营目标，在岗位分析、职位说明以及科学评价各类人员素质及能力的基础上制订。

第七条　人力资源预算主要以“人力资源现状分析表”、“需补充人力资源数量与渠道情况表”、“人力资源需求分析明细表”、“人力资源需分流安置情况分析明细表”、“人力资源预算报告”等形式反映。

（一）“人力资源现状分析表”全面反映某一时间点上的人力资源现状。

（二）“需补充人力资源数量与渠道情况表”反映预算期内人力资源补充的数量与渠道情况。

（三）“人力资源需求分析明细表”反映对人力资源需求实际情况。

（四）“人力资源需分流安置情况分析明细表”反映需分流安置的人力资源情况。

（五）“人力资源预算报告”以文字形式说明人力资源预算相关情况及附加说明内容。

第八条　人力资源预算编制按照上下结合、分级编制、逐级汇总的程序进行。

（一）编制报送。各分、子公司根据本单位人才发展目标和年度生产经营任务情况，按照本单位人力资源预算管理程序，组织制订人力资源预算方案，于每年十二月底前报送集团公司人力资源部门。

（二）审查平衡。集团公司人力资源部门对各分、子公司报送的人力资源预算方案进行审查、汇总，提出综合平衡建议。在审查、平衡过程中，应当进行充分协调，对发现的问题提出初步调整意见，并反馈给有关单位予以修正。

（三）审议批准。集团公司人力资源部门在统一平衡调整的基础上，编制集团公司人力资源预算草案，提交集团公司领导审议同意后，上报集团审批。

（四）下达执行。集团审批后，集团公司人力资源部门分解具体指标，下发各分、子公司执行。

第三章 执行与控制

第九条 人力资源预算一经批复下达，集团公司及各分、子公司必须认真组织实施，将指标层层分解，从横向和纵向落实到各部门、各岗位，形成全方位的预算执行责任体系。

第十条 对于需补充的人力资源，要严把“入口”，按照人力资源需求预算通过各种途径和方式进行招聘。

第十一条 对于需分流安置的人员，要按照人力资源分流安置预算，积极创造就业和再就业渠道，进行分流安置。

第十二条 积极发挥集团公司内部人才市场的作用，通过系统内部人才的有序交流和柔性流动，整合集团公司人力资源，逐步形成具有本企业特色的人才供求管理模式。

第十三条 建立人力资源预算报告制度，各分、子公司定期向集团公司报告预算的执行情况。对于预算执行中发生的新情况、新问题及出现偏差较大的变化，应当查找原因，提出改进措施和建议。

第十四条 建立人力资源预算定期分析制度，及时掌握预算的执行情况，研究、落实解决预算执行中存在问题，纠正预算的执行偏差。

第四章 调整

第十五条 正式下达执行的人力资源预算方案，一般不予调整。集团公司及各分、子公司在执行中由于市场环境、经营条件、政策法规等发生重大变化，致使人力资源预算的编制基础不成立，或者将导致预算执行结果产生重大偏差的，人力资源预算可进行调整。

第十六条 调整人力资源预算，应当由集团公司人力资源部门提出书面报告报送集团。报告要阐述人力资源预算执行情况、客观因素变化情况及其对人力资源预算执行造成的影响程度，提出预算的调整幅度。

第十七条　预算年度终了，各分、子公司要向集团公司人力资源部门报告人力资源预算执行情况，对本年度预算执行情况和存在的问题提出专门报告。

第五章　附则

第十八条　各分、子公司可参照本制度，制订本单位人力资源预算管理实施办法。

第十九条　本制度自印发之日起施行。

第二十条　本制度由集团公司人力资源部负责解释。

九、企业人力资源综合管理制度范文实例

公司人力资源综合管理制度

第一章　总则

第一条　为使本人事作业规范化、制度化及统一化，使公司员工的管理有章可循，提高工作效率和责任感、归属感，特制订本制度。

第二条　适用范围。

（一）本公司员工的管理，除遵照国家和地方有关法令外，都应依据本制度办理。

（二）本制度所称员工，系指本公司聘用的全体从业人员。

（三）本公司如有临时性、短期性、季节性或特定性工作，可聘用临时员工，临时员工的管理依照合同或其他相应规定，或者参照本规定办理。

（四）关于试用人员、实习人员，新进员工的管理参照本规定办理或订之。

第二章　录用

第三条　本公司各部门如因工作需要，必须增加人员时，应先依据人员甄选流程提出申请，经本系统总经理或主管副总经理批准后，由人力资源部统一纳入聘计划并办理甄选事宜。

第四条　本公司员工的甄选，以学识、能力、品德、体格及适合工作所需要条件为准。采用考试和面试两种，依实际需要任择其中一种实施或两种并用。

第五条　新进人员经考试或面试合格和审查批准后，由人事部门办理试用手续。原则上员工试用期为三个月，期满合格后，方得正式录用；但成绩优秀者，可适当缩短其试用时间。

第六条　试用人员报到时，应向人力资源部送交以下证件。

（一）毕业证书、学位证书原件及复印件。

（二）技术职务任职资格证书原件及复印件。

（三）身份证原件及复印件。

（四）一寸半身免冠照片两张。

（五）试用同意书。

（六）其他必要证件。

第七条　凡有下列情形者，不得录用。

（一）剥夺政治权利尚未恢复者。

（二）被判有期徒刑或被通缉，尚未结案者。

（三）吸食毒品或有其他严重不良嗜好者。

（四）贪污、拖欠公款，有记录在案者。

（五）患有精神病或传染病者。

（六）因品行恶劣，曾被政府行政机关惩罚者。

（七）体格检查不合格者。经总裁特许者不在此列。

（八）其他经本公司认定不适合者。

第八条　员工如系临时性、短期性、季节性或特定性工作，视情况与本公司签订“定期工作协议书”，双方共同遵守。

第九条　试用人员如因品行不良，工作欠佳或无故旷工达一定次数者，可随时停止试用，予以辞退。

第十条　员工录用分派工作后，应立即赴所分配的单位工作，不得无故拖延推诿。

第三章　工作

第十一条　员工应遵守本公司一切规章、通告及公告。

第十二条　员工应遵守下列事项。

（一）忠于职守，服从领导，不得有敷衍工作、躲避责任的行为。

（二）不得经营与本公司类似或职务上有关的业务，不得兼任其他公司的职务。

（三）全体员工必须不断提高自己的工作技能，强化品质意识，圆满完成各级领导交付的工作任务。

（四）不得携带违禁品、危险品或公司规定其他不得带入生产、工作场所的物品进入公司。

（五）爱护公物，未经许可不得私自将公司财务携带出公司。

（六）工作时间不得中途任意离开工作岗位，如需离开应向主管人员请准后方可离开。

（七）员工应随时注意保持作业地点、宿舍及公司其他场所的环境卫生。

（八）员工在作业时，不得怠慢、拖延，不得从事与本职工作无关的事项。

（九）员工应团结互助、同舟共济，不得有吵闹、打架斗殴、搬弄是非、挑拨离间或其他扰乱公司正常生产、工作秩序的行为。

（十）不得假借职务或职权之便贪污、徇私舞弊、索贿受贿或以公司名义在外招摇撞骗。

（十一）员工对外接洽业务，应坚持有理、有利、有节的原则，不得有损害公司名誉的行为。

（十二）各级主管领导应加强自身修养，领导所属员工同舟共济，鼓舞员工士气，振奋公司精神，加强员工的主人翁责任感、自豪感、安全感及归属感。

（十三）按时上下班，不得无故迟到、早退、旷工。

第十三条　部门经理以下员工应亲自打卡计时，不给人或代人打卡，否则双方均按旷工一天处理。

第十四条　实行弹性工作制的员工，采取的考勤方法为：由各部门主管记录工作人员的工作时间（含加班时间），本人确认，部门备案。

第十五条　员工如有迟到、早退或旷工等情形，依下列规定处理。

（一）迟到、早退。

1．员工均需按时上、下班，工作时间开始后15分钟内到班者为迟到。

2．工作时间终了前15分钟内下班者为早退。

3．员工当月内迟到、早退合计每3次以旷工半天论。

4．超过15分钟后打卡者以旷工半天论。因公外出或请假经员工所在部门主管在卡上签字或书面说明者除外。

5．无故提前15分钟以上下班者，以旷工半天论。因公外出或请假者需经员工所在部门主管签字证明。

6．上、下班而忘打卡者，应由部门主管在卡上或有效工作时间考核表上签字。

（二）旷工。

1．未经请假或假满未经续假而擅自不到职以旷工论处。

2．委托或代人打卡或伪造出勤记录者，一经查明属实，双方均以旷工论处。

3．旷工者，扣发当月奖金。

4. 连续旷工 3 天或全月累计旷工 6 天或一年累计旷工达 12 天者，予以扣发当年奖金。

第四章　待遇

第十六条　本公司依照兼顾企业的维持与发展和工作人员生活安定及逐步改善的原则，以贡献定报酬、凭责任定待遇，给予员工合理的报酬和待遇。

第十七条　员工的基本待遇有工资、奖金、伙食补贴及季节补贴。员工成为责任人员后可享有安全退休基金和购房减让基金等待遇。

第十八条　月薪工资在月月底前发计算所或存入员工在内部银行的账户。新进人员从报到之日起薪，离职人员自离职之日停薪，按日计算。

第五章　休假

第十九条　员工享有国家规定的假日。

由于业务需要，公司可临时安排员工于法定的公休日、休假日照常上班。其上班期间，工资按国家规定发放。

第二十条　一般员工连续工龄满一年时间，每年可获得探亲假一次，假期为二十二天。员工探亲假期间，原待遇不变。

第二十一条　成为责任人员的员工除享受探亲假外，实行休假制度，假期每年为15天，可以累积使用，不能提前支用。责任人员休假的路费及食宿费用自理。

第二十二条　探亲可以报销单程飞机经济舱、来回程硬卧票及来回程长途汽车票，此外超支由本人负责。

第二十三条　夫妻在同一城市工作的员工不能享受探亲的路费报销，可以享受假期。连续工龄每满四年可报销一次探望父母的路费，不另给探亲假。

第二十四条　员工探亲或休期一般不报销医药费，但经批准带有疗养性的休假的职工和因患重病或传染病并经县级以上医院证明的职工，可适当报销医药费。

第二十五条　春节休假或探亲的员工，不在 15 天休假以外再增加春节假，在公司工作的职工按国家规定的假期休息。需安排加班或值班的，按国家相关的规定付给加班工资，若安排补休，则不计发加班工资和值班补贴。

第二十六条　对于放弃休假或探亲假的员工，公司给予其应休假当月全部收入的奖励。

第六章　请假

第二十七条　员工请假和休假可分为八种，其分类、审批及薪资规定见本制度附表。

第七章 加班

第二十八条 公在生产可于工作时间以外，指定员工加班；被指定的员工，除因特殊事由经主管批准者外，不得拒绝。

第二十九条 生产系统人员加班，事先由主管人员填写“加班申请表”经部门经理级人员批准后加班，每人每月加班不得超过44小时。

第三十条 加班费的计算：一般员工加班工作时间记为员工的有效工作时间，以半小时为计算单位，加班工资按原工资标准的两倍计算。在国家法定节假日加班，有效工作时间按实际加班工作时间计算，加班工资按原标准的三倍计算。

第三十一条 责任人员平时加班工作时间，经部门经理认有效工作时间，不计发加班工资，在考核月度奖金中加以考虑。但在法定节假日加班时，按原工资的三倍计发加班工资。

第三十二条 如在加班时间内擅离职守者，除不计有效工作时间外，就其加班时间按旷职（工）论处。

第八章 出差

第三十三条 公司根据需要安排员工出差，受派遣的员工无特殊理由的应服从安排。

第三十四条 员工出差在外，应注意人身及财物安全，遵纪守法，按公司规定的标准使用交通工具，合理降低出差费用。

第三十五条 公司对出差的员工按规定标准给报销住宿和交通费用，并给予一定的生活补贴，具体标准见公司的具体意见办理。

第三十六条 出差人员返回公司后，应及时向主管叙职，并按规定报销或核销相关费用。

第九章 培训

第三十七条 为提高全体职工的知识技能及发挥其潜力，使本公司的人力资源能够适应公司日益发展的需要，公司将举办各种教育培训活动。被指定参加公司举办各种教育培训活动的员工，不得无故缺席，确有特殊原因的，应按公司的相关请假制度来执行。

第三十八条 新员工进入公司后，必须接受公司概况与发展的培训以及不同层次、不同类别的岗前专业培训，且培训时间应不少于20小时，合格后方可上岗。新员工培训由公司根据人员录用的情况安排，在其进入公司的前3个月内进行，培训不合格者不再继续留用。

第三十九条 员工调职前，必须接受将要调往岗位的岗前专业培训，直到能满足该岗位的上岗要求。特殊情况经将调往部门的主管副总经理同意，可在适当的时间另行安排培训。

第四十条　对于培训中成绩优秀者，除通报表彰外，可根据情况给予适当物质奖励；未能达到者，则适当延长其培训期。

第四十一条　公司所有员工的培训情况均应登记在其相应的《员工培训登记卡》上，而《员工培训登记卡》由人力资源部保存在员工档案内。

第四十二条　公司对员工在业余时间（不影响本职工作和任务的完成）内，在公司外接受教育和培训予以鼓励，并视不同情况给予全额报销或部分报销学杂费，以及承认其教育和培训后的学历等支持。

第十章　调职

第四十三条　公司基于业务上的需要，可随时调动员工的职务或工作地点，被调员工不得借故拖延或拒不到职。

第四十四条　各部门主管在调动员工时，应充分考虑其个性、学识及能力，务使“人尽其才，才尽其用，才职相称”。

第四十五条　员工接到调动通知书后，限在一个月内办委移交手续，前往新职部门报到。

第四十六条　员工调动，如驻地远者，按出差规定支给差旅费。

第十一章　保密

第四十七条　员工所掌握的有关公司的信息、资料及成果，应对系统上级领导全部公开，但不得向其他人公开或透露。

第四十八条　员工不得泄露业务或职务上的机密。凡涉及公司的信息，必须在上级领导许可后，方可对外发表。

第四十九条　明确职责，对于非本人工作职权范围内的机密，做到不打听、不猜测，不参与消息的传播。

第五十条　非经发放部门或文件管理部门允许，员工不得私自复印和拷贝有关文件。

第五十一条　树立保密意识，凡涉及公司机密的书籍、资料、信息及成果，员工应妥善保管，若有遗失或有人窃取，应立即向上级主管汇报。

第五十二条　发现其他员工有泄密行为或非本公司人员有窃取机密行为和动机，应及时制止并向上级领导汇报。

第十二章　考核

第五十三条　员工考核分为以下两种。

（一）试用考绩：员工试用期间（3个月）由试用部门主管负责考核，期满考核合格者，填具“试用人员考核表”经总经理或主管副总经理批准后正式录用。

（二）平时考核：由各部门依照通用的考核标准和具体的工作指标考核标准进行，通用的考核标准和考核表由人力资源部与总经理办公室共同拟制及修订，具体的工作指标考核标准由部门经理负责拟制及修订。部门经理及其以上人员每6个月考核一次，其他人员每3个月考核一次，特殊人员可由总经理或副总经理决定其考核的密度。

第五十四条　部门经理以下人员的考核结果由各部门保存，作为确定薪酬、培养晋升的重要依据。部门经理及其以上人员的考核结果由总经理办公室保存，作为确定部门业绩、对部门的评价及其薪酬、奖励、调职的依据。

第五十五条　考核人员，应严守秘密，不得有营私舞弊或贻误行为。

第十三章　奖惩

第五十六条　员工的奖励分为以下三种。

（一）嘉奖：由员工的直属主管书面提出，部门经理批准，奖给不超过200元的现金或纪念品。

（二）表彰：由员工所在部门经理书面提出，主管副总经理批准，奖给不超过1000元的现金或纪念品，同时由主管副总经理签署表彰证书。

（三）特别奖：由员工所在部门的经理书面提出，主管副总经理及相关委员会评议，总经理批准后，并由人力资源部备案，每年公布一次。员工除奖给一定额度的奖金和发给由公司总经理签署的证书外，可根据实际情况晋升1～3级工资。

第五十七条　有下列情形之一者，给予嘉奖。

（一）品行端正，工作努力，按时完成重大或特殊工作任务者。

（二）培训考核，成绩优秀者。

（三）热心服务，有具体事迹者。

（四）有善行佳话，足为公司增添荣誉者。

（五）在艰苦条件下工作，足为楷模者。

（六）节约物料或对废料进行再利用，卓有成效者。

（七）检举违规行为或为公司挽回损失者。

（八）发现职责外的故障，予以速报或妥善处理，并有效防止损害者。

第五十八条　有下列情形之一者，予以表彰。

（一）对生产或管理制度提出改进建议，经采纳实施，卓有成效者。

（二）遇到灾难，勇于负责，处理得当者。

（三）遇到意外或灾害，奋不顾身，不避危难，并因此减少公司损失者。

（四）维护员工安全，冒险执行任务，确有功绩者。

（五）维护公司重大利益，避免公司遭受重大损失者。

（六）有其他重大功绩者。

第五十九条 有下列情形之一者，授予特别奖。

（一）创造发明，对公司有贡献，并使综合成本降低，利润增加较大者。

（二）兢兢业业，不断改进工作，业绩突出者。

（三）热情为用户服务，经常得到用户书面表扬，为公司赢得较高信誉，成绩突出者。

（四）开发新客户，市场销售成绩显著者。

（五）对有其他特殊贡献，足为全公司表率者。

第六十条 员工的惩罚分为以下五种。

（一）罚款。由主管或有关部门负责人书面提出，员工所属部门经理批准后执行。

（二）批评。由员工的主管或有关部门负责人书面提出，报员工所属部门备案。

（三）记过。由员工所属部门经理书面提出，主管副总经理审核、批准，报人力资源部执行，并下达通知。同时，受记过处分者扣发当月奖金。

（四）降级。由员工所属部门经理书面提出，主管副总经理审核批准后报人力资源部执行，并下达通知。

（五）除名。由员工所属部门经理书面提出，主管副总经理批准后报人力资源部执行，并下达通知。

第六十一条 有下列情形之一者，予以罚款或批评。

（一）工作时间，擅自在公司推销非本公司产品者。职责所需，经批准者不在此限。

（二）上班时间，擅离岗位，怠慢工作者。

（三）因个人过失导致发生错误，情节轻微者。

（四）妨碍工作或团队秩序，情节轻微者。

（五）不服从主管人员合理指导，情节轻微者。

（六）不按规定穿着或佩戴证件、标识上班者。

（七）不能适时完成重大或特殊交办任务者。

（八）对上级指示或有期限的命令，无故未能如期完成者。

（九）在工作场所喧哗、吵闹，妨碍他人工作而不听劝告者。

（十）对同事恶意侮辱或陷害，制造事端者。

（十一）工作中酗酒以致影响自己和他人工作者。

（十二）因疏忽导致设备、材料等公司财物遭受损失或者伤及他人，情节较轻者。

（十三）未经许可携带外人到生产和科研场所逗留者。

（十四）公司另文规定其他应处罚款或批评的行为。

第六十二条　有下列情形之一者，予以记过。

（一）擅离职守，致公司受较大损失者。

（二）损毁公司财物，造成较小损失者。

（三）怠慢工作，擅自变更作业方法，使公司蒙受较大损失者。

（四）一个月内受到批评超过3次者。

（五）一个月内旷工累计达2天者。

（六）未经使用人同意或违反使用制度，擅自操作仪器、设备、车辆等安全性要求较高的工具者。

（七）道德行为不合社会规范，影响公司声誉者。

（八）其他重大违反规定者。

第六十三条　有下列情形之一者，予以降级。

（一）未经许可，兼营与本人同类业务，或者在其他公司兼职者，或者在外公司兼营事务，影响本公司业务者。

（二）一年中记过两次者。

（三）散播不利于公司名誉的谣言或挑拨公司与员工的感情，实际影响较轻者。

（四）在工作场所制造私人物件或指使他人制造私人物件者。

第六十四条　有下列情形之一者，予以除名。

（一）对同事以暴力威胁、恐吓，影响团体秩序者。

（二）殴打同事，或者相互斗殴者。

（三）在公司内赌博者。

（四）偷窃公司或同事财物经查属实者。

（五）无故损毁公司财物，损失重大，或者撕毁、涂改公司重要文件者。

（六）在公司工作期间，受刑事处罚者。

（七）一年中已降两次者。

（八）无故旷工3天，或者全月累计旷工6天，或者一年旷工累计达12天者。

（九）煽动怠工或罢工者。

（十）吸食毒品或有其他严重不良嗜好者。

（十一）伪造或盗用公司印章者。

（十二）故意泄露公司技术、营业的机密，致使公司蒙受重大损失者。

（十三）营私舞弊，挪用公款，收受贿赂者。

（十四）利用公司名义在外招摇撞骗，致使公司名誉受损害者。

（十五）参加非法组织者。

（十六）有不良行为，道德败坏，严重影响公司声誉或在公司内造成严重不良影响者。

（十七）其他违反法令、规则或规定情节严重者。

第十四章　福利

第六十五条　公司为全体员工办理医疗保险，其费用由公司支付。

第六十六条　责任人员在责任岗位工作期间，除享受上述医疗保险费用外，还可报销护理费、疗养费及保健费用。有重大贡献的特别责任人员必要时可去国外治疗，费用全部由公司承担。

第六十七条　公司负责组织新进员工进行体检，费用由公司承担。

第六十八条　服从公司住房安排的员工，公司予以一定的住房补贴。

第六十九条　本公司依据有关劳动法的规定，发给员工年终奖金。年终奖金的评定方法及额度由公司根据经营情况确定。

第十五章　资遣

第七十条　若有下列情形之一，公司可对员工予以资遣。

（一）停业或转让时。

（二）业务紧缩时。

（三）不可抗拒力暂停工作在一个月以上时。

（四）业务性质变更，有减少员工的必要，又无适当工作可安置时。

（五）员工对所担任的工作确不能胜任，且无法在公司内部调整时。

第七十一条　员工资遣先后顺序。

（一）历年平均考核成绩较低者。

（二）工作效率较低者。

（三）在公司服务时间较短，且工作能力较差者。

第七十二条　员工资遣通知日期。

（一）在公司工作三个月以内（含三个月）者，随时通知。

（二）在公司工作三个月以上未满一年者，于10天前通知。

（三）在公司工作一年以上未满三年者，于20天前通知。

（四）在公司工作三年以上者，于30天前通知。

第七十三条　员工自行辞职或受处罚被除名声，不按资遣处理。

第七十四条　员工资遣，按下列规定发给资遣费。

（一）在公司工作三个月以内（含三个月）者，按当月实际工作天数计发工资并发给路费300元。

（二）在公司连续工作三个月以上未满一年者，发给其资遣当月的工资，另发给500元路费和150元礼品费。

第十六章　辞职

第七十五条　员工因故不能继续工作时，应填具《辞职申请》经主管报公司人力资源部批准后，办理手续。并视需要，开具《离职证明》。

第七十六条　一般员工辞职，需提前一月提出申请：责任人员辞职，根据密级的不同，需提前2～6个月提出辞职申请。

第七十七条　辞职的手续和费用结算，按公司相关规定办理。

第十七章　生活与娱乐

第七十八条　公司向员工提供部分生活用具，并有组织地开展一些文体娱乐活动，以满足员工的基本需要。

第七十九条　公司鼓励员工自己解决住房问题，并向新员工提供一定的房租补贴以减轻员工的实际困难。

第八十条　员工租用公司住房时，应按实际价格交纳房租、水电费、管理费及其他费用。

第八十一条　公司向员工提供膳食服务，并按实际价格向员工收取餐费。

第八十二条　公司设立生活协调委员会来统筹安排和组织员工的文体活动，各部门也可按生活协调委员会的安排自行组织员工进行健康的文体活动，活动经费由生活协调委员会适当补贴。

第八十三条　公司反对员工生活上的腐化，禁止员工参加消磨意志的活动和违反国家法律、法令、法规的活动。

第十八章　安全与卫生

第八十四条　本公司各部门应随时注意工作环境安全与卫生设施，以维护员工身体健康。

第八十五条　员工应遵守公司有关安全及卫生各项规定，以保护公司和个人的安全。

第十九章　附则

第八十六条　其他相关办法的制订。

公司员工的国外出差、考核、职位职级晋升、年终奖发放、荣誉退休、抚恤各种津贴给付以及派赴港澳、国外人员管理等事项的相关办法另行制订。

第八十七条　本制度解释权、修改权归公司总经理办公室。

第八十八条　本制度自颁布之日起生效。

十、企业人力资源管理办法范文实例

公司人力资源综合管理办法

第一章　总则

第一条　为使本公司员工管理有所遵循，特制订本办法。

第二条　有效范围。

（一）本公司员工管理，除遵照国家、当地政府及本公司相关政策、法规外，悉依本规则办理。

（二）本规则中员工，系指本公司录用人员而言。

第二章　录用

第三条　本公司各部门因业务需要，需增加人员时，应按“新进人员录用事物处理流程规定”，提出申请至人力资源部，经总经理核准后，由人力资源部办理甄选事宜。

第四条　新进人员经审查、面视、考试或测验合格后，由人力资源部办理《试用申请表》。原则上，项目人员试用三个月，管理人员及服务人员试用一个月。期满经考核合格者，可转为正式员工；成绩优良者，可缩短其试用时间。

第五条　试用人员如有品行不良或工作欠佳或无故旷工者，可随时停止试用，予以解聘。

第六条　试用人员报到时，应向人力资源部缴验下列表件。

（一）户口本、身份证。

（二）最后工作单位的离职证明；应届毕业生须出具毕业证书、学历证书、英语级别考试成绩单。

（三）近三个月内免冠照片。

（四）有关人事资料及其他必要证件。

第七条　凡有下列情况者，不得录用。

（一）被剥夺政治权利者。

（二）受有期徒刑判决或正在被通缉，尚未结案者。

（三）原单位属于破产宣告，尚未解除劳动合同者。

（四）吸食毒品或其他代用品者。

（五）有亏欠公款受处罚前科者。

（六）患有精神病和传染病者。

（七）品性恶劣曾被开除者。

（八）身体不适合其岗位工作者。

第八条　员工一经正式录用，从事临时性、短期性、季节性及特定性工作，视情况应与公司签订“定期工作协议书”，双方必须共同遵守。

第三章　纪律

第九条　员工应遵守公司一切规章、通告及公告。

第十条　员工应遵守下列事项。

（一）尽忠职守，服从上级安排，不得阳奉阴违或敷衍塞责。

（二）不得经营与本公司类似及职务上有关联的业务，或者兼任其他同行业企业的职务。

（三）全体员工应该努力提高工作技能，工作上精益求精，提高工作效率。

（四）不得泄露业务或职务上的机密，或者借职务之便，贪污舞弊，接受招待，或者以公司名义在外招摇撞骗。

（五）不得携带违禁品、危险品或与工作无关的物品进入工作场地。

（六）不得私自携带公物离开公司。

（七）未经主管或部门负责人允许，不得进入中央机房、变电室、软件测试室、仓库及其他重要地点。工作时间不许随意离开岗位，接见亲友和谈话。如需离开和谈话，应向主管领导请示。

（八）员工每天应注意保持工作场所及公共场所的清洁。

（九）员工工作时应全神贯注，严禁工作时间看杂志、报纸、玩电子游戏、网上聊天。

（十）同事之间应通力合作，同舟共济，不吵闹、斗殴，不得互相聊天、闲谈、搬弄是非，以维护正常的工作秩序。

（十一）员工按规定上下班，不得迟到早退。

（十二）员工每天工作时间8小时，上下班采取刷卡制，每人必须亲自刷卡，不得拖人或受托刷卡，否则，双方各罚款200元。

（十三）员工如有迟到、早退、旷工、工作时间玩游戏、聊天、炒股等，视具体情况给予下列处分。

1．员工工作时间为8：00～17：00，工作时间开始后3～15分钟到达者视为迟到。工作时间终了前15分钟内下班者视为早退。迟到、早退一次均罚款50元，拨入福利金。

2．员工3天内没有请假，也没有请假条或假满未经续假而擅自不到职以旷工论处。员工旷工不发工资及津贴；无故连续旷工3天，或者全月无故旷工累计6天，或者一年累计旷工达12天者，予以解聘，不发给资谴费。

3．工作时间上网玩游戏聊天，一经发现扣除该员工3个月奖金，扣除其整个部门一个月奖金，并在公司内通报。

4．工作时间炒股者，予以除名处理。

第四章　待遇

第十一条　公司本着劳资兼顾，按劳取酬原则，根据行业特点和市场价位，本公司已打破资历、学历、岗级、职称、职务及工资岗级界限，一切待遇凭贡献大小获取。采取绩效考核、日常考核与待遇挂钩办法，给予员工合理待遇（其待遇标准按本公司每月效益情况而调整）。

第十二条　公司正式员工的待遇分为以下三种。其中，本薪和津贴是本公司的保底待遇。

（一）本薪。按公司岗位工资待遇确定。

（二）津贴。按公司津贴标准确定。

（三）奖金。

1．效益奖。依公司效益而定，项目组依据完成效益指标而定，每人依据每月考核成绩而定。

2．项目奖。根据每个项目完成的阶段性成果及最终成果，为鼓励项目人员而定。该奖金随本公司效益奖金一同发放。

3．年终奖。依公司当年效益实际情况而定。

第五章　休假

第十三条　员工除双休日休息外，还享受国家和公司规定休假日和各种福利待遇。

第十四条　休假日期间薪资及津贴照给，如必须加班时，应征得员工同意，按国家及企业规定办理。

第十五条　员工享有公司规定的休假政策。

（一）助理工程师全年给予 7 天休假。

（二）工程师全年给予 14 天休假。

（三）工龄 20 年以上的工人全年给予 7 天休假。

（四）员工连续工作满一年期限，每年给予特别休假。

第十六条　员工特别休假，由劳资和员工双方在以不妨碍工作的原则下，先约定休假日，并按请假程序办理。

第十七条　特别休假因工作未休者，公司应给予一次性薪资，年终一次性结算。

第十八条　下岗人员及长期培训人员不予特别休假。

第六章　请假

第十九条　员工请假类别包括八种。

第二十条　有下列情况之一者，予以开除且不发资遣费。

（一）殴打同志，造成他人身体损坏者。

（二）在公司内赌博。

（三）偷窃或侵占同事、公司财物经查属实者。

（四）未经许可，兼任其他职务或兼营与本公司同类业务者。

（五）在公司工作期间，受刑事处分者。

（六）一年中记过两次以上者。

（七）无故连续旷工 3 天，或者全月累计旷工 6 天以上者。

（八）散播不利于公司的谣言，或者挑拨劳资双方关系者。

（九）伪造或盗用公司印章者。

（十）故意泄露公司技术、营业机密，使公司蒙受重大损失者。

（十一）利用公司名誉在外招摇撞骗，使公司名誉受损害者。

（十二）擅离职守、引起事故，导致公司蒙受重大损失者。

（十三）其他违反国家法规或本规章且情节严重者。

第二十一条　员工功过抵消规定。

（一）嘉奖与警告相抵消。嘉奖次数与警告次数相抵消。

（二）功过抵消以发生于同一年内者为限。

第七章　考核

第二十二条　员工考核分四类。

（一）试用考核。员工试用期间，由试用部门主管负责考核，期满考核合格者，由部门经理填写“转正申请”报人力资源部，总经理审批后，方可正式录用。

（二）见习考核。每年全国各院校新毕业的大学生，见习期为一年，见习期间按公司的规定和要求来见习、管理、考核。

（三）平时考核。各部门领导根据各部门工作性质，每月对所属员工就其工作的考核要素和每个人综合考核情况按自定的比例进行考核、打分、排序。

（四）年度考核。依平时考核分数得出每人年终考核分数，在本部门中打分、排序。

第二十三条　各部门考核成绩满分为 100 分，年终考核末尾者，转岗或下岗培训，培训后每人给三次上岗机会，如仍未上岗者，停止培训资格，每月发给基本生活费，每年淘汰一次。

第二十四条　员工年度考核定于每年年底举行，由部门领导组织本部门人员总结后打分、排序。

第八章　加班

第二十五条　本部门根据工作需要，可于工作时间以外指定员工加班。

第二十六条　员工加班事先由部门主管申请，呈部门经理核准后方可加班，同时应报人力资源部备案。

第二十七条　加班员工需持加班审批单据进入办公楼内，否则保安人员有权拒绝其进入办公楼内。

第二十八条　员工加班需按规定打卡，否则其加班视为无效，不发给加班补助。

第二十九条　加班费计算，依国家和公司的相关规定执行。

第三十条　员工加班情况，由其部门按月随考勤统计备查。

第九章　出差

第三十一条　员工出差分长程出差和短程出差，凡当天能往返者，称为短程出差；一天以上者，称为长程出差。

第三十二条　长程出差及短程出差实施办法，请见《公司差旅费管理制度》。

第十章　培训

第三十三条　公司为提高员工综合素质和技术能力水平，举办各种教育培训，被指定参加的员工，除特殊原因外，不得拒绝参加。

第三十四条　员工培训分为以下种类。

（一）职前培训。新进人员应接受职前培训，由人事部门统一组织安排，其具体内容如下。

1．公司简介及人事管理规章的讲解。

2．业务特性、工作规定及工作要求说明。

3．指定资深专业人员辅导工作。

（二）在职培训。对在职员工本职技能的培训，以不断提高自身工作熟练程度和效率为目标。

（三）专业培训。视业务需要，进行有针对性的专题讲座。

第十一章　商调

第三十五条　公司如因业务需要，可随时调动任何员工到另一部门工作。

第三十六条　员工接到调职通知书后，管理、技术人员应于七日内，一般员工应于五日内，办妥移交手续，前往新部门报到。

第三十七条　调任员工在接任者未到职前，其所任职务由原直属主管指派适合人选暂行代理。

第十二章　福利

第三十八条　公司为提高员工生活质量，增加员工收入，由公司工会、综合部办理员工福利事宜。

第三十九条　员工婚丧、住院、体检，赠送慰问金，其给予标准另定。

第四十条　本公司依员工工作业绩和公司效益情况再决定其年终奖金。

第十三章　保险

第四十一条　员工一律参加社会和公司的各种保险，于签订劳动合同时由人力资源部办理。

第四十二条　员工参加保险后，除依法享受各项权利及应得的各项补偿外，不得再向公司要求额外补偿或补助。

第四十三条　员工可享受国家和公司规定的医疗保险。

第十四章　资遣

第四十四条　员工有下列情况之一时，应予资遣。

（一）企业停产或转让时。

（二）业务量下滑或市场不景气时。

（三）暂停工作在一个月以上时。

（四）业务性质变更，有减少员工必要，又无适当工作可安置时。

（五）员工对所担任工作确属不能胜任时。

（六）身体无法适应工作或为传染病患者。

第四十五条 员工下岗条件如下。

（一）历年平均考核成绩较低者。

（二）当年各部门考核成绩排队在尾者，经培训后仍无部门需要不能上岗者。

（三）竞聘未能上岗者。

（四）有错屡教不改者。

第四十六条 员工下岗均提前一个月通知本人。

第四十七条 员工因受惩罚被开除或自行辞职者，不以下岗而论。

第四十八条 员工下岗费，按国家和公司的规定执行。

第十五章 安全与卫生

第四十九条 本公司各部门应随时注意工作环境和安全、卫生设施，以维护员工身体健康。

第五十条 员工应遵守公司有关安全卫生规定，以保护公司及个人安全，保持良好工作环境。

第十六章 附则

第五十一条 本办法自印发之日起施行。

第五十二条 本办法由公司人力资源部负责解释。

十一、企业人事作业程序范文实例

公司人事作业程序

第一章 总则

第一条 为使公司人事作业流程正规化、制度化，能在有序可循的情况下，使本公司人事统一、脉络一贯，并加强人力资源部与各部门间的了解，借以更密切配合，提高工作效率，特制订本程序。

第二章 主办

第二条 人事作业的负责单位为公司人力资源部，负责下列具体人事业务。

（一）依据公司业务需要，研究组织责权划分的方案。

（二）配合公司经营目标，依据人力分析及人力预测的结果，拟订人力资源发展计划及人员发展数额，并根据发展计划筹划各项教育及培训。

（三）设计、推行及改进人力资源管理制度及其作业流程，确保其有效实施。

（四）与各部门经理会商，制订工作岗位标准。

（五）依公司效益情况、生活水准、薪资市场情况及企业政策，确定合理的员工待遇。

（六）制订各项员工福利与工作安全措施，维护员工与公司间的和谐关系。

第三章　编制

第三条　各部门制订年度人员需求计划，并根据实际情况随时调整。

第四章　人力控制

第四条　根据公司的规划格局、各部门的人力需求计划、以及当年工作目标与效益目标的完成情况等几项重要因素，就现有人员情况和需求状况作出客观的评价与分析，作为人力资源部研定人力计划与办理、开拓人力来源的参考依据。

第五条　人员增补作业程序如下。

（一）各部门如需增补人员，先至人力资源部领取“人员增补申请单”，填好后交人力资源部办理。

（二）人力资源部接到申请后，调查申请人员是否为编制内所需，其职位、薪资预算是否在控制内，需要时机是否恰当等问题。

（三）人力资源部调查后，就申请人员的来源做正确的拟办建议，呈总经理核准后，根据指示办理招募预备工作。

第五章　招募甄试

第六条　人力资源部拟订招募计划

第七条　以登报、人才市场、公司内公告、同仁推荐等方式进行。

第八条　推荐资料的处理。

第九条　甄选考试分笔试及面试。

第十条　对招募甄试结果进行评定。

第十一条　发出录用人员《录用通知单》，安排职前培训的相关准备工作。

第六章　任用

第十二条　人力资源部发给录用人员《报到通知单》，并按报到通知的内容和时间准时报到。

第十三条　由人力资源部引导建立个人人事、薪资档案。

第十四条　引导新员工向各部门主管报到。

第七章　试用

第十五条　新进人员试用期为三个月，期满前一周由人力资源部向试用部门主管发转正申请表，部门主管依据考核情况，作出是否正式录用的判断后，报人力资源部。

第十六条 合格者，人力资源部办理签订正式劳动合同、薪资的确定、保险等手续。

第十七条 不合格者，各部门主管应立即向人力资源部提出停止试用申请，由人力资源部办理相应手续。

第八章 商调

第十八条 根据工作需要，由主管人事领导批准，人力资源部办理商调手续。

第九章 考核

第十九条 考核分年度考核和平时考核，各部门执行各自的考核办法，每月由主管排队打分，考核资料由项目经理每月以电子邮件的形式报人力资源部和总经理。人力资源部将考核成绩写入个人考核档案，总经理依据此成绩来确定奖励和调整工资。

第十章 薪资

第二十条 员工的报到的时间由人力资源部办理薪资名册，每月5日前依考勤、考核情况由部门主管报人力资源部考勤表和考核分，总经理核定后，转会计部作业。

第二十一条 人力资源部提供每月考勤、每月人员变动情况、薪资调整情况及名册。

第十一章 培训

第二十二条 人力资源部安排组织在职培训、专业培训、职前培训、待岗培训，依不同层次作出培训计划，并组织实施。

第十二章 辞职

第二十三条 签订正式合同的员工如感工作不适或其他原因想辞职，应于15日前提出辞职申请书，由部门主管和人事主管签署意见后，呈总经理核准，再转回人力资源部，人力资源部据此填制薪资通知单办理停薪，转会计部作业。

第二十四条 人力资源部依据辞职申请书发给“离职通知单”，通知本人在离职时间前，办理通知上的有关事项，逐项办理移交，各部门签字盖章后，由人力资源部审核后签章转会计部核计当月薪资（除特许外，均于下次发薪日发给，并停止一切待遇）。

第十三章 退休

第二十五条 由人力资源部按国家和公司有关规定办理。

第十四章 移交

第二十六条 离职前应将所负责的公物及经办事物逐件列具清单，在监交人监督下点交接任的人员，并提出移交报告书。

第二十七条 按人力资源部开据的注销事项逐一盖章，方办理手续。

第十五章 劳动保险

第二十八条 由人力资源部依据国家和公司的规定统一办理相关人员的劳动保险。

第十六章 资料的管理

第二十九条 所有人事档案资料的管理，包括人事考绩、考勤、奖惩及调动等。

第十七章 附则

第三十条 本程序自印发之日起施行。

第三十一条 本程序由公司人力资源部负责解释。

十二、商业企业人力资源管理制度范文实例

商业企业人力资源管理制度

第一章 总则

第一条 本规则依据公司章程制订。凡本公司员工人事管理，悉依本规则规定办理。

第二条 公司员工职称如下。

（一）高级主管：董事长、总经理、执行副总经理、副总经理。

（二）部门主管：经理（副经理）、科长（副科长）。

（三）部门职员：承办员。

第三条 公司员工按其所任职务的繁简、责任的轻重，分为六个级别。

第四条 每一职位均设置“职位说明书”，说明其职责内容及应列职等。人员的列等，应按其所派任的职位，决定其职等。

每一职位的列等需得跨二等的，初任时，以列较低职等为原则；在该职位工作满三年，成绩优良者，可改列高一等。

第五条 各类人员人数应按业务需要，于每年年度开始前制订“人员编制表”，经总经理核定后转送董事会核备。

第二章　任用

第六条　各级人员的任用人数，应以所核定的“人员编制表”人数为限。其任用条件以“职位说明书”为依据，以便因事择人，使人与工作合理搭配。

第七条　各级人员的派任，均应依其专业经验予以派任。

第八条　各级人员任免程序如下。

（一）总经理、副总经理由董事会任免。

（二）经理由总经理提请董事会任免。

（三）副经理由总经理任免后，报请董事会核备。

（四）科长由总经理任免或主管经理提请总经理任免，事后报请董事会核备。

（五）副科长由主管经理提请总经理任免。

第九条　新进人员经试用考核合格后，予以正式任用。

第十条　新进人员应先办理安全调查，并按其学历任用。

第十一条　除正式员工外，本公司可按业务需要聘用相应人员，其待遇、工作期限及工作条件以合同规定执行。

第十二条　有下列事情之一者，不得予以任用。

（一）剥夺公民政治权利，尚未恢复者。

（二）曾犯刑事案件，经判刑确定者。

（三）属于无行为能力人，尚未恢复者。

（四）在案通缉，尚未撤销者。

（五）吸食海洛因或其他毒品者。

（六）原在其他公私单位服务，未办理离职手续者。

（七）经其他公私机构开除者。

（八）身体有缺陷，或者健康状况欠佳，难以胜任工作者。

（九）未满十六周岁者。

（十）主管人员，不合于《中华人民共和国劳动合同法》中相关规定者。

第十三条　新进非主管人员一律须经试用一个月，试用期间应由人力资源部切实考核。试用成绩欠佳，或者品行不良，或者发现其进入公司前有不法行为者，可随时停止试用。

第十四条　新进员工在报到后，且试用开始前，应办妥下列手续。

（一）填妥公司“新进职员履历表”。

（二）缴验学历证件及身份证。

（三）缴验户口本。

（四）缴验医院最近一个月体格检查表。

（五）缴验前任职单位离职证明书。

（六）填缴劳动保险加保表两份。

（七）近期半身正面免冠一寸照片三张。

第三章　服务

第十五条　公司各级员工的职责，除依职位说明书说明外，如为该说明书未经载列，而经上级主管指派交办者，应尽力完成，不得拒绝接受指派。

第十六条　公司各级员工均应遵守下列规定。

（一）准时上下班，对承办工作争取时效，不拖延，不积压。

（二）服从上级指挥，如有不同意见，应婉转相告或以书面陈述。一经上级主管决定，应立即遵照实行。

（三）尽忠职守，保守业务上的机密。

（四）爱护公司财物，不浪费，不化公为私。

（五）遵守公司一切规章及工作守则。

（六）维护公司信誉，不作任何有损公司信誉的行为。

（七）注意自身品德修养，切戒不良嗜好。

（八）不私自经营与公司业务有关的商业或兼任公司以外单位的职务。

（九）待人接物要态度谦和，以争取同仁及顾客的合作。

（十）严谨操守，不得收受与公司业务有关人员的馈赠、贿赂或向其挪借公款。

第十七条　公司各级员工因过失或故意导致公司遭受损害时，应负赔偿责任。

第十八条　公司工作时间，每周为 40 个小时，星期六、星期天及国家法定节假日均休假。业务部门如因采用轮班制，无法休息者，可按照国家相关规定予以薪金支付。

第十九条　管理部门之每日上、下班时间，可依季节之变化事先制订，并公告实行。业务部门之每日工作时间，应视业务需要，制订为一班制，或者多班轮值制。如采用昼夜轮班制，所有班次每星期调整一次。

第二十条　上、下班应亲自签到或打卡，不得委托他人代签或代打，如有代签或代打情况发生，双方均以旷工论处。

第二十一条　员工出勤管理办法另订。

第二十二条　公司每天工作时间为 8 小时。如因工作需要，可依照国家相关规定延长工作时间，所延长时数为加班。

除前项规定外，因天灾事变、季节关系，依照政策有关规定，仍可延长工作时间，但每日总工作时间不得超过12个小时，其延长之总时间，每月不得超过46个小时。其加班费依照国家相关规定办理。

第二十三条 每天下班后及节假日，可派人员值日值宿，其具体办法另订。

第二十四条 员工请假应照下列规定办理。

（一）病假。因病需治疗或休养者可请病假，每年累计不得超过 30 天，可以未请事假及特别休假抵充。逾期仍未痊愈的天数，即予停薪留职，但以一年为限。

（二）事假。因私事待理者，可请事假，每年累计不得超过 14 天，可以特别休假抵充。

（三）婚假。本人结婚，可请婚假 10 天。

（四）丧假。祖父母、父母或配偶丧亡者，可请丧假8天；外祖父母或配偶之承重祖父母、父母或子女丧亡者，可请丧假 6 天。

（五）娩假。女性从业人员分娩，可请分娩假 8 星期 （假期中之星期例假均并入计算）。怀孕 3～7 个月而流产者，给假 4 星期；7 个月以上流产者，给假 6 星期；未满 3 个月流产者，给假 1 星期。

（六）公假。因参加公务活动，可请公假，假期依实际需要情况决定。

（七）工伤假。因工作的原因受伤，可请工伤假，假期依实际需要情况决定。

第二十五条 请假逾期，除病假依照前条第一款规定办理外，其余均以旷工论处。但因患重病非短期内所能治愈，经医师证明属实者，可视其病况与在公司资历及服务成绩，报请总经理特准延长其病假，最多 3 个月。事假逾期系因特别或意外事故经提出有力证件者可请总经理特准延长其事假，最多15天，逾期再按前条规定办理。

第二十六条 请假期内之薪水，依下列规定支付。

（一）请假未逾规定天数或经延长病事假者，其请假期间内薪水照发。

（二）请公假者薪水照发。

（三）工伤假工资依照国家劳动保险相关规定由保险机关支付，并由公司补足其原有收入的差额。

第二十七条 员工请假均应填具《请假单》呈核。病假在 7 天以上者，应附医师的证明；工伤假应附劳保医院或特约医院的证明；副经理以上人员请假，以及申请特准延长病事假者，应呈请总经理核准，其余员工均由直属部门经理核准，必要时可授权部门主管核准。凡未经请假或请假不准而未到者，以旷工论处。

第二十八条 旷工一天扣发当天薪水，不足一天照每天 8 小时比例以小时为单位扣发。

第二十九条　第二十四条第一、二款规定可请病、事假之日数，系自每一从业人员报到之日起届满一年计算。全年均未请病、事假者，每年给予一个月之不请假奖金；每请假一天，即扣发该项奖金一天；请病事假逾30天者，不发该项奖金。

第三十条　公司员工服务满一年者，得依下列规定，给予特别休假。

（一）工作满一年以上未满三年者，每年7天。

（二）工作满三年以上未满五年者，每年10天。

（三）工作满五年以上未满十年者，每年14天。

（四）工作满十年以上者，每满一年加给一天，但休假总日数不得超过30天。

第三十一条　特别休假，应在不妨碍工作之范围内，由各部门就业务情况排定每人轮流休假日期后施行。如因工作需要，得随时令其销假工作，等工作完毕公务较闲时，补足其应休假期。如确因工作需要，至年终仍无法休假者，可按未休日数，计发其与薪水相同的奖金。

第四章　考核

第三十二条　各级主管人员对其直属之人员，负有平时工作成绩考核之责任。每三个月一次，应将各项人员之工作情况，逐一详列于考核表中，详细评核其工作绩效，并将结果分为优、甲、乙、丙、劣五等，凡列优等及劣等者，均应详述理由，呈上一级主管核阅及密存，作为年度考核、升迁及培训等的参考依据。

第三十三条　年度工作考核，应分别于员工到职届满一年之月份办理。由人力资源部每月将当月份到职满一年之人员考核名册，分别列送其直属主管，依据平时工作考核成绩及勤惰情况予以评核。评核等级，分为优、甲、乙、丙、劣五等，优等或劣等的考核，均应详细列述具体事实及理由。其在考核年度中曾受记过以上处分或请假超过规定期限或旷工累计达3天以上者，不得考列甲等以上。

第三十四条　凡考核列优等者，经总经理核准予以二级以上之晋级或升级，列甲等者晋升二级，列乙等者晋升一级，列丙等者留任原级，劣等者降级或免职，均以各从业人员任职期满一年考核核定后的次月起执行。但在考核年度内曾经核准升职或升级者，该年度考核不再晋级。

第三十五条　总经理、副总经理之考核，由董事长评核；科长以上人员及优等的考核，由直属主管层转总经理核定；其他员工均由各部门层转经理核定。

第五章　奖惩

第三十六条　员工的奖励，分为嘉奖、记功、奖金及升迁或晋级四种，其处理范围如下。

（一）有下列情况之一者，应予嘉奖。

1．品德良好，足为同仁表率，有具体事迹的。

2．其他有利于公司或公众利益之行为，且有事证者。

（二）有下列情况之一者，视情节轻重应予记功或记大功。

1．细心维护公司财物及设备，致节省费用有显著成效者。

2．担任临时重要任务，能如期完成，并达成预期目标者。

3．及时制止了重大意外事件或变故的发生者。

（三）有下列情况之一者，应发给奖金。

1．对业务、维护或管理有重大改善，因而提高质量或降低成本者。

2．对公司设备维护得宜，或者抢修工作提早完成，因而增加效益者。

3．对业务、维护或管理之方法作重大改革之建议或发明，经采纳施行而成效显著者。

4．对采购销售、会计处理、财物调度、人力运用等方法有重大改善，因而降低成本或增加收入可明确计算其价值者。

5．对天灾、人祸或有害于公司利益之事件，能奋勇救护，或者预先防止，使公司免受损失，且有事实为证者。

以上奖金之数额，各视实际贡献之价值决定。

（四）有下列情况之一者，应予升迁或晋级。

1．一年内记功两次以上者。

2．对本身主管业务表现出卓越的才能，品德优良，服务成绩特优，且有具体事迹足资为证者。

3．工作上有特殊功绩，使公司增加收益或减少损失者。

以上晋级可视实际情况晋升1～2级。但其薪级已达本等最高级者，可改发相当级数薪水之全年份奖金。

第三十七条　员工的惩戒，分为警告、记过、降级及免职四种，其处理范围如下。

（一）有下列情况之一且有具体事证者，应予警告。

1．携带不必要物品进入工作场所者。

2．未经准许擅带外人进入工作场所逗留者。

3．擅自使用他人经管之工具及设备者。

4．拒绝警卫检查其携带之物品者。

5．涂写墙壁、机械用具有碍观瞻者。

6．携带眷属小孩在工作场所有碍工作秩序者。

（二）有下列情况之一者，视情节轻重应予记过或记大过处分。

1．未经准假，而擅离工作岗位者。

2．无正当理由，延误公事致公司发生损失者。

3．对上级主管之命令，有不同意见，未予婉转说明，或者虽经陈述，未被采纳，而擅自违抗指挥者。

4．行为不检，有损公司声誉者。

5．指挥不当或监督不周，致部属发生重大错误，使公司发生损失者。

6．在工作场所喧哗口角者。

7．故意涂改、丢失计时卡者。

8．对同事有胁迫、恫吓及欺骗行为者。

9．在工作时间瞌睡者。

10．在公司易燃场所吸烟者。

（三）有下列情况之一者，应予降级。

1．在公司或工厂内酗酒滋事，妨害秩序者。

2．向外泄漏公司业务机密者。

3．在工作时间内偷懒睡觉者。

4．对上级主管不满，不通过正当渠道陈述己见，或者提供建议，而任意谩骂者。

5．对本身职务不能胜任者。

6．一年内记过两次者。

以上降级，应视各款实际情况降 1 ～ 2 级，无等级可降者，应予降等改任。

（四）有下列事情之一者，应予免职。

1．无故连续旷工 3 天以上，或者一个月内无故旷工累计达 6 天以上者。

2．未经许可，擅自在外兼职，或者参加经营与公司业务有关之事业者。

3．胁迫上级主管，或者蓄意违抗合理指挥，或者打骂侮辱主管行为且情节重大者。

4．利用公司名义，在外招摇撞骗者。

5．利用职权营私舞弊者。

6．未按照规定或指示，擅自改变操作法，致使发生事故，使公司蒙受损失者。

7．故意损坏公司财物者。

8．有偷窃行为，经查明属实者。

9．在公司内赌博，或者有伤风化行为者。

10．携带武器、凶器或违禁品，进入公司者。

11．在公司内打人或互相打骂者。

12．散播有损本公司之谣言，而妨害工作秩序者。

13．因故意或过失之行为，而引起灾害者。

14．有煽动怠工或罢工之具体实施者。

15．触犯刑律，经判有期徒刑确定者。

16．一年内记过三次者。

第三十八条　员工的奖惩事项，由各部门主管列举事实，逐级核定，除嘉奖、记功、警告、记过由各部门经理核定外，其余均须呈请总经理核定。

第三十九条　其他未经列举而应予奖励或惩戒事项，可视情节轻重分别予以奖惩。

第四十条　员工奖惩可累计，以嘉奖三次作为记功一次，记功三次作为记大功一次；警告三次作为记过一次，记过三次作为记大过一次。同一年度功过可以互相抵销，以嘉奖抵警告，记功抵记过，记大功抵记大过。

第六章　离职

第四十一条　员工有下列情况之一者，应予停职。

(一) 有违犯本公司规章之嫌疑，情节重大，但尚在调查之中，未作决定者。

(二) 违犯刑事案件，经国家司法机关起诉，判刑但未确定者。

第四十二条　前条第一、第二款如经查明，无过失或判决无罪者，可申请复职，如准予复职，除因非本身过失而致停职者外，不得要求补发其停职期间之薪水。

第四十三条　在停职期间，薪水停发，并应立即办理移交。

第四十四条　公司因业务紧缩，或者因不可抗力停工在一个月以上者，可随时裁遣人员，但解雇人员时，应在事前预告，其预告期间规定如下。

(一) 在公司服务一年以下三个月以上者，于10天前预先通告。

(二) 在公司服务三年以下一年以上者，于20天前预先通告。

(三) 在公司服务三年以上者，于30天前预先通告。

员工对于其所承受之工作不能胜任时，本公司亦可随时解雇，并照上项规定日期预先通告。

第四十五条　员工在接到前项预告后，如另谋工作可以于工作时间请假外出，但每星期不得超过两天工作时间，其请假日之薪水照发。

第四十六条　依照第四十五条规定，解雇员工时，除预告期间发给工资外，并依下列规定，加发资遣费（但如系公司发生破产情况，依破产法办理，不在此限）。在公司连续工作每满一年者，发给一个月薪水。

以上所称薪水，系以员工最后服务月份的薪水为准。

第四十七条　员工辞职，应于7天前以书面形式层转公司之主管人员核准，事后汇报总经理核准。副经理以上人员辞职，应层转总经理核准。核准辞职后，应即办妥移交，并可依其申请，发给离职证明书，但不发给任何补助或津贴。如离职未经核准，或者移交不清，即擅自离职者，以免职处理。

第四十八条　员工不论依照上列任何条款暂时或永久离开本公司者，均应办妥移交，如因移交不清，致本公司发生损害者，均应依法追究其赔偿责任。

第七章　退休

第四十九条　员工有下列情况之一者，可申请退休，经核准后生效。

（一）男性年满60岁，女性年满55岁者。

（二）心神丧失或身体残废不能胜任职务，经劳保指定医院证明属实者。

第五十条　本规则第四十九条第二款应予退休之员工的身心仍能胜任其职者，经董事会之核定，可延长其服务期间。

第五十一条　退休金的给予，以国家相关规定处理。

第五十二条　申请退休由申请人填具“退休申请表”，连同户籍及其他证明文件报核。年龄以户籍记载为准。

第五十三条　奉准退休之从业人员如因本公司或关系企业工作需要，可以作为约聘或定期契约人员聘用，但不得再任正式员工。

第八章　抚恤

第五十四条　员工在职死亡，或者因执行职务而致残废或死亡，依下列标准支给抚恤金。

（一）在职死亡者，比照第五十一条规定（第四十九条第一、二款）之退休金额支给抚恤金。

（二）因执行职务而致残废失去一部分或全部工作能力必需解雇者，比照第五十一条规定（第四十九条第二款）之退休金额支给抚恤金。情况特殊者可由总经理报请董事会加给50%以内之特别抚恤金。

（三）因执行职务而致死亡者，比照前款规定支给抚恤金，其情况特殊者可由总经理报请董事会加给60%以内之特别抚恤金。

第五十五条　员工因自杀或犯罪而死亡，或者已在停职期间死亡者，不发给抚恤金。

第五十六条　受领抚恤金之遗族，除立有遗嘱另有指定者外，应依下列顺序领受。

（一）配偶（以未改嫁者为限）及子女。

（二）父母。

（三）祖父母。

（四）孙子女。

（五）同胞兄弟姊妹（以未成年者为第一优先，未结婚者次之）。

前项顺序内之遗族受领人，必须提出前顺序受领人之死亡、改嫁、结婚等事实证明。在同顺序中有数人时，应共同具名承领，如愿抛弃应领部分者，应出具书面声明。

第九章　保险

第五十七条　公司员工，应一律参加劳动保险。

第五十八条　员工参加劳动保险，应于入职同时，亲自填写“保险表”，交人力资源部代办参保手续。应纳保费，由公司补助80%，自行负担20%。自行负担部分，由发薪部门，按月在应领薪水中代为扣缴。

第五十九条　参加劳动保险后，其应享之各项权利，及应得之各种给付，应由本公司人力资源部代向社会保险机构洽办。保险人除依法应享之给付外，不得再向本公司要求额外之赔偿或补助。

第十章　出差

第六十条　公司员工因公奉派国内出差，应依规定标准报支交通费、住宿费、膳杂费及特别费。其中，除交通费可按现行费率报支，膳杂费可按日计支外，其余各项费用均应检据报销。如无法取得支出之原始凭证单据者，应申述理由，呈奉总经理核准后，才能报支。

第六十一条　出差天数，应由指派之主管于事前核定。如出差公务提前完毕，应立即返回，不得借故滞留。如因公确实无法于核定天数前返回者，应列具事实理由，呈由原指派主管核准后，方得支给旅费。如出差地区可当天往返者，非特殊理由不得留宿。

第六十二条　出差前，可酌情预借旅费。

第六十三条　出差国外，应依规定标准报支交通费、住宿费、膳杂费、特别费及手续费。其中，除膳杂费按实际出差日数核支外，其余均须检据核实报支。

第六十四条　出差东南亚地区者，照国外出差标准八折支给。

第六十五条　出差同一地点半月以上者，住宿费及膳杂费八折支给，二个月以上者，以七折支给。

第六十六条　国外出差应按照最近路线直赴出差地点，非经许可，不得绕道或延滞非公差地区。

第六十七条　出差国外，可酌借必要旅费，办理结汇。回国后应即报销旅费，多缴少补。

第六十八条　出差国外期间，不得有危害国家、民族或公司之行为言论，并遵守出差国当地的法律及习惯。如因违反而惹是生非造成事故的，均由出差者本人负责，与公司无涉。返回后，应于一个月内提出考察或工作报告。考察报告之内容应力求充实，并对公司业务应提出具体改进意见。如未依期提出报告者，旅费暂缓核销。

第十一章　福利及建议制度

第六十九条　公司依法建立员工福利金，设立职工福利委员会，以办理福利及其相关事宜。职工福利委员会之组织办法另定，并依规定向主管机关呈报。

第七十条　公司员工可享受本公司一切之福利设施。

第七十一条　公司为协助同仁解决困难，并期沟通上下意见起见，特设立《员工建议制度》。

第七十二条　公司行政部门，均设置意见箱，由高级主管亲自定期启阅。员工对于工作上之困难，无法由直属主管或同一部门同仁协助解决，必须由上级主管或其他部门人员协助者；或者对公司某项措施未能满意提出申诉者；或者发现有人营私舞弊等不法事情而有证据拟予检举者；或者根据平时服务经验、学识及研究心得，对公司经营、管理等提供建设性之建议者，均可以书面列具理由、事实、内容等投入意见箱内，亦可公开呈报上级主管转呈总经理或有关部门主管核阅。如因文字表达困难，或者其他原因，不便以书面说明，而需以口头报告者，可先以简略报告述明理由，投入意见箱内，等高级主管人员拆阅后，再定期约见。

第七十三条　提供意见人必须签其真名，填明服务部门，否则不予受理。如属检举性质案件，检举人应负法律责任。如查明系私怨捏造事实，恶意中伤诬告者，除被害人可依法诉办外，本公司将再依第三十七条有关之规定对检举人予以惩处。

第七十四条　公司对提供之意见，经采纳施行后，可视其对本公司之贡献价值分别议奖。如属检举案件，经查明属实者，除对检举人酌情给予奖励外，并为其永保机密。

第十二章　附则

第七十五条　本制度自印发之日起施行。

第七十六条　本制度由公司人力资源部负责解释。

十三、民营企业人力资源管理制度范文实例

民营企业人力资源管理制度

第一章　总则

第一条　为使本公司员工管理有所遵循，特制订本制度。

第二条　本制度中的员工，均系指本公司录用人员。

第二章　用人申请

第三条　用人部门根据本部门用人需求情况，填写“用人申请表”，上报公司人力资源部。

第四条　人力资源部根据岗位配置，核实是否需求，确认有无内部横向调职的可能性后，写出复核意见，并上报总经理审批。

第五条　总经理审批后，人力资源部按用人需求实施招聘工作。

第六条　新增用人岗位，用人部门填写“增岗需求申请表”，详细填写新增岗位编制、新增岗位职责描述以及增设新岗的理由，由部门经理签字确认，人力资源部经理签署意见，总经理签字审批。

第七条　岗位需增设新编，用人部门填写“增编需求申请表”，详细填写增编理由、增编数量等，并由部门经理签字确认，人力资源部经理签署意见，总经理签字审批。

第三章　招聘

第八条　招聘准备。人力资源部根据招聘需求，拟定“招聘简章”，内容包括公司简介、招聘岗位、应聘人员基本要求、报名方式、报名时间、报名地点、公司待遇以及其他要求。

第九条　确定招聘渠道。人力资源部根据招聘岗位人员要求特点，确定招聘渠道，选择科学有效的招聘办法。

第十条　招聘接待。招聘接待由人力资源部人资专员负责，根据应聘人员的自身素质、求职意向等进行初次筛选，确定招聘意向岗位合适人选，并上报人力资源部经理。求职人员需填写“求职人员登记表”。

第十一条　确定初试人选。人力资源部经理根据应聘人员条件，确定初试的人员以及初试时间、地点后，由人资专员通知应聘人进行初试。

第十二条　初试。初试由人力资源部经理负责，从应聘者的形象仪表、语言表达、求职动机、工作经历、前职表现、受训状况等方面进行综合衡量，确定复试人选，并在“求职人员登记表”上签署意见。

第十三条　复试。应聘各部门普通工作人员的复试，由各部门经理负责，主要从应聘人员的专业知识、业务技能、工作经验等几方面进行考评，并在“求职人员登记表”上签署意见。应聘部门经理和高级管理人员，则由总经理进行复试。

第四章　七天试岗

第十四条　试岗审批。求职人员经初试、复试合格，还须经总经理审批方可上岗试用。

第十五条　试岗通知。人力资源部人资专员负责试岗通知，要求试岗人员携带相关资料办理试岗手续。试岗人员需交纳本人身份证、户口本、学历证明复印件各一张以及一寸彩色免冠照片三张，同时携带本人户口本、身份证原件进行验证。生产工人入职前要求提供县级以上（含）卫生防疫部门检验的健康证明。

第十六条　到职确定。人力资源部人资专员为试岗人员办理试岗手续，填写“到职通知单”和“备品领用通知单”，并经部门经理、人力资源部经理及财务经理签字确认。

第十七条　七天考评（即周测评）。行政人事部、用人部门对新进员工的工作表现、业务能力、技能水平等要进行综合测评，填写周测评表。

第十八条　周测评合格，人力资源部下发“薪金通知单”，报送财务部。

第十九条　试岗时间是七天。七天试岗本人感觉不胜任或考评不合格被辞退的，无薪资。

第五章　背景调查

第二十条　试岗期内，人力资源部对拟聘人员身份、履历的真实性等情况进行审查、核实。对部门经理、销售、保安、财务、库房管理员等重要岗位的拟聘人员，人力资源部和员工所在部门经理、直属领导要深入到其户口所在地和居住地进行调查和家访，了解其家庭生活环境，以及家庭成员的工作、生活状态等，并填写“重要岗位人员背景调查表”，由部门经理、行政人事部经理签字确认后，上报总经理签字审批。

第六章　上岗培训

第二十一条　试岗人员在试岗期间，人力资源部和职能部门将对其进行企业文化、规章制度、业务技能等方面的培训。具体安排如下。

(一) 人力资源部对新入职员工进行企业文化、规章制度、机构设置、岗位描述、行为标准等方面的培训，并进行初步的考试测评。

(二) 部门经理安排相应负责人对新进员工进行业务技能、操作流程、岗位规范等方面的培训，并进行简单测评。

第七章　正式试用

第二十二条　新进员工通过七天试岗，经考评合格正式试用。试用期为1～3个月，试用时间从七天试岗的第一天开始计算。

第二十三条　试用期工资执行公司“试用期工资管理规定”。

第二十四条　对于工作能力、业务技术水平高于拟聘岗位要求，并且有相同岗位三年以上工作经验的特殊优秀人才，经七天试岗考核成绩特别优异的，可免于试用，但需经总经理审批。

第八章　转正考核

第二十五条　员工在试用期间，所在部门要对其日常工作表现进行跟踪考评，并填写“试用员工跟踪考核月测评表”上报人力资源部。

第二十六条　员工试用期满前，人力资源部和员工所在部门还必须对其进行转正考核。员工所在部门负责业务技能、操作流程、岗位规范等方面的深入测评；人力资源部负责企业文化、规章制度、行为标准等方面的深入测评。

第二十七条　根据周测评、月测评的考核结果，员工成绩优秀，表现良好，能够掌握胜任本职工作，可免一个月试用期。

第二十八条　员工在第一个月试用期内考试测评未能通过，但通过日常表现跟踪测评考核，有发展潜力，可以继续试用一个月。如果第二个月仍不合格，可辞退。

第二十九条　经考核合格的试用期员工填写“转正申请表”，由人力资源部上报总经理审批。

第九章　录入存档

第三十条　对于公司正式录用的员工，人力资源部要为其建立全面的员工档案，并分别建立员工电子档案和书面档案。

第三十一条　员工书面档案包括“应聘人员登记表”、“新进员工到职单”、“重要岗位人员背景调查表”，“试用员工跟踪考核周测评表”、“试用员工跟踪考核月测评表”、“员工转正申请表”、“晋级申请表”、“培训考核试卷”、“转正考核试卷”、“劳动合同”、“奖罚档案”等相关资料。

第三十二条　员工档案的录入由人资专员负责。

第十章　调配

第三十三条　公司根据员工的自身素质、工作表现及能力，为其选择适合发展的平台，给予合适的岗位变动或职位调整，也可根据工作需要，经领导班子研究决定，随时调动任一员工的职务及部门。

第三十四条　员工岗位或职位发生变动时，需填写“岗位调动单”。员工原部门经理签署意见，拟调入部门经理签字确认，人力资源部进行审核，并报总经理审批。

第三十五条　职务晋升。员工职务晋升填写“员工晋级申请表”，由总经理签字审批。晋升后的试用期为 1 ～ 3 个月。期满后由其部门经理考核，报人力资源部和总经理审批。

第三十六条　平调。员工在同一级别的岗位间进行调动，需填写“岗位调动单”。新岗试用期为一个月，在公司工作满三年或有从事新岗工作一年以上经验者可免于试用。员工岗位变动需总经理审批。

第三十七条　降职。降职员工填写“岗位调动单”。降职员工可免于新岗试用，直接发放新岗位转正工资。

第三十八条　岗位交接。经调整后，员工离开原职时应办妥移交手续。填写“工作交接清单”，并上报工作交接书面说明，由部门经理或主管领导监督交接，办妥移交手续后，方可就任新职。

第三十九条　工资变动。单纯工资变动，需填写“工资变动审批表”，经所在部门经理、人力资源部经理及总经理审批，工资从总经理审批之日起执行。

第十一章　外培

第四十条　由公司出资参加外部培训的员工，培训前需与公司签订培训协议。

第四十一条　员工接受培训后，在协议约定的服务期限内不得提前辞职。

第四十二条　接受培训员工因特殊情况辞职，必须符合协议中的相关规定，经公司同意后方可离职。

第四十三条　未履行服务期限的约定，擅自离职，公司将拒绝为其办理档案关系转移，并依法追究其法律责任。

第十二章　离职

第四十四条　员工离职分为自行请辞、解聘离职及被公司辞退三种。

第四十五条　员工不论何种原因离职，均需办理离职交接手续。未办理离职交接手续而擅自离职，无薪资待遇，同时公司拒绝为其办理档案关系转移。

第四十六条 离职申请。员工自行请辞，需提前一个月向所在部门经理提出离职申请，说明原因，并形成书面报告，上交到行政人事部。

第四十七条 离职面谈。对于自行请辞的员工，所在部门经理和人力资源部经理要与其进行离职面谈，记录原因，写出意见。部门经理级人员和公司高管人员离职，必须经总经理做离职面谈。面谈应深入了解员工离职原因，对绩效良好、德才兼备的员工，应努力挽留；对去意已决的员工，要重点了解其工作进展情况和日常工作流程等，并审查其了解公司机密的程度，以便于公司采取相应的离职应对办法。

第四十八条 离职审批。员工离职需填写“离职申请表”，由部门经理、人力资源部经理及总经理签字审批。

第四十九条 工作交接。交接工作由离职员工本人、接任人、部门经理等共同办理，离职员工要出具书面“工作交接说明”，详细描述工作职责、日常工作流程、正在进行的工作事项、未完成工作事项、工作需注意事项、工作方法、工作备品用品的存放使用等等，接任人、部门经理要签字确认。“工作交接说明”一式三份，接任人一份，员工所在部门备存一份，上报人力资源部一份。

第五十条 办理离职。离职员工必须按“离职交接清单”办理离职手续。员工所在部门负责对离职员工的工作交接进行签字确认；财务部负责对离职员工借支状况、培训费用状况等进行审核；人力资源部负责计算员工当月出勤天数、收回“员工手册”、审核离职员工接受培训状况等；后勤部负责为员工办理退宿等事宜。

第五十一条 离职通知。人力资源部要进行离职员工登记，并于每月十五日之前将“员工离职通知单”报送公司财务部，作为工资发放依据。员工擅自离职，各部门经理要在第一时间告知人力资源部，未办理离职手续员工的工资不予发放。

第五十二条 薪资核算。离职员工统一在每月实际发薪日结清上月薪资。若对公司物资财产和社会声誉造成损害，应给予公司相应的经济补偿或追究其法律责任。经济补偿从该离职员工工资中扣除。擅自离职人员无薪资。

第五十三条 离职归档。员工办理完离职手续，行政人事部须将其个人档案及离职相关资料一同存入离职员工档案中。离职员工档案一般在公司继续存放三年后销毁。

第五十四条 离开公司。离职员工办理完各项离职手续后，由人力资源部开具“行李放行通知书”，离职员工凭“行李放行通知书”携带私人物品离开公司，当班保安在“行李放行通知书”上签字确认后交人力资源部存档。

第十三章　附则

第五十五条　本制度自印发之日起施行。

第五十六条　本制度由公司人力资源部负责解释。

十四、企业人事档案管理制度范文实例

公司人事档案管理制度

第一章　总则

第一条　为了加强员工人事档案建设，做好档案材料的收集归档工作，为使人力资源部能够历史地、全面地考察、了解员工提供依据，为国家积累档案史料，根据《中华人民共和国档案法》及《干部档案工作条例》以及集团公司的有关法规，特制订本规定。

第二条　员工人事档案材料收集归档，要本着实事求是的原则，着重收集反映员工政治思想、品德作风、业务能力、学识水平、工作实绩等材料来充实档案，有效地为人事工作服务，为人事决策工作服务，为社会主义现代化建设服务。

第三条　员工人事档案材料形成部门和管理部门，必须认真贯彻执行有关的法律、法规以及党的组织干部人事等工作的政策、规定。收集归档工作受国家有关法律、法规的保护和监督。

第二章　收集范围

第四条　在干部人事工作中形成的履历表、简历表、各类人员登记表等材料。

第五条　自传和属于自传性质的材料。

第六条　考察、考核干部工作中形成的有关材料。包括民主评义干部的综合材料、组织审定的考察材料、定期考核材料、年度考核材料、鉴定材料以及后备干部登记表（提拔使用后归档）等材料。

第七条　审计工作中形成的有关材料。主要涉及干部个人的审计报告或审计意见材料以及离任审计考核材料。

第八条　成人教育（大中专）、党校、普通高等学校、军队院校学生（学员）登记表，考生登记表，学习成绩单；毕业生登记表、鉴定表、授予学位的材料、学历证明书；培训成绩登记表、学习鉴定、学员思想小结（结业），以及博士后研究人员工作期满登记表等材料。

第九条　评审（考试）专业技术职称（资格）和聘任专业技术职务工作中形成的有关材料。包括专业技术职务任职资格评审表、专业技术资格考试成绩合格登记表、评审高级专业技术职务人员情况简表及其业务自传、评审专业技术职务资格申报表、聘任专业技术职务审批表以及套改和晋升专业技术职务审批表等材料。

第十条　创造发明、科研成果的鉴定材料，各种著作、译著以及在重要刊物上发表的获奖论文或有重大影响的论文等目录。

第十一条　政审工作中形成的材料，包括调查报告、审查结论、上级批复、本人意见、检查交待或情况说明材料；作为结论依据的调查证明、证据材料；甄别、复查结论（意见、决定）、调查报告、批复及相关的主要依据材料。

第十二条　更改姓名、民族、出生日期、国籍、入党时间、入团时间、参加工作时间等工作中形成的有关材料。包括个人申请、组织审查报告以及所依据的证明材料、上级批复等材料。

第十三条　党、团组织建设工作中形成的有关材料。具体包括以下三个方面。

（一）中国共产党入党志愿书（已批准转正的）、入党申请书一至两份、预备党员转正申请书、自传、综合性政审材料及相关的证明、考察材料；党员登记表，民主评议党员组织意见、登记表，党务工作中不予登记的决定、组织意见；民主评议党员中认定为不合格党员被劝告退党或除名的组织审批意见，退党材料。

（二）中国共产主义青年团入团志愿书、入团申请书，团员登记表，优秀团员事迹材料，退团材料。

（三）加入民主党派的有关材料。

第十四条　表彰奖励活动中形成的有关材料。包括劳动模范、先进工作者、有突出贡献优秀专家、国家科技奖（含国家发明奖、自然科学奖、科技进步奖）、国家青年科技奖；优秀党务工作者、优秀党团员审批（呈报）表，先进事迹材料、先进事迹登记表；立功、授勋、嘉奖、通报表扬等以及在其他工作中形成的表彰材料。

第十五条　纪律检查、监察、法院及行政管理等部门工作中形成的有关材料。包括处分决定，免予处分的意见，上级批复，核实（调查）报告，本人检查、交待、对处分决定的意见，撤销处分的有关材料，通报批评材料；法院判决书；复查甄别报告、决定（结论），上级批复，离婚材料等。

第十六条　干部任免审批表（包括所附的考察、表现情况材料）；干部调动鉴定、组织审定的表现情况材料、考察材料；公务员过渡登记表；军队转业干部审批表、授予（晋升）军（警）衔审批表、转业鉴定、定级定工资材料；退（离）休审批表等材料。

第十七条　考试录用和聘用干部工作中形成的有关材料。包括报考登记表和录用审批表，考察材料；聘用审批表和合同书，政审结论及其相关证明材料，考核考察材料，续聘、解聘及辞退材料，辞职审批材料等。

第十八条　办理工资、待遇等工作中形成的材料。包括转正定级审批表、各种工资变动审批表、登记表、提职晋级和奖励工资审批表；享受专家特殊津贴的呈报表；各种待遇审批表、批复材料等。

第十九条　办理出国（出境）审批工作中形成有关材料。包括因公出国（出境）审批表、备案表，在国外表现情况材料或鉴定材料，因私出国（出境）审批表等材料。

第二十条　党代会、人代会、政协会议和工、青、妇等群众团体代表会，以及民主党派代表会议工作中形成的有关材料。包括代表登记表、委员简历及政绩材料等。

第二十一条　健康检查和处理工伤事故工作中形成的有关材料。有病、身体残疾的体检表，工伤致残诊断书，确定致残等级的有关材料，新录用干部体检表和毕业生分配工作体检表等材料。

第二十二条　丧事形成的有关材料。包括悼词、生平、报纸报道消息、讣告、非正常死亡的调查报告及遗书。

第二十三条　其他对考察了解使用干部有参考价值的材料。

第三章　收集方法

第二十四条　各级组织干部人事、纪检监察以及教育培训、审计、统战等部门，都应建立健全送交人事档案材料归档的制度，并贯彻执行。

第二十五条　形成人事档案材料的部门，在形成材料后的一个月内，按要求将材料送交主管人事档案的部门归档。

第二十六条　人事档案管理部门，应掌握形成人事档案材料的信息，建立联系制度，不失时机地向有关部门收集新形成的人事档案材料。

第二十七条　人事档案管理部门，发现有关部门送交归档的材料不符合归档要求时，应及时通知形成材料的部门补送或补办手续。形成人事档案材料的部门，有责任按规定认真办理。

第二十八条　组织干部人事部门，应根据工作需要，适时布置填写干部履历表或干部履历补充表等，并及时充实档案内容。

第四章　归档要求

第二十九条　归档的材料必须是办理完毕的正式材料。材料应完整、齐全、真实，文字清楚、对象明确，有承办单位或个人署名，有形成材料的日期。

第三十条　归档的材料，凡规定由组织审查盖章的，必须有组织盖章，规定要同本人见面的材料（如审查结论、复查结论、处分决定或意见、组织鉴定等），一般应有本人的签字。特殊情况下，需要本人见面后签字的，可由组织注明。

第三十一条　人事档案材料的载体一般应使用十六开规格的办公用纸，材料左边应留出二至三厘米装订边。文字必须是铅印、胶印、油印或用蓝黑墨水、黑色墨水、墨汁书写。不得使用圆珠笔、铅笔、红色墨水及纯蓝墨水和复写纸书写。除电传材料需复印存档外，一般不得用复印件代替原件存档。

第五章　监督检查

第三十二条　各部门应加强对干部人事档案材料收集归档工作的监督和检查，及时研究解决收集归档工作中的问题，支持档案管理人员的工作，保证收集归档工作的顺利进行。

第三十三条　人事档案工作人员，要忠于职守、熟悉业务、掌握政策、认真鉴别、严格把关、保守机密，积极主动、认真负责地做好干部人事档案材料的收集归档工作。

第三十四条　对违反本规定，涂改、伪造干部人事档案材料的要追究责任，严肃查处。根据情节轻重给予行政处分，构成犯罪的要依法追究刑事责任。

第六章　附则

第三十五条　本制度自下发之实行。凡与本规定不符的，一律按本规定执行。

第三十六条　本制度由公司人力资源部负责解释。

十五、企业劳动合同管理制度范文实例

公司劳动合同管理制度

第一章　总则

第一条　为规范全员劳动合同管理，保障集团公司和员工的合法权益，依据《中华人民共和国劳动法》、《中华人民共和国劳动合同法》（以下简称为《劳动合同法》）及有关法律、法规，特制订本制度。

第二条　集团公司及各分、子公司（以下简称为用人单位）和员工在平等自

愿、协商一致的基础上，通过签订“劳动合同”，建立“责、权、利”明确的劳动关系。

第二章　劳动合同签订、续订、变更、终止及解除

第三条　劳动合同由用人单位法人代表或授权代理人与员工个人签订。劳动合同一经签订即具有法律效力，双方必须严格履行。劳动合同一式两份，用人单位、员工各持一份。

第四条　劳动合同以书面形式订立，应具备以下条款。

（一）用人单位名称、住址以及法定代表人或主要负责人。

（二）员工姓名、住址以及居民身份证或其他有效身份证件号码。

（三）劳动合同期限。

（四）工作内容和工作地点。

（五）工作时间和休息、休假时间。

（六）劳动报酬和社会保险。

（七）劳动保护、劳动条件以及职业危害防护。

（八）劳动纪律和规章制度。

（九）劳动合同变更、终止、解除的条件及程序。

（十）违反劳动合同的责任。

（十一）法律、法规规定应当纳入劳动合同的其他事项。

（十二）双方协商约定的其他内容。

第五条　劳动合同期限根据生产、工作需要，分为有固定期限、无固定期限及以完成一定工作为期限三种，其中有固定期限分为一年、三年及五年。

（一）下列人员签订一年期限劳动合同。

1．新招收、录用、调入的员工。

2．签订合同前一年内违反用人单位规章制度，受到留用察看、警告、记过等处分的员工。

3．不能完全胜任本岗位工作能力要求的员工。

4．本岗位工作量少，又不接受组织安排其他工作的员工。

5．其他与用人单位协商签订一年期限的员工。

（二）下列人员签订五年期限劳动合同。

1．中层及以上领导人员。

2．被聘用的中、高级专业技术人员。

3．被聘用的工人技师、高级技师。

4. 用人单位认定的在关键生产、技术、管理岗位工作的骨干员工。

（三）其他人员签订三年期限劳动合同。

（四）在集团公司连续工作满十年以上者，劳动合同到期后，除员工提出订立固定期限劳动合同外，应当订立无固定期限劳动合同。

（五）与集团公司连续订立两次有固定期限劳动合同，且员工没有劳动合同法第三十九条和第四十条第一项、第二项规定的情形的，应续订无固定期限劳动合同。

（六）外借、外聘人员以完成一定工作为期限的形式签订劳动合同。

第六条　新招收、录用、调入人员在劳动合同中约定试用期。

（一）试用期限为一个月，包括在劳动合同期内。

（二）试用期内，用人单位按劳动合同（或岗位合同）所规定的内容全面衡量员工履行劳动合同的情况，同时考核其工作能力。考核不合格的，试用期内用人单位及时解除劳动合同并向员工说明理由。

第七条　用人单位或员工在劳动合同期内，因不可抗拒因素而无法履行劳动合同的有关内容，或者经双方协商同意，可以变更劳动合同的相关内容，并办理变更劳动合同手续。

（一）双方签订的专项协议作为劳动合同的变更内容，与劳动合同具有同等的效力。专项协议期内劳动合同到期的，继续履行专项协议；专项协议期满劳动合同未到期的，继续履行劳动合同。

（二）专项协议有内部（提前）退休协议、保留劳动关系协议、待岗协议、自谋职业协议、保密协议、培训协议、岗位聘任协议等。

第八条　有固定期限的劳动合同，期限届满即终止。用人单位与员工协商一致，可以续订劳动合同。

（一）续订劳动合同的员工应于劳动合同期满一个月前提出申请，由所在单位领导签署意见，送交用人单位人力资源部门办理续签手续。

（二）用人单位应于劳动合同期满前 15 天内提出是否与员工续订劳动合同意见，并于劳动合同期届满 15 天内办理续订劳动合同手续。

（三）无固定期限的劳动合同，不明确终止期，双方可按约定的终止条件终止劳动合同，但不得将法定解除条件约定为终止条件。

（四）以完成一定工作为期限的劳动合同，该工作完成后即终止。

第九条　下列情况之一的，用人单位可以解除劳动合同。

（一）在试用期内证明员工不符合录用条件的。

（二）员工违反或不履行劳动合同的。

（三）员工因主观原因，严重失职（渎职），营私舞弊，对用人单位利益（形象）造成重大损害（损失），经济损失超过一万元的。

（四）员工在一年内累计三次违反用人单位规章制度，或者被发现泄漏用人单位商业秘密、损害用人单位利益的。

（五）员工被依法追究刑事责任的。

（六）员工非因工患病或非因工负伤，医疗期满后不能从事原工作，也不能从事由用人单位另行安排的工作的。

（七）员工不能胜任本岗位工作，经过培训或调整工作岗位，仍不能胜任工作的。

（八）连续两年考核不称职的或连续三年考核基本称职的，视为不胜任工作。

（九）劳动合同订立时所依据的客观情况发生重大变化，致使原劳动合同无法履行，经双方协商不能就变更劳动合同内容达成协议的。

（十）经有关部门确认，用人单位歇业、合营、合资期满关闭，宣告破产或濒临破产，并处于法定整顿期间的。

（十一）双方协商一致的。

（十二）双方约定的其他情况。

第十条　下列情况之一的，用人单位不得解除劳动合同。

（一）劳动合同期未满，又不符合第九条之规定解除合同条件的。

（二）员工患职业病或因工伤残并被劳动鉴定委员会确认为丧失或部分丧失劳动能力的。

（三）员工患病或非因工负伤，在规定医疗期内的。

（四）女工在孕期、产期、哺乳期内的。

（五）员工在休假期间的。

（六）在本单位连续工作满 15 年，且距法定退休年龄不足 5 年的。

（七）法律、法规规定的其他情况。

（八）双方约定的其他情况。

第十一条　下列情况之一的，员工可以解除劳动合同。

（一）在试用期内的。

（二）用人单位以暴力威胁或非法限制人身自由的手段强迫劳动的。

（三）用人单位不按国家、省、市规定或劳动合同约定支付劳动报酬及办理保险福利待遇的。

（四）用人单位劳动安全、卫生条件恶劣，严重危害员工身体健康的。

（五）用人单位有侵害员工合法权益行为的。

（六）员工应征入伍、组织调动的。

（七）员工离职自费学习自费，经用人单位同意的。

（八）员工申请调动、自谋职业或出境定居，经用人单位同意的。

（九）双方协商一致的。

（十）双方约定的其他情况。

第十二条　下列情况之一的，员工不得解除劳动合同。

（一）由用人单位出资或出公假培训，培训后为集团公司服务未满培训协议规定年限的。

（二）承担用人单位某项重点工作项目而任务未结束的。

（三）双方约定的其他情况。

第十三条　经用人单位同意，员工调出或被用人单位除名的，劳动合同自行解除；员工辞职的，应提前30天书面通知用人单位，30天期满劳动合同解除。

第十四条　除双方协商一致或法律、法规规定的情形外，任何一方提出解除劳动合同，都应提前14天以书面形式通知对方。

第十五条　员工退职、死亡的，其劳动合同自行终止；员工退休时劳动合同期限未满的，自员工开始依法享受基本养老保险待遇时劳动合同终止。

第十六条　用人单位与员工解除或终止劳动合同时，要出具“解除劳动合同证明书”或“终止劳动合同证明书”，同时转移其人事档案、保险等关系。

第三章　劳动合同鉴证

第十七条　劳动合同签订后，由用人单位人力资源部按合同年限、种类填报“全员劳动合同制员工花名册”，连同“劳动合同书”一并到地方行政主管部门办理鉴证手续。

第四章　违约责任

第十八条　任何一方违反劳动合同，应按合同约定承担违约责任。

第十九条　给对方造成经济损失的，应根据其后果和责任大小，按有关规定承担相应的赔偿责任。

第五章　劳动争议的调解、仲裁

第二十条　用人单位成立由职工代表、工会组织、行政代表组成的劳动争议调解委员会，行使劳动争议调解职能。

第二十一条　用人单位与员工因履行合同发生争议时，应协商解决。协商无效的，可在15天内向用人单位劳动争议调解委员会申请调解。

第二十二条　若调解无效，可向当地劳动争议仲裁委员会申请仲裁。

第二十三条　对仲裁裁决不服的，可按法律程序向当地人民法院提起诉讼。

第六章　附则

第二十四条　本制度自印发之日起施行。

第二十五条　本制度由集团公司人力资源部负责解释。

第三章　企业员工聘任管理制度

第一节　企业员工聘任管理制度制订规范

一、基本概念

聘任即聘请任职。聘任制是指用人单位通过契约确定与人员关系的一种任用方式。一般的做法是由用人单位采取招聘或竞聘的方法，经过资格审查和全面考核后，由用人单位与确定的聘任人选签订聘书，明确双方的权利、义务关系和受聘人员职责、待遇、聘任期等。

企业员工聘任管理制度，是企业为根据需要，按照企业经营战略规划要求，把适合企业工作需要的人招聘进企业，而制订的规范性文件。其主要任务是，获取适合企业需要的各类人才，为提高企业经济效益服务。人员招聘是企业获取人力资源管理要素的具体体现，它是按照企业经营战略规划，人力资源规划的要求把优秀的、合适的人招进企业，把合适的人才放在合适的岗位，是影响和决定企业经营效率的关键因素之一。因此，企业员工聘任制度，历来是企业管理制度中的重要内容，并起着举足轻重的作用。

二、基本特点

（一）动态性

动态性也可以称为流动性。就现代企业来说，它包含两个方面的意思。一是指企业本身的是不断发展变化的，如产品、工艺、规模、装备、设备及工具等；二是指企业员工是不断变化的，如年龄、性别、文化程度及技术水平等。由此决定了企业员工聘任，同样是动态的，它要随着上述两种变化作出相应地调整。如员工队伍文化构成发生改变，平均学历显著提高，期望与价值观和他们的经历与其父辈相比，会有很大差距，这就不能用惯例招聘员工，必须根据现代企业的发展需要制订员工招聘制度。

（二）自主性

无论是工业企业、商业企业或金融企业，还可以分为不同的规模、不同的行业、不同的产品等，就同类行业或企业来说，同样存在许多差异。这对于一个企业来说，虽然都涉及员工的招聘问题，但不同企业其招聘方式、程序、要求等是不同的。其自主权表现在企业必须根据自身的需要来制订相应的招聘制度。

三、基本内容

企业员工聘任管理制度主要包括以下五个方面的内容。

（一）企业员工聘用招募制度

企业员工聘用招募制度主要包括招募甄试程序、新进员工、聘用、录用及任用办法等。

（二）企业专业技术职务评聘制度

企业专业技术职务评聘制度主要包括技师、高级技师聘任办法及专业技术人员职位任用程序等。

（三）企业人才引进管理制度

企业人才引进管理制度主要包括人才引进、招聘办法等。

（四）企业员工岗位异动制度

企业员工岗位异动制度主要包括企业人事调整管理办法、员工岗位异动程序等。

（五）企业返聘制度

企业返聘制度主要包括企业退休（退养）返聘人员管理办法、离职人员返聘管理办法以及辞退与辞职管理办法等。

四、基本格式

企业员工聘任管理制度一般由标题、正文两部分组成。

（一）标题与结构

企业员工聘任管理制度的标题与结构同企业人力资源综合管理制度。

（二）正文内容

企业员工聘任管理制度的内容主要包括企业员工招聘工作程序，企业人员招聘工作责任划分，企业人员招聘的渠道，考试、面试程序，以及其他人员招聘、选拔方法。

五、基本要求

（一）员工聘用工作必须符合国家的有关法律法规、政策以及本企业的利益

企业员工招聘制度，应坚持平等就业、相互选择、公平竞争、培训学习、岗位对应等原则，由于用人单位的原因订立无效劳动合同或违反劳动合同的企业应承担责任。

（二）要确保聘用人员的质量

员工招聘制度要根据企业人力资源规划工作需求和职务说明书中应职人员的任职资格要求，运用科学的方法和程序开展招聘工作，以保证应聘人员的质量。

（三）坚持公平原则

员工招聘的目的是把符合本企业的人才，招聘到合适的工作岗位，这就需要量才适用。既要以符合本企业需要为基本出发点，又不能降低或任意提高准入门槛；既要考虑应聘人员的基本条件，又要注重应聘人员的实际能力。

第二节　企业员工聘任管理制度范文实例

一、企业招募甄试制度范文实例

公司招募甄试制度

第一条　人员招募作业程序。人事部门得到领导增补人员计划指令后开始拟订人员招募计划，招募内容包括岗位名称及名额，资格条件限制，职位预定薪金，预定任用时间，拟具登报稿和截止日期，甄试方式及日程安排，场地安排，工作能力安排，准备事项。

第二条　招募范围。社会、人才市场、集团公司内部、国家教育毕业生以及公司员工介绍。

第三条　诉求。以海报、公告及多媒体等多种方式将招募消息告诉大众及求职人。

第四条　组织专家评审组。由公司总经理、副总经理、总经理助理、高级顾问、技术总监、财务总监、人事部主管及相关项目负责人组成专家评审组。

第五条　应征信息资料的处理。审核应征资料，向合格者发出“面试通知单”，不合格应征资料全部归档，一个月后销毁。

第六条　甄试。新进人员甄选考试分笔试、面试及心理测试。

（一）笔试。包括专业测验（由申请单位和专家评审组拟定试题），心理及智力测验。

（二）面试。由申请单位主管、人事主管、专家评审组成员共同面谈、面试。

第七条　背景调查。由人力资源部负责。

第八条　结果评定。经专家组评审，领导审批后决定录用的人员，由人力资源部及用人部门会商进用日期，并发出“报到通知单”，办理聘用手续。

第九条　未录取人员的处理。由人力资源部向未录取人员发出谢函通知。

二、企业新进员工面试录用办法范文实例

公司新进员工面试录用办法

第一条　招聘新员工，应以人事计划及各部门的实际需求为依据。各部门如有岗位空缺或需要增加人时，须先行提交人员需求申请，呈总经理核准后，由人力资源部办理。

第二条　人力资源部选择适当时机和形式组织招聘。在应聘人员通过初审后，由人力资源部发出面试通知和组织面试。

第三条　面试由用人部门主管、特聘专家及人力资源部专员进行，用人部门主管为主试，面谈完毕时，主试人应立即将评语记录在面试表上。

第四条　专业考试的命题及阅卷工作由用人单位担任，考试行政由人力资源部担任。

第五条　专业考试及面试合格与否应由用人单位决定。人力资源部对考试合格者的人事档案加以调查，以了解其过去就学、工作情况及行为表现。

第六条　人力资源部将有关考核情况及个人档案资料通报用人单位，供用人部门决定录取与否。用人部门一经决定录用，应聘人即成为本公司新进员工储备人员。人力资源部门通知录取人。

第七条　专业考试及面试的标准录取分数均不得低于60分。另外，人力资源部组织的心理测验结果供用人部门录取时参考。

第八条　人力资源部在接到各部门合格人选后，报总经理核审后，选定最后录取人选，安排心理测验，合格后即可任用。人力资源部向被录用人发"录用通知书"。录取人凭《录用通知书》，按其中的要求和时间来报到，至此成为本公司试用人员。

第九条　用人部门应按照规定，对新进人员进行职前介绍，试用人员应签订试用协议书。试用期满用人部门主管对新进人员做试用评核，下达试用期满申请，决定是否正式任用。通过上述考核和试用，新进人员才能成为本公司的正式员工。

第十条　项目经理以上人员的招聘，除应依以上办法办理外，必须通过总经理面试方予录用。

第十一条　本公司人力来源，以外求为主、内求为辅，目的是寻求优秀且适用的人才。

三、企业招聘录用制度范文实例

公司招聘录用制度

第一章　宗旨

第一条　加强本公司员工队伍建设，提高员工基本素质，适应本公司经营发展需要，满足各部门对人才的需求，特制订本制度。

第二条　本规范适用于集团公司及各分、子公司。

第二章　原则

第三条　公司招聘录用坚持以下基本原则。

（一）公开聘用，择优录用原则。

（二）平衡公司内部各部门现阶段对人员的需求原则。

（三）根据公司的长远发展战略，满足公司人力资源的长期规划要求原则。

第四条　公司所有员工分为公司身份制员工、公司下属企业身份制员工和临时聘用员工三类。

第五条　公司身份制员工享受集团公司和公司下属企业公司制度中所规定的所有待遇。

第六条　公司下属企业身份制员工仅享受公司下属企业给予的待遇。

第七条　临时聘用员工指具有明确聘用期的临时工、离退休人员及少数特聘人员，享受待遇在合同中规定。

第八条　各种形式聘用的人员均应与本公司签订合同。

第三章　招聘形式

第九条　公司招聘形式包括以下种类。

（一）集团公司内部招聘。

（二）国家正规高等院校毕业生。

（三）社会人才市场招聘。

（四）职工引荐。

第四章　各部门人才需求计划的制订

第十条　人才需求计划分年度计划与临时性计划，年度计划各部门、项目经理在每年的 11 月 25 日前制订本部门的下一年度人才需求计划并报公司综合部，如因特殊情况未报计划者，在第二年的一月初可补报用人计划。临时性用人计划由各部门在每月 25 日报人力资源部，人力资源部适时根据情况进行招聘。

第五章　人力资源部计划汇总

第十一条　由人力资源部汇总各部门需求计划后，基于公司现阶段发展计划及各类人员的总体平衡和招聘建议，报公司总经理审批。审批后，人力资源部根据公司总经理意见，调整确定公司下一年度招聘工作。

第六章　招聘

第十二条　由于人才的专业性和特殊性，本公司专门成立招聘录用人员委员会，委员会成员分别由总经理、副总经理、总经理助理、技术总监、人力资源部、招聘录用部门经理（或项目经理）组成。委员会负责招聘录用人员的面试、答辩、考试，并作出是否录用决定和分配去向。录用则通知其进入所在部门试用（试用期最少为一个月），不录用，则通知本人。

第七章　试用

第十三条 新员工根据录用通知在综合管理部办理试用手续，填写“试用人员情况表”并签订试用合同，确定试用期劳务费用。

第八章　录用或辞退

第十四条　新员工试用期满后，由用人部门在“试用人员情况表”中填写试用意见，决定是否可以留用，将结果报知综合管理部，并通知员工本人。若同意录用，则由人力资源部安排与总经理面试，总经理同意后由人力资源部办理录用手续，到综合管理部与本公司签订正式录用合同书及办理报到、起薪等有关手续。

第十五条　正式调入员工。其中，应届毕业生实习期为3～6个月，所有手续按集团公司人事部要求办理。正试调入人员的实习期为1～3个月，员工实习期满且合格者成为公司的正式员工。所有手续按集团公司人事部要求办理，同时签订劳动合同等有关事宜。工资待遇按集团公司和公司标准执行。

第十六条　招聘人员的试用期为半个月至一个月。试用期根据学历确定（试用期含考察期），博士生、硕士生试用期为1～3个月，本科生、大专生试用期为3个月，工人试用期为1个月。试用期间的工资待遇按劳务费形式支付，其支付金额在合同书中明确规定。

第十七条　招聘人员经过试用期，决定录用后再与启明公司签订正式录用合同，并确定其正式工资待遇。

第九章　附则

第十八条　本制度自印发之日起施行。

第十九条　本规定由集团公司人力资源部负责解释。

四、企业员工聘用规定范文实例

公司员工聘用规定

第一章　总则

第一条　为加强本公司员工队伍建设，提高员工的基本素质，特制订本规定。

第二条　从事管理和业务工作的正式员工一般必须满足下述基本条件。

（一）大专以上学历。

（二）两年以上相关工作经历。

（三）管理人员年龄一般在25～45岁，专业人员一般在20～35岁，但特殊岗位可特殊对待。

（四）部分岗位要求外语达到一定水准。

（五）无不良行为记录。

（六）特殊情况人员，经总经理批准后可适当放宽有关条件，应届毕业生必须经总经理批准后方可考虑聘用。

第二章 试用

第三条 所有应聘人员除总经理特批可免予试用或缩短试用期外，一般都必须经过3～6个月的试用期后才可考虑聘为正式员工。

第四条 试用人员一般不宜担任要害部门的工作，也不宜安排具有经济责任的工作。

第五条 试用人员在试用期内待遇规定如下。

（一）基本工资待遇按协议规定执行；

（二）试用人员享受劳保用品待遇，发放节假日奖金及福利待遇。

第六条 试用人员经试用考核合格后，可转为正式员工，并根据其工作能力和岗位重新确定薪金。享受正式员工的待遇。员工转正后，试用期计入工龄。试用不合格者，可延长其试用期或决定不予聘用。对不予聘用者，仅发试用期的基本工资。

第七条 正式员工公司可根据其工作业绩、表现以及年限，由公司给予办理档案关系及户口调动。

第三章 附则

第八条 本制度自印发之日起施行。

第九条 本制度由公司人力资源部负责解释。

五、企业聘约人员管理办法范文实例

公司聘约人员管理办法

一、依据

为使公司聘约人员的聘任及管理有所遵循，依据公司人事管理规则的相关规定，特制订本办法。

二、聘用范围

公司依据各部门的工作需要，需以聘约方式聘用人员时，必须呈总经理核准后，以签订劳动合同的形式聘用。

三、工作报酬与福利待遇

聘约人员概不列入本公司编制，其报酬与福利待遇均比照本公司编制人员，并由总经理亲自审批办理。

四、管理

聘约人员的考勤、出差、保险及管理，依约定或比照公司编制人员办理。

五、终止受聘

聘约人员因重大事由必须于约定期限前终止受聘时，应于一个月前通知聘用部门。并于办妥离职手续后，方得终止受聘。

六、解聘

聘约人员在聘任期间，如有违反本公司人事管理规则或工作上无法胜任者，聘用部门应呈总经理核准后予以解聘。

六、企业新进人员任用办法范文实例

公司新进人员任用办法

第一章 总则

第一条 本办法依据《公司人事管理规则》中第七条的规定，特制订本办法。

第二条 本办法适用于集团公司总部及各分、子公司。

第二章 增补程序

第三条 各部门因工作需要，需增补人员时，以公司（事业部）为单位，提出人员增补申请，呈总经理核准依可能离职率及工作需要，临时工由各部门拟订需要人数及工作天数，呈分、子公司（事业部）经理核准。女性现场操作人员由各部门定期（视可能变化订定期限）拟订需要人数，呈分、子公司（事业部）经理核准。各分、子公司应在每月5日前将上月份人员增补资料列表送总部人力资源部与总经理办公室，并由总经理办公室转呈董事长。

第四条 经核准增补人员的甄选，大专以上人员的甄选由总部人力资源部主办，高中以下人员的甄选由各分、子公司（事业部）自办，并以公开登报招考为原则。主办部门核对报名应考人员之资格应详加审查，对不合报考资格或认有不拟采用的情况者，应即将报名的书表寄还，并附通知委婉说明未获初审通过之原因。

第五条 新进人员甄选时，应由主办部门筹组甄选委员会办理有关下列事项。

（一）考试日期、地点。

（二）命题标准及答案。

（三）命题、主考、监考及阅卷、人员及工作分配。

（四）考试成绩评分标准及审定。

（五）其他考试有关事项的处理。

第六条　新进人员甄选成绩的评分标准分学科、术科、口试三项，其成绩分比例视甄选对象及实际需要由各甄选委员会订定，但口试成绩不得超过总成绩的40%。

第七条　各甄选主办部门于考试成绩评定后，应将各应考人员成绩及录用情形填报总部人力资源部与总经理办公室。

第八条　对于拟录取的人员，主办部门应通知申请部门填写“新进人员试用申请及核定表”，大专毕业以上人员呈总经理核准，并列表送总部人力资源部与总经理办公室，并由总经理办公室转报董事长。高中毕业程度以下（除现场女性操作人员及临时人员由经理核准外）人员呈总经理核准后，即通知录取人员报到。备取人员除以书面通知列为备取外，并说明遇有机会得依序通知前来递补。对于未取人员除应将其填写的各种表格返还外，并附通知委婉说明未录取原因。自登报招考至通知前来报到的时间，原则上不得超过一个月。

第九条　新进人员报到时，应填缴人事资料卡、安全资料、保证书、体格检验表、户口本及照片，并应缴验学历证书、退伍证以及其他经历证明文件。

第三章　试用

第十条　新进人员试用期三个月（普通工人为一个月）。试用期间应由各分、子公司参照其专长及工作需要，分别规定见习程序及训练方式，并指定专人负责指导。

第十一条　有关新进人员的培训计划另行制订。

第十二条　新进人员于试用期间应遵守本公司一切规定，如有受记过以上处分者，应即辞退。

第十三条　新进人员在试用期中，表现不合要求，部门主管认为有必要停止试用时，可立即提出申请，报请分、子公司（事业部）经理核定后，停止试用。

第十四条　新进人员在试用期间的考勤规定如下。

（一）事假达5天者应即予辞退。

（二）病假达7天者应即予辞退或延长其试用期间予以补足。

（三）有旷工记录或迟到三次者应即予辞退。

（四）其他比照《公司人事管理规则》中第二十一条规定办理。

第十五条　经停止试用或辞退者，仅付试用期间的薪资，而不另支任何费用，亦不发给任何证明。

第十六条　试用期间薪资依“公司人事管理规则”中的薪级表标准核支，试用期间年资、考勤、奖惩均予并计。

第十七条　新进人员试用期满后，由各该负责指导人员或主管于“新进人员用申请及核定表”详加考核（大专以上人员应附实习报告），并依第八条规定权限呈核。如确认其适才者，予以正式任用；如确认需延长试用期者，酌予延长；如确属不能胜任者，予以辞退。

第十八条　总部人力资源部依考核表发给“试用期满通知”。考核表归入个人档案。总部人力资源部依不同批示，分别办理下列事项。

（一）试用不合格者，另发给通知单。

（二）调职者，由总部人力资源部办理调动手续。

（三）薪资变更者，由总部人力资源部随考勤办理调薪变更，通知总部会计部办理调薪。

第四章　附则

第十九条　本办法自印发之日起施行。

第二十条　本办法由集团公司总部人力资源部负责解释。

七、企业专业技术职务评聘办法范文实例

公司专业技术职务评聘办法

第一章　总则

第一条　为完善集团公司专业技术职务评聘制度，根据国家和集团的相关规定，特制订本办法。

第二条　集团公司本着按需设岗、公开平等、竞争择优、合理管理原则，合理设置岗位并聘任各岗位专业技术人员。

第三条　本办法适用于集团公司及各分、子公司。

第二章　专业技术职务设置

第四条　工程系列。包括高级工程师、副高级工程师、工程师、助理工程师、技术员。

第五条　经济系列。包括高级经济师、经济师、助理经济师、经济员。

第六条　会计系列。包括高级会计师、会计师、助理会计师、会计员。

第七条　统计系列。包括高级统计师、统计师、助理统计师、统计员。

第八条　审计系列。包括高级审计师、审计师、助理审计师。

第九条　图书档案系列。包括研究馆员、副研究馆员、馆员、助理馆员。

第十条　外语翻译系列。包括译审、副译审、翻译、助理翻译、翻译员。

第十一条　政工系列。包括高级政工师、政工师、助理政工师、政工员。

第三章　资格评审和岗位聘任原则

第十二条　资格评审原则。

（一）按条件评审的原则。

（二）重业绩、重贡献、重能力的原则。

（三）公开、公平、公正、员工公认的原则。

（四）评聘分开、资格不与待遇挂钩的原则。

（五）岗位设置与聘任原则。

（六）按需设岗、按岗聘任的原则。

（七）公平竞争、择优上岗的原则。

（八）岗位聘任与有关待遇挂钩的原则。

（九）专业技术职务相近聘任的原则。

（十）考核与聘任相结合的原则。

第四章　资格评审

第十三条　资格评审权限。

（一）集团公司具有工程系列副高级、政工系列中级、其他系列初级专业技术职务资格评审权；对于正高级、破格申报副高级工程系列和非工程系列中、高级专业技术职务资格的评审，由集团公司统一组织。

（二）国家已按规定在全国范围内统一组织职称资格考试的专业技术系列和职务档次，一律参加国家统一考试。

（三）对于各类初级专业技术职务，由集团公司组织评审或考核定职。

第十四条　机构及职责。

（一）集团公司成立专业技术职务评聘领导小组（以下简称为领导小组），负责各类专业技术职务的评聘和推荐工作。领导小组下设工程系列副高级、政工系列中级评审委员会，负责各类专业技术职务资格的评审和推荐。

（二）评审委员会一般应由9人以上的奇数组成，其中具有副高级及以上专业技术职务的人员应至少8人。

（三）集团公司建立相应系列的专业技术职务评审委员库并报集团职称改革办公室备案。

1．委员库入库人数不少于评审委员会人数的2倍。

2．入库人员要从具有相应职称的专家中筛选，择优收录，并不断调整充实。

3．评审委员会的组成人员应从委员库中随机选择，同时外聘专家在评审委员会中至少占3人。

4．原则上每次评审委员会应轮换3名委员。

第十五条　评审条件。

（一）初级专业技术职务。

对于国家教育部承认的全日制普通院校大专以上毕业生的专业技术职务评审，实行见习期满考核定职制，不再进行评审。集团公司人力资源部门对其1年见习期内的德、能、勤、绩进行全面考核鉴定。考核合格后，大专毕业，见习期满，从事本专业技术工作2年，可聘任为“助师”级职务；大学本科毕业，见习1年期满，可聘任为“助师”级职务。

集团公司鼓励大专、中专毕业生参加工人技师评聘。

（二）中级专业技术职务。

获得博士学位或硕士学位且任“助师”级职务2年以上，大学本科毕业且任“助师”级职务4年以上或大学专科毕业且任“助师”级职务4年以上，经考核合格，可聘为中级职务。

（三）高级专业技术职务。

获得博士学位且任中级职务2年以上，获得硕士学位且任中级职务3年以上或大学本科毕业且任中级职务5年以上，经考核合格，可聘为高级职务。

（四）破格申报高级工程师，必须具备下列条件之一。

1．在重要或关键岗位上工作，获得国家级科技进步、自然科学和发明奖二等以上奖励或省（部）、集团级一等奖的主要贡献者；获得两项省（部）、集团级二等及以上奖励或一项二等并获得多项省（部）、集团级三等奖的主要贡献者。

2．主持集团级及以上级别的重点科研、科技攻关项目，或者主持集团级及以上级别的重点工程、重大项目，并取得显著成绩。

3．在新产品、新工艺、新材料、新方法的研究、设计以及应用推广中，取得显著成绩，经集团及以上部门鉴定，在理论上有创新，或者在技术上有突破，或者开辟了新的技术领域，对推动本专业理论的发展或技术进步起了重要作用。

4．在国内外著名刊物上作为第一作者已公开发表5篇以上有一定价值，并通过本专业2名以上专家书面评价具有高级工程师水平的专业技术性论文。

5．运用现代科学方法，显著提高科技管理水平，对增强企业的竞争力起到了重大作用。

6．是本学科或本专业的科技带头人，能够解决重大技术难题。

（五）破格申报非工程系列高级专业技术职务资格，必须具备集团公司规定的条件。

（六）具备正常条件的参评人员，继续教育学分、计算机和职称外语考试必须符合集团公司要求的条件。

第十六条　评审程序。

（一）符合申报条件的工程、政工系列专业技术人员，由个人提供资料，向所在单位人力资源部提出申请。经初审合格，由集团公司人力资源部向相应系列评审委员会提交有关评审材料，由评审委员会组织评审。

（二）评审通过的，经集团公司领导小组批准后，一律在所在单位公示3天。

（三）公示期满后，如有问题反映的，应对所反映问题进行调查核实。经核实确有问题不具备评审条件的，应取消评审结果。

（四）副高级及以上资格的公示结束后，须将评审情况及公示结果报集团公司职称改革办公室进行审核。

第十七条　符合申报经济、会计、统计、审计、图书档案及外语翻译系列的副高级及以上资格的人员，经集团公司领导小组审核后，推荐上报集团公司职称改革办公室进行审批。

第十八条　专业技术职务资格审查通过后，由集团公司下发通知，并发放由集团公司统一印制的资格证书。

第五章　附则

第十九条　本办法自印发之日起施行。

第二十条　本办法由集团公司人力资源部负责解释。

八、企业技师、高级技师聘任管理办法范文实例

公司技师、高级技师聘任管理办法

第一章　总则

第一条　为推进员工素质建设工程的实施，加强高技能人才队伍建设，充分发挥技师、高级技师在生产中的骨干作用，激发高技能人才的潜力，贯彻集团关于技师、高级技师实行评聘分开的精神，本着公开、公正、公平竞争及宁缺毋滥、

虚位以待的原则，特制订本办法。

第二条 本办法适用于集团公司及各分、子公司。

第二章 聘任条件

第三条 技师聘任需满足下列条件。

（一）取得政府或行业部门颁发的“技师任职资格证书”，且资格证书的岗位名称与所从事的岗位（工种）相一致。

（二）能够独立解决本工种生产加工操作中的关键技术问题。

（三）能够配合技术人员做好培训中级以上技术工人的工作。

（四）能配合研发人员进行产品试制，以及高精尖设备的安装、调试、运行、操作、维修与保养、工艺改进、质量攻关、技术革新等。

第四条 高级技师聘任需满足下列条件。

（一）具有国家劳动行政部门颁发的“高级技师任职资格证书”，且资格证书的岗位与所从事的岗位（工种）相一致。

（二）能够传授技艺、具有培训指导工人技师的能力，能有效的推广本工种的新技术、新工艺、新操作方法等。

（三）能配合研发人员进行产品试制，以及高精尖设备的安装、调试、运行、操作、维修、保养以及工艺改进、质量攻关、技术革新等。

（四）近两年内解决两项以上本工种关键性操作技术或生产工艺中的难题，或者对设备、工艺、工具设计等方面提出一项以上较重要的革新建议，并取得明显经济效益。

第三章 聘任程序

第五条 个人填写“申请表”。

第六条 各级人力资源部审批，集团公司批复后，由集团公司人力资源部颁发聘书。

第七条 聘期为3年。聘任期满后，根据工作需要和本人表现，经聘用单位综合考核，合格者可以继续聘任。

第四章 待遇

第八条 被聘技师、高级技师任职期间的有关待遇，按集团公司有关文件精神执行。

第九条 取得技师、高级技师任职资格，但未被聘任的不享受技师、高级技师的相关待遇。

第十条 取得技师、高级技师任职资格，退休后的待遇执行政府的相关规定。

第五章 考核

第十一条 各分、子公司要对本单位的技师、高级技师进行年度考核。

第十二条 考核的标准依据任职条件。

第十三条 考核结果可分为优秀、称职、不称职。

第十四条 考核不称职的及时解聘，并取消相应的待遇。

第六章 其他

第十五条 被聘的技师、高级技师，离开本职岗位工作的及时解聘，其相关待遇即行取消。

第七章 附则

第十六条 本办法自印发之日起施行。

第十七条 本办法由集团公司人力资源部负责解释。

九、企业专业技术人员职位任用办法范文实例

公司专业技术人员职位任用办法

第一条 目的。

为使专业技术人员职位的任用有所遵循，特依人事管理规则第三十九条规定制订本办法。

第二条 职位设定。

(一) 专业技工。同工务员。

(二) 专业技术员。同助理工程师。

(三) 专业技师。同工程师。

第三条 资格。

(一) 专业技工。凡具备下列三项条件者，可晋升为专业技工。

1. 担任同种专业技术工作的熟练工人，在本职位中有四年考核成绩在甲等以上。

2. 参加本企业专业技工检定合格或取得国家乙种相同性质技术检定合格者。

3. 经直属科长推荐者。

(二) 专业技术员。凡具备下列三项条件者，可晋升为专业技术员。

1. 担任专业技工员或工务员，在本职位中有四年考核成绩在甲等以上。

2. 参加本企业专业技术员检定合格或取得国家甲种相同性质技术检定合格者。

3．经直属公司处长推荐者。

（三）专业技师。凡具备下列三项条件者，得晋升为专业技师。

1．担任专业技术员，在本职位中有四年考核成绩在甲等以上。

2．参加本企业专业技师检定合格者。

3．经直属经理推荐者。

（四）新进人员具有专精熟练的特殊技术者可比照公司内相同技术及资格的人员核定其职位。

第四条 限制。

（一）任用专业技术人员职位者，不得同时任用于其他职称。

（二）从业人员在年度内受记过的处分而未抵消或上年度考绩在乙等以下者，本年不得晋升。

十、企业人才引进管理办法范文实例

公司人才引进管理办法

第一章 总则

第一条 为落实集团公司"十二五"人才发展战略，进一步优化人力资源结构，实现企业的长远发展目标，特制订本办法。

第二条 人才引进工作要适应集团公司的发展要求，坚持培养与引进并举，不断增加人才总量，优化人才结构，提高人才素质，为企业持续、健康发展提供人才保障。

第三条 本办法适用于集团公司及各分、子公司。

第四条 人才引进的原则。

（一）坚持公开、公平、公正原则。

（二）坚持全面考核、德技双馨、保证质量。

第五条 引进人才的对象。

（一）具有硕士及以上学位或取得副高级及以上专业技术职称的高级人才。

（二）以"211"院校为主体的专业对口的大学毕业生。

（三）具有专业特长、满足集团公司发展需要的各类骨干人才。

第二章 引进人才形式

第六条 所需人才可采取录用、调动、兼职、咨询、科研以及技术合作、技术入股等方式加以引进和聘用。

第三章　人才引进基本途径

第七条　人才引进的基本途径有市场猎取、面向社会公开招聘以及校园招聘。

第四章　人才引进程序

第八条　高级人才。

（一）被引进者如实向集团公司人力资源部提供本人有关材料。包括简历、工作业绩，获奖证书、最高学历学位及职称证书原件、复印件，家庭情况，工作要求和设想，本人联系电话和通讯地址等。

（二）集团公司人力资源部及相关单位对拟引进的人才进行面试和外调、考察。

（三）集团公司人力资源部组织相关单位对拟引进目标的学历学位、专业背景及发展潜力等条件进行综合评议。

（四）基层单位提出引进人才使用、待遇、管理等方面具体的意见，经集团公司人力资源部审核、主管领导审查后，提交总经理办公会议讨论决定。

（五）在双方协商的基础上，签订“协议书”（含聘约期协议），由集团公司人力资源部门统一办理相关手续。

第九条　市场猎取和面向社会公开招聘的专业人才，按第八条（五）之规定执行。

第十条　校园招聘人才。

（一）集团公司及各分、子公司人力资源部根据集团公司发展规划和企业实际制订年度招聘计划，明确毕业生需求数量、专业、院校、性别及工作岗位意向。

（二）集团公司组织各分、子公司参加集团集中组织及各相关院校举办的校园招聘会，对学生进行面试和考察，查阅本人有关材料。包括简历、学习成绩，毕业证书、学位证书及获奖证书等原件、复印件，家庭情况，工作要求和设想，本人联系电话和通讯地址等。

（三）集团公司人力资源部提出录用意见，经主管领导审查后，报总经理审定。

（四）在双方协商的基础上，签订“就业协议书”，由集团公司人力资源部统一办理相关手续。

第五章　人才管理与待遇

第十一条　引进的高级人才由集团公司人力资源部统一管理、统一调配，其薪酬及福利待遇由双方谈判确定。

第十二条　专业人才实行项目制管理或岗位制管理，其薪酬比照集团公司内同类人员确定。

第十三条　引进人才如签约期未到而提出或要求终止协议（含调离、辞职、自动离职及解聘等），应按“就业协议书”规定承担违约责任。

第六章　附则

第十四条　本办法自印发之日起施行。

第十五条　本办法由集团公司人力资源部负责解释。

十一、企业人事调整管理条例范文实例

企业人事调整管理条例

第一章　总则

第一条　为了促进公司的稳定发展，充分发挥员工能力，并本着人与工作互相适应的原则，合理进行人力资源的分配，特制订本规定。

第二条　员工的升、降、调、辞、退必须本着客观公正的原则慎重处理。凡属关键工作或职务的任职人员变换，需进行严格审查，宁缺毋滥。

第三条　人员调整必须以考核为依据，以任职资格为标准，兼顾个人发展潜能和现任职务。

第四条　人事调整包括升任、降任、调任、免职、离退休、辞聘、辞退以及停薪留职等内容。

第五条　人事调整管理权限依《人事决策权限》和其他公司有关规定办理。

第二章　任免规定

第六条　为创造一种奋发向上的公司环境，本公司特设立自我申报制度。申报人应根据自己的能力专长，本着为公司和个人负责的精神填写“员工自我申报表”。经人力资源部会同该员工所在部门主管领导共同考查合格者，列入备选人员档案，以便在适当的时机选任。

第七条　凡升任、调任、降任的员工，均由相应部门的主管领导提名，报人力资源部。由人力资源部按权限规定呈送审核人。

第八条　凡呈报升任、调任、降任要求的部门，应配齐以下材料。

（一）拟定调整的职务或工作。

（二）员工绩效考核表。

（三）主管领导对其工作做全面鉴定。

（四）具有说服力的事例。

（五）其他有关材料。

第九条　凡由上级授意调整的人员，所在部门主管领导应按本规定第八条配齐材料。

第十条　高级员工的任职通知由总裁签发，人力资源部负责通报有关部门。高层以下员工的任职通知书由人力资源部与有关单位主管领导共同签发。

第十一条　因职务变换或因重大失误需免去原任职务的高级员工，由总裁签发免职通知书，并由人力资源部向公司有关部门通报。高层以下员工由人力资源部与有关部门主管领导共同签发免职通知书。

第十二条　凡接到任免通知书的员工，限一周内交接好工作，到人事部办理任免手续。

第三章　辞聘、辞退的规定

第十三条　员工的辞聘、辞退管理，以国家相关规定和公司《员工辞退、辞职管理条例》办理。

第十四条　在以下情况下，公司对员工可以资遣。

（一）歇业或转让时。

（二）公司亏损或业务紧缩时。

（三）因不可抗拒的原因暂停工作一个月以上时。

（四）业务性质变革而原有员工无法适应时。

（五）其他特殊原因。

第十五条　员工自收到资遣通知之日起，一周内办理妥离职手续，并领取资遣费。若自接到资遣通知 30 天内未办理离职手续者，不再发放资遣费，按辞退处理。

第十六条　员工资遣的先后顺序为。

（一）在职期间曾受惩处的。

（二）工作绩效不如他人的。

（三）本公司工龄短于他人的。

（四）职务等级低于他人的。

第十七条　资谴费发放标准按以下规定办理。

（一）有效工作时间不足一年者，发放一个月基本工资的资谴费。

（二）有效工作时间一年以上不足三年的，发放三个月基本工资的资谴费。

（三）有效工作时间三年以上者，每增加一年，增发半个月的资谴费，但最多不超过六个月的基本工资。

第十八条 凡本公司资遣员工再遇公司招聘时，可优先录用，本企业工龄可连续计算。若再遇资谴时，只按续任时间长短来发放资谴费。

第四章 停薪留职规定

第十九条 凡属下列情况之一者，办理停薪留职手续。

（一）久病不愈超过一个月者。

（二）因特殊情况暂时不能供职者。

第二十条 凡属第十九条第一款情况的，由部门主管填写“停薪留职通知单”，经人力资源部核准后呈送本人。

第二十一条 凡属第十九条第二款情况的，由员工个人填写“停薪留职申请书”，经部门主管领导批准后，填写“停薪留职通知单”，报人力资源部核准后呈送本人。

第二十二条 停薪留职以一年为限，如需延长，需经公司总经理批准。停薪留职期间不计本企业工龄。

第二十三条 凡停薪留职期满的仍不能供职，按辞退办理。

第二十四条 员工在停薪留职期间擅就他职者，一经核实，予以除名。

第二十五条 总公司正副处级和下属公司担当总公司正副部处级以上的高级员工，不得停薪留职。

第二十六条 凡停薪留职人员，公司概不保留原任职位，申请复职时若无相应职位空缺或已无需要时，不待复职。若停薪留职期满仍不待复职者，按辞退处理。

第二十七条 凡停薪留职员工要求复职时，需填写“复职申请书”经人力资源部门和原任部门主管领导核准后，办理复职手续。

第五章 离退休管理规定

第二十八条 凡符合国家离退休规定的员工，按国家和地方有关政策法规办理离退休手续。

第二十九条 凡属由于特殊原因需要继续工作的员工，可在办理离退休手续后返聘。

第三十条 凡属下列情况的离退休员工，除依法领取由社会保险机构核发的养老金外，还可享受公司的养老补助金。

（一）在本公司连续工作十年以上的普通员工。

（二）在本公司连续供职的高级员工。

（三）凡对公司有特殊重大贡献的所有员工。

第三十一条　由本公司核发的养老补助金额和发放期间长短的具体标准，视公司经济情况而定，并由公司保险福利基金中列支。本文件暂不规定。

第三十二条　凡符合离退休条件的员工，均需在实足年龄到期前一个月，填写《离退休申请书》，经人力资源部审核后，呈主管人事的副总经理核准。

第三十三条　申请离退休的员工在接到“离退休通知书”后一周内前往人力资源部办理离退休手续。

第三十四条　凡是在聘用合同未到期前符合国家规定离退休年龄的员工，合同自年龄实足之日起中止。

第六章　附则

第三十五条　凡此条例规定未尽事项，参照其他有关文件执行。

第三十六条　本条例自批准之日起生效。

第三十七条　本条例由公司人力资源部负责解释。

十二、企业员工岗位异动管理办法范文实例

公司员工岗位异动管理办法

第一章　总则

第一条　为保证集团公司内部员工合理有序流动，充分调动员工工作积极性、创造性，发掘员工潜能，实现人岗适配、人事相宜的人力资源优化配置，特制订本办法。

第二条　本办法适用于集团公司及各分、子公司所有员工的升、降、调、辞、退等岗位变动。

第三条　岗位异动的类别。

（一）员工行政领导职务的变动。

（二）员工专业技术职务的晋升。

（三）员工在部门（含分厂、车间，下同）内部的岗位变动。

（四）员工在分、子公司内部部门间的岗位变动。

（五）员工在分、子公司与分、子公司或集团公司职能部门间的岗位变动。

（六）员工调出、调入、招聘和待岗、退休、内退、辞职、辞退等岗位变动。

第四条　岗位异动遵循以下原则。

（一）满足岗位工作需要。

（二）先考核后变动，宁缺毋滥。

（三）有利于调动员工工作积极性，发掘员工潜能。

（四）有利于培养复合型人才，提升员工队伍素质。

第二章　管理权限

第五条　中层领导人员职务升降及岗位交流，由集团公司人力资源部按照集团公司“中层领导人员分类管理办法”规定组织实施。

第六条　员工专业技术职务晋升，由集团公司人力资源部按集团公司“专业技术职务评聘办法”、“技师、高级技师聘任管理办法”有关规定组织实施。

第七条　分、子公司与分、子公司或集团公司职能部门间的员工的岗位变动，由集团公司人力资源部负责。

第八条　分、子公司内部员工岗位变动，由其人力资源部负责。

第九条　分、子公司及参股公司员工调出、调入以及待岗、退休、内退、辞职、辞退等岗位变动，由其人力资源部负责。

第十条　分厂员工调出、调入、招聘、退休、辞职、辞退等岗位变动，由其人力资源部提出意见，报集团公司人力资源部审批办理；员工待岗、内退等岗位变动由其人力资源部负责。

第十一条　集团公司职能部门员工调出、调入和待岗、退休、内退、辞职、辞退等岗位变动，由集团公司人力资源部负责。

第三章　管理规定

第十二条　分、子公司与分、子公司或集团公司职能部门员工岗位变动，由集团公司人力资源部下达“工作调动通知单”；分、子公司内部岗位变动，由分、子公司人力资源部下达“工作变动通知单”。

第十三条　岗位变动员工，须在通知单下达两个工作日内完成原岗位工作交接，到新岗位报到上岗。

第十四条　集团公司或分、子公司因工作需要对员工进行岗位调整，员工应无条件服从，否则视情节按待岗处理直至解除劳动合同。

第十五条　岗位变动员工，从岗位变动次月起在新部门并按新岗位标准考核发放工资。

第十六条　员工辞职、调出或与企业解除劳动合同，须提前30天提交书面报告，经所在基层部门领导签字同意后，按管理权限报分、子公司、集团公司人力资源部门办理审核批准手续。

第十七条　辞退或解除劳动合同，由员工所在基层部门以书面形式提出理由和建议，按管理权限报分、子公司以及集团公司人力资源部办理审核批准手续。

第十八条　因工作需要临时借调员工，由用人单位或分、子公司人力资源部门提出书面报告，分、子公司或集团公司人力资源部办理借调手续。

（一）借调时间原则上不允许超过三个月。

（二）借调人员人事和薪酬关系不发生转移。

第十九条　调入、招聘员工，自报到上班之日起与用人单位签订劳动合同，并计发当月工资。15天及以前上班者计发全月工资，16天及以后上班者计发半月工资。

第二十条　调出、退休、内退、辞职员工，离岗前需持“离岗通知单”到指定部门办理财物交接手续。

第四章　附则

第二十一条　本办法自印发之日起施行。

第二十二条　本办法由集团公司人力资源部负责解释。

十三、企业退休返聘（退养）人员聘任管理工作规定范文实例

公司退休返聘（退养）人员聘任管理工作规定

第一条　为了继续发挥退休退养人员作用，规范退休人员返聘、退养人员聘任的管理工作，特制订本规定。

第二条　本规定适用于集团公司本部、社管中心、机关、集团公司项目部、办事处。各子、分公司需要返聘、聘任退休、退养人员，由各子、分公司按照干部管理权限和子、分公司的管理制度自行办理。

第三条　对符合内部退养条件的人员，继续执行集团公司“关于印发‘关于进一步推进减员工作的实施意见’的通知”中的有关规定。享受政府特殊津贴、教授级高工、专家、学科带头人不实行内退政策。领导人员执行“集团公司领导人员管理办法”的规定。

第四条　即将完工及收尾项目的项目经理，由于项目工期、业主要求，确因工作需要，可延缓办理内部退养，但必须由单位（部门）提出留用报告，报公司人力资源部确认后，提交公司总经理批准。

第五条　达到内部退养年龄经批准又重新聘任的人员，其工资待遇按照本规定第八条执行，同时享受内退各项待遇。

第六条　已退休的人员，集团公司因工作需要可对其进行返聘。已办理退休人员可以重新聘任，返聘（聘任）的办理程序是：由集团公司本部有关部门或集团公司所属项目部、办事处，向集团公司人力资源部提出返聘人员报告，经人力资源部呈请集团公司总经理批准后，由人力资源部和本人签订返聘合同，办理返聘手续。

第七条　退休人员的返聘（退养人员聘任）实行一年一聘制，每个聘期为一年。

第八条　集团公司返聘退休人员的待遇：局职人员7000元／月，教授级高工5000元／月，高级职称（或正处级返聘人员）3000元／月，中级职称（或原副处级及以上人员）2500元／月。各子、分公司返聘退休人员的待遇由各子、分公司自行确定。

第九条　退休返聘人员（退养人员聘任）不享受年终奖等各项待遇。

第十条　退休返聘人员（退养人员聘任）由返聘聘任单位（部门）进行日常管理，负责考勤、考核、工资发放等日常管理工作。

第十一条　有关单位要加强返聘、退养聘任人员的管理工作，返聘期满后，需要继续返聘的要提前向人力资源部提出报告，并由人力资源部按规定程序办理续聘手续。

第十二条　退休返聘人员的年龄限制：教授级高工（或副局级人员、专家）65周岁以下，其他人员63周岁以下。对于身体健康达到以上年龄限制的退休人员，因工作确需返聘的，可以实行一事一聘制。

十四、企业离职人员返聘管理制度范文实例

公司离职人员返聘管理制度

第一章　总则

第一条　目的：规范离职人员重新返聘入职管理规定及流程。

第二条　适用范围：适用于自本公司离职后重新应聘公司岗位的人员。

第三条　离职人员返聘：在本公司辞职后，第二次或两次以上应聘公司招聘的岗位。

第二章　权责

第四条　人力资源部负责按招聘制度及流程接待处理离职人员返聘，办理二

次入职人员的转正评价。

第五条　离职人员离职前所在部门主管面试评价离职人员二次应聘。

第六条　常务副总经理负责审批副科级以下人员的离职重新聘用。

第七条　总经理负责审批副科级及以上人员的离职重新聘用，及特殊人员的离职重新聘用。

第三章　管理内容

第八条　非正常原因离开公司包括开除、辞退、旷工等永不录用，在公司通过正常手续辞职后再次应聘公司岗位，方可允许录用。

第九条　录用后进入试用期，试用期为1～2个月，视试岗情况可调整，试岗结束后执行转正评价流程。

第十条　副科级及以上管理人员离职后第二次应聘入职，则在离职前所在职位的基础上降一级（如离职前为科长，二次入职后从副科长做起），薪资执行二次入职后所在的岗位工资，待试岗结束后重新评定职务及岗位工资。

第十一条　若副科级以下管理人员及其他非计件制离职人员在2年时间内二次入职，其薪资待遇按离职前岗位工资执行，2年以上时间二次入职按应聘岗位工资的80%执行，待转正审批通过后，按应聘岗位工资标准执行。

第十二条　对要求重返公司的员工，各部门应谨慎对待，了解其当时的离职原因，落实是否按公司制度办理完毕离职手续，用人部门要向公司提出重新聘用的理由。

第十三条　凡离职人员二次入公司应聘，必须经过公司研究批准后按公司招聘制度及流程聘用，并重新计算工龄。

第十四条　任何部门不得存在隐瞒、私自聘用的情况，否则一经发现，由用人部门经理承担相关责任。

第四章　附则

第十五条　本制度自印发之日起施行。

第十六条　本制度由公司人力资源部负责解释。

十五、企业辞退、辞职管理条例范文实例

公司辞退、辞职管理条例

第一章　总则

第一条　为加强本公司劳动纪律，提高员工队伍素质，增强公司活力，促进本公司的发展，特制订本条例。

第二条　公司对违纪员工，经劝告、教育、警告而不改者，有辞退的权利。

第三条　本公司所有员工如因工作不适、工作不满意等原因有辞职的权利。

第二章　辞退管理

第四条　公司有下列行为之一者，予以辞退。

（一）一年内记过三次者。

（二）连续旷工 3 天或全年累计超过 6 天者。

（三）因病延长假期超过 6 个月者。

（四）工作疏忽，贻误要务，致使公司蒙受重大损失者。

（五）违抗命令或擅离职守，情节重大者。

（六）由于非工作原因所导致的精神或机能发生障碍，或身体虚弱、残废等经本公司认为不能再从事工作者。因对所承受工作，虽无过失，但不能胜任者。

（七）造摇生事，破坏正常的工作与生产秩序者。

（八）品行不端、行为不检、屡诫不改者。

（九）擅自离职为其他公司工作者。

（十）违背国家法令或公司规章情节严重者。

（十一）泄露业务秘密，情节严重者。

（十二）年终考核不合格，经考察、培训、试用仍不合格者。

（十三）员工在试用期内经发现不符合录用条件者。

（十四）工作期间因判刑或刑事处分者。

第五条　本公司按规定辞退员工时，应于 10 天前事先告之，并由其直属主管向员工出具“员工辞退通知书”。

第六条　辞退员工时，由其直属主管向人事部门索要“员工辞退证明书”，按规定填妥后送人力资源部审核，并报总经理审批处理。

第七条　辞退员工应及时办理移交手续，填写移交清单。

第八条　被辞退员工无理取闹，纠缠领导，影响本公司正常生产、工作秩序的，本公司将提请公安部门按照《中华人民共和国治安管理处罚条例》的有关规定处理。

第九条　本公司员工从辞退的当日起停止一切薪金和待遇，

第三章　辞职管理

第十条　本公司员工因故辞职时，应首先向人事部门索要“辞职申请书”（见本条例附表），填写后交主管领导签发意见，再送交人力资源部审核。

第十一条　员工辞职申请被批准后，在离开公司前应向人力资源部索要“移交清单”，办理移交手续。

第十二条　员工辞退、辞职手续未按规定程序办理，公司有关部门应视其情况按规定做适当处理。

第十三条　本公司员工辞退和辞职均应办理交接手续，经各部门接交人签准后才能离职。

第四章　附则

第十四条　本条例自印发之日起施行。

第十五条　本条例由公司人力资源部负责解释。

附表　辞职申请书

附表　辞职申请书

编号：　　　　　　　　　　　　　申请类型：辞职　　解除合同　　停薪留职

<table>
<tr><td>姓名</td><td></td><td>性别</td><td></td><td>年龄</td><td></td><td>学历</td><td></td></tr>
<tr><td>进公司时间</td><td></td><td>部门</td><td></td><td>岗位</td><td></td><td>职务</td><td></td></tr>
<tr><td>公司经历</td><td colspan="7"></td></tr>
<tr><td colspan="8">申请理由：</td></tr>
<tr><td colspan="8">申请人签字：
年　月　日</td></tr>
<tr><td colspan="8">处理意见：
所在部门主管：
年　月　日</td></tr>
<tr><td>人力资源部意见</td><td colspan="3">年　月　日</td><td>总经理意见</td><td colspan="3">年　月　日</td></tr>
</table>

第四章　企业员工教育技能培训制度

第一节　企业员工教育技能培训制度制订规范

一、基本概念

企业员工教育技能培训制度，是企业为开展业务及培育人才的需要，对本企业员工进行有目的、有计划的培养和训练的管理制度的实用性文书。其基本任务是制订企业员工培训计划、培训方案、教育培训实施纲要；确立培训管理制度；制订员工教育实施办法、培训考核办法、职业技能鉴定管理办法以及完善企业专项工作教育培训制度，以提高企业员工的综合素质和工作技能，从而提高企业的管理水平和生产效益。

二、基本特点

企业员工教育技能培训制度有以下特点。

（一）目的性

企业对员工进行教育技能培训，目的是使其能不断更新知识，开拓技能，改进其动机、态度及行为，以适应新的要求，更好的胜任现职工作或担负更高级别的职务，从而促进组织效率的提高和组织目标的实现。员工教育技能培训制度体现了这一目标。

（二）针对性

企业员工教育技能培训的所有活动都是为了提高本企业员工的素质，适应企业的生产和工作需要和提高企业的经济效益服务的。因此，在进行教育技能培训时，所制订的方案中的目的、目标以及选择的内容、方法都具有较强的针对性。

（三）计划性

企业员工教育技能培训活动，是按照一定的计划、步骤及阶段进行的，具有较强的计划性。

三、基本内容

企业员工教育技能培训制度主要包括以下四个方面的内容。

（一）企业员工教育技能培训准备工作制度

企业员工教育技能培训准备工作制度包括培训计划、培训方案及教育培训实施纲要等。

（二）企业员工教育技能培训考核、考评制度

企业员工教育技能培训考核、考评制度包括培训考核办法、职业技能鉴定管理办法等。

（三）企业专项工作教育培训制度

企业专项工作教育培训制度包括企业安全生产教育制度、质量诚信教育培训制度、消防安全教育培训制度及职工法制教育制度等。

四、基本格式

企业员工教育技能培训制度一般由标题、正文两部分组成。

（一）标题

企业员工教育技能培训制度的标题有两种写法。一是由制发单位名称、规范事项（主要内容）和文种名称，如制度、办法、规范、规定、守则、方案、实施方案和实施细则等组成；二是省略制发单位名称，由规范事项（主要内容）和文种名称组成。

（二）结构

根据企业员工教育技能培训制度的内容特点，在逻辑结构上可采用分章列条式、总分条文式和序号排列式的写法。

（三）正文内容

企业员工教育技能培训制度应包括以下内容。

1. **培训目的**　教育技能培训的目的包括政治思想、职业道德、工作技能等。

2. **培训内容**　不同的企业、工作岗位对员工的要求不同，这就决定了教育技能培训的内容有很大差别。大体上包括时事政治、法律法规、企业制度、企业文化、职业操守及职业技能等。

3. **培训课程**　由于不同的企业、工作岗位对员工的要求不同，因此教育技能培训的课程也不一样。可根据企业的具体要求自行确定。

4. **培训方法**　不同的企业、工作岗位对员工的要求不同，这就决定了教育技能培训的方法不同。大体上包括讲授法、视听技术法、讨论法、案例研讨法、角色扮演法、自学法、互动小组法以及网络培训法等。

5. **培训时间**　针对不同的培训对象，设定具体的培训时间。一般为三个月至一年。

6. **培训程序**　针对不同的培训对象，设定具体的培训程序。如脱产学习阶段、实习阶段及考核阶段等。

7. **培训反馈与考核**　写明反馈与考核的方式、时间及具体要求等。

8. **培训教材**　针对企业单位和不同的工作岗位的不同实际，选择教育技能培训的教材，如自编教材、统编教材及指定教材等。

9. **培训项目实施方案**　针对企业单位和不同的工作岗位的不同实际，选择不同的培训方法，如案例教学、亲验练习等。

10. **培训所需表格**　为了真实、准确以及全面地记录员工的培训情况，需要对员工不同阶段的培训填写各种表格。

五、基本要求

在写作企业员工教育技能培训制度时，应注意以下问题。

（一）要有针对性

企业员工教育技能培训能否收到良好效果，最重要的问题是一定要紧密结合本企业的工作实际，做到实事求是、有的放矢。不是为了培训而培训，而是要以增强针对性和实效性为主要目的。

（二）要有可行性

无论是培训计划还是培训方案，都是为做好培训工作而服务的，不在于写的如何，而在于是否能够收到成效，这就取决于计划或方案是否可行。所以，在写作培训文书时，一定要注意在收效上下工夫。

（三）要有阶段性

企业有不同的性质、类型、所有制形式、生产方式等不同；企业本身还存在不同岗位、工种等的不同，员工也分为不同的年龄、学历、学科等的不同，这就需要在写作企业员工教育技能培训文书时，要分步实施、突出重点、循序渐进。不要不分层次，贪大、贪多，那样只能适得其反，达不到培训的目的。

第二节　企业员工教育技能培训制度范文实例

一、企业员工培训计划范文实例

公司员工培训计划

一、指导思想

针对员工适应能力、创新能力、改进能力薄弱的现象，结合企业总体发展战略，大力推进员工素质提升工程，突出高技能、高技术人才培养及专业技术力量储备培训，为企业建立具有永续竞争力的卓越企业提供合适的人力资源，特制订本计划。

二、编制原则

（一）战略性培训与适用性培训、提高性培训相结合。

（二）面向全员，突出重点。

（三）集中管理，统筹安排，责任明确。

（四）盘活资源，注重实效。

三、员工培训的主要任务

（一）结合企业新工艺、新设备、新流程，以职业生涯发展为动力，以技能鉴定为手段，以技能培训、技术比武及导师带徒为载体，大力推进高技能人才培养。

1．开办精炼、连铸、轧钢、焊工、仪表工等专业工种技师（含高级技师、技师、内定技师）培训班；开为焊工、仪表工、锅炉、汽机等个工种高级工培训班。

2．高标准、严要求，切实抓好企业钳工、天车工等通用工种及部分行业工种青工技能比武培训，培养企业级技术能手名。同时根据国家、省及行业要求，组织相关工种技能大赛参赛人员的选拔与培训，培养省级以上技术能手。

3．大力实施技能人才培养工程。各单位从实际出发，为经验丰富、掌握绝活的优秀技能人才（特级技师、责任技师等）配备一名理论丰富、文字表达能力强的员工做助手，形成一名优秀技能人才加一名高学历助手的高技能人才团队，导师向助手传授实践经验，助手帮助导师提高理论知识以及整理操作经验、诀窍、心得等，培养一批复合型的高技能人才。

4．选送企业球团竖炉、高炉、转炉、连铸、精炼、轧制等方面的操作骨干，到相关同类企业现场跟班培训，学习、了解先进的操作技术与方法。

（二）充分利用内外资源，大力开展专业技术人员的继续教育与技术提升培训。

1．发挥培训中心作用，分层次开办计算机应用提高、计算机三维制图、液压技术、变频技术、英语等培训班。

2．结合新产品开发，有计划聘请内外专家讲授知识，开展技术专题讲座次；结合现场工艺与设备，从设备厂家聘请专家来企业开展高层次的液压技术、变频技术、特殊仪表等专业的现场培训，以促进新技术、新工艺的传播。

3．加大送外培训力度，有计划地选拔名优秀的专业技术人员到国外先进企业进行对口岗位培训，派遣名优秀的专业技术人员到国内相关企业、高等院校学习，以提高他们的专业技术水平，为企业技术进步与技术改造提供智力保障。

（三）适应企业发展与管理提升的需要，加强企业所需各类管理人员的培训。

1．根据省委、省国资委、集团等上级主管部门的要求，有计划地选拔高、中层管理人员人送外培训，以进一步提高高中层管理人员的生产经营与管理能力。

2．加大各层级管理人员脱产轮训的力度。对新近提拔或拟提拔的中基层管理人员进行任职资格培训；以MBA核心课程为主要内容，结合企业管理实际与要求，举办一期为期一年的中层管理人员脱产轮训班；以基层理理论与实务为主要内容，举办两期6个月以上的基层管理人员脱产轮训班；继续以“企业班组长培训教程”为主要内容，在班组骨干人员中组织五期脱产一个月的培训；通用管理能力与专业管理能力相结合，举办一期脱产6个月以上的采购、营销系统人员培训。

（四）分层次继续开展各类相关知识和技能的适应性与提高性培训。

1．根据各管理体系认证的要求，采取集中办班方式，继续分层次开展内审员、相关管理人员、关键岗位人员、特种作业人员的取证、复证集中培训；采取自主办班、班组学习、网上学习相结合的方式，举办法律法规、文件体系的全员培训，培养员工的质量、安全及环保意识。

2．为规范设备管理，减少设备事故，外聘专家举办一期以高、中管理人员以及设备科长、专业点检员为主要对象的规范化点检定修培训班；采取自主办班，开展以TPM设备管理知识及简单的设备维护、设备管理规程、应急预案、岗位职责等为主要内容的设备操作与维护人员的培训。

3．配合企业持续改进工作，继续做好人员的培训与系统各级用户培训。

（五）为企业“十二五”新上技改项目做好人员储备培训，根据项目规划提前开始培养大高炉炉长、工长、转炉主炼钢工与摇炉工、精炼连铸班长等关键岗位人员。

四、实施策略与保障措施

（一）加大宣传力度，强化现代培训理念，营造全员学习氛围。

企业将通过电视、报纸、网站等媒介的宣传报道，促使各级管理者深刻认识到培训开发是企业快速发展的推动力，培训是生产的第一道工序，培育开发下属、建设一支高素质的团队是自己义不容辞的职责，自觉站在企业建设具有永续竞争力的卓越企业的战略高度重视员工的学习和成长；同时，企业必须整体营造出需要学习的氛围，促使员工真正认识到适应岗位要求，提升自身素质、是每位员工的责任和义务，培训是帮助员工提高生存能力和岗位竞争能力的有效途径，努力提高员工学习的主动性。

（二）完善培训制度，加强考核与激励，健全培训管理体系。

1．适应企业管理变革和人力资源管理集中的要求，优化培训管理流程，修改并完善“员工培训开发管理办法”等相关培训管理制度，规范管理，提高培训开发的效率。

2．加强计划管理，严格考核，保证培训效果。将所有培训分为企业集培、单位自培及送外培训，集中管理，严格按经济责任制考核工作要求定期对培训中心、各单位完成培训计划及培训效果的情况进行检查考核；同时，加强对受训员工的考核，将员工培训结果与待遇、任用挂钩。

3．完善培训奖励措施。对培训效果显著的项目实施单位、优秀学员、优秀教师（含兼职教师）进行评优并给予一定奖励；同时，提高兼职教师培训授课及师傅带徒的津贴标准，鼓励员工之间相互传授知识与经验。

（三）对内整合资源，充分发挥技术部门优势，提高自主培训开发的能力；对外加强合作交流，实现培训资源互补，满足高层次培训需求。

1．进一步发挥培训中心在通用专业（工种）基础理论、基础技能培训方面的作用，多渠道解决培训基础建设资源，提升培训中心在通用工种技能培训硬件设施水平，满足员工基础技能训练的需要。

2．发挥技术中心、信息自动化中心、检修中心等单位（部门）在现场技术、现场操作方面培训的优势，将其资源纳入企业有关专业（工种）现场技术、技能培训资源管理范围，确保企业所需培训的针对性与实用性。

3．从企业整体利益出发，打破单位（部门）界限，充分利用现有及闲置资源，促进同业务不同单位之间的相互学习、交流及培训，以实现培训资源共享。

4．加强外部培训信息的甄别，选择与优秀的培训机构合作，充分利用社会资源，同时加强与等兄弟单位的相互合作，实现优势互补。

（四）进一步加强培训工作者队伍建设与培训教材开发工作，为培训提供合格的师资与有效的蓝本。

1．聘请专家来企业对内部培训师（特别是兼职教师）、考评员、培训管理员进行专业训练，以提高培训工作人员队伍整体素质。

2．组织企业专业技术职务人员，开发一批符合企业设备、工艺技术实际的培训资料，加速完善试题库、案例库，以满足培训需要。

3．发挥培训中心专业优势与业务特长，使其为各单位的自主培训提供业务指导。

（五）加强过程管理和监控，确保培训质量。

在培训项目实施过程中，坚持按培训质量管理标准进行管理，重点抓好培训准备、培训实施及考核评估三个环节。一方面，督促培训责任单位根据需求做好课程设计和师资选聘，加强对教师教学过程的管理与质量控制，严格对学员的考核；另一方面，完善培训效果评估方式，从学员反应、学习成绩、用人单位评价等方面测定培训满意度。

五、有关基本要求

（一）企业所有主要培训（含企业集中培训、各单位自主培训、送外培训等）均纳入本计划（具体培训项目见附表），其他临时性培训按计划外培训管理。

（二）涉及党建工作、工会工作的有关培训项目列入企业党校计划。

（三）每个培训项目开班前，必须提前一周按规定申报实施方案，经人力资源部审核批准后实施。

（四）本计划由人力资源部负责解释。

二、企业新员工培训方案范文实例

公司新员工培训方案

一、培训目的

通过系统的培训学习活动，使本企业招收的应届毕业生对其即将投身的职业有一个深刻的理解，实现自身角色的转变，使其尽快树立正确的职业理念和良好的职业心态；提前获取各项基本职业技能，为新员工迅速适应工作、适应企业创造良好的前期条件。具体包括以下内容。

（一）让新员工了解集团及各分公司概况、规章制度、组织结构，使其更快适应工作环境。

（二）让新员工熟悉新岗位职责、工作流程，与工作相关的安全、卫生知识以及服务行业应具备的基本素质。

（三）让新员工了解公司所能提供给他的相关工作情况及公司对他的期望。

（四）让新员工了解公司历史、政策、企业文化，提供讨论的平台，减少新员工初进公司时的紧张情绪，使其更快适应公司。

（五）让新员工感受到公司对他的欢迎，让新员工体会到归属感。

（六）使新员工明白自己工作的职责、加强同事之间的关系。

（七）培训新员工解决问题的能力及提供寻求帮助的方法。

二、培训程序

（一）大学生或合同工人数多，文化层次、年龄结构相对集中时，由集团职业学校与用人单位共同培训、考核（不定期）。

（二）人数较少、分散时，由具体用人单位的具体班组负责培训，培训结果以单位和员工书面表格确认为证，职校负责抽查。

三、培训课程

（一）介绍篇（认识企业）。

1．公司的历史、现状及发展（形式为授课、参观各相关企业）。

2．企业文化介绍（形式为授课、录像）。

3．相关制度介绍（形式为网上资料阅读、新员工手册）。

（1）人力资源制度。

（2）财务制度（报销和出差）。

(3) 其他制度（采取报名人员分组学习的形式）。

(二) 工作心态篇。

1. 积极的工作心态。

2. 合理认识企业。

(1) 企业是什么。

(2) 企业的组织。

(3) 工作场所是什么。

(4) 作为新进人员应具备什么样的心态。

(三) 工作技能篇。

1. 处理人际关系的经验与技巧。

(1) 与同事的相处之道。

(2) 与领导的相处之道。

2. 沟通的技巧。

(1) 了解沟通的过程。

(2) 避免沟通的障碍。

(3) 在沟通中，合理运用聆听、反馈等技巧。

(4) 掌握对话时的沟通技巧。

3. 时间管理的技巧。

(1) 认识时间。

(2) 如何时间管理中的陷阱。

(3) 时间管理中的效率原则。

(4) 时间管理的工具。

4. 商务演讲的技巧。

(1) 演讲前的准备工作。

(2) 演讲的内容及其结构。

(3) 演讲的环境。

(4) 如何消除紧张情绪。

(5) 合理运用声音、语言及身体语言。

(6) 有效运用视听辅助器材。

(四) 职业篇。

1. 科学的工作方法与了解自己的职务。

(1) 进行工作的程序（六个步骤）。

(2) 强烈的问题意识。

(3) 创新意识。

(4) 了解自己职务中的责任、权限及义务。

2．如何完成自己的工作。

(1) 接受命令的三个步骤。

(2) 解决问题的九个步骤。

(3) 企业新员工的基本工作守则。

3．职业社交规范与礼仪。

(1) 职业着装技巧。

(2) 专业仪态（站、坐、蹲以及上下车）。

(3) 商务礼仪（介绍、握手、交换名片、会客室入座、乘车的坐次、商务交往禁忌、与同事相处、电话沟通、拜访客户及用餐）。

(五) 交流篇。

1．与高管层交流。

2．与中层干部交流。

3．与老员工经验交流（开始来时何人或何事对自己的影响最大；职业发展过程中有没有遇到职业危机？如何解决的？其他可以分享的有益经验）。

4．新员工畅谈感想。

(六) 娱乐篇。

培训过程中，穿插一些有益的游戏，以活跃气氛。培训完毕后，邀请公司高层、用人部门领导参加新员工自导自演的联欢会。团队训练方面可以进行野外拓展训练，主要有穿越峡谷、攀岩、漂流等，并结合一些团队游戏，时间为1～2天。

四、培训反馈与考核

(一) 岗位培训反馈表（到职后一周内）。

(二) 公司整体培训当场评估表（培训当天）。

(三) 公司整体培训考核表（培训当天）。

(四) 新员工试用期内表现评估表（到职后30天）。

(五) 新员工试用期绩效考核表（到职后90天）。

五、培训方法

通过讲授法、影视法、案例分析法、网上培训法、工作轮换法及探险法等多种培训方法相结合。

六、新员工培训教材

（一）各部门内训教材。

（二）新员工培训须知。

（三）公司整体培训教材。

七、新员工培训实施

1. 召集各分公司负责培训人员，就有关集团新员工培训实施方案，征求与会者意见，完善培训方案。

2. 各分公司尽快拿出具有针对性的培训教材，落实培训人选，配合集团职校组建从上至下的培训管理网络。

3. 集团公司内部宣传“新员工培训方案”，通过多种形式让全体职工了解这套新员工培训系统，宣传开展新员工培训工作的重要意义。

4. 所有新员工在正式上岗前，都必须在集团公司集中培训一次（培训内容见集团公司岗前培训）；然后，再到具体工作部门进行培训（培训内容见部门岗位培训）；各分公司可根据新员工基本情况实施相应的培训教材和时间，一般情况下，培训时间为1～3天；根据新员工人数，集团职校不定期实施整体的新员工培训，总体培训时间以一周为宜，培训合格发放结业证书，培训合格名单报集团人力资源部。

附表1　新员工部门岗位培训表

附表2　新员工岗位培训反馈表

附表3　新聘员工培训统计表

附表1　新员工部门岗位培训表

（一周内中心、部门填写）

新员工姓名：　　　　　　　　　　　　　　　　中心、部门：

序号	培训内容	完成确认（负责人签名）
职前培训（中心）	中心培训负责人致欢迎词；按照各中心（公司）行业特点进行相应的行业知识、服务素质、规章制度培训	
岗位培训（部门）	部门负责人介绍新员工认识本部门员工，参观工作场所	
	介绍部门结构与服务功能，部门内的特殊规定	
	新员工工作流程、职责要求、工作待遇介绍	
	指派老员工带领新员工做第一项工作任务	
	一周内，部门负责人与新员工进行非正式谈话，重申工作职责，谈论工作中出现的问题，回答新员工的问题。对新员工一周的表现作出评估	谈话记录：

附表 2　新员工岗位培训反馈表

（工作一周内新员工填写）

部门：____________　　新员工姓名：____________

（1）你是否已了解部门的组织结构及服务对象？

是□　否□

（2）你是否已清晰了解自己的工作职责及工作流程？

是□　否□

（3）你是否已熟悉工作周围的环境？

是□　否□

（4）你是否已认识部门里所有的同事？

是□　否□

（5）你是否觉得部门岗位培训有效果？

是□　否□

（6）你今后在工作中遇到问题，是否知道如何寻求帮助？

是□　否□

（7）你是否已接受了足够的部门岗位培训，并保证可以很好地完成任务？

是□　否□

（8）在集团公司各分公司及各下属部门的培训中，值得肯定的地方、需要改进的地方？

（9）在今后的工作中，希望接受哪些方面的培训？

附表 3　新聘员工培训统计表

序号	姓名	性别	出生日期	文化程度	岗位名称	中心部门培训	集团培训	备注

三、企业员工培训准备工作方案范文实例

公司员工培训准备工作方案

一、教学计划的重要性

（一）对授课内容具有自信讲师的自信心影响教学的成功与失败。而制订教学计划的过程，教学内容或实例引用的检查，资料的收集等过程都会使自信更加强。

（二）在预定时间内达到教育的目的。考虑内容和重点的组成，减少多余和不相关的话题，明确地强调重点，使听讲者接收到有用的内容。

（三）控制授课时间。内容和实例引用可以分开来，并以实例引用来调整时间。

（四）有利于讲师的自我启发。制订教学计划时，必须要有充分的准备，对内容的融会贯通将有利于讲师的自我启发。并且，借着对教材优缺点的检查，可以发现下一次的启发目标。

各部门主管担任的讲课题目教学计划可分为个人用和定型（指南）的计划两种，由讲师自己制订的计划属于个人用的教学计划。

二、介绍部门主管的讲义内容

以新进员工的教育为例来介绍部门主管的讲义内容，这个内容是由担任的讲师自己制订的教学计划。

（一）高级干部：致欢迎词、公司历史及概要、公司的方针及理想、同行中的地位、经营理念等。

（二）总务经理：公司的组织、人事管理及各项规定、就职规则、资历和薪水、劳资关系、就职合同。

（三）业务经理：公司的经营活动、经营网路、商品构成、业务员心得、销售技术。

（四）生产经理：公司的生产管理、研究开发体制、关于质量管理、生产部门的概要。

（五）教育部主管：职业礼仪、待客礼节、电话礼貌、人际关系、公司活动心得、各种手续、命令报告、计算机技术等。

三、教学计划制订顺序

决定担任讲师之后，接着就要以下列的基本顺序来制订教学计划。

（一）确定讲义目的：确定课程整体的评鉴和重要性，明确地制订教学中心和教学目的。

（二）决定授课题目（教学名称）：题目最好能清楚明白并具有弹性。如以“公司的生产管理”代替“生产管理体制的概要”。

（三）检查教材内容：要例举能包含教材全部的内容，并将重点项目列举出来。内容要以听讲者能够接受的程度为准，稍微简单一点比较好。

（四）决定教学方法：以教材为主进行还是以边教边讨论的方式进行。

（五）选定教材和辅助工具：为了提高教育效果，使用辅助工具和教材是必要的。在这个阶段就必须决定要使用幻灯片或放影机。

（六）设计进行方式：这是整个教学计划的重心，所以必须多花一些时间来讨论。

（七）时间的分配：完成所有程序之后，最后就是计算分配时间。使整个课程能很顺利地进行，最好在课程结束前5分钟做总结，使时间不会显得太紧或过多。

四、教学计划书的制订方法

范围和每个项目都决定之后，最后就是添入教学计划书中，可以将这计划书当做是讲义的笔记。其具体方法如下。

（一）项目栏里写上讲座名称，训练名栏里写上新进员工教育，或者女性员工教育等名称。

（二）时间栏里写上所需要的时间，形式栏里写上授课、讨论或事例研究等形式。

（三）强调点栏里写上这次讲义中所强调的几点。

（四）内容按照每个要点、项目（细项）分类记入左边的栏里，中间栏写上说明。项目前面的数字是所需要的时间，和下一个项目之间要空一行。

（五）要强调的地方划红线。

（六）每个项目的事例写在右边空栏里。讲课时间多出来时可利用这些事例来控制时间。

五、讲义资料的整理

完成教育计划的同时也要开始整理讲义资料。整理资料有一些原则，为了提高教学效果，希望能照此原则来整理。

（一）资料的种类。

1. 整理资料又称为作业资料。通常所谓的资料就是指整理资料，就是将讲义的要点或补充说明经过整理写出来的资料。又可分为写上所有讲义内容和只写重点的资料两种。

2. 课题资料又称作业资料。是假设性案例或思考问题的资料，在授课途中发给大家，当作习题。

3. 资讯资料又称情报资料。靠讲课无法完全说明的内容或专门用语的解说资料，用来补充讲课的不足，所以多在事前分发。

4. 摘要。所谓摘要就是只记下讲义的项目名称的资料。不写具体的内容，项目和项目之间可以记录讲义内容，可以当做笔记簿兼资料。摘要也有资料之外的讲义目录的意思。

（二）讲义资料的制订原则。

1. 在教学中使用呢？还是教学后当参考资料呢？按照使用方法来决定内容的量与组合方式。

2. 教学中使用的资料最好是整理成一页。

3. 在上面写上标题或项目名。以40～100字的短文来作说明。

4. 分项目来写，越简洁越好。

5. 资料不要在事前全部一次分发，说明的时候才分发。

6. 附上装订夹，使大家便于保管。

四、企业新进人员教育训练实施纲要范文实例

公司新进人员教育训练实施纲要

第一条　凡新进人员之教育训练，除人事管理规则及员工教育实施办法另有规定处，悉依本纲要实施。

第二条　本纲要所谓新进人员系指临时职员、试用人员、临时雇用人员及其他认为应接受培训的员工而言。

第三条　本教育培训的宗旨与目的如下。

（一）兹为新进人员明了企业机构之组织系统，进而了解本公司组织概况，各部科分管的庶务营业方针，暨有关人事管理规章，俾能恪遵章则，竭诚操守业务。

（二）使新进人员深切体认本公司远大的抱负，激发其求知欲、创造心，不断充实自己，努力向上，借以奠定公司基础。

第四条　本培训的实施，应斟酌新进人员每批报到人数之多寡，另行排订培

训时间。并且，经核准后即可依照本纲要实施。

第五条　新进人员经培训后，视其能力给予调派适当单位服务，但依实际需要得先行调派各单位服务者容后始补训。

第六条　凡经指定接受训练的人员，除有特殊情况事先经人事主管单位签报核准得予请假或免训者外，一律不得故意规避或不到，否则将从严论处。

第七条　培训讲习人员以部经理为主体，科主管协助。

第八条　培训课程的内容除以公司组织、各种管理章则、各部科掌管的事务及营业方针等一般基本实务教育外，同时配合精神教育的实施。

第九条　培训课程的编排及时间，得依实际需要另行制订。

第十条　本纲要经董事长核准后施行，修改时亦同。

五、企业员工职业生涯设计实施方案范文实例

公司员工职业生涯设计实施方案

一、公司员工职业生涯设计实施方案目的及适用范围

（一）为实施公司人才战略，有效开发人才，合理使用人才，促进员工与组织共同发展，特制订本方案。

（二）本方案适用于集团公司及各分、子公司。

二、建立职业生涯发展系统，树立职业生涯的理念

（一）建立企业和员工之间的沟通渠道，以使员工了解集团公司的人才战略发展方向，并帮助员工规划个人职业生涯。

（二）鼓励员工努力实现职业生涯计划，并辅以技术指导和政策支持。

（三）为员工提供多种晋升通道和创造选择职业的机会，提供必要的教育、培训、轮岗等发展机会，促进员工生涯目标的实现。

三、明确企业愿景、发展方向及价值观

帮助员工明确集团公司的愿景及发展方向、人才战略发展方向，使员工的努力方向与集团公司的发展战略协同一致，并指导员工结合自身的具体情况合理定位，以确定其未来职业发展方向。

四、明确员工职业生涯规划

集团公司指导了解员工个人的兴趣、资质及技能等，帮助员工理性地选择职业方向。

（一）实行主管领导与新员工谈话制度。新员工入职后3个月内，由主管领导负责与新员工谈话，主要是帮助新员工根据自身的情况如职业兴趣、资质、技能、个人背景分析考虑个人发展方向，大致明确职业发展意向，进行个人特长及技能评估。

（二）人力资源部及部门的领导指导新员工填写《员工职业生涯规划表》（附表1），包括员工知识、技能、资质及职业兴趣情况等内容，以备以后对照检查，不断完善；新员工对照目前所在通道种类及岗位职责、任职资格要求，填写《员工能力开发需求表》（附表2）；人力资源部每年对照检查评估一次，了解各部门在一年中有没有为员工提供学习培训、晋升机会，员工个人一年中考核情况优劣及晋升情况，并提出员工下阶段发展建议。

（三）根据员工个人发展的不同阶段及岗位变更情况选定不同的发展策略，调整能力需求，以适应岗位工作及未来发展的需要。

1．成长策略：在现职中发展，学习更深的专业并承担更多的责任。

2．缩减策略：在现职中减少部分业务与责任。

3．多样化策略：除现职外兼任其他任务。

4．整合策略：转移至相关的专业领域并强调与现职相近的业务。

5．转向策略：减少现职业务，逐渐转向其他不同的业务领域。

6．结合性策略：同时适用两个或两个以上的策略。

五、建立员工发展通道

鼓励员工专精所长，不同的职务通道有相同和平等的晋升机会，给员工充分的个人发展空间。

（一）集团公司根据工作性质的不同，将职务分为管理、技术、营销及技能四个系列，建立职务四条通道，使从事不同岗位工作的员工均有可持续发展的职业生涯途径。

1．管理通道：适用于各职能、技术、生产、市场管理岗位者，有助于有管理才能的人员在管理岗位发挥作用，提高集团公司的管理水平。

一般管理岗位—分、子公司中层副职—分、子公司中层正职—分、子公司副职、集团公司职能部门副职—分、子公司正职、集团公司职能部门正职—集团公司副职—集团公司正职。

2．技术通道：适用于从事研发设计、产品工艺、工程服务技术人员。

一般技术岗位—项目经理—集团公司科技带头人—集团科技带头人—国家“两院”院士。

3．营销通道：适用于市场开发、产品营销人员。

一般营销岗位—区域经理—分、子公司营销带头人—集团公司营销带头人—集团营销带头人—营销大师。

4．技能通道：适用于生产技能人员。一般技能岗位—技师—高级技师—集团公司关键技能带头人—集团关键技能带头人。

（二）不同通道、不同级别的人员拥有各自的职权和必要的资源去实现分派的任务。不同级别的人员解决集团公司生产、经营、管理等过程中不同类型的问题。

（三）每个员工通过努力工作和才干的增长，都能获得职务和任职资格的晋升，以此鼓励员工专精所长，并对员工成绩予以充分的肯定尊重，从而吸引并留住人才，鼓励其安心在不同岗位上充分发挥个人能力及爱好。

（四）技术、管理、营销及技能通道中的同一级别享受同等的基本待遇，薪酬随着职称的晋升而相应提高，从物质上对员工价值予以肯定和激励。

（五）考虑集团公司需要、员工个人实际情况及职业兴趣，员工在不同通道之间有转换机会。

六、制度保障

集团公司为帮助员工实现职业生涯规划，并引导员工向与集团公司需要相符的方向发展，制订出如下具体制度保障。

（一）建立员工职业辅导制度。

1．成立员工职业辅导委员会，由主管人力资源的集团公司领导及各职能部门负责人、各分、子公司相关领导为成员。

2．集团公司人力资源部负责职业辅导委员会的运作，每年召开1～2次会议，跟踪督促新员工谈话制度及填写有关表格，建立职业发展档案，并负责保管与及时更新。

3．部门主要领导为本部门员工职业发展辅导人，如果员工转换部门或工作岗位，则新部门的领导为辅导人。

4．职业发展辅导人每年必须在本年度结束、考核结果确定后，与被辅导员工就个人工作表现与未来发展谈话，确定下一步目标与方向。

（二）建立适应员工职业发展需求的培训制度。

1．集团公司人力资源部门每年制订培训计划及科目时，考虑从需求出发，参考员工“员工能力开发需求表”确定培训内容。

2．除了开展面向员工整体的通用培训及专业培训之外，还要充分考虑每个员工的个人发展。培训部门及各部门在确定员工参加培训种类及数量时，要结合员工个人需求，考虑能力需求内容。

3．员工可以根据自身情况，要求适当参加涉及其他通道业务内容的培训科目，增加多种技能。

（三）建立完善合理的晋升制度，保证员工在各条通道上顺利发展，公平竞争。

1．遵循人才成长规律，依据客观公正的考评结果，让最有责任心的人担任重要的责任。

2．人才晋升方面不拘泥于资历与级别，而是按照集团公司组织目标与事业机会的要求，依据制度及甄别程序进行晋升。保留职务上的公平竞争机制，坚决推行能上能下的用人制度，对有突出贡献者实施破格晋升。

3．将晋升作为一种激励手段与员工进行沟通，让他们充分认识到集团公司对人才的重视及为他们提供的发展道路。

（四）建立职业发展档案。

职业发展档案包括“员工职业生涯规划表”，“员工能力开发需求表”及“考核结果记录”。

1．每次培训情况记录在“员工能力开发需求表”中。

2．晋升、晋级记录在“员工职业生涯规划表”中。

3．“考核结果记录”存档，以作为对职业生涯规划调整的依据。

七、附则

（一）本方案自印发之日起施行。

（二）本方案由集团公司人力资源部负责解释。

附表1　员工职业生涯规划表

附表2　员工能力开发需求表

附表1　员工职业生涯规划表

年　月　日

姓名		年龄		部门		岗位名称	
教育状况	最高学历			毕业时间		毕业学校	
	已涉足的主要领域						
参加过的培训	1			2.			

续表

<table>
<tr><td rowspan="2">目前具备的技能／能力</td><td colspan="2">技能／能力的类型</td><td colspan="2">证书／简要介绍此技能</td></tr>
<tr><td colspan="2"></td><td colspan="2"></td></tr>
<tr><td colspan="5">其他单位工作简历</td></tr>
<tr><td>单位</td><td>部门</td><td>职务</td><td>对此工作满意的地方</td><td>对此工作不满意的地方</td></tr>
<tr><td></td><td></td><td></td><td></td><td></td></tr>
<tr><td></td><td></td><td></td><td></td><td></td></tr>
<tr><td></td><td></td><td></td><td></td><td></td></tr>
<tr><td></td><td></td><td></td><td></td><td></td></tr>
<tr><td></td><td></td><td></td><td></td><td></td></tr>
<tr><td colspan="5">你认为对自己最重要的三种需要是：</td></tr>
<tr><td colspan="5">□弹性的工作时间　□成为管理者　□报酬　□独立　□稳定　□休闲　□和家人在一起的时间
□挑战　□成为专家　□创造</td></tr>
<tr><td colspan="5">请详细介绍一下自己的专长：</td></tr>
<tr><td colspan="5">结合自己的需要和专长，你对目前的工作是否感兴趣，请详细介绍一下原因：</td></tr>
<tr><td colspan="5">请详细介绍自己希望选择哪条晋升通道(或组合)：</td></tr>
<tr><td colspan="5">请详细介绍自己的短期、中期及长期职业规划设想：</td></tr>
</table>

1．此表在主管领导与新员工充分沟通后，由新员工填写。填写表格的目的是帮助新员工明确职业发展规划，结合集团公司的发展要求满足员工自我实现的需要，最大限度地发展员工的才能。

2．“已涉足的主要领域”栏，包括填写者学习过的、取得过资格认证的所有专业。

3．“目前具备的技能／能力”栏，主要包括四方面的技能。第一，技术技能，指应用专业知识的能力，此技能有证书的需填写证书名称；第二，人际沟通能力，指在群体中与他人共事、沟通，理解、激励和领导他人的能力；第三，分析能力，指在信息不完全情况下发现问题、分析问题和解决问题的能力；第四，情感能力，指在情感和人际危机前不会受其困扰和削弱、能保持冷静、受到激励的能力，以及在较高的工作责任压力下保持镇定和理性的能力。

4．“其他单位工作简介”栏，填写者应从个人职业发展的角度（能力和专长是否发挥、是否感兴趣，是否有发展空间，是否能学到希望掌握的知识或技能等）填写满意和不满意的方面。

5．“你认为对自己最重要的三种需要是”栏，用于填写者明确自己的职业锚，从而明确填写者需要什么样的工作来满足最强烈的三种需求，这也是上级管理者明确填写者的职业倾向、指导填写者进行职业生涯规划的依据。

6．“请详细介绍一下自己的专长”栏，可以写出自己认为最重要的技能或能力，以及工作以外的兴趣爱好。

7．“请详细介绍自己希望选择哪条晋升通道（或组合）”栏，指管理、技术、营销及技能四条晋升通道或四者的组合。

8．“请详细介绍你的短期、中期及长期的职业规划设想”栏，短期指1～3年，中期指3～5年，长期指5年以上。

附表2　员工能力开发需求表

年　月　日

<table>
<tr><td>姓名</td><td colspan="2"></td><td>部门</td><td colspan="2"></td><td>岗位名称</td><td></td></tr>
<tr><td rowspan="2">所承担的工作</td><td colspan="3">自我评价</td><td colspan="3">上级评价</td><td rowspan="2">上级评价的事实依据</td></tr>
<tr><td>完全胜任</td><td>胜任</td><td>不能胜任</td><td>完全胜任</td><td>胜任</td><td>不能胜任</td></tr>
<tr><td>1</td><td></td><td></td><td></td><td></td><td></td><td></td><td></td></tr>
<tr><td>2</td><td></td><td></td><td></td><td></td><td></td><td></td><td></td></tr>
<tr><td>3</td><td></td><td></td><td></td><td></td><td></td><td></td><td></td></tr>
<tr><td>4</td><td></td><td></td><td></td><td></td><td></td><td></td><td></td></tr>
<tr><td colspan="4">我对工作的希望和想法</td><td colspan="4">我对工作的希望和想法</td></tr>
<tr><td colspan="4">1.
2.</td><td colspan="4">1.
2.</td></tr>
<tr><td colspan="8">达到目标所需的知识和技能</td></tr>
<tr><td colspan="8">1.
2.</td></tr>
<tr><td colspan="4">需要掌握但目前尚欠缺的知识和技能</td><td colspan="4">所需培训的课程名称</td></tr>
<tr><td colspan="4"></td><td colspan="4"></td></tr>
<tr><td colspan="4">通过培训已掌握的知识和技能</td><td colspan="4">已培训的课程名称</td></tr>
<tr><td colspan="4"></td><td colspan="4"></td></tr>
</table>

续表

<table>
<tr><td colspan="2">对培训实施效果的意见</td></tr>
<tr><td colspan="2"></td></tr>
<tr><td>需要集团公司提供的非培训方面的支持</td><td>上级意见及依据</td></tr>
</table>

1. 此表是帮助员工认知自身现有知识、技能及未来所需学习方向的工具，是集团公司为员工提供培训和发展机会的依据，是帮助员工实现职业生涯规划的重要手段。

2. “所承担的工作”栏，员工填写主要的和重要的工作内容。

3. “自我评价”栏，由本人根据实际工作完成情况进行评价，如果所承担的某项工作干得十分出色，就在“完全胜任”上打“√”；略有差错，但基本胜任，就在“胜任”上打“√”；工作中出现较大失误，或力不从心，就在“不能胜任”上打“√”。自我评价是上下级之间沟通和反馈的起点。

4. “上级评价”栏，由直接上级根据被评价者实际的工作完成情况进行评价，方法同上。“上级评价的事实依据”栏，指被评价者具备或不具备何种能力由上级作出的评价。上级评价的目的不在于考核，而在于向下级反馈考核的结果，让填写者客观了解自己已具备的能力和尚待改进的能力。

5. “我对工作的希望和想法”栏，由填写者在结合实际的基础上提出挑战性的工作目标。“目前实施的结果如何”栏，填写为实现这些目标员工已具备的能力，已做的准备，集团公司对本人的支持情况。

6. 有关培训等栏的内容是人力资源部确定培训计划和改进培训工作的依据。

7. “需要集团公司提供的非培训方面的支持”栏，由填写者填写为实现个人职业生涯计划，需要集团公司、上级提供除了培训以外的支持和机会，如在岗辅导、工作轮换、经费上的支持等。

8. 此表每年填写一次。

六、企业培训管理制度范文实例

公司培训管理制度

第一章 总则

第一条 为加强和规范集团公司员工教育培训管理工作，不断提高员工队伍素质，适应企业又好又快发展的需要，特制订本制度。

第二条 通过规范和促进培训工作的持续、系统开展，通过知识、经验、能力的积累、传播、应用及创新，提升员工职业技能与职业素质，使员工的业务素质和技能满足企业发展战略和人力资源发展的需要，以达到企业与员工共同发展的目的。

第三条 本制度适用于集团公司在职员工，各分、子公司可参照执行。

第二章 培训原则

第四条 以符合业务发展与组织能力提升为基本原则，并注重培训的前瞻性和系统性。在实施过程中遵循系统性、制度性、主动性、多样性及效益性，以全员培训、终生培训为原则。

第三章　培训目标

第五条　培训以服务于企业、服务于员工为目标。

（一）通过培训，提升员工的专业知识、岗位技能及综合素质，为集团公司提供各类合格的管理人员和专业技术人员。

（二）培训的开展结合员工职业发展计划，实现集团公司发展和个人成长的结合。

（三）通过培训提高工作质量和绩效，把因员工能力不足和态度不积极而导致的人力成本浪费控制在最小限度。

（四）构建与完善符合集团公司战略和发展方向的培训体系，形成学习型组织，提升集团公司整体竞争力。

第四章　培训计划

第六条　集团公司的年度培训计划由人力资源部组织制订，经主管领导审核，总经理批准后由人力资源部正式发布并组织执行。

第七条　培训计划制订的依据。

（一）上年度培训计划实施效果的评价与总结。

（二）每年下半年的培训需求分析结果。

1．集团公司和分、子公司每年十月初发放“培训需求调查表”，并将调查结果分级汇总至集团公司人力资源部。

2．集团公司人力资源部进行综合分析并形成“培训需求报告”，在此基础上形成第二年的培训计划。

第五章　培训实施方案

第八条　根据年度培训计划制订实施方案。方案包括培训的具体负责人、培训对象、确定培训的目标和内容、选择适当的培训方法和选择合适的学员和教师以及培训经费的预算等。

第九条　对于临时提出参加各类外派培训或进修的员工，均应经所在部门负责人同意，填报“员工外派培训审批表”，经集团公司主管领导批准后，报人力资源部备案。

第六章　培训需求分析

第十条　培训工作要做到有的放矢，讲求实效。在制订培训计划及实施方案前要根据集团公司的战略规划、人力资源需求计划、市场竞争需要与核心竞争能力培养需要、人员任职能力状况等做好培训需求分析工作。

第七章　培训内容和形式

第十一条　培训内容包括知识培训、技能培训、素质培训及客户培训等。

第十二条　培训形式分为集团公司内部培训、外派培训及员工自我培训等。

（一）内部培训。包括新员工培训、在岗员工培训、转岗培训、继续教育培训及部门内部培训等。

（二）外派培训。包括集团组织的各种培训、国内短期培训、出国考察和培训、MBA课程进修培训、企业经理人培训及资格证书培训等。

第八章　建立内部培训师制度

第十三条　集团公司各级管理者皆有培养员工的责任，而且是内部培训师的主要承担者；各部门的业务骨干是业务培训的主要教师来源。

第十四条　作为对培训师的鼓励，培训师根据课时可以获得一定金额的补贴，每课时的补贴标准由集团公司人力资源部确定。同时，培训师还可获得一定金额的书籍费，并可以优先参加所讲授领域的外部培训。

第十五条　内部培训师职责。

（一）承担相关的教学任务。

（二）负责内容的优化、资料的收集，总结本专业领域的管理、操作经验，编写教材和提高讲授水平。

（三）学习、消化外部培训课程，引入到本企业。

（四）负责本专业领域或本部门的文化制度培训。

（五）在不影响工作的前提下，不断学习，经常开展专题模拟培训。

第九章　培训教材建设

第十六条　培训教材的载体可以是书面文字、电子文档、录音、录像等，由业务主管部门统一管理，并持续更新。

第十七条　聘请外部机构进行培训的，外部机构提供的教材由业务主管部门统一归档管理。

第十八条　员工参加外派培训的，应在培训结束1周内将教材的原件或复印件交人力资源部存档。

第十章　培训档案管理

第十九条　每期培训结束后，培训负责人必须将培训的相关资料、培训教案进行备案存档。

第二十条　培训相关资料包括培训计划、培训通知、培训签到表以及培训意见反馈资料等。

第二十一条　培训教案的收集将有利日后他人授课所用，并不断补充新内容逐渐使培训教案趋于完善。

第十一章　培训预算管理

第二十二条　集团公司每年投入一定收入比例的经费用于培训，根据集团公司效益状况可以适当增加数额。在岗培训的费用全部由集团公司承担，各类资格证书培训（进修）的费用集团公司和个人各承担一半。

第二十三条　为控制培训成本，集团公司人力资源部在培训计划实施前，将全部费用列入培训预算内。各部门所需培训的费用预算由人力资源部统一管理、审批。

第十二章　新员工培训管理

第二十四条　培训原则和目的。

（一）实行先培训、后上岗的原则，所有新员工都必须经过系统培训后，方能上岗。

（二）新员工培训是指企业为新员工介绍有关集团公司的基本背景情况，使员工了解所从事工作的基本内容与方法，帮助员工明确自己工作的职责、程序、标准，并使他们初步了解企业及其部门所期望的态度、规范、价值观及行为模式等，从而帮助新员工消除在新环境下的不安和焦躁心理，熟知集团公司的基本规章制度，在尽可能短的时间内胜任工作并充满信心使其顺利地适应企业环境和新的工作岗位，提高工作绩效。

第二十五条　新员工的培训包括公共课程培训、现场指导培训、专业课程培训及实习培训等阶段。

（一）公共课程培训。所有新入职员工必须接受不少于10课时的公共课程培训，目的在于使新员工了解集团公司各项制度，初步掌握与工作相关知识。

（二）现场指导培训。员工完成所有公共课程培训后，集团公司人力资源部应安排对即将在业务部门工作的新员工进行为期两周的一对一现场岗位训练。现场岗位训练使新员工在感性上初步了解岗位基本常识、熟悉周围工作环境、工作标准程序及流程。非业务部门的员工可直接进入专业课程培训。

（三）专业课程培训。旨在通过教师系统、全面、详细的知识讲解，使员工在感性的基础上得到理性的认识。

（四）实习培训。所有理论课程结束后，方可安排新员工岗位实习，实习阶段不应少于6个月。新员工培训工作的启动，应在新员工累计到一定人数，入职6个月之内进行。新员工在转正前应到人力资源部培训负责人处确认，未参加所要求的培训课程、实习不合格者，人力资源部应对其延迟转正，直至其完成所要求的培训及考核合格。

第二十六条 培训内容包括通识训练、部门内工作指导及部门间交叉指导。

（一）通识训练。通识训练是指对员工进行有关工作认识、观念方面的训练，以及培养员工掌握基本的工作技巧。新员工基础知识由人力资源部及各部门行政人员共同组织，人力资源部负责实施。

培训内容包括集团公司历史、概况、规模和发展前景、企业文化、集团公司理念、核心价值观、组织结构、员工道德规范和行为准则、相关制度和政策等。

（二）部门内工作引导。部门内工作引导应该在新员工基础知识培训结束后进行，其责任人为部门负责人。部门负责人应代表部门对新员工表示欢迎，介绍新员工认识部门其他人员，并协助其较快地进入工作状态。

部门内工作引导主要包括介绍部门结构、部门职责、管理规范及福利待遇、培训基本专业知识技能、讲授工作程序与方法、介绍关键工作指标等。

（三）部门间交叉指导。根据工作与其他部门的相关性，新员工应到各相关部门接受交叉培训。对新员工进行部门间交叉指导是集团公司和分、子公司所有部门负责人的共同责任。

部门交叉指导主要包括该部门人员介绍、部门主要职责、本部门与该部门联系事项、未来部门之间工作配合要求等。

第十三章 在岗员工培训管理

第二十七条 在岗位员工的培训，其目的在于增强员工专业能力和综合素质，以提高工作质量和效率、减少工作失误，并为工作轮换、横向调整和晋升做准备。在岗员工的培训可分为高层管理人员培训、中层管理人员培训及基层员工培训。不同层级员工的培训重点、培训方法各有侧重。

第二十八条 高层管理人员的培训。

（一）培训目的。通过培训使高层管理人员掌握经营环境的变化、行业发展趋势以及进行决策的程序和方法，提高洞察能力、思维能力、决策能力及领导能力，以确保决策人正确地履行职责。

（二）培训内容。对高层管理人员培训重点应该侧重于观念、理念方面，此外还有市场经济所要求的系统管理理论和技能，如管理学、组织行为学、市场营销、企业经营战略、企业经营过程控制以及领导科学与艺术等。

（三）培训方式。有计划地安排高层管理人员参加脱产或半脱产 MBA 学习，有计划、有选择地组织高层管理人员出国考察，参加高等院校为企业高层管理人员举办的培训班等。

第二十九条　中层管理人员的培训。

（一）培训目的。通过培训使中层管理人员更好地理解和执行企业高层管理人员的决策方针，具备多方面的才干和更高水平的管理能力，改善管理工作绩效、提高管理水平和管理质量，为企业决策层培养接班人。

（二）培训内容。

1. 管理基本知识与技能：包括管理学、组织行为学、人力资源开发与管理、市场学以及领导科学与艺术等课程。

2. 业务知识与技能：包括负责的业务领域如技术、销售等领域的知识与技能等。

3. 工作改进：包括工作分配、工作方法、工作流程的改进等。

（三）培训方式。

1. 在职开发：鼓励中层管理人员承担更大的责任，以增长才干，培养领导能力。

2. 请进来、走出去式培训：结合集团公司自身的业务发展，外请行业专家讲课或到先进企业参观学习、交流经验。

3. 内部专题研讨：企业组织内部专题研讨活动，就企业某一方面的问题集思广益，寻求解决方案，以此促进中层管理人员深入思考集团公司的经营管理问题。

4. 相互培训：结合中层管理人员的自我学习，不记名选拔临时内部培训师，以强化自我培训和相互培训。

5. 轮流任职：安排年轻、有能力的中层管理人员在企业的各管理岗位轮流任职。

6. 脱产培训：选送有培养前途的中层管理人员到高等院校进行管理深造。

第三十条　基层员工的培训。

（一）培训目的。提高基层员工的专业技术水平和业务能力，掌握本专业的新知识和新技术。

（二）培训内容。针对在岗员工岗位职责、专业技能、操作规程、业务流程等进行反复强化培训，以使员工在充分掌握理论的基础上，能自由地应用、发挥、提高。

（三）培训方式。

1. 内部研讨：部门内的培训学习，应成为每个部门的重要业务内容和必须完成的职责。通过部门内定期研讨的形式，领导为员工、员工为员工讲课，通报项目进展和业务开展情况、传授知识、交流经验和教训，持续营造学习氛围，为将整个集团公司建设成学习型组织打好微观基础。

2．部门领导指导：这是部门领导必须承担的职责。部门领导指导和督促下属、培养人才的完成情况，也是间接或直接对部门领导的考核内容。

3．外部培训传递：由外出学习的领导和员工，向其他员工讲授进修内容。这样不仅可以向其他员工传递外部培训成果，还可以强化对外派培训人员的约束，促使其努力学习。外派员工返回集团公司以后，必须在一周内向本部或人力资源部提交外派过程中收集的培训资料，向领导汇报学习成果，并在10天内对本部门和业务关联紧密的部门员工进行培训。

4．专题培训：根据不同的业务性质，选派员工参加各类专题的外训班或内训班。

5．脱产进修：集团公司选派优秀员工去高等院校、科研机构脱产进修，以培养企业紧缺的专业技术人员。

6．技能竞赛：组织技能竞赛、岗位练兵活动，以赛促学，提高技能水平。

第十四章 附则

第三十一条 本制度自印发之日起施行。

第三十二条 本制度由集团公司人力资源部负责解释。

七、企业员工在职培训办法范文实例

公司员工在职培训办法

第一条 培训的目的。

为提高本公司员工的素质，充实其知识与技能，以增进工作质量及绩效，特制订本办法。

第二条 适用范围。

凡本公司所属员工的在职教育培训及其有关作业事项均依本办法。

第三条 工作职责的划分。

（一）教育培训部。

1．全公司共同性培训课程的举办。

2．全公司年度、月份培训课程的拟订、呈报。

3．培训制度的制订及修改。

4．全公司在职教育培训实施成果及改善对策呈报。

5．共同性培训教材的编撰与修改。

6．培训计划的审议。

7．培训实施情况的督导、追踪、考核。

8．外聘讲师担任公司全体在职教育培训的举办，每季一次为原则。

9．全公司派外培训人员的审核与办理。

10．派外受训人员所携书籍、资料与书面报告的管理。

11．其他有关人才发展方案的研拟与执行。

12．各项培训计划费用预算的拟订。

（二）各部门（单位）。

1．全年度培训计划汇总呈报。

2．专业培训规范制订及修改，讲师或助教人选的推荐。

3．内部专业培训课程的举办及成果汇报。

4．专业培训教材的编撰与修改。

5．受训员完训后的督导与追踪，以确保培训成果。

第四条　培训规范的制订。

（一）教育培训部应召集各有关部门共同制订《员工在职教育培训规范》，提供培训实施的依据。其具体内容包括各部门的工作职务分类、各职务的培训课程及时数、各培训课程的教材大纲三个方面。

（二）各部门组织机能变动或引进新技术使生产条件等变化时，教育培训部应立即配合实际需要修改培训规范。

第五条　培训计划的制订。

（一）各部门依培训规范及配合实际需要，拟订“在职培训计划表”，送教育培训部审核，作为培训实施的依据。

（二）教育培训部应就各部所提出的培训计划汇编“年度培训计划汇总表”，呈报人力资源部核签。

（三）各项培训课程主办单位应于定期内，填写“在职培训实施计划表”，提报呈核后，通知有关部门及人员。

（四）临时性之培训课程，亦需填写“在职培训实施计划表”，呈核后实施。

第六条　培训的实施。

（一）培训主办部门应依“在职培训实施计划表”按期实施并负责该项培训的

全盘事宜，如培训场地安排、教材分发、教具借调以及通知讲师与受训单位等。

（二）如果有补充教材，讲师应于开课前一周将讲义原稿送教育培训部统一印刷，以便上课时发给学员。

（三）各项培训结束时，应举行测验，由主办部门或讲师负责监考，测验题目分3～4种，由讲师于开课前送交主办部门。

（四）各项在职培训实施时，参加受训学员应签到，教育培训部应确实了解上课、出席状况。

（五）受训人员应准时出席，因故不能参加者应办理请假手续。

（六）教育培训部应定期召开检查会以评估各项培训课程实施成果，并记录，送交各有关单位参考予以改进。

（七）各项培训之测验缺席者，事后一律补考，补考不列席者，一律以零分计算。

（八）培训测验成绩成果报告，列入考核及升迁之参考。

第七条　培训成果的呈报。

（一）每项（期）培训办理结束后一周内，讲师应将学员的成绩评定出来，登录于《在职培训测验成绩表》，连同试卷送人力资源部，以建立个人完善的培训资料。

（二）主办单位应于每项（期）培训办理结束后一周内填报“在职训练结报表”及“讲师钟点费用申请表”，连同“成绩表”及“学员意见调查表”，送教育培训部门，凭以支付各项费用及归档。

（三）如需支付教材编撰费用时，主办部门应填写“在职培训教材编撰费用申请表”，送相关部门核签后凭此予以支付。

（四）各部对所属人员应设定“从业人员在职培训资历表”。

（五）每季度末，各部门应填写“在职培训实施结果报告”呈人力资源部与教育培训部，以了解该部门最近在职培训实施状况。

第八条　培训的评估。

（一）每项（期）培训办理结束时，主办部门应视实际需要分发“在职培训学员意见调查表”，供学员填写后与测验卷一并收回，并汇总学员意见，送讲师转人力资源部会签，作为以后再举办类似培训参考。

（二）教育培训部应对各部评估培训的成效，定期分发“培训成效调查表”，供各单位主管填写后汇总意见，并配合生产及销售绩效之推动比较资料分析评估培训之成效，做成书面报告，并呈核签后，分送各部及有关人员作为再举办培训的参考。

第九条 派外培训。

(一) 因工作或升等任职新工作前的需要，各部门得推荐有关人员送教育培训部审议后，呈总经理核准后派外受训，并依相应的人事管理规章办理出差手续。

(二) 派外受训人员返回后，应将受训之书籍、教材及资格证件等有关资料送教育培训部存档保管，其受训成绩亦应登录于受训资历表。

(三) 派外受训人员应将受训所习知识整理成册，列为讲习教材，并举办讲习会，担任讲师传授有关人员。

(四) 旅费报销单据呈核时，应送教育培训部审核其派外受训之资料是否缴回，并于报销单据上签注，如未经营审核，会计部不应予付款。

本条款适用于参加公司外的培训，对因升迁、储备需要，于任职前可集中委托外协部办理培训，但每年以两次为限。

第十条 其他注意事项。

(一) 各项培训之举办，应尽量以不影响工作为原则，如逾下班时间一个半小时以上，或者上下午均排有培训时，应由主办单位负责申报提供学员膳食。

(二) 员工的受训成绩及资历可提供人力资源部作为年度考核、晋升之参考。

(三) 本办法呈总经理核准后颁布实施，修改时亦同。

八、企业中层领导人员培训考核办法范文实例

公司中层领导人员培训考核办法

第一章 总则

第一条 为进一步加强中层领导人员队伍的管理，实现中层领导人员培训的制度化、经常化，达到提升管理能力、个人素质的目的，特制订本办法。

第二条 本办法适用于集团公司及各分、子公司。

第二章 考核内容

第三条 学习态度端正，对学习具有深刻、正确的认识，学习目的明确，能够从提高自身素质和适应激烈的市场竞争意识出发，努力学习新知识、新的管理理念、新的工作方法，并做到学以致用。

第四条 能够积极参加集团公司及分、子公司组织的集体学习活动，保证出满勤。

第五条　能够自觉完成集团公司统一布置的学习内容，并能够理论联系实际地培训本单位、部门的员工。

第六条　能够持之以恒的坚持自学，并善于通过媒介交流自己的学习体会。

第三章　考核标准

第七条　重视培训工作，所在单位、部门培训工作成效显著，在中层领导人员年终考核总分中加1～2分。

第八条　学习态度不端正、目的不明确、主观意识不强，在中层领导人员年终考核总分中扣2分。

第九条　培训时无故缺勤1次，在中层领导人员年终考核总分中扣1分。

第十条　培训时累计迟到、早退5次，在中层领导人员年终考核总分中扣1分。5次以上，扣2分。

第十一条　未完成所规定的年度学分数，在中层领导人员年终考核总分中扣5分。

第十二条　未完成所在单位、部门培训工作，培训率及学时数达不到要求的，在中层领导人员年终考核总分中扣单位、部门领导2分。

第四章　其他规定

第十三条　因特殊情况不能正常参加集中学习和自学的，需本人提出书面申请，报人力资源部批准。

第十四条　对集团公司规定的学习书籍，经考核（考试）成绩合格者，予以核定学分，否则不予核定学分。

第十五条　学分值由集团公司人力资源部核定，原则上每本学习书籍核定4学分。

第五章　附则

第十六条　本办法自印发之日起施行。

第十七条　本办法由集团公司人力资源部负责解释。

九、企业教育训练委员会组织规程范文实例

公司教育训练委员会组织规程

第一条　为加强员工教育训练，提高员工技术水准及工作技能，以应业务的实际需要及配合职业训练条例的实施特设公司教育训练委员会（以下简称本会）。

第二条　本会的任务如下。

（一）综合制订本公司员工教育训练方针及课程计划。

（二）综合审议本公司员工教育训练活动的实施情况，评价训练效果。

（三）有关技术人员训练、技术生训练，建教合作训练的计划事项。

（四）其他有关本公司教育训练活动事项。

第三条　本会设主任委员、委员6～10人，任期均为两年，由人力资源部签请总经理聘任。

第四条　本会置执行秘书一人，承主任委员之命，处理本会决议事项，由主任委员指派一人兼任，并置辅导员4～5人，协助本会议决事项的执行，由主任委员指派。

第五条　本会开会时，以主任委员为主席。必要时，得由主任委员邀请有关人员列席。

第六条　本会每年5月、11月各召开会议一次。必要时，得召开临时会议。

第七条　本会委员、执行秘书、辅导员均为无给职。

第八条　本会议决事项经呈总经理核准后由人力资源部执行。

第九条　本规程自印发之日起施行；

第十条　本规程由集团公司人力资源部负责解释。

十、企业职业技能鉴定管理办法范文实例

公司职业技能鉴定管理办法

第一章　总则

第一条　为加强集团公司职业技能鉴定工作，特制订本办法。

第二条　本办法适用于集团公司及各分、子公司。

第三条　职业技能鉴定共分为初级、中级及高级三个等级。

第二章　职业技能鉴定的条件

第四条　具备下列条件之一者可参加初级技能鉴定。

（一）经本职业初级正规培训达到规定标准学时数，并取得毕（结）业证书。

（二）在本职业连续工作两年以上。

（三）本职业学徒期满。

第五条　具备下列条件之一者可参加中级技能鉴定。

（一）取得本职业初级职业资格证书后，连续从事本职业工作三年以上，经本职业中级正规培训达到规定标准学时数，并取得毕（结）业证书。

（二）取得本职业初级职业资格证书后，连续从事本职业工作五年以上。

（三）连续从事本职业工作七年以上。

（四）取得经劳动行政部门审核认定的、以中级技能为培养目标的中等以上职业学校本职业（专业）毕业证书。

第六条　具备下列条件之一者可参加高级技能鉴定。

（一）取得本职业中级职业资格证书后，连续从事本职业工作四年以上，经本职业高级正规培训达到规定标准学时数，并取得毕（结）业证书。

（二）取得本职业中级职业资格证书后，连续从事本职业工作七年以上。

（三）取得高级技工学校或经劳动行政部门审核认定的、以高级技能为培养目标的高等职业学校本职业（专业）毕业证书。

（四）取得本职业中级职业资格证书的大专以上本专业或相关专业毕业生，连续从事本职业工作两年以上。

（五）连续从事本职业工作十四年以上。

（六）近三年曾获市级以上技能竞赛前十名的员工，可以根据上述条件越级申报。

第三章　鉴定要求

第七条　申请参加职业技能鉴定的人员，必须经过鉴定前理论知识和实际操作技能的培训。连续从事本职业达到一定年限，已经掌握相应职业理论知识和技能要求的也可以直接申请鉴定。

第八条　职业技能鉴定的内容分为理论知识考试和实际操作技能考核两部分。理论知识考试一律采用闭卷笔试的方式进行；实际操作技能考核一般采用现场操作加工典型工件、生产作业项目、模拟操作等方式进行。理论知识考试和实际操作技能考核两项均达到60分以上为合格。

第九条　经鉴定合格者，由地方劳动行政部门职业技能鉴定中心核发相应等级的职业资格证书。

第四章　附则

第十条　本办法自印发之日起施行。

第十一条　本办法由集团公司人力资源部负责解释。

十一、企业安全生产教育制度范文实例

公司安全生产教育制度

第一章 总则

第一条 为贯彻安全第一、预防为主、综合治理的安全生产教育方针，强化员工的安全生产意识，提高员工的安全技术素质和自我保护能力，实现安全生产、文明生产，特制订本制度。

第二条 本制度适用于集团公司及各分、子公司。

第三条 引用标准及文件。

1.“××集团公司工业企业安全质量标准化考评标准”。

2.“特种作业人员安全技术考核管理规则”。

3.“关于生产经营单位主要负责人、安全生产管理人员及其他从业人员安全生产培训考核工作的意见”。

第四条 安全生产教育由集团公司及各分、子公司人力资源部统一组织，安全管理部配合执行。

第五条 集团公司及各分、子公司每年在制订员工培训计划时，要有安全生产教育与培训的内容，其费用从职工教育经费中列支。

第二章 新员工安全生产教育

第六条 教育对象：包括新入集团公司的学徒工、合同制员工、复员退伍军人、技校及大中专毕业生、临时工及外来实习、代培人员。

第七条 教育形式。

（一）集团公司人力资源部、安全管理部负责集团公司招聘员工和集团公司总部员工的安全生产教育。

（二）新员工在正式分配到工作岗位后，首先必须进行分、子公司、分厂（车间）、班组三级安全生产教育，教育课时不少于28学时。

第八条 三级安全生产教育的具体内容。

（一）一级教育，即分、子公司级岗前安全生产教育，包括安全生产情况及安全生产基本知识；安全生产规章制度和劳动纪律、员工安全生产权利和义务；作业场所和工作岗位存在的危险有害因素及防范措施、事故案例等，教育课时不少于8学时。

（二）二级教育，即分厂（车间）级岗前安全生产教育，包括工作环境及危险因素、所从事工种可能遭受的职业伤害和伤亡事故；所从事工种的安全职责、操作技能及强制性标准、自救互救急救方法；疏散和现场紧急情况的处理、安全设备设施及个人防护用品的使用和维护；本单位安全生产状况及规章制度、预防事故和职业危害的措施及应注意的安全事项、有关事故案例等，教育课时不少于12学时。

（三）三级教育，即班组（岗位）级安全生产教育，包括本班组的基本情况、周围环境情况；主要危险因素、危险区域及安全事项；岗位安全操作规程、员工安全生产责任制；所接触使用的设备设施、安全装置、劳动防护用品（用具）的正确使用方法；有关事故案例和有关急救知识、岗位之间工作衔接配合的安全与职业健康事项等，教育课时不少于8学时。

第三章　特种作业人员安全技术培训

第九条　培训范围包括电工作业、金属焊接（切割）作业、起重机械（含电梯）作业、集团公司内机动车辆驾驶、锅炉（含水质化验）作业、压力容器作业、制冷作业以及符合特种作业范围的其他作业人员。

第十条　特种作业人员必须接受与本工种相适应的、专门的安全技术培训，经安全技术理论考核和实际操作技能考核合格，取得《特种作业操作证》后，方可上岗作业。未经培训或培训考核不合格者，不得上岗作业。

第十一条　离开特种作业岗位6个月以上的特种作业人员应当重新进行实际操作考核，经确认合格后方可上岗作业。

第十二条　培训方式：必须经过有资质的培训机构专门安全技术和操作技能的教育培训，并结合企业实际自行培训。

第四章　特种作业人员复训、复审

第十三条　取得“特种作业人操作证”的人员，持证期满后按照国家规定的周期（两年），必须进行复训、复审。

第十四条　复训、复审内容，包括健康检查、安全生产新知识以及事故案例教育、违章作业记录检查、本工种的安全技术知识考试等，由集团公司人力资源部、安全管理部配合有资质的培训机构组织进行。

第五章　转换工种和从事“四新”人员安全生产教育培训

第十五条　变换工种和从事新技术、新工艺、新材料、新设备（“四新”）的人员应经过分厂（车间）、班组级安全生产教育培训。

第十六条　教育内容：包括本工种安全技术知识、安全技术操作规程以及所使用设备情况等。

（一）分厂（车间）级安全生产教育，包括本分厂（车间）安全生产状况和规章制度、新作业场所和新工作岗位或所从事“四新”存在的危险有害因素、防范措施及事故应急措施、事故案例等，教育课时不少于8学时。

（二）班组级安全生产教育，包括新岗位安全操作规程、所接触或使用的设备设施、安全装置、劳动防护用品（用具）的正确使用方法、事故案例以及有关急救知识等，教育课时不少于8学时。

第十七条　变换工种教育由新岗位单位（分厂、车间）负责组织实施。

第十八条　变换工种教育完成后，必须填写“变换工种安全生产教育卡”，报安全管理部门备案。

第六章　复工人员安全生产教育培训

第十九条　离开工作岗位3个月重新上岗或工伤伤愈（无论是否是事故的责任者）返岗的员工，重新上岗时应进行分厂（车间）、班组级安全生产教育。

（一）分厂（车间）级安全生产教育，包括本车间安全生产状况和规章制度、作业场所和工作岗位存在的危险有害因素、防范措施及事故应急措施、事故案例、教训与措施等，教育课时不少于4学时。

（二）班组级安全生产教育，包括岗位安全操作规程、所接触或使用的设备设施、安全装置、劳动防护用品（用具）的正确使用方法、事故案例或事故的教训与所采取的措施等，教育课时不少于4学时。

第二十条　复工教育完成后，必须填写“复工教育安全卡”，报安全管理部门备案。

第七章　中层以上领导人员安全生产教育

第二十一条　中层以上领导人员必须进行安全技术教育培训。

（一）新任职中层领导人员都要进行任职安全生产教育，教育课时不少于24学时。

（二）其他领导人员每年应经过至少8学时的安全生产再培训。

第二十二条　新任职中层领导人员安全生产教育培训包括以下四个方面的内容。

（一）国家有关安全生产的方针、政策、法律、法规及行业的规章、规程、规范、标准。

（二）安全生产管理知识与方法、与安全生产技术有关的行业安全生产管理专业知识。

（三）重大事故防范、应急救援措施及调查处理方法，重大危险源管理与应急预案编制原则。

（四）国内外先进的安全生产管理知识、典型事故案例分析等。

第二十三条　其他领导人员安全生产再培训，包括以下三个方面的内容。

（一）有关安全生产的法律、法规、规章、规程、标准及政策。

（二）安全生产的新知识、新技术。

（三）安全生产管理经验、典型事故案例等。

第二十四条　中层领导人员安全生产教育由人力资源部组织，安全管理部进行教育。集团公司级领导参加集团组织的安全培训。

第八章　安全生产管理人员、安全员安全生产教育培训

第二十五条　安全生产管理人员必须按照国家有关规定进行安全生产培训，初次培训不少于48学时，每年再培训不少于16学时。

第二十六条　班组安全员应不少于16学时的初次安全培训，每年再培训不少于8学时。

第二十七条　安全生产教育和培训包括以下五个方面的内容。

（一）国家有关安全生产的方针、政策、法律、法规及行业的规章、规程、规范、标准。

（二）行业安全生产管理知识、安全生产技术及职业健康知识。

（三）伤亡事故统计、报告及职业危害的调查处理方法。

（四）应急管理、应急预案编制以及应急处置的内容和要求。

（五）国内外先进的安全生产管理经验、典型事故及应急救援案例分析等。

第二十八条　安全再培训包括以下三个方面的内容。

（一）有关安全生产的法律、法规、规章、规程、标准及政策。

（二）安全生产的新知识、新技术。

（三）安全生产管理经验、典型事故案例等。

第九章　班组长安全生产教育培训教育

第二十九条　班组长安全生产教育培训应不少于16学时，每年应进行不少于8学时的再培训。

第三十条　教育培训内容包括以下四个方面的内容。

（一）有关安全生产的法律、法规、规章、规程、标准及政策。

（二）安全生产的新知识、新技术；班组安全生产管理经验、班组所存在危险有害因素的辨识方法。

（三）班组所涉及设备、设施的安全操作规程。

（四）典型事故案例及事故应急措施等。

第十章　全员安全生产教育培训

第三十一条　各单位每年应对全体员工进行经常的安全生产教育培训。

第三十二条　从事危险化学品的作业人员每年应进行不少于20学时的再培训。

第三十三条　安全员安全生产教育形式有：培训班、安全知识测验、安全知识竞赛、观看安全生产内容的影视片，以及通过广播、电视、报纸、网络进行安全专题宣传教育，以及每天班前班后会上说明安全注意事项等。

第三十四条　教育培训包括以下五个方面的内容。

（一）安全生产法律法规。

（二）安全生产新知识、新技术。

（三）安全生产规章制度、安全技术操作规程。

（四）作业场所和工作岗位存在的危险有害因素、防范措施及事故应急措施。

（五）事故案例等。

第十一章　考核

第三十五条　三级教育结束后由集团公司人力资源部、安全管理部及分、子公司对新员工进行考试。合格者方可分配工作；不合格者停发一个月奖金，重新考试合格后方可分配工作，再不合格者解除其劳动合同或辞退。

第三十六条　特种作业人员安全技术培训、特种作业人员复训、复审考核由集团公司人力资源部、安全管理部配合有资质的培训机构组织进行，集团公司安全管理部备案。考试合格者方可上岗作业，不合格者不得从事特种作业。

第三十七条　变换工种教育考核由新岗位单位（分厂、车间）负责组织实施。考试合格者填写个人安全生产教育档案后方可上岗，不合格者不能变换工种。

第三十八条　复工人员安全生产教育考核由各分、子公司组织设施。考试合格者方可复工，不合格者不能复工。

第三十九条　所有中层领导人员必须经过安全生产教育培训并考试合格，不合格者一个月后再进行补考，并在年末考评中扣除相应分数。

第四十条　安全管理人员考核由集团公司安全管理部门负责组织。考试合格者方可从事安全管理工作，不合格者不得从事安全管理工作。

第四十一条　班组安全员考核由分、子公司组织。考试合格者方可上岗；不合格者有一次补考机会，一个月后进行补考，合格后方可上岗，否则，不得成为班组安全员。

第四十二条　班组长安全生产教育培训及考核由分、子公司组织进行。考试合格者方可上岗；不合格者有一次补考机会，一个月后进行补考，合格后方可上岗，否则，不得成为班组长。

第四十三条　全员安全生产教育培训及考核由各级单位组织实施。培训后组织考试，对考试不合格的员工进行再次培训和考试，合格后方可上岗。

第十二章　安全生产教育档案

第四十四条　上述各项安全生产教育的台账、教育卡片、考试试卷等档案资料，由集团公司及各分、子公司人力资源部负责统一归档。

第十三章　附则

第四十五条　本制度自印发之日起施行。

第四十六条　本制度由集团公司人力资源部负责解释。

十二、企业质量诚信教育培训制度范文实例

公司质量诚信教育培训制度

为了发挥操作员、管理人员及检验员的积极性和责任感，把产品质量的“预防和把关”结合起来；对产品质量实行控制，开展“三自”、“三检”、“三按”、“三不放过”活动，特制订本制度。

一、“三自”即自检、自分、自盖工号。

（一）自检。即每个操作者对自己加工的零件进行自检，确定是否符合图纸工艺和技术标准规定的要求。

（二）自分。操作者自己检验的产品，把合格品和不合格品分开存放。

（三）自盖工号。在自己加工的产品上盖上工号，以明确责任。

二、“自检”即首检、巡检、完工检（入库检）。

（一）首检。操作者对每班或每批加工的首件，必须交检验检查，以防止成批报废。

（二）巡检。检验员每班不少于两次到自己分管的范围内临时巡检，做到及时发现和处理问题。

（三）完工检。每个产品完工后，检验员都应该进行完工检（全面检查），防止不合格品混入。

三、“三按”即按图纸、按工艺、按技术标准进行生产操作。

操作者必须严格遵守“三按”生产。操作前必须认真消化图纸、工艺和技术

标准，“三按”生产执行情况的考核和违反“三按”生产造成的质量事故，按公司关于工艺纪律的有关文件处理。

四、“三不放过”即出了事故应及时组织有关人员开会分析。

（一）不分析出事故发生的原因不放过。

（二）事故的责任者没有查清，责任者和职工未受到教育不放过。

（三）未制订防止事故再发生的措施不放过。

十三、企业安全消防教育培训管理制度范文实例

公司消防安全教育培训管理制度

第一章　总则

第一条　为了提高职工的防火安全意识，做好防火安全教育工作，避免火灾事故的发生，特制订此制度。

第二条　安全消防教育培训是企业管理工作的重要环节之一。是提高全员安全消防素质、安全消防管理水平和防止各类事故，从而实现安全生产的重要手段。

第三条　消防安全教育与培训，是贯彻消防工作“预防为主，防消结合”方针，加强防火管理的一项重要措施，各班组班长为责任人。应高度重视，认真进行。

第二章　安全消防教育培训的内容

第四条　安全消防思想教育。即思想认识和方针政策的教育。以提高安全消防重要意义的认识和全面理解党和国家有关安全消防工作的方针政策，并认真贯彻执行。

第五条　劳动纪律教育。遵守劳动纪律是贯彻安全消防方针，减少伤害事故和火灾事故，实现安全生产的重要保证。

第六条　安全消防知识教育。所有员工都必须具备安全消防基本知识。尤其应加强对农民工的安全消防知识的教育与培训。其主要内容如下。

（一）本单位的安全消防基本概况及特点。

（二）生产工艺流程等生产概况。

（三）消防报警电话、危险部位及安全防护的基本知识。

（四）安全消防注意事项。

（五）机械设备、消防设施及器材等相关安全消防知识。

（六）个人防护用品的正确使用知识等。

第七条 安全消防技能教育。即结合本单位或岗位专业等特点，实现安全操作、安全防护及火灾的扑救、疏散逃生和自救互救等所必须具备的基本技能要求。安全消防技能知识是比较专门、细致及深入的知识，它包括安全技术、消防技术、劳动卫生和安全操作规程及事故案例教育等。尤其是事故案例教育，可以从教训中吸取有益的东西，预防类似事故的重复发生。

第八条 安全消防法律法规教育。运用各种有效形式，对全体员工进行安全消防法律法规教育，以提高员工的遵法、守法、懂法的自觉性，从而达到安全生产的目的。

第三章 安全消防教育培训的对象

第九条 根据国家法律法规规定要求，应对全体从业人员进行安全消防教育培训，保证其具备必要的安全消防知识，熟悉有关的安全消防规章制度和安全操作规程，掌握本岗位的安全消防技能。安全消防教育培训不合格的人员，不得上岗作业。

第十条 集团公司主要领导人员的安全消防教育培训，由政府部门或上级主管部门负责。

第十一条 各分公司、厂、车间、班组级负责人的安全消防教育培训。

（一）新任职的各级负责人的安全消防培训工作，由集团公司人力资源部负责。

（二）在职各级负责人的安全消防轮训工作，随集团的教育培训计划安排进行。

第十二条 外包工程项目（乙方）负责人及管理人员，必须持有相关主管部门颁发的“安全生产（消防安全）合格证书”。外包工程项目所在单位，负责对工作人员进行安全消防教育培训，以防止发生各类事故。

第十三条 特种作业人员必须持证上岗，并按时到主管部门检证。集团公司人力资源部负责安全消防专业技术抽考，以加强对特种作业人员的管理。

第十四条 新员工、实习代培等人员和在职人员、调换工种及休假（工伤）一周以上人员的安全消防培训教育工作，由各分公司、厂、车间、班组负责。

第四章 安全消防教育培训的形式与内容

第十五条 对新员工（包括合同工、临时工、实习和代培人员）必须进行厂、车间、班组级的安全消防教育培训，时间不少于40小时。同时，还要填写三级安全消防教育卡片存档备查。

第十六条　厂（公司）级教育培训的主要内容。

（一）党和国家的安全消防方针政策、法律、法规等。

（二）本单位生产概况，工艺流程；安全消防状况及特点，安全消防规章制度及遵章守纪等。

（三）安全消防知识及突发事故应急救援管理；安全标志标识讲解；初期火灾的扑救、报警；如何抢救伤员、排险、报告及保护现场等。

（四）人员密集的场所，其工作人员还应强化组织疏散逃生的能力教育。

第十七条　车间级教育培训的主要内容。

（一）本单位的生产、安全消防特点及状况；应具备的安全消防技术知识等。

（二）安全消防要求、重点部位及注意事项；安全和防火灭火措施；消火栓、灭火器和自动报警系统的使用与维护等。

（三）紧急情况的处置，以疏散逃生救护知识为重点；典型事故案例教育等。

（四）防护用品、用具的正确使用。

第十八条　班组级教育培训的主要内容（由班组长主持）。

（一）休假（工伤）一周以上人员复工前，进行班组级教育；对工伤人员增加事故教训教育。

（二）本班组内及本岗位作业特点（环境）及安全操作规程和安全消防责任制等规章制度。

（三）班前安全讲话、安全活动制度及纪律。事故案例教育等。

（四）本岗位易发生事故的不安全因素及防范措施；所使用的机械设备、工具的安全要求及正确使用。

（五）爱护和正确使用安全消防设施和器材和个人安全防护用品等。

（六）安全生产要求能够做到“三不伤害”，即不伤害自己、不伤害他人、不被他人伤害。

（七）消防安全要求做到“三懂四会”，即懂本岗位火灾危险性、懂预防火灾的措施、懂灭火疏散的方法；会报警、会使用消防器材、会扑救初起火灾、会组织人员疏散。

第十九条　变换工种（岗位）安全消防教育。凡改变工种或调换工作岗位的员工必须接受教育；时间不少于4小时，并经考核合格后方可上岗。主要包括以下四个方面的内容。

（一）新工种（岗位）及班组安全消防要求及注意事项；安全操作规程和安全消防责任制等规章制度。

（二）新岗位必备的安全消防知识，易发生事故的不安全因素及防范措施，作业环境状况等。

（三）新设备、机具、安全防护、灭火器材、个人防护等的使用。

（四）一般工种不得从事特种作业。

第二十条　特种作业安全消防教育。

（一）结合工作实际，开展岗位有针对性的安全消防教育。

（二）收集整理典型事故，进行案例教育。

第二十一条　班组班前安全防火讲话。班前安全防火讲话，是单位日常性安全防火教育活动之一，是集团公司实现安全生产的重要保证措施。因此，必须把班前安全防火讲话工作抓实抓细抓好，并要做好记录。

（一）安全消防知识、须知和规程学习抽考，有针对性的事故案例教育等。

（二）安全消防技能演练，当班作业易发生的危险和应采取的预防措施等。

（三）遗留安全消防问题的处置与安全措施，并督促整改完善。

（四）对于特殊性、危险性较大的工作，主管领导要亲自讲话，并详细进行安全防火教育。

第二十二条　车间级周一安全活动。每周一开始工作前，应对在岗人员开展安全消防法规教育活动。活动形式可采取看录像、听报告、分析事故案例、图片展览、灭火器操作演示、智力竞赛、热点辩论等多种形式进行。主管领导要亲自讲话，其讲话的主要内容包括以下三个方面。

（一）上周安全消防形势，存在问题及对策。本周工作重点、要求及措施。

（二）最新安全消防信息教育，提高员工安全生产意识和素质。

（三）针对实际工作的其他安全消防内容。

第二十三条　节假日安全消防教育。节假日前后应特别注意各级管理人员及作业人员的思想动态；有意识、有针对性、有目的地进行教育；稳定其思想情绪，防止各类事故的发生。

第二十四条　特殊情况的安全消防教育。出现以下几种情况时，应对相关人员进行教育，时间不少于 2 小时。

（一）因故改变安全操作规程。

（二）实施重大和季节性安全消防技术措施。

（三）更新设备、工具及仪器，推广新工艺、新技术、新材料等。

（四）发生伤害、火灾、机械设备损坏等事故及重大未遂事故。

（五）出现其他重大不安全因素，导致安全生产环境发生变化的。

第二十五条　季节性施工安全生产教育。进入雨期、高温季节的施工前，各施工区域的负责人要组织本区域内的作业人员，进行专门的季节性施工安全消防技术教育培训，时间不少于2小时。

第二十六条　新转入施工现场的作业人员必须进行转场安全消防教育，时间不少于8小时。主要内容包括以下三个方面。

（一）本工程项目安全消防状况及施工条件，如高空、地下作业，立体交叉作业，以及带电作业等。

（二）施工现场中的不安全因素及防护措施和相关事故案例。

（三）本工程项目的安全消防技术及措施和安全注意事项等。

第五章　全员安全消防培训

第二十七条　根据国家关于安全消防教育培训的有关规定要求，各公司（厂）除按以上要求开展工作外，还应开展形式多样的教育培训工作。

（一）安全消防重点单位，应半年进行一次安全消防培训和应急措施演练。

（二）一般单位，应每年进行一次安全消防培训和应急措施演练。

（三）根据本单位的实际情况，充分运用广播、视频、板报、标语等进行宣传。

第六章　附则

第二十八条　本制度自印发之日起施行。

第二十九条　本制度由集团公司人力资源部负责解释。

十四、企业职工法制教育制度范文实例

公司职工法制教育制度

第一章　总则

第一条　为贯彻党中央确定的“依法治国”基本方略，努力提高企业管理者依法决策、依法生产经营的能力和水平，结合公司工实际，特制订本制度。

第二条　职工法制教育以邓小平理论和“三个代表”重要思想为指导，按照依法治国基本方略的要求，深入开展道德法制宣传教育，以为人民服务为核心，以集体主义为原则，以爱祖国、爱人民、爱劳动、爱科学、爱社会主义为基本要求，围绕培育“有理想、有道德、有文化、有纪律”的“四有”公民这个根本目标，大力倡导文明礼貌、助人为乐、爱护公物、保护环境、遵纪守法的社会公德，大力倡导爱岗敬业、诚实守信、办事公道、服务群众、奉献社会的职业道德，大

力倡导尊老爱幼、男女平等、夫妻和睦、勤俭持家、邻里团结的家庭美德。坚持法制教育与法治实践相结合，坚持法制教育与道德教育相结合。以坚持“以人为本”为理念，积极推进和谐建设，为公司各项工作的健康快速发展提供强有力的思想保证和精神动力。

第三条　企业职工道德法制教育工作的主要目标：适应党和国家工作大局，适应整个社会和广大人民群众对法律知识的现实需求，紧密结合国家道德、民主法制建设的新进展新成果，通过深入扎实的道德、法制宣传教育及法治实践，进一步提高干部职工的法律意识、法律素质及法治理念，提高依法行政能力和水平。

第四条　企业职工道德法制学习宣传教育工作应坚持的原则：坚持围绕中心，服务大局。紧紧围绕“十二五”规划总体目标，安排和落实道德、法制宣传教育各项任务，服务构建社会主义和谐社会。

第五条　坚持以人为本，始终坚持全心全意为人民服务的根本宗旨，开展道德、法制宣传教育，着力解决群众关心的热点、难点问题。

第六条　建立和完善企业职工法制教育制度，是加强企业职工队伍建设，提高职工法制意识，促进职工遵纪守法、爱岗敬业，稳定和发展企业的重要措施。

第七条　职工在完成企业生产经营任务的同时，有义务自觉参加企业组织的业务技能及法律知识的学习和培训。

第二章　职工法制教育的内容

第八条　加强法律知识学习是依法治国的重要基础。各单位要结合实际，深入学习法律法规。要紧紧围绕“十二五”规划总体目标，制订法律知识学习计划，认真落实学习任务。

（一）深入学习宪法和国家基本法律制度。宪法是国家的根本大法，是治国安邦的总章程。学习宪法是法制宣传教育的基础性、根本性的重点工作。要努力提高员工的宪法意识，牢固树立宪法的权威。进一步学习国家基本法律制度，培育员工民主法制观念、爱国意识、保密意识、社会责任意识以及国家安全统一意识。

（二）深入学习规范员工行为的法律法规。必须把握好规范员工行为的法律依据、法定程序、法定权限以及应承担的责任。重点学习民法、刑法、物权法、民诉法等法律法规。

（三）及时学习新颁布和新修订的法律法规。随着中国特色社会主义法律体系的不断完善，我国立法进程将进一步加快。要及时将“五五”法制宣传教育时期新颁布的法律法规纳入学习内容，认真学习，深刻领会，结合实际工作贯彻执行。

（四）认真学习社会主义思想道德建设理论。广大干部职工要根据中央关于依法治国和以德治国相结合的要求，在加强法制教育的同时，深入学习以“八荣八耻”为主要内容的社会主义荣辱观，提高思想道德觉悟，增强诚实守信、遵纪守法、艰苦奋斗等方面的意识，把社会主义荣辱观教育贯穿到法制教育与法治实践当中。深入学习《公民道德建设实施纲要》（以下简称为《纲要》），把《纲要》提出的公民道德建设的核心、原则，以及公民基本道德规范和社会公德、职业道德、家庭美德的基本要求作为重点内容进行系统教育；根据德治和法治相结合的要求，把道德教育和普法的有关内容有机结合起来。纳入计划，结合单位实际，组织编撰补充教材，开展特色教育，不断增强教育效果。

第三章　基本要求

第九条　企业建立和完善职工法制教育的规划和制度，在规划期内使每名职工接受法制教育培训一次以上。

第十条　企业每年组织一次以上法制宣传教育，参与面和受教育面达到95%以上。

第十一条　对职工违法违纪事件，视情节和后果轻重，企业根据有关管理规定给予职工教育、记过、留用或开除处分，情节特别严重的由司法机关追究法律责任。

第四章　注重实践　提高学习效果

第十二条　深入开展“道德规范三先进”活动，加强道德建设，提高干部职工的道德素质。

（一）开展道德规范进企业活动，以忠于职守、勤奋学习、求真务实、注重效率、团结协作、甘于奉献、遵守纪律等员工道德行为规范，不断加强和改进工作作风，争当“文明先锋”。

（二）开展道德规范在岗位活动，以爱岗敬业、助人为乐、诚实守信、信誉至上、服务群众、平等待人、爱护公物、保护环境、互助互爱等道德行为规范，强化服务意识、改进服务态度、提高服务质量，争当文明员工。

（三）开展道德规范进家庭活动，以尊老爱幼、男女平等、互敬互爱、夫妻至爱、勤俭持家、邻里团结、互帮互谅、家庭和睦的家庭道德规范，争当家庭文明成员。

第五章　完善制度，建立健全保障机制

第十三条　坚持领导干部法制学习制度。坚持领导干部带头学法，完善党组、中心组集体学法制度、领导干部上党课结合法制讲座制度，保证每年有两次以上法制讲座，使领导干部法制学习制度化、规范化。

第十四条　建立健全干部职工法制学习制度。紧密结合实际，制订严密的学习计划，明确学习的重点和目标要求，保证学习措施制度化。要采取形式多样、生动活泼的学习方法，坚持自学和集中学习相结合，提高学习效果。

第十五条　建立健全法律完善职工法制教育考核制度，推行年度综合法律知识测试与重点法律知识测试，检验学习效果。建立个人成绩档案，作为企业用工的重要依据之一。

第六章　附则

第十六条　本制度自印发之日起施行。

第十七条　本制度由集团公司人力资源部负责解释。

第五章 企业员工岗位职责制度

第一节 企业员工岗位职责制度制订规范

一、基本概念

岗位是企业为完成某项任务而确立的，由工种、职务、职称及级别等内容组成的固定职位。职责是岗位职务与责任的统一，由授权范围和相应的责任两部分组成。企业员工岗位职责制度是企业对根据工作任务的需要，而确立的工作岗位名称及职责范围所制订的规范性文件。

企业员工岗位职责制度的主要任务：根据工作任务的需要确定工作岗位的名称及其数量；根据岗位工种确定岗位职务范围；根据工种性质确定岗位使用的设备、工具以及工作质量和效率；明确岗位环境和确定岗位任职资格；确定各个岗位之间的相互关系；根据岗位的性质明确实现岗位的目标的责任。

二、基本特点

（一）重要性

企业制订员工岗位职责管理制度的作用和意义：可以最大限度地实现劳动用工的科学配置；有效地防止因职务重叠而发生的工作扯皮现象；提高内部竞争活力，更好地发现和使用人才；作为组织考核的依据，提高工作效率和工作质量；规范操作行为，减少违章行为和事故的发生。

（二）双向性

任何一个岗位的职责都是责任、权利及义务的综合体。有多大的权力就应该承担多大的责任，有多大的权力和责任就应该尽多大的义务，这是企业岗位职责制度的核心。如果企业不明确自己的岗位职责，就不会知道自己的定位，也就不会知道应该干什么、怎么干、干到什么程度。因此，每一名企业员工都要明确自己的岗位职责。

三、基本内容

企业员工岗位职责制度主要包括以下三个方面的内容。

（一）企业职能部门岗位职责

企业职能部门岗位职责主要包括企业组织内部各个组成部门的总体岗位职责。如办公室岗位职责、督察部岗位职责、党群工作部岗位职责、规划发展部岗位职责、财务部岗位职责、人力资源部岗位职责、综合事务部岗位职责等。

（二）企业员工岗位职责

企业员工岗位职责主要包括涉及企业内部所有员工的岗位职责，也就是说，有多少工作岗位就相应的有多少岗位职责。如总经理办公室秘书岗位职责、生产主管岗位职责、财务主管岗位职责、会计岗位职责、预算造价师主管岗位职责建筑工程质量检查员岗位职责等。

（三）特殊岗位职责

特殊岗位职责主要包括企业的关键岗位或重要岗位的职责。如安全生产责任制、安全生产岗位职责、销售部经理岗位职责、销售主管岗位职责等。

四、基本格式

企业员工岗位职责制度制度一般由标题、正文两部分组成。

（一）标题与结构

企业员工岗位职责制度制度的标题与结构同企业人力资源综合管理制度。

（二）正文内容

企业员工岗位职责制度制度应包括部门名称、直接上级、下属部门、部门性质、管理权限、管理职能以及主要职责等。

五、基本要求

（一）要明确制订员工岗位职责的原则

一是要让员工真正明白自己岗位的工作性质，从而使工作压力转变为主动工作的动力，由此推动此岗位员工参与设定岗位目标，并努力激励他实现这个目标。因此，岗位的目标设定、准备实施、实施后的评定工作都应该由此岗位的员工承担，让他认识到此岗位上所发生的任何问题，都要由自己着手解决。二是企业在制订岗位职责时，要尽可能使一个岗位包含多项工作内容，以便发挥员工被单一型工作埋没的其他才能。丰富的岗位职责的内容，可以促使一名员工充分发挥自己的各种技能，同时，还可以收到激励他积极主动工作的效果。三是在企业人力资源许可的情况下，在部分岗位职责里设定针对在固定期间内出色完成既定任务之后，可以获得转换到其他岗位工作的权利。通过工作岗位转换，可以丰富企业员工整体的知识领域和操作技能，同时也可以营造出企业各岗位员工之间和谐、融洽的企业文化氛围。

（二）要明确员工岗位职责的构建方法

就目前企业员工岗位职责制度写作实践看，有两种写作方法比较实用。

1．**下行法**　这是一种基于组织战略，并以流程为依托进行工作职责分解的系统方法。具体来说，就是通过战略分解得到职责的具体内容，然后通过流程分析来界定在这些职责中，该职位应该扮演什么样的角色，应该拥有什么样的权限。利用下行法构建工作职责的具体步骤如下。

（1）确定职位目的。

（2）分解关键成果领域。

（3）确定职责目标。

（4）确定工作职责。

2．**上行法**　上行法与下行法在分析思路上正好相反，它是一种自下而上的“归纳法”。具体说，就是从工作要素出发，通过对基础性的工作活动进行逻辑上的归类，形成工作任务，并进一步根据工作任务的归类，得到职责描述。虽然上行法较下行法来说不是一种特别系统的分解方法，但在实际工作中更为实用、更具操作性。利用上行法撰写岗位职责的具体步骤如下。

（1）罗列和归并基础性的工作活动（工作要素），并据此明确列举出必须执行的任务。

（2）指出每项工作任务的目的或目标。

（3）分析工作任务并归并相关任务。

（4）简要描述各部分的主要职责。

（5）把各项职责对照职位的工作目的，完善职责描述。

第二节 企业员工岗位职责制度范文实例

一、企业人力资源部岗位职责范文实例

公司人力资源部岗位职责

第一章 总则

第一条 根据公司发展规划，制订公司人力资源政策及年度人力资源工作目标、计划，报公司总经理批准。

第二条 制订本部门年度和月度工作目标、计划，报经公司人力资源部经理批准后组织落实。

第三条 制订本部门工作细则，报经人力资源部经理批准后组织落实。

第二章 主要职责

第四条 人力资源规划管理。

（一）负责组织工作分析，负责组织制订公司部门职责及岗位说明书、制订定岗定编工作。

（二）负责制订公司年度人力资源规划、员工的选拔晋升评定、员工内部职称评定等工作。

第五条 招聘管理。

（一）根据公司职能部门招聘计划，准备宣传资料，选择合适招聘渠道，收集应聘资料，合理开展招聘活动，及时提供甄试人选。

（二）组织安排管理人员测评、笔试、面试等测试活动，提出人员选拔录用的意见。

（三）建立、完善外部人才供给信息的收集、分析系统，建立健全人才信息数据库。

（四）做好成员公司及营运中心招聘服务、用工规范、录用审批以及监督管理工作。

（五）做好月度、季度、半年度、年度招聘分析报告。

（六）做好人力资源状况统计分析报告。

第六条 培训管理。

（一）建立健全公司的培训体系，制订培训课程。

（二）选购、审校及组织编写培训教材，建设及管理内部培训师队伍。

（三）安排实施内部培训，管理外派培训，评估培训的效果。

（四）指导成员公司做好培训计划，监督管理成员公司日常培训。

（五）做好年、季、月度培训分析报告。

（六）了解各部门人力资源管理的状况，与各部门相配合，做好导师制、员工的职业生涯管理工作。

第七条 绩效管理。

（一）负责拟定绩效管理制度。

（二）及时发放和回收公司绩效考核数据统计表，做好各部门绩效考核数据统计分析工作。

（三）指导各部门、各成员公司实施绩效考核工作，核对考核结果，组织处理考核中出现的问题和异议。

（四）及时反馈绩效管理过程中出现的新情况，做好绩效分析报告。

第八条 薪酬管理。

（一）制订薪酬管理制度。

（二）根据考核结果计算公司职能部门员工工资，编制工资表。

（三）审核各成员公司薪酬报表。

（四）定期对成员公司薪酬进行现场调研，了解各成员公司定额的执行情况，随时反馈定额相关事宜。

（五）定期编制年、季、月度薪酬分析报告。

第九条 劳动关系管理。

（一）负责员工各类社会保险的办理工作。

（二）负责员工劳动合同的签订工作。

（三）负责建立并管理员工档案，即时掌握人员增减变化。

（四）负责认真执行国家和地方相关法律法规，完善公司劳资管理相关制度、工作流程。

（五）参与职工伤亡事故的调查处理，根据国家和公司相关规定，提出相应的处理意见。

第三章 部门职责

第十条 人力资源部是公司人事、劳动、社会保险、人才培养引进、激励约束机制等工作的职能管理部门，其主要职责如下。

（一）负责制订公司人事、劳动工资、人才培养中长期规划和年度计划，并负责组织实施。

（二）负责研究探索公司的激励约束机制，组织制订公司工资奖励分配政策和管理制度；控制公司工资总额，并办理工资发放审批手续。

（三）负责组织专业技术人员职务考核、评定、晋升、聘任等工作事宜。

（四）负责公司及各分公司工资总额的审定、调整，并对分配政策执行情况进行监督和控制。

（五）负责制订公司本部职工工资调整实施方案，办理调资手续，建立职工工资档案，指导分公司工资管理工作。

（六）负责劳动合同管理，指导各分公司建立劳动合同制、岗位合同制，并对执行情况进行监督。

（七）负责劳动工资及劳动保险计算机化管理，准确提供劳动工资信息。

（八）负责与上级社会劳动保险主管部门的业务联系，指导各分公司办理职工社会劳动保险相关业务。

（九）负责办理公司本部人员招收、录用、分配调转及离岗、离职手续。

（十）负责审批各分、子公司人员录用、外部调转、离职及辞职手续。

（十一）负责人事、组织、劳资等档案管理；负责函调或外调工作，并按组织原则和管理程序接待有关档案查询和社会关系调查工作。

（十二）负责公派出国人员的政治审查工作。

（十三）负责全公司人事、劳动、工资的综合统计工作，按公司统计主管部门和上级管理部门的要求汇总编报统计报表。

（十四）负责组织职工教育培训工作，负责职工外派学习的审批及管理。

（十五）负责承办公司领导交办的有关事宜，并做好公司党建工作及劳动、人事、教育、社会保险等工作中偶发事件的协调和处理。

第四章　岗位能力要求及职责

第十一条　人力资源部经理岗位职责。

（一）负责公司的人力资源整体规划。

（二）负责公司的人力资源招募选拔、培训上岗、文件档案、薪资福利、升迁调动、奖惩制度、考勤考绩、离职出厂整个过程的运作及事物性工作处理。

1．编写、执行公司人力资源规划。

2．制订招聘程序，组织招聘、安排面试、综合素质测试。

3．制订考评政策、考评文件管理、考评沟通、不合格员工辞退。

4．制订薪酬、晋升政策、组织提薪、晋升评审。

5．制订福利政策、办理社会保障福利。

6．办理员工各种人事关系转移、办理职称评定手续。

7．组织员工岗前培训、协助办理培训进修手续。

（三）负责部门文件及单据的审核。

（四）负责部门日常事务的检查、督促、落实、改进。

（五）负责员工投诉、处罚事务的调查核实工作。

（六）负责指导和改进部门员工的工作方法及工作效率。

（七）负责各个部门之间的人事沟通及协调和发展。

（八）负责对外人事沟通和协调，发展公司内部的人事关系。

（九）负责建立和完善企业文化，营造良好的企业文化氛围。

（十）负责对外宣传公司人事政策，创造具有竞争力的企业人事环境。

（十一）负责办理公司员工社会福利保险事宜，保障员工合法权益。

（十二）负责处理日常劳资纠纷，协调工厂和员工的利益平衡。

（十三）负责公司员工的每月薪资计算核对工作。

（十四）负责推动ERP项目人事部分的顺畅运行。

（十五）负责部门财产保值增值及办公文具的领用报废事务。

（十六）负责收集员工思想动态，并针对思想动态开展人事活动。

（十七）负责人力资源的成本评估。

（十八）负责公司员工发展、职业生涯的规划。

（十九）负责定期对直接上司汇报工作情况。

（二十）负责处理上级临时交办的事务。

（二十一）其他临时性的指定项目和阶段性任务。

第十二条　招聘专员岗位职责。

（一）制订企业人员招聘计划。

1．收集、汇总企业人力资源需求及相关的招聘信息。

2．根据企业发展情况及部门人员需求，制订企业人员招聘计划。

（二）招聘实施。

1．根据人员招聘计划，制订内部及外部招聘方案，依权限报上级领导审核。

2．起草招聘信息、发布招聘广告。

3．筛选应聘人员简历，通知经初步筛选合格的人员参加面试。

4．组织相关人员对应聘人员进行初试、复试、聘前测评等。

5．发布录用通知，办理新进人员的入职手续等。

（三）招聘渠道管理。

1．寻求与相关招聘网站、人才交流中心、猎头公司的良好合作伙伴。

2．规划并执行校园招聘计划，开展校园招聘。

（四）招聘资料管理。

1．将所有应聘人员的简历存档，建立应聘人员信息库，储备人才。

2．将有关招聘的资料、文件存档。

第十三条　培训专员岗位职责。

（一）制订员工培训计划。

1．根据公司发展战略目标，组织制订企业及各部门的年度、季度、月度培训计划。

2．调查、收集、汇总企业各部门及人员的培训需求。

3．根据计划安排和人员培训需求制订培训实施方案，选择师资，明确费用预算。

（二）培训的组织与实施。

1．根据领导审批的培训实施方案，具体安排培训工作，确保培训工作的顺利完成。

2．配合讲师做好培训前、培训中的相关工作。

（三）培训效果评估。

1．收集相关人员对培训实施情况的评估问卷，为培训效果评估做好相应的准备工作。

2．在每次培训结束后的一个月内，作出对培训效果的评估报告。

3．总结培训经验，改进培训工作，提高公司培训工作的整体水平。

（四）培训信息管理。

1．收集国内外培训信息，了解本行业培训动态。

2．收集、整理培训资料、培训课程，并归类存档。

3．建立员工培训档案，做好更新、保管工作。

（五）员工外部培训管理。

1．根据企业各部门的业务需求组织员工进行外部培训，如专业培训、出国进修等。

2．与外部培训单位建立良好合作关系，以满足企业员工外部培训的需要。

3．评估与本企业有合作关系的外部培训机构的培训能力和培训结果，提出必要的改进建议。

第十四条　薪酬专员岗位职责。

（一）建立薪酬福利体系。

1．依据企业发展规划及当地同行业薪酬水平，协助人力资源部经理制订适合公司发展水平的薪酬福利体系，经批准后组织实施。

2．与绩效管理工作人员配合，使企业薪资方案更具竞争力和公平性。

（二）薪酬调查。

1．通过各种渠道了解当地整体薪酬水平和同类型企业的薪酬水平，为企业制订公平、合理的薪酬福利政策与工资标准提供依据。

2．调查、了解企业内部员工对目前薪酬状况的满意程度。

3．建立薪酬调查数据库，统计、分析薪酬数据，进行企业人力成本的核算与预测，定期提供分析报告。

（三）薪酬日常管理。

每月末根据公司薪酬方案和员工考勤表，编制工资表，报送财务部，确保员工工资按时发放，并核发员工奖金。

（四）劳动保障与福利管理。

1．根据国家及地方有关政策，协助建立企业劳动保障体系。

2．根据相关规定为员工办理福利保险、基数核定、保险费缴纳等。

3．协助有关部门和领导处理、解决劳务纠纷、薪酬争议等相关问题。

第十五条　绩效专员岗位职责。

（一）制订绩效管理制度与考核方案。

1．协助部门经理制订企业绩效管理制度与工作流程。

2．协助部门经理制订绩效考核计划与考核指标体系。

3．根据考核指标体系，编制考核表。

（二）实施绩效考核。

1．组织对员工的绩效考核工作，确保组织绩效考核工作的顺利开展。

2．根据绩效要求，与相关部门人员进行绩效沟通，落实绩效考核结果。

3．实时记录员工的工作状态、工作效果及考核成绩。

4．受理员工考核申诉，调查核实，反馈处理结果。

（三）绩效考核总结。

1．召开考核人员的工作例会，分析存在的问题，并及时汇报。

2．根据绩效考核结果，会同相关部门的意见，提出对各类人员的奖惩、晋升、职务调整等处理意见。

3．将每个月的绩效考核资料、文件进行归档管理。

第十六条　人事专员岗位职责。

（一）员工日常管理。

1．根据人力资源部经理的安排，编写企业各部门各岗位的职位说明书，并根据企业的实际发展需要，对职位说明书进行修改和完善。

2．办理员工请假、出差、出国等手续，及时统计员工请假、休假及出勤情况。

（二）劳动关系管理。

1．根据政府和地方相关部门的规定，编制企业统一的劳动合同文本。

2．办理员工劳动合同的签订、变更及终止等相关事宜。

3．办理员工调配、任免、晋升、奖惩的相关手续。

4．受理员工的投诉、咨询，协助部门经理、法律顾问解决劳动争议或纠纷。

5．根据部门经理的安排，开展有助于促进员工关系的活动，建立和谐的劳资关系。

（三）人事档案管理。

1．根据企业人事档案管理制度及实施细则，负责员工劳动合同、人事档案以及人力资源部相关文件的归档和保管工作。

2．人事档案的借用、调档、转移等，并做好人事档案的保密工作。

（四）员工提案建议。

1．根据企业相关规定，收集员工关于经营管理活动的建议和意见，定期汇编并呈报部门经理。

2．做好员工提案的评选工作。

3．按照相关规定对有价值的提案实施奖励。

二、企业总经理办公室秘书岗位职责范文实例

公司总经理办公室秘书岗位职责

第一条　接受公司总经理办公室主任的领导，完成各项工作任务。

第二条　负责起草公司重要制度、文件、协议、方案以及综合性的工作计划、总结、报告等。

第三条　负责公司行政办公会议的通知拟制、记录及会议纪要整理工作。

第四条　负责协助董事会秘书做好公司关资料的整理、归档、存档工作。

第五条　及时转发总裁批件和部门之间往来函件。急件、特件应提请总裁注意。

第六条　协助办公室主任开展制度格式化及汇编等工作。

第七条　负责公司大事记的收集、整理、汇编、撰写工作。

第八条　协助办公室主任办理与公司体制改革相关的工作。

第九条　负责外来公文、信函的收发、登记、编号、呈批、传阅、分发。

第十条　负责公司档案的收集、整理、保管、统计、清理和提供利用。

第十一条　负责公司文件的打字、印刷、装订、分发、复印以及名片的印制。

第十二条　负责公司印章保管、使用登记，开具介绍信工作。

第十三条　负责做好公司来宾的接待安排，做好重要会议的组织、会务工作。

第十四条　负责公司长途、传真、手机、寻呼机等通讯的管理，信件、邮件的寄送，报刊的征订及管理。

第十五条　协助、筹备公司重大活动和会务安排。

第十六条　负责公司一般来信、来电、来访的接待及处理工作。

第十七条　遵守保密规定，对弃置保密文件按规定要求进行销毁。并检查、督促各部门人员的保密工作。

第十八条　主动收集总公司的经济运行情况，及时做好宣传报道工作。

第十九条　负责编排每周主要工作安排表，安排节假日干部值班工作。

第二十条　负责公司小车的调度、维修及保养。

第二十一条　负责部门经理以上干部外出登记和值班安排。

第二十二条　负责管理人员工作联系册及工作记录本的管理。

第二十三条　负责办公室人员的考勤以及其他事务性工作。

第二十四条　负责办公室、会议室、接待室的日常保洁和管理。

第二十五条　负责对每日收到的图书资料、报刊进行分类、登录、上架，并负责借阅、催还、整理、修补、合订装帧及淘汰处理。

第二十六条　完成领导交办的其他工作。

三、企业生产主管岗位职责范文实例

公司生产主管岗位职责

第一条 在总经理的领导下，对公司生产管理负全面责任，组织并督促各部门人员全面完成本部职责范围内的各项工作任务。

第二条 组织制订、修订所管辖职责范围内的相关规章制度和作业程序标准，并在批准后监督执行。

第三条 组织实施车间生产计划。

（一）综合平衡年度生产任务，根据企业生产计划，组织制订与下达月度生产计划，做到均衡生产。

（二）负责按计划组织、安排生产工作，确保生产进度。

（三）合理调配人员和设备，调整生产布局和生产负荷，提高生产效率。

第四条 生产过程管理。

（一）主持车间例会，全面协调车间工作。

（二）对生产作业过程进行监督、指导，同时进行生产质量控制，以保证生产质量。

（三）监督检查车间员工的工作，对违规操作提出警告并指正。

（四）参与产品质量问题的分析，制订并实施纠正和预防措施。

（五）监督检查生产过程中的自检和互检，防止不合格品流入下道工序。

（六）组织落实、监督调控生产过程各项工艺、质量、设备、成本以及产量指标等。

第五条 生产现场管理。

（一）建立现场管理制度，并指导培训现场管理知识。

（二）推进 5S 现场管理制度，实现生产车间标准化管理。

（三）按时考核车间员工的 5S 执行情况，实施奖惩，确保制度得到落实。

第六条 生产安全管理。

（一）负责落实企业各项生产安全制度，开展经常性安全检查。

（二）控制关键要害部位，杜绝安全隐患，防止安全事故的发生。

（三）定期组织安全生产教育培训，指导员工安全作业。

第七条 生产成本控制。

（一）统计分析每日的生产情况，寻求改善，提高生产效率。

（二）统计分析产品的成本消耗，制订可操作性成本控制措施。

（三）强化调度管理。科学地平衡综合生产能力，合理安排生产作业时间，平衡用电，节约能源、节约产品制造费用、降低生产成本。

（四）负责做好生产统计核算基础管理工作。重视生产用原始记录、台账、报表管理工作，及时编制上报年、季、月度生产、设备等有关统计报表。

第八条　员工管理。

（一）负责组织生产调度、统计、计划、设备管理、安全及车间管理人员的业务指导和培训工作，并对其工作定期检查、考核及评比。

（二）配合人力资源部做好车间员工考勤及工资核算等事宜。

（三）有权向总经理提议下属干部人选，并对其工作考核评价。有权向总经理提议对不称职下属人员辞退工作。

第九条　生产设备管理。

（一）负责保障车间所有设备的安全运行、保证各生产岗位正常、高效、有序进行。

（二）负责做好生产设备维护检修工作，合理安排设备检修时间。

（三）负责制订设备大修计划，及时登记生产检查台账，有计划，有步骤，科学的安排设备维修工作。

（四）负责定期或不定期对车间设备进行巡视，组织生产有关人员进行分析讨论，提出问题，解决问题。

第十条　其他工作。

（一）贯彻落实本部岗位责任制和工作标准，负责协调与其营销、计划、财务、质控、生技、物流等部门的工作联系，加强与有关部门的协作配合工作。

（二）及时与上级领导和其他部门沟通，解决生产过程发生的突发事件。

（三）新产品开发方案审定工作，及时安排组织生产，不断提高公司产品的市场竞争力。

（四）完成领导交办的其他任务。

四、企业财务部岗位职责范文实例

公司财务部岗位职责

第一章 财务部工作职责

第一条 公司财务部负责统筹公司本部及控股企业的财务会计预算、核算及管理工作，对有关业务经营活动进行风险监控。公司财务部的工作职责如下。

（一）负责制订资金计划，投融资方案，编制公司财务预算和财务决算报告。

（二）编制经营报告资料。单元成本、标准成本协助建立。效率奖金核算、年度预算资料汇总。

（三）制订公司财务、会计制度及预算管理制度，建立和完善财务管理和会计核算体系。

（四）负责公司日常财务核算，分析公司的财务经营情况，参与公司的经营管理。

（五）负责组织各部门编制收支计划，制订公司的月、季、年度营业计划和财务计划，定期对执行情况进行检查分析。

（六）负责贯彻实施项目成本核算和效益评估。对原物料进出账务及成本进行处理。外协加工料进出账务处理及成本计算。各产品的成本计算及损益决算。预估成本协助作业及差异分析。

（七）负责资产保险和资产管理工作。

（八）负责金融、税务部门的沟通与联系工作。

（九）负责对公司其他部门进行必要的财务协助和财务知识培训。

（十）负责公司内控制度建设、执行以及公司内部审计、内部费用监察工作。

（十一）负责监督和指导下属分、子公司或分支机构的财务工作，定期汇总上报其经营成果、财务状况并分析潜在风险，监督检查其财务预算执行情况。

（十二）负责公司资金调度和管理，根据公司资金运作情况，合理调配资金，确保公司资金正常运转。办理各类结算业务，办理银行账户、证券账户的开销户，办理公司纳税申报和内部费用报销工作。

（十三）负责配合有关部门定期对公司资产进行盘点与资产评估。对公司各项资产进行登记、核对、抽查的调拨，按规定计算折旧费用，保证资产的资金来源。

（十四）负责接受审计、稽核、税务以及有关上级领导部门工作检查。

（十五）负责对公司经济业务的决策提出财务或税收筹划建议。

（十六）负责统一发票自动报缴作业。营利事业所得税核算及申报作业。营、印税冲退作业及事务处理。资金预算作公司财务部工作职责。

（十七）负责参与公司及各部门对外经济合同的签订工作。

（十八）负责收集公司经营活动情况、资金动态、营业收入以及费用开支的资料，并进行分析、提出建议，定期向总经理报告。

（十九）负责财务管理和财务监督，督促财务人员严格执行各项财务制度和财经纪律。

（二十）负责公司收入有关单据审核及账务处理。各项费用支付审核及账务处理。应收账款账务处理。总分类账、日记账等账簿处理。财务报表及会计科目明细表填制。

（二十一）完成公司领导交办的其他事项。

第二章 岗位职责

第二条　财务经理工作职责。

（一）在总经理的领导下，全面主持财务部的工作。

（二）负责公司规章制度和有关规定在本部门贯彻落实。

（三）负责起草公司内部财务管理制度，制订部门工作流程和规范，完善内部管理。

（四）负责子公司财务的统筹、拆分、审核及编制财务报表和有关财务报告，指导协助蓝源光电的相关事务。

（五）负责指导公司一般纳税人的申请，负责电子口岸办理及关务和外汇核销指导。

（六）负责 KIS 系统在子公司财务的建立。

（七）负责公司的纳税筹划，L/C 信用证的操作。

（八）负责公司费用审核、控制及业务报价指导，负责组织公司的清产核资工作。

（九）完成总经理交办的临时事务，支持其他部门提出的相关工作。

第三条　主管会计工作职责

（一）在财务经理的领导下工作，协助财务经理工作。

（二）如实记录和反映公司的经营活动，及时编制财务会计报表。

（三）积极参与公司的经营活动，分析、预测公司的财务发展趋势，依法进行会计监督，执行财务制度，维护财经纪律。

（四）深刻领会公司的发展方针、决策，配合公司领导制订财务目标规划。

（五）负责费用的初审及分析。

（六）定期与出纳、供应商、客户、资材部及业务人员进行对账，做到账实相符。

（七）完成领导交办的其他工作。

第四条　出纳工作职责。

（一）及时正确地记好现金日记帐，做到日清月结，帐款相符，妥善保管。每月根据银行对帐单与银行存款日记帐核对帐面金额，掌握资金流向。

（二）严格管理现金和银行收付款的各种原始凭证、支票和财务专用章、保险柜钥匙等，确保万无一失。

（三）负责公司各种证照的年检、变更等事宜。

（四）对公司开具的发票进行统计，对收到的进项发票进行网上认证。

（五）办理进口增值税备案，采集税务资料。

（六）处理公司领导交办的其他事务。

附表　财务部经理岗位职责表

附表　财务部经理岗位职责表

<table>
<tr><td>职　责</td><td colspan="5">财务部经理岗位职责</td></tr>
<tr><td>执行单位</td><td>财务部</td><td>文件编号</td><td></td><td>签发日期</td><td></td></tr>
<tr><td>主管上级</td><td colspan="3">财务总监</td><td>直属下级</td><td>部门专员</td></tr>
<tr><td>岗位职责</td><td colspan="5">1. 在总经理的领导下，具体负责公司的财产政策和财务管理制度的实施和运转
2. 负责公司的经济核算工作，组织编制和审核会计报表
3. 负责组织财会人员搞好会计核算；正确、及时、完整地记录各种帐务，全面反映给公司领导，及时提供真实的会计核算资料
4. 负责组织贯彻执行《中华人民共和国会计法》，并根据企业财务制度及财经纪律，建立、健全财务管理的各项制度，发现问题及时纠正，重大问题及时报总经理
5. 加强财务管理，分月、季、年编制和执行财务计划，正确合理的调度资金，提高资金使用率，指导各部门搞好经济核算，为公司发展积累资金
6. 负责做好资金管理，组织各营业部门收银员、收款员、出纳员按规定程序、手续及时做好资金回笼，准时进账存款，保证日常合理开支
7. 负责与财政、税务、金融等部门的联系，协助总经理处理好与这些部门的关系，及时掌握财务、税务的动向
8. 负责办理银行贷款及还款的手续
9. 遵守、维护国家的财经纪律，严格掌握费用开支，认真执行成本物资审批权限，费用报销制度</td></tr>
</table>

续表

<table>
<tr><td>岗位职责</td><td>10．审查各部门的开支计划，并转报总经理
11．参与公司的经营管理，围绕提高公司的管理水平和经济效益，为总经理当家理财，做好经营参谋
12．合理制订各部门的生产指标，成本费用，专项资金和流动资金定额，尤其应做好对三大成本费用（即食品用具成本、劳动费用成本、能源销售成本）的控制，精打细算，确保经济效益
13．督促检查企业固定资产、低值易耗品、物料用品等财产物资的使用、保管情况，注意和发现处理财产、物资管理中存在的问题；确保企业财产、物资的合理使用和安全管理
14．编制、组织物资采购计划，在职权范围内，负责审批物品采购申请计划
15．按质、按量、按时并能以合理、有利的价格采购到所需各项物品
16．编制、组织物资采购计划，在职权范围内，负责审批物品采购申请计划
17．按质、按量、按时并能以合理、有利的价格采购到所需各项物品
18．负责饭店各类物资的采购、验收、储存及发放
19．收集、分析物资在流动中各环节的情况和各方面的信息反馈，提出和改进物资管理和使用的各项措施
20．督促有关人员应重视未收账的催收工作，加速资金回笼
21．负责审查各项开支、密切与各部门的联系，研究并合理掌握成本和费用水平
22．组织财务人员定期开展财务分析工作，考核经营成果，分析经营管理中存在的问题，及时向领导提出建议，促进企业不断提高管理水平
23．每季度组织一次全面检查库存现金和备用金情况，并不定期抽查各业务部门收尾岗位的库存现金和备用金
24．保存公司关于财务工作方面的文件、资料、合同及协议；督促各部门完整的保管公司的一切账册、报表凭证及原始单据
25、负责培训本部门员工的业务技术，使下属员工能熟练掌握本岗位的业务知识，操作管理制度，能独立工作，并使各员工对本部门其他岗位的业务环节有所了解</td></tr>
<tr><td>涉及部门</td><td></td></tr>
<tr><td>签发人签名</td><td>______部经理：
现将《财务部经理岗位职责》抄发你部门，请严格执行。
财务总监：______（签名）</td></tr>
<tr><td>执行负责人签名</td><td>______财务总监：
兹收到《财务部经理岗位职责》，本人明白本职责的详细内容，并谨此声明本人保证尽职尽责做好本职工作。
部门经理：______（签名）</td></tr>
</table>

五、企业财务主管岗位职责范文实例

公司财务主管岗位职责

第一条　制订本企业会计制度。

财务主管（会计主管）根据国家财经法规、会计制度以及其他法规、政策，结合本单位实际情况，主持起草本单位具体会计制度及实施办法，科学地组织会计工作，并领导、督促会计人员贯彻执行。

第二条　组织领导财会部门工作。

财务主管（会计主管）要落实会计部门岗位职责和人员分工，领导本部门人员认真贯彻遵守国家财经法律和政策，遵守会计法规，严格按照本企业会计制度和其他规定，加强会计核算。财务主管（会计主管）还要组织本部门有关岗位人员会同有关部门，制订本企业办理有关财产物资的各项会计事务的规章制度，协调各部门共同执行。财务主管（会计主管）有行使监督职能、严格财经纪律以及防范和制止违法乱纪行为的责任。

第三条　做好高层领导的财务管理助手。

财务主管（会计主管）要作为高层领导的财务会计助手，充分提取和利用会计信息资料，为企业高层领导提供经济预测和经营决策的依据。财务主管（会计主管）要参与经营决策，主持制订和考核财务预算。财务主管（会计主管）还要从会计和经济法角度参与审查或拟定重要的经济合同和经济协议。

第四条　加强日常财务管理和成本控制。

企业会计要经常掌握货币资金收支结存情况和和种有价证券、短期投资的市场变动，按期制订各种长、短负债的偿债计划；开展全面预算管理，严格控制财务收支；组织有关部门和会计岗位人员按期汇集、计算及分析成本控制情况，加强成本控制和管理，向高层领导提出成本控制分析报告和成本计划。

第五条　保证按时纳税及应交利润。

财务主管（会计主管）应负责按照国家税法和其他规定上，严格审查应交税金、应交利润和其他应交款项，督促有关岗位人员及时办理解交手续，做到按期完成上交任务，不挪用、不截留、不拖欠。

第六条　负责定期财产清查。

财产清查制度是企业财经制度的一个内容，财务主管（会计主管）的职责在于定期组织有关部门人员共同进行财产清查工作。结合财产清查，促使有关部门不断完善管理制度，改进管理方法。财务主管（会计主管）还要根据管理部门决定，按经营管理要求，协助有关部门核定机器设备需要量和物资储备定额。

第七条　搞好财务部门人力资源管理。

建立业务学习制度，组织财务部门人员学习业务，不断提高财务部门的整体素质。

六、企业会计岗位职责范文实例

公司会计岗位职责

第一条　掌握会计制度和有关法规、费用开支范围和标准，分清资金渠道，专款专用。

第二条　按规定制订部门预算，合理使用资源，做好财务分析和考核。

第三条　按照国家会计法和公司会计制度，在公司财务主管的指导、监督下，填制转帐凭证，做好记账付账报账工作。按照财务制度审核原始凭证和记账凭证，建立并完善财务凭证。做到凭证合法、手续完备、账目健全、数字准确、定期对账（包括核对现金实有数）、经常分析。并及时记账，按时结账，如期报账。同时做好工资核算工作。

第四条　在财务经理的监督下进行财务核算、计划、控制工作，编制各种财务会计报表，组织公司日常会计核算工作，以及发现问题及时查实和向有关领导汇报。

第五条　严格票据管理，保管空白收据和部分印章（印鉴中私章一枚）。收据领用要登记，收回要销号。

第六条　负责公司费用、销售成本及利润的核算，计提各类应交税金，办理纳税工作。

第七条　定期核对往来账款，及时清算应收应付款。

第八条　遵守和维护财经纪律，执行财务制度，实行会计监督，负责会计稽核。对违反财务制度的收支不予办理，并积极做好维护财经纪律的宣传工作。

第九条　妥善保管财务账本、会计报表及会计资料，按照规定对各种会计资料，定期收集、审查、核对，整理立卷、编制目录、装订成册，并妥善保管，防止丢失损坏。保守财务秘密。

第十条　会计调离本岗位时，要将会计凭证、账本、报表以及会计档案资料、预算资料、印章、票据、有关文件、债权债务、未了事项等，向接办人移交清楚，并编制移交清单，办妥交接手续。

第十一条　按公司领导的要求，有计划地合理使用资金，随时进行控制，向领导提供资金执行情况的分析和考核，以利于公司领导采取措施，保证资金有效使用。

第十二条　完成公司领导交付的其他任务。

七、企业经营管理部岗位职责范文实例

公司经营管理部岗位职责

一、部门及主任岗位职责

（一）组织编制公司年、季、月度施工经营计划，检查落实完成情况。

（二）负责同项目部及其他单位签订承包合同，负责公司工程合同的管理工作。

（三）负责组织编制施工及施工图预算。

（四）负责工程结算、竣工结算工作。

（五）负责施工任务书审核，结算工作。

（六）编制各期施工经营计划以及网络计划和重点工程网络计划。

（七）深入现场了解计划执行情况，发现问题及时调整计划。

（八）负责统计、定额管理工作。

（九）负责施工任务书审核，结算工作。

二、定额预算管理岗位职责

（一）作好公司内部定额测定基础工作。

（二）负责定额管理，任务书结算工作　。

（三）编制施工图预算，办理结算。

（四）与项目部及其他单位签订合同，办理结算。

（五）根据施工现场实际，会同有关人员按要求及时办理签证工作。

（六）负责工程年终结算和竣工结算。

（七）预、结算建档归案。

（八）建立施工图预算有关台账。

三、计划统计管理岗位职责

（一）负责编制、报送年度综合建议计划。

（二）负责编制公司年度综合计划、综合进度计划，审查项目经理部季（月）作业计划大纲，检查统计计划执行情况。

（三）负责公司各项目经理部及有关单位统计报表的审查工作。

（四）负责公司年、季、月各种综合统计报表的编制、报送工作。

（五）建立各类统计台帐，整理统计资料，保证统计资料的准确性、系统性、完整性。

（六）负责定期编写统计分析报告，进行经济活动预测，向有关领导和部门提供分析资料。

八、企业预算造价师主管岗位责任范文实例

公司预算造价师主管岗位责任

第一条　认真学习、贯彻执行国家和建设行政管理部门制订的建筑经济法规、规定、定额、标准及费率。

第二条　负责审查项目工程计量和造价管理工作。

第三条　熟悉施工图纸（包括其说明及有关标准图集），参加图纸会审，参与投标项目的预算编制。

第四条　熟悉单位工程的有关基础材料（包括施工组织设计和甲、乙双方有关工程的文件）及施工现场情况，了解采用的施工工艺和方法。

第五条　编制各工程的材料总计划，包括材料的规格、型号、材质。在材料总计划中，主材应按部位编制，耗材则应按工程编制。

第六条　掌握并熟悉各项定额、取费标准的组成和计算方法，其中，包括国家和本地区、本行业的规定。

第七条　根据施工图预算的费用组成、取费标准、计算方法及编制程序，编制施工预算。

第八条　负责编制工程的施工图预、结算及工料分析，编审工程分包、劳务层的结算。

第九条　经常深入现场，对设计变更、现场工程施工方法更改材料价差，以及施工图预算中的错算、漏算、重算等问题，能及时做好调整方案。

第十条　根据施工预算开展经济活动分析，进行两算对比。协助工程项目部搞好经济核算；协助财务进行成本核算。

第十一条　编制每月工程进度预算及材料调差（根据材料员提供市场价格或财务提供实际价格）并及时上报有关部门审批。

第十二条　参与投标文件、标书编制以及合同评审工作，收集各工程项目的造价资料，为投标提供依据。主管报价编制，提出保本控制方案和经济对比分析，对标价保密。

第十三条　参与劳务及分承包合同的评审，审核分包、劳务层的工程进度预算（技术员认可工程量）。对各劳务层的工作内容及时提供价格，并作为决策的依据。

第十四条　在工程投标阶段，及时掌握准确的市场价格和预算价格，根据现场设计变更和签证，及时、准确调整预算，提供报价依据。

第十五条　在竣工后，协助有关部门编制竣工结算与竣工决算。

第十六条　编制工程投资完成情况的图表，及时进行投资跟踪。

第十七条　审核承建商工程进度用款和材料采购用款计划，严格控制投资。

第十八条　对有争议的计量计价问题提出处理意见，提出索赔处理意见，对工程变更对投资的影响提出意见。

第十九条　完成公司领导交办的其他工作。

九、企业项目管理部岗位责任范文实例

公司项目管理部岗位责任

一、项目负责人（项目经理）岗位职责

（一）在公司经理的领导下，认真贯彻执行ISO9002质量管理体系标准。

（二）项目经理是公司在该工程项目的代理人，代表公司对工程项目全面负责。

（三）遵守国家和地方政府的政策法规，执行公司的规章制度和指令。在该项目中代表公司履行合同执行中的有关技术、工程进度、现场管理、质量检验以及结算与支付等方面的工作。

（四）主持制订项目的施工组织设计、质量计划、总体计划以及年、季、月施工进度计划。

（五）深入施工现场，处理矛盾，解决问题。不断完善经济制度，搞好经济效益，主持项目盈亏分析。

（六）搞好施工现场管理和精神文明建设，关心职工生活，确保安全生产，保障职工人身、财产的安全。依法参与涉及职工利益的重大决策，维护职工利益，做好困难补助工作，并对病、伤、残职工进行慰问。

（七）做好项目的基础管理工作，保证各文件、资料、数据等信息准确及时地传递和反馈，及时进行工程结算、清算。

（八）完成公司交办的其他工作。

二、施工负责人（项目副经理）岗位职责

（一）项目副经理是经理的助手，为项目经理负责，并受项目经理委托，组织实施生产计划。

（二）统筹项目质量计划编织及落实，开展质量安全教育，保证各项制度的正常进行，协调和处理好各部门之间的关系。

（三）负责组织对所承担的工程项目检查，进行分项、分部工程检查和评定。

（四）深入现场解决问题，及时处理施工中的质量问题和其他难题。

（五）组织有关人员参加项目承担工程的交验工作。负责安全标准化工地的建设，搞好安全生产，对安全生产及文明施工负主要责任。

（六）负责项目宣传教育工作，搞好后勤人保障工作，定期组织检查项目的安全、质量、进度、文明施工，搞好评比奖罚工作。

（七）主持、安排好生产任务保证施工进度按计划进行。

（八）完成领导交办的其他工作。

三、工程部技术负责人岗位职责

（一）贯彻执行国家有关技术政策及上级技术管理制度，对项目技术工作全面负责。

（二）组织施工技术人员学习并贯彻执行各项技术政策、技术规程、规范、标准及技术管理制度。组织技术人员熟悉合同文件和施工图纸，并参加施工调查、图纸会审以及设计沟通。

（三）负责制订施工方案、编制施工工艺组织设计。

（四）负责整理变更设计报告、索赔意向报告及索赔资料。

（五）参加建设单位组织的各种施工生产、协调会，编制年、季、月施工进度计划。

（六）负责主持交竣工技术文件资料的编制，参加交竣工验收。

四、质量检测负责人岗位职责

（一）在项目负责人和施工负责人领导下，根据施工组织设计编制项目质量计划和试验工作计划。

（二）全面负责项目质量监督检查。

（三）负责部门质量文件的登记、保管，及时清理无效文件。

（四）负责检查、鉴定及试验工程项目使用的材料是否符合规范和设计规定的要求，并及时提出的报告。

（五）负责做好各类原材料试验、过程试验、各种混合料配合比设计，及时提供试验报告。

（六）检查、指导试验人员的工作。

（七）对本项目部不能进行的试验项目，经有关领导批准后，负责联系具备试验条件的单位进行试验，并及时提供试验报告。

（八）认真做好试验报告和检测记录，做到数据准确、字迹清晰、整齐规范、签证齐全。

（九）制订试验仪器设备的维修保养等管理制度及操作规程，做到严格管理、规范操作。

（十）建立试验仪器和设备台帐，妥善保存试验资料。

（十一）对测量原始记录、试验检测报告以及送交监理工程师的签证资料和各项试验资料是否齐全等进行认真审查，并交付监理工程师办理签认手续。

（十二）负责例外放行物资的标识和记录。负责对不合格产品的标识，并对设置情况跟踪验证、记录。

（十三）参加分项、分部工程验标评定，按规定时间向上级报送工程质量等统计报表。

（十四）对由于质检工作疏漏，失职造成的工程质量事故承担责任。

（十五）加强与驻地监理工程师的联系，搞好试验与质量检测工作。

五、协调负责人职责

（一）在项目负责人和施工负责人领导下，负责对涉及本项目的对地方政府、百姓和地方各级部门的外部事务进行协调和处理。

（二）负责对于施工中遇到的征地、拆迁等问题，直接同有关人员进行接触，协调解决。

（三）负责拜访当地县、乡、镇政府，搞好地方关系。

（四）负责在施工的各个阶段，针对出现的各类问题，综合各业务部门的力量，最短时间内拿出可行性处理方案，将施工干扰降低至最低程度。

（五）负责对于施工中出现的其他突发性事件在第一时间确定合理的处理措施进行妥善予以处理，如治安事件、停电事件等。

（六）完成领导交办的其他任务。

六、后勤人员岗位职责

（一）做好职工食堂每天生活安排和职工生活福利、劳保用品购置、发放、保管工作。

（二）做好项目驻地生活区的卫生文明和环境保护工作。

（三）负责完成领导交待其他设备、用品采购、发放、保管工作。

（四）完成领导交办的其他任务。

七、质检员岗位职责

（一）认真贯彻执行合同文件，贯彻执行国家、业主、公司及监理发布的各项技术规程、施工规范，负责项目工程质量的核定工作，并对其工作质量负责，保证其准确率。

（二）对施工项目进行隐预检及主体结构验收并签证，以纠正违章施工。必要时，可下达临时停工指令，并及时报主管领导处理。

（三）参加施工项目工程质量的定期检查、施工中间检查以及工序间的交接检查。

（四）负责做工程项目的质量总结和统计报表工作。建立分项、分部、单位工程质量台帐。

（五）检查工程材料质量，制止使用不合格材料。

（六）参加工程设计图纸会审及设计交底。

（七）参加工程质量事故的处理。

（八）保证工程质量评定的真实、准确、及时。

八、施工员岗位职责

（一）在项目负责人和施工负责人领导下，负责所承担的作业区、段内的施工组织安排和施工管理工作。

（二）负责管段内的技术、测量工作，协助试验室报检验收工作。

（三）作好管段内的技术、安全、质量沟通工作，履行签认手续，并经常对规程、措施、沟通要求的执行情况进行检查，随时纠正违章作业。做好施工队伍技术指导。

（四）随时掌握所管辖施工队或作业组在施工过程中的操作方法，严格过程控制。

（五）按工程质量评定验收标准，经常检查所管辖施工队或作业组的施工质量。并搞好自检、互检及工序交接检。发现不合格产品要及时纠正或向施工负责人汇报。

（六）负责分管区、段内的施工准备，严格监督施工人员，保护好测量标志。

（七）严格监督、检查、验收进人施工区、段的材料、半成品是否合格，堆码、装卸、运输方法是否合理，防止损坏和影响工程质量。

（八）按时填写各种有关施工原始记录、隐蔽工程检查记录和工程日志，做到准确无误。

（九）定时收方计量。积累原始资料，提供变更、调概索赔依据。

九、试验员岗位职责

（一）热爱试验岗位，工作认真负责、一丝不苟，努力钻研业务，不断提高业务素质。

（二）严格按照有关试验规程和试验方法做好各项试验，及时填写试验记录和试验报告。试验记录不得随意涂改，试验报告必须经试验室负责人审核、签字后报送相关部门。

（三）对于试验出具的各种数据负责，所出的各项试验数据要为监理工程师所认可，并经常与监理工程师保持联系。

（四）试验人员应详细观察和记录试验过程中出现的各种情况，当发现有异常现象和试验结果不符合设计要求时，应立即向试验负责人报告。

（五）爱护试验仪器设备，做到定期维修保养并妥善保管，确保试验仪器正常完好、量值准确。

（六）试验人员接到现场试验任务后应积极行动，优质、高效完成，不得拖沓、延误。

（七）认真做好试验报告和检测记录，做到数据准确、字迹清晰、整齐规范、签证齐全。

（八）制订试验仪器设备的维修保养等管理制度及操作规程，做到严格管理、规范操作。

（九）建立试验仪器和设备台帐，妥善保存试验资料。

（十）对测量原始记录、试验检测报告以及送交监理工程师的签证资料和各项试验资料是否齐全等进行认真审查，并交付监理工程师办理签认手续。

（十一）负责例外放行物资的标识和记录。负责对不合格产品的标识，并对设置情况跟踪验证、记录。

（十二）参加分项、分部工程验标评定，按规定时间向上级报送工程质量等统计报表。

（十三）对由于质检工作疏漏，失职造成的工程质量事故承担责任。

（十四）加强与驻地监理工程师的联系，搞好试验与质量检测工作。

十、企业质量管理部岗位职责范文实例

公司质量管理部岗位职责

第一条　为了确保产品、体系及过程的符合性，质量方针顺利实施，以及公司持续不断改进的质量目标得以实现，对质量管理部的岗位职责作出明确规定。

第二条　质量管理部岗位职责。

（一）积极推进全面质量管理，确保质量体系的正常运行；满足新产品的技术目标、满足用户质量要求。

（二）保证产品符合先进性、适用性及经济性，按产品要求进行生产技术设计和产品图纸设计，并要完整、齐全、统一、清晰、可行。

（三）负责对全公司产品的质量检查工作，并对错检、漏检造成的废品负责。

（四）对本部质检人员不定期进行抽查，严格按“三检”和检查规程进行产品质量检验工作。

（五）对关键过程、特殊过程，实施监视与测量，完善各项检验记录。

（六）组织检查质检员是否按规定表格认真填写检查记录，核对各种质量记录的原始凭证的真实性、准确性。

（七）组织检查人员分析不稳定因素和质量事故，及时向领导及有关部门反映；对所属检查区域内关键工序和质量薄弱环节，应积极主动提供意见和采取有效措施。

（八）督促质检人员维护保养好检测工具，按规定时期送交检验校正。

（九）在推广全面质量管理的同时，搞好生产服务，及时为所在区域内的质量管理提供可靠数据。

（十）定期对质检人员、班组长及生产工人进行有关质量的专业知识培训，提高全体员工的质量意识，使我公司产品质量不断提高。

（十一）完公司领导交办的其他任务。

第三条　质量管理部经理岗位职责。

（一）主持领导质量管理部各项工作。

（二）负责公司产品认证的组织、协调工作。

（三）组织公司内部质量管理体系的策划、实施、监督及评审工作。

（四）针对公司内部质量问题组织制订预防、纠正及改进措施。

（五）负责组织公司产品质量的管理检验工作。

（六）负责组织公司内部产品质量信息的统计汇总、传递。

（七）负责公司的计量管理工作。

（八）负责检验测量和试验设备的控制，确保产品质量达到规定的要求。

（九）参加对供方的评审，参加用户反馈意见的分析处理。

（十）负责外发合格证的申请工作。

（十一）完成公司领导交办的其他任务。

第四条　检验工程师岗位职责。

（一）负责检验标准和检验规范的编制工作。

（二）参加外协件定点前的考察和外协厂的质量保证能力的评估工作。

（三）参加外协厂送样产品检验结果的讨论，并保管好记录。

（四）组织检验过程中出现的各种质量问题的处理。

（五）负责产品质量信息的分析与报告。每月月底对本月外协件、过程检验、成品检验的不合格数据进行分析，对不合格率超标的产品提出纠正、预防措施。

（六）检测设备及量具采购计划的提出及管理，负责简易的检验、测试工装设计。

（七）制订并完善用于质量记录的各种表格，实施并验证各项质量管理制度。

（八）参加公司内及外协厂质量审核，并提出改进质量体系以及提高本公司产品质量水平的提案。

（九）根据部门领导的安排，承担部分检验任务。

（十）完成公司领导交办的其他任务。

第五条　质量管理员岗位职责。

（一）负责监督内部质量体系的运行情况。

（二）负责公司内预防、纠正及改进措施实施的跟踪，验证工作。

（三）负责质量记录的统筹管理，根据质量考核指标，定期进行相应的质量分析和考核。

（四）负责产品认证的实施工作。

（五）组织公司内部对不合格品的评审工作。

（六）完成公司领导交办的其他任务。

第六条　采购检验员岗位职责。

（一）负责按照公司有效的相关标准、要求、图纸、检验方法对公司现有原材料、外购件、外协件、包装物进货的检验。

（二）按照公司规定的分类检验方法检验，对部分需进行分选检验的零件进行检验分选，防止不合格品入库并投入使用。

（三）根据公司安排到供货单位对所需采购物品进行检验。

（四）做好质量原始记录，对所检物品的质量情况进行统计、分析、上报。

（五）完成公司领导交办的其他任务。

第七条　工序检验员岗位职责。

（一）负责对零部件、成品生产制造过程以及在制品和半成品的检验与监督。

（二）做好对零部件、首件的检验和巡查检验工作。

（三）做好质量原始记录，并进行统计、分析、上报工作。

（四）监督生产过程中的工艺规程的执行，对生产过程实施质量监控。

（五）完成公司领导交办的其他任务。

第八条　成品检验员岗位职责。

（一）按照国家标准及其他有效的技术协议、技术条件对产成品进行检验，并出具检验报告。

（二）协助技术部门对产成品进行全性能试验，并出具试验报告，提供试验数据。

（三）做好检测记录，以及统计、报表、汇总、上报工作。

（四）对产成品质量问题作出分析。

（五）完成公司领导交办的其他任务。

第九条　计量员岗位职责。

（一）按照《中华人民共和国计量法》及公司计量器具的管理规定对公司所有计量器具进行管理。

（二）负责计量器具的维修与保养、检定工作，开展对外委托修理、检定工作（周检、入库检定、复核检定、返还检定等）。

（三）负责计量资料的整理、建账、定期清点工作。

（四）完成公司领导交办的其他任务。

第十条　内勤岗位职责。

（一）负责质量管理部自存的技术标准、技术文件、图纸、各种检验记录的分类、归档、保管，以及公司相关部门下发的各类文件的接收和管理工作。

（二）负责质量情况统计报表的汇总、上报及传递工作。

（三）负责本部门的考勤，办公用品领用、发放、保管工作。

（四）负责外发合格证的领用、保管及发放。

（五）完成公司领导交办的其他任务。

十一、企业建筑工程质量检查员岗位职责范文实例

公司建筑工程质量检查员岗位职责

质量检查员是在项目负责人的领导下，负责检查监督施工组织设计的质量措施的实施，组织建立各级质量监督体系。

一、认真贯彻执行“百年大计，质量第一”的方针和国家及省市的质量政策、规程、标准及有关加强质量管理工作的规定和要求。

二、在项目经理领导下，负责检查监督施工组织设计的质量保证措施的实施，组织建立各级质量监督保证体系。

三、负责工程的质量监督和检查验收工作，代表公司对质检表格签字。深入施工部位，对施工过程跟踪检查，确保每个工序质量都符合图纸要求和施工规范要求。

四、参与工程施工组织设计、施工方案的会审；参加图纸会审、技术沟通等工作。

五、严格监督进场材料的质量、型号、规格、监督各项施工班组操作是否符合规程。

六、隐蔽工程必须会同建设单位现场代表共同检查、验收并做好记录。按照规范规定的分部分项检验方法和验收评定标准，正确进行自检和实测实量，填报各项检查表格，对不符合工程质量标准、质量要求返工的分部分项工程，写出返工意见，并出具罚款单。

七、监督检查各班组做好自检、互检、交接检，随时查验施工班组的各项质量检查记录和质量分析会记录。

八、真实填写质检记录，建立工程质量档案，及时提供施工班组当月的分项工程质量检查资料，作为发放工资和奖金的依据。

九、及时收集各班组的工程质量检查资料，作为竣工验收的依据。

十、及时反映施工质量问题，对违章作业有权停工和要求返工；参与质量事故调查，提出质量事故的处理意见和防治措施。

十一、协助和指导施工班组广泛开展“三位一体”达标活动，定期组织召开现场质量例会，研究分析所出现质量问题的原因，制订预控及整改措施。

十二、协助项目部搞好质量创优工作，参与工程“评优”活动。

十三、积极推广应用新工艺新技术，对工程质量通病的防治提出合理的措施。组织质量保证措施的落实，不断改正提高施工质量。

十四、完成公司领导交办的其他任务。

十二、企业安全生产责任制度范文实例

公司安全生产责任制度

第一章　总则

第一条　为明确集团公司各级各类人员和各职能部门的安全生产职责，特制订本制度。

第二条　本制度适用于集团公司及各分、子公司。

第三条　引用国家法律、规定及公司制订的相关文件。

（一）《中华人民共和国安全生产法》。

（二）《中华人民共和国职业病防治法》。

（三）《国务院关于特大安全事故行政责任追究制的规定》。

（四）“集团公司关于发生安全生产违章责任事故对领导人员进行责任追究的补充规定（试行）”。

（五）“集团公司安全生产责任制度”。

（六）“集团公司工业企业安全质量标准化考评标准”。

第二章　安全生产管理

第四条　安全生产坚持“安全第一、预防为主、综合治理”的方针。

第五条　集团公司总经理和分、子公司以及各基层单位行政一把手，是本单位安全生产第一责任人，要认真履行本制度规定的安全生产职责，对本单位安全生产负全责。

第六条　按照“谁主管、谁负责”的原则，其他领导人员对各自分管业务工

作范围的安全生产工作负责。

第三章　集团公司安全生产委员会的职责

第七条　贯彻执行国家和上级安全生产的方针、政策、法规、标准及文件，确定集团公司安全工作方针、政策。

第八条　审定集团公司安全技术措施项目、年度工作计划、长远规划及年度表彰决定。

第九条　研究、协调解决集团公司安全生产的重大问题，对重大事故隐患作出整改决定。

第十条　审批重大事故的调查报告、处理意见及防范措施。

第四章　集团公司领导的安全生产职责

第十一条　总经理的安全生产职责。

（一）建立、健全集团公司安全生产责任制。

（二）组织制订集团公司安全生产规章制度和操作规程。

（三）保证集团公司安全生产投入的有效实施。

（四）督促、检查集团公司的安全生产工作，及时消除生产安全事故隐患。

（五）组织制订并实施集团公司的生产安全事故应急救援预案。

（六）及时、如实报告集团公司生产安全事故。

第十二条　党委书记、副书记（含分、子公司）的安全生产职责。

（一）监督行政执行国家有关安全生产、劳动保护的方针、政策、法律及法规，并协助行政部门开展宣传教育活动。

（二）参与集团公司（分、子公司）有关安全生产、劳动保护等重大问题的研究和方针政策的制订。

（三）教育党员、团员在安全生产工作中发挥先锋模范作用，严格遵守各项安全生产规章制度。

（四）把安全生产纳入领导人员聘用、考核的重要条件，对于造成重大责任事故的党员领导人员给予党纪处分。

（五）参加重大伤亡、重大火灾、重大爆炸事故及急性职业中毒事故的调查报告的研究，对党员责任者提出党内处理意见。

（六）集团公司（分、子公司）评选先进党组织、优秀党员时，把安全生产工作业绩纳入评比条件。

（七）对所分管的单位和部门的安全生产工作负领导责任。

第十三条　总会计师的安全生产职责。

（一）在总经理的领导下，贯彻执行安全生产、劳动保护的各项方针、政策、法律及法规，对主管部门的安全生产负责。

（二）按照国家和集团关于安全技术措施经费提取使用的有关规定，保证安全技术措施经费的提取和使用，做到专款专用。

（三）按标准保证劳动保护所需经费（包括劳动保护用品的采购费用、保健费、防暑降温饮料费用等）的落实。

（四）按照国家和集团的有关规定，保证安全宣传教育经费和安全奖励经费的提取和使用。

（五）对所分管的单位和部门的安全生产工作负领导责任。

第十四条　安全、消防副总经理的安全生产职责。

（一）协助总经理具体负责安全、消防管理工作，对集团公司的安全生产与消防安全负主要责任。

（二）组织制订、修订及审查安全生产规章制度、安全操作规程及安全生产、长远规划、年度计划，并组织执行。

（三）组织制订集团公司安全、消防工作年度计划和长远规划，并督促检查计划执行情况。

（四）贯彻“五同时”规定，监督检查各职能部门和分、子公司安全职责履行和安全生产规章制度的执行情况，对严重失职者提出处理意见。

（五）组织安全生产大检查，落实重大事故隐患的整改排除工作。

（六）组织或参与重大事故的调查处理，制订改进措施，避免事故重复发生。

（七）牵头组织安全管理考核及安全质量标准化考评验收工作。

（八）组织制订并实施集团公司的安全生产事故应急救援预案。

（九）组织开展安全生产竞赛活动，总结推广安全生产工作的先进经验，每年划拨部分经费，奖励安全生产先进单位和个人。

（十）掌握集团公司各三级危险点的危险性质，检查督促各级巡回检查人员按时进行检查，对查出的事故隐患及时解决，对所分管的一级危险点重点监控，定期检查、记录。

（十一）组织召开集团公司安全生产工作会议，分析集团公司的安全生产动态，研究解决安全生产管理工作中存在的问题，总结推广安全生产工作的先进经验，每年划拨部分经费，奖励安全生产先进单位和个人。

（十二）对所分管的单位和部门的安全生产工作负领导责任。

第十五条　经营、技术副总经理的安全生产职责。

（一）对集团公司职业安全卫生工作负总的技术责任，在组织制订技术管理规章制度时应有安全内容。

（二）在各项技术管理工作中，要符合安全生产、职业卫生的标准要求。

（三）在审定新产品、新技术、新工艺、新设备、新材料时，要符合职业安全卫生技术要求。

（四）在组织制订集团公司经营目标时，应有职业安全卫生目标。

（五）在审批集团公司各项计划时，应同时审批安全技术措施计划。

（六）在组织制订、考核集团公司经营承包指标时，要同时制订、考核职业安全卫生指标。

（七）对于新建、改建、扩建、引进及技术改造项目，要严格执行“三同时”审批规定，确保安全生产、劳动保护设施与主体工程同时设计、同时施工、同时投入使用。

（八）对所分管的单位和部门的安全生产工作负领导责任。

第十六条　人力资源副总经理的安全生产职责。

（一）对人事、劳资、教育方面的职业安全卫生负领导责任。

（二）组织制订员工培训计划，必须有职业安全卫生教育内容。

（三）新招员工必须符合健康条件，进行“三级安全教育”后才能上岗工作。

（四）检查督促有关部门，有计划的对各级各类人员进行安全生产教育和职业安全卫生技术知识培训。

（五）把安全生产作为员工转正、定级、调薪、升级的考核内容之一，并存入档案，凡考核不合格者，不得转正、定级、调薪、升级。

（六）加强劳动管理，合理组织劳动力，在定员、定岗、定额管理中，充分考虑员工的安全和健康。

（七）严格控制雇用临时工，对雇用的临时工贯彻“谁使用、谁负责、谁管理”的原则，其劳保待遇和工伤待遇同正式员工相同。

（八）对所分管的单位和部门的安全生产工作负领导责任。

第十七条　其他副总经理的安全生产职责。

（一）对自己业务范围内的职业安全卫生工作负领导责任。

（二）组织制订、修订及审批分管业务范围内的安全生产规章制度、安全操作规程。

（三）检查督促所分管部门做好职业安全卫生工作，确保安全生产，预防意外事故发生。

（四）定期对分管单位的一级危险点进行安全检查。

（五）对所分管的单位和部门的安全生产工作负领导责任。

第十八条　工会主席（含分、子公司）的安全生产职责。

（一）贯彻执行党和国家职业安全卫生的方针、政策、法律及法规，把职业安全卫生工作纳入工会工作重要议事日程。

（二）配合和监督行政领导搞好安全生产和劳动保护工作，提出改善劳动条件的建议。

（三）监督检查集团公司职业安全卫生措施计划的执行情况和各项经费的提取使用情况。

（四）监督行政执行“三同时”评审，参加“三同时”的审查和验收。

（五）组织开展各项安全生产竞赛活动和安全生产合理化建议活动，把安全文明生产和技术创新作为活动的主要内容。

（六）依法组织员工参加集团公司安全生产工作的民主管理和民主监督，维护员工在安全生产方面的合法权益。

（七）监督检查国家关于员工伤亡事故报告和处理规定的执行情况，并参与伤亡事故的调查处理。

（八）对工会组织活动中的安全负责。

（九）对所分管的单位和部门的安全生产工作负领导责任。

第五章　集团公司各职能部门的安全生产职责

第十九条　安全管理部的安全生产职责。

（一）宣传、贯彻执行国家和上级有关安全生产、职业卫生、消防安全的方针、政策、法律、法规及规程，监督检查集团公司各职能部门及分子公司的执行情况。

（二）推行现代安全管理，组织开展安全质量标准化及职业安全健康管理体系认证工作。

（三）制订集团公司安全生产、职业卫生及消防技术措施计划，监督检查计划的执行。

（四）制订集团公司安全生产、职业卫生及消防工作计划，并负责组织贯彻执行。

（五）组织安全生产检查，对有严重事故隐患的单位下达限期整改通知书，并及时报告领导。

（六）组织集团公司总部消防器材的配备、使用以及消防安全检查，并监督整改，以消除隐患。

（七）负责集团公司总部危险作业、动火作业以及临时用电线路的审批和管理。

（八）组织相关部门制订安全生产、职业卫生及消防管理规章制度，负责审查各工种安全操作规程。

（九）负责建立、健全化工、毒品、易燃易爆危险品管理制度，做好易燃易爆危险品和剧毒物品的消防保卫工作。

（十）负责集团公司易燃易爆三级危险点的管理，定期对各级危险点和易燃易爆场所进行监督检查。

（十一）健全集团公司防火档案，对防火重点部位和要害部位制订切实可行的消防灭火预案，定期组织演练。

（十二）配合人力资源部做好新员工入司级安全教育，开展安全生产经常性教育，组织特种作业人员进行安全技术培训、考核、发证。

（十三）加强安全技术业务基础建设，收集、积累安全生产资料，研究分析员工伤亡事故的发生发展规律，提出防范措施。

（十四）组织或参加重伤及以上事故、火灾事故的调查，按照“四不放过”的原则（即事故原因未查清不放过；责任人员未处理不放过；整改措施未落实不放过；有关人员未受到教育不放过），对事故进行分析、处理，同时做好事故档案管理和伤亡事故、火灾事故的统计上报工作。

（十五）参加集团公司新建、改建、扩建、引进、技术改造等工程项目的设计审查和竣工验收。

（十六）组织集团公司特种设备的定期检验工作。

（十七）组织集团公司有毒有害作业点的检测和有毒有害作业人员的体检工作。

（十八）制订集团公司劳动防护用品、保健津贴发放标准，对防护用品质量和使用进行监督检查。

（十九）督促有关部门做好女员工的特殊保护工作。

（二十）组织开展安全技术科学研究，总结推广安全科研成果和安全生产先进经验。

（二十一）组织开展安全生产竞赛、评比及奖惩工作。

第二十条　行政管理部门的安全生产职责。

（一）制订总经理任职目标时，应同时组织制订安全生产工作目标。

（二）协助集团公司领导贯彻上级有关安全生产文件指示精神，及时转发或传递上级和有关部门的安全生产文件、资料。

（三）做好集团公司领导在各种会议上有关安全生产内容的讲话记录，作为集团公司领导贯彻执行“五同时”的检查、考核依据。

（四）在集团公司年度工作总结中应有总结安全生产、职业卫生、消防方面内容。

第二十一条　规划发展部门的安全生产职责。

（一）在制订集团公司长远发展规划时，同时组织制订安全生产、职业卫生、消防长远规划。

（二）在制订集团公司年度综合计划时，同时组织制订安全生产、职业卫生、消防技术措施计划，并负责组织实施。

（三）在组织制订年度经营、发展责任书或经营管理责任书时，应有安全生产、职业卫生、消防指标内容。

（四）外包工程合同中，必须有具体的安全条款，并负责检查考核。

（五）新建、改建、扩建及技术改造项目应严格执行安全生产、职业卫生、消防“三同时”审批制度，不符合规定的建设项目不予立项、验收。

（六）在考核各部门，各分、子公司经营管理指标时，应同时考核安全生产、职业卫生、消防指标，严格执行奖惩制度。

（七）会同有关部门制订集团公司安全生产、职业卫生、消防管理规章制度。

（八）对因有计划报告而未列入改造计划的安措项目而发生的安全生产事故负责。

第二十二条　人力资源部的安全生产职责。

（一）按照国家和集团有关规定，选配具有专业技术知识、熟悉生产工艺以及有一定组织管理能力、身体健康的工作人员从事专职安全工作，并保持相对稳定。

（二）坚持特殊工种和其他工种人员持证上岗制度。

（三）把安全生产、职业卫生教育培训列入集团公司教育计划，并负责组织实施。

（四）按照有关规定建立安全教育培训档案。

（五）招收新员工必须符合安全要求，同时组织好新员工安全教育和“三级安全教育”，新员工经考试合格后方可分配上岗。

（六）在分配员工从事特种作业和有毒有害作业时，应严格执行国家有关规定，必须经过健康检查，全面考虑身体条件和人员素质，并通过安全管理部门发证后，方可分配上岗。

（七）对经医疗部门体检不宜从事特种作业的人员，要按规定及时调离；对因工伤、职业病不能从事原来工作的员工，根据劳动保护有关规定，妥善安排适当工作。

（八）在办理临时用工协议时，应有安全方面的条款，对雇用的临时工贯彻“谁使用、谁管理、谁负责”的原则，纳入集团公司正常管理，其劳保待遇和工伤待遇同正式员工相同。

（九）参加重大伤亡事故的调查处理，按调查组的处理意见，办理对责任者的相应行政处理手续。

（十）搞好员工劳动纪律教育，对严重违反劳动纪律影响安全生产的员工，严格进行查处。

（十一）对由于分配有职业禁忌症人员到禁止其作业的岗位工作而造成的伤亡事故负责。

第二十三条 财务部的安全生产职责。

（一）按国家规定，从集团公司更新改造资金中提取一定比例的资金，用于安全技术措施的投入，并单立科目，专款专用。

（二）按有关规定提取安全教育经费和安全奖励经费，保证其使用。

（三）保证劳动保护用品费、保健费、防暑降温费落实到位。

（四）凡新建、改建、扩建、技术改造及引进项目，未经安全管理部门和上级有关部门验收，不得列入固定资产。

（五）对已列入重大隐患整改项目，提供资金保证。

（六）负责各类事故处理罚款和日常考核罚款的执行。

第二十四条 基建管理部门的安全生产职责。

（一）贯彻执行国家和上级有关建筑安全法规和规程，对集团公司的建筑安全负责。

（二）新建、改建、扩建工程项目的设计、施工和验收，必须符合国家职业安全卫生、消防“三同时”要求，凡未经安全、消防部门审定的项目不得投产使用。

（三）自行组织施工的工程，施工前应按照施工程序制订安全技术措施，提出施工安全要求，并检查督促落实；外包施工的，承包单位必须有施工资格，在承包合同中要写明施工过程的安全责任。

（四）负责房屋建筑设施的安全管理，定期组织检查维修，及时消除隐患。

（五）负责施工队伍在集团公司内施工的安全管理，对施工现场进行安全监督，严禁违章作业，对危险作业必须严格执行审批制度。

（六）对由于基建未做到“三同时”和房屋设施方面未能及时维修的原因，造成的伤亡事故负责。

第二十五条　能源部门（含分、子公司）的安全生产职责。

（一）负责电气、压力容器等设备设施的安全管理，保证安全附件齐全、灵敏、有效，按照安全技术规范定期进行检查和鉴定，使设备设施保持良好状态，并建立相应的资料档案。

（二）负责防雷接地、防静电接地、电网接地的测试，检测资料归档，并对不符合安全要求的事项提出整改方案。

（三）负责制订动力设备设施的安全操作规程和管理制度。

（四）定期组织本专业的安全大检查，对查出的隐患及时整改或报有关部门列入整改计划。

（五）新的动力设备设施（包括自制设备）投入使用前，应组织鉴定验收，确保其符合安全要求。

（六）负责厂区热力管道、采暖装置、压力管道及其安全附件、井盖、站房的管理，确保盖、门齐全可靠。

（七）负责对厂区道路照明设施的配备、检查、维修及管理，保证夜间照明。

（八）在对外承包工程时，要负责对施工人员进行安全教育，加强对施工人员的安全管理，保证施工人员严格遵守集团公司的规章制度，做到安全、文明生产。

第二十六条　党群工作部门（含分、子公司）的安全生产职责。

（一）应把对员工遵守国家和上级有关安全生产、职业卫生的法律、法规及安全意识的教育列入思想政治工作内容。

（二）组织部门在考核、选拔、任用领导人员时，应考察其安全管理能力和业绩，在安全工作上严重失职的不应任用和提拔。

（三）宣传部门应组织采取多种形式进行安全宣传教育。

（四）党、团组织应开展多种形式的有关安全生产的党、团活动。

（五）纪委要参与重大事故或具有较大影响事故的调查、分析，对造成重大事故的党员、领导人员追究责任，并严肃处理。

（六）工会应向员工宣传党和国家有关安全生产、职业卫生的方针、政策、法规和本单位职业安全卫生规章制度，对员工进行遵章守纪和自我保护知识教育。

（七）工会应对集团公司的安全生产、职业卫生工作进行监督检查。监督检查的主要内容包括以下五个方面。

1．职业安全卫生措施的落实情况。

2．新建、改建、扩建工程项目中职业安全卫生措施与主体工程“三同时”要求的执行情况。

3．安全生产责任制的落实、考核情况。

4．重大事故隐患的整改情况。

5．劳动保护用品的发放情况。

（八）工会应关心员工劳动条件的改善，保护员工在劳动中的安全与健康，同时做好女员工的特殊保护工作。

（九）工会应参加员工伤亡事故和职业危害的调查处理。

（十）工会应把安全生产工作情况列入年度评比竞赛内容。

第六章　分、子公司领导人员的安全生产职责

第二十七条　经理（厂长）的安全生产职责。

（一）贯彻执行上级有关安全生产、职业卫生的方针、政策、法律、法规及集团公司有关安全生产管理的各项规章制度，对本单位的职业安全卫生工作负全面责任。

（二）组织制订本单位安全生产、职业卫生工作的年度计划和长远规划，执行安全生产“五同时”规定。

（三）组织制订本单位安全生产、职业卫生工作的技术措施计划，并负责组织执行。

（四）负责检查和考核副职及下级安全生产责任制的落实情况。

（五）定期（每年不少于四次）主持召开安全生产工作会议，研究解决安全生产工作中存在的重大问题，对重大事故隐患作出整改决定。

（六）严格执行安全生产检查制，每月组织有关人员进行安全生产检查，并对查出的事故隐患采取措施及时消除。

（七）组织员工的安全教育和专业安全知识培训，按照国家规定做好八种安全教育，严格执行持证上岗制度。

（八）对于本单位负责的新建、改建、扩建、引进及技术改造项目，必须严格执行“三同时”规定。

（九）贯彻执行国家和集团公司的有关规定，确保安全生产、职业卫生技术措施经费和安全教育、安全奖励经费落实到位，并合理使用。

第二十八条　生产安全副经理（副厂长）的安全生产职责。

（一）协助经理（厂长）具体负责职业安全卫生管理工作，对本单位安全生产负主要责任。

（二）认真贯彻执行集团公司职业安全卫生管理规章制度，组织制订本单位的

安全生产规章制度、工作计划以及安全技术措施计划，并组织执行。

（三）坚持贯彻“五同时”原则，在计划、布置、检查、总结、评比生产工作时，同时做好安全工作。

（四）监督检查各级各类人员和各职能部门安全职责及各项规章制度的执行情况，及时纠正并处理生产中的失职和违章行为。

（五）定期组织召开分、子公司安全生产委员会会议，分析本单位安全生产动态，研究解决安全生产中存在的重大问题，对重大事故隐患作出整改决定。

（六）认真组织好月、季及节假日前的安全大检查和专业性安全检查，对查出的事故隐患要采取措施及时消除，确保安全生产。

（七）定期对所负责的危险点进行检查，对查出的事故隐患采取措施及时消除，做好检查记录。

（八）主持或参与伤亡事故的调查，对事故责任者提出处理意见，落实防范措施。

（九）负责本单位安全质量标准化考评验收的组织牵头工作。

（十）组织制订并执行本单位的生产安全事故应急预案。

（十一）组织开展安全生产竞赛活动，总结推广安全生产的先进经验，对安全生产工作中成绩突出的单位和个人提出奖励意见；对工作不负责，玩忽职守造成事故的单位和个人，按规定给与处罚。

第二十九条　技术副经理　（副厂长）的安全生产职责。

（一）对职业安全卫生工作负总的技术责任，在制订技术管理规章制度时，应有安全内容。

（二）在各项技术管理中，要符合职业安全卫生的要求。

（三）负责审定安全生产、职业卫生技术措施计划，并正确、合理地使用按国家规定比例提取的安全技术措施经费，做到专款专用。

（四）对于新建、改建、扩建、引进和技术改造项目，要严格执行“三同时”审批规定，确保安全生产、劳动保护设施与主体工程同时设计、同时施工、同时投入使用。

（五）在审定新产品、采用新工艺、推广新技术和新材料以及使用新设备时，符合职业安全卫生要求。

（六）进行试研制时，应向试研、试制单位提供完整的安全技术操作资料。

（七）将生产过程中存在的安全技术问题纳入企业技术改造计划，并组织执行。

（八）组织推广应用安全生产、劳动保护方面的新技术、新设备，采纳合理化建议，鼓励表彰有功人员。

（九）对由于设计及工艺技术上的原因造成的重大伤亡事故负领导责任。

第三十条　经营计划副经理（副厂长）的安全生产职责。

（一）在组织制订企业经营目标时，应有职业安全卫生工作目标。

（二）在组织召开经营活动分析时，应有职业安全卫生的内容。

（三）在组织制订企业综合计划时，应同时组织制订职业安全卫生技术措施计划；在分配投资指标时，应优先安排重大安全技术改造项目。

（四）对于新建、改建、扩建、引进及技术改造工程项目，必须严格执行“三同时”审批制，做到职业安全卫生设施与主体工程同时设计、同时施工、同时投入使用。

第三十一条　人力资源副经理（副厂长）的安全生产职责。

（一）对人力资源、教育方面的安全生产、职业卫生工作负领导责任。

（二）组织制订员工培训计划，必须有职业安全卫生教育内容。

（三）检查督促有关部门有计划地对各级各类人员进行职业安全卫生技术知识培训。

（四）新招员工必须符合健康条件，进行“三级安全教育”后才能上岗操作。

（五）把安全生产作为员工转正、定级、调薪、升级的考核内容之一，并存入档案，凡考试不合格者，不得转正、定级、调薪、升级。

（六）加强劳动管理，合理组织劳动力，在定员、定岗、定额管理中，充分考虑员工的安全和健康。

（七）严格控制雇佣临时工，对雇佣的临时工贯彻“谁使用、谁负责、谁管理”的原则，其劳保待遇和工伤待遇同正式员工相同。

第三十二条　其他副经理（副厂长）的安全生产职责。

（一）认真贯彻安全工作“谁主管、谁负责”的原则，在经理（厂长）领导下，对分管的业务部门和业务范围内的职业安全卫生工作负领导责任。

（二）检查督促所分管部门做好职业安全卫生工作，确保安全生产，预防意外事故发生。

（三）坚持贯彻“五同时”规定，在计划、布置、检查、总结、评比工作时，必须同时做好安全工作。

第七章　分、子公司各职能部门的安全生产职责

第三十三条　安全管理部门的安全生产职责。

（一）贯彻执行国家和上级有关安全生产、职业卫生的法规、规程以及集团公

司职业安全卫生各项规章制度，监督检查本单位各部门的执行情况。

（二）推行现代安全管理，组织开展安全性评价及职业安全健康管理体系认证工作。

（三）制订本单位安全生产、职业卫生技术措施计划，并监督检查计划的实施情况。

（四）制订本单位安全生产、职业卫生工作计划，并负责贯彻执行。

（五）组织安全生产检查，对有严重事故隐患的单位下达隐患整改通知书，并及时报告领导。

（六）组织有关部门制订本单位安全生产、职业卫生管理规章制度，负责审查各工种安全操作规程。

（七）配合有关部门做好新员工“三级安全教育”和员工的安全技术培训，开展安全生产经常性教育。

（八）负责本单位临时用电、危险作业、动火作业的审批。

（九）加强安全技术业务基础建设，收集、积累安全生产资料，研究分析员工伤亡事故的发生发展规律，提出防范措施。

（十）组织或参加伤亡事故调查，按照“四不放过”的原则，对事故进行分析、处理，同时做好事故档案管理和伤亡事故的统计上报工作。

（十一）参加新建、改建、扩建、引进、技术改造等工程项目的设计审查和竣工验收。

（十二）监督检查本单位劳动防护用品的采购质量和发放使用情况。

（十三）组织本单位特种设备的定期检验工作。

（十四）组织本单位有毒有害作业点的检测和有毒有害作业人员的体检工作。

（十五）督促有关部门做好女员工的特殊保护工作。

（十六）组织开展安全技术科学研究，总结推广安全科研成果和安全生产先进经验。

（十七）组织开展安全生产竞赛、评比及奖惩工作。

第三十四条　设备管理部门安全生产职责。

（一）贯彻执行国家、上级有关部门关于设备设计、制造、检修、维修、保养及施工安装方面的安全管理规定和标准，负责制订各类机械设备的安全操作规程和管理制度。

（二）负责机械、电气、起重、压力容器等设备的安全管理，保证安全附件齐全、灵敏、有效；按照安全技术规范定期进行检查和检验，使全部设备保持完好状态。

（三）在制订或审定有关设计、制造、改造方案和制订设备检修计划时，应有相应的职业安全卫生措施内容，对安全措施完成情况负责检查监督。

（四）组织设备安全大检查，对查出的有关问题，及时进行整改。

（五）保证新投产的设备（包括自制设备）要符合职业安全卫生标准的要求，并负责组织投产使用前的鉴定和验收。

（六）组织好外来检修、安装及相关人员的安全教育工作和施工中的安全管理工作，负责贯彻有关施工纪律和管理规定。

（七）参与重大伤亡事故的调查分析，对设备方面的技术状态作出鉴定。

（八）对由于设备方面的缺陷造成的伤亡事故负责。

第三十五条　生产管理部门安全生产职责。

（一）在制订生产作业计划时，应提出安全生产要求，安排布置检查生产时，要认真执行安全工作“五同时”规定，并有记录。

（二）组织好均衡生产和文明生产，严格控制加班加点，做到劳逸结合。当生产与安全发生矛盾时，首先应保证安全。

（三）贯彻“管生产必须管安全”的原则，参加安全检查，随时掌握安全生产动态，对各单位的安全生产情况及时在生产调度会上给予表扬或批评。

（四）参与重大伤亡事故的调查分析。

（五）认真做好生产调度会记录，保证每月至少有一次有关安全生产内容。

第三十六条　计划管理部门的安全生产职责。

（一）在制订本单位长远发展规划时，同时组织制订安全生产、职业卫生、消防长远规划。

（二）在制订本单位年度综合计划时，同时制订安全生产、职业卫生、消防技术措施计划，并负责组织实施。

（三）在组织制订年度资产经营责任书时，应有安全生产、职业卫生、消防指标内容。

（四）外包工程合同中必须有具体的安全条款，并负责检查考核。

（五）新建、改建、扩建及技术改造项目应严格执行安全生产、职业卫生、消防“三同时”审批制度，不符合规定的建设项目不予立项、验收。

（六）在考核各单位经营管理指标时，应同时考核安全生产、职业卫生、消防指标，严格执行奖惩制度。

（七）对有计划报告而未列入改造计划的安措项目，发生的安全生产事故负责。

第三十七条　技术、科研部门的安全生产职责。

（一）设计新产品、采用新工艺、新技术、新设备、新材料，必须符合有关安全技术规定和要求，在试验、试制、投产前应制订安全措施方案及安全操作规程，并组织安全评审。

（二）承担安全技术和尘毒治理等方面的科研课题研究和项目设计。

（三）配合安全管理部门、人力资源部门对员工进行安全技术培训。

（四）参加重大伤亡事故的调查和分析，并提出技术防范措施。

（五）在制订工艺方案时，要采用有利人身安全、健康的新工艺，对由于技术或工艺原因造成的伤亡事故负责。

第三十八条 行政管理部门的安全生产职责。

（一）制订经理（厂长）任职目标时，应同时组织制订安全生产工作目标。

（二）协助经理（厂长）贯彻上级有关安全生产的指示，及时转发或传递上级和有关部门的安全生产文件、资料。

（三）做好分、子公司领导在各种会议上有关安全生产内容的讲话记录，作为分、子公司领导贯彻执行“五同时”的检查、考核依据。

（四）在单位年度工作总结材料中应有总结安全生产、职业卫生、消防方面的内容。

第三十九条　人力资源部的安全生产职责。

（一）按照国家和集团有关规定，选配具有专业技术知识、熟悉生产工艺和一定组织管理能力、身体健康的工作人员从事专（兼）职安全管理工作，并保持相对稳定。

（二）把安全生产、职业卫生教育培训列入单位教育计划，并负责组织执行。

（三）按照有关规定建立安全教育培训档案。

（四）招收新员工必须符合安全要求，并会同安全管理部门进行“三级安全教育”，经考试合格方可分配上岗。

（五）在分配员工从事特种作业和有毒有害作业时，应严格执行国家有关规定，必须经过健康检查，全面考虑身体条件和人员素质，并通过安全管理部门发证后，方可分配上岗。

（六）对经医疗部门体检不宜从事特种作业的人员，要按规定及时调离；对因工伤、职业病不能从事原来工作的员工，根据劳动保护有关规定，妥善安排适当工作。

（七）在办理临时用工协议时，应有安全方面的条款，对雇用的临时工贯彻“谁使用、谁管理、谁负责”的原则，纳入单位正常管理，其劳保待遇和工伤待遇同正式员工相同。

（八）参加重大伤亡事故的调查处理，并按调查组的处理意见，办理对责任者的相应行政处理手续。

（九）搞好员工劳动纪律教育，对严重违反劳动纪律影响安全生产的员工，严格进行查处。

（十）对由于分配有职业禁忌症的人员到禁止其作业的岗位工作而造成的伤亡事故负责。

第四十条　财务部的安全生产职责。

（一）按国家规定，从单位更新改造资金中提取一定比例的资金，用于安全技术措施的投入，并单立科目，专款专用。

（二）按有关规定提取安全教育经费和安全奖励经费，保证其使用。

（三）保证劳动保护用品费、保健费、防暑降温费落实到位。

（四）凡新建、改建、扩建、技术改造和引进项目，未经安全管理部门和上级有关部门验收，不得列入固定资产。

（五）对已列入重大隐患整改项目，提供资金保证。

（六）负责各类事故处理罚款和日常考核罚款的执行。

第四十一条　采购、物流部门的安全生产职责。

（一）对所管辖范围内的安全生产负责，建立、健全有关物资安全管理规章制度。

（二）负责对本单位仓库保管员、化学危险品库保管员进行经常性安全教育，并建立教育档案。

（三）贯彻执行国家及上级有关仓库防火、化学危险品、剧毒物品安全管理规定，对危险品的储存和发放，应建立严格的安全管理制度，并认真执行。

（四）采购电器、化工产品等必须符合国家安全卫生标准，并持有产品合格证。

（五）会同安全管理部门制订年度防护用品计划，采购符合国家安全标准的各类防护用品，并负责保管发放。

（六）负责按计划采购供应安全生产所需的器材和材料。

（七）负责做好物资储存、运输中的安全管理工作。

第四十二条　计量、检验部门的安全生产职责。

（一）负责定期对压力容器、气瓶等各种计量、压力仪器及仪表进行检测、维修、效对，保证量值和报告数据准确无误。

（二）定期对计量器具和实验、检验、化验设备进行维护保养，使其保持完好状态，符合安全要求。

（三）对因计量、理化方面检测失误而造成的事故负责。

第四十三条　其他部门的安全生产职责。

（一）各行政一把手是本单位安全生产、职业卫生、消防工作的第一责任人，对本单位的职业安全卫生及消防工作负责。

（二）认真贯彻执行国家和上级有关安全生产、职业卫生、消防方面的方针、政策、法律、法规及制度，做好与本部门相关的职业安全卫生及消防工作。

第八章　中层领导人员安全生产职责

第四十四条　分厂（车间）厂长（主任）的安全生产职责。

（一）认真贯彻执行上级有关安全生产、职业卫生工作的各项规定，对本单位的职业安全卫生工作全面负责。

（二）建立健全本单位的安全生产组织领导机构。

（三）坚持贯彻“五同时”规定，在计划、布置、检查、总结、评比工作时，必须同时把安全工作贯彻到每个具体环节中去，做到安全生产经常化、制度化、具体化、标准化。

（四）认真组织好员工班前班中班后的岗位安全检查，每周组织一次全面的安全检查，针对存在的问题，及时采取措施，在保证安全的条件下进行生产，并做好安全检查记录。

（五）认真执行集团公司的安全生产教育制度，组织员工的安全教育和专业安全知识培训，严格执行持证上岗制度，建立健全分厂（车间）级安全教育和培训档案。

（六）对临时性危险作业应组织制订安全防护措施，并报主管部门审批，指定专人负责现场指挥。

（七）组织制订本单位的职业安全卫生技术措施计划，并负责组织执行。

（八）抓好本单位安全生产优秀班组达标建设工作，制订考核办法和奖惩规定，并做好考核记录。

（九）发生伤亡事故后，保护好现场，及时报告有关部门，按照“四不放过”原则，组织或参与事故调查，查清事故原因，分清责任，采取防范措施，并对事故责任者提出处理意见。

（十）做好女员工的特殊保护工作。

（十一）按规定发放个人劳动防护用品，教育员工正确使用。

（十二）总结、推广安全生产先进经验，奖励对安全生产、劳动保护有贡献的人员。

第四十五条　职能部门部长（主任）的安全生产职责。

（一）认真贯彻执行上级有关安全生产、职业卫生的各项规定，对本单位的职业安全卫生工作全面负责。

（二）组织员工的安全教育和专业安全知识培训，不断增强员工的安全意识，创建安全文化。

（三）教育员工进入生产现场时，严格遵守集团公司有关安全规定和各分子公司有关规定，并正确佩戴劳动防护用品。

（四）在计划、布置、检查、总结、评比工作时，必须要有安全工作的内容。

（五）做好女员工的特殊保护工作。

（六）发生伤亡事故后，保护好现场，及时报告有关部门，按照“四不放过”原则，组织或参与事故调查处理。

第四十六条　中层副职领导人员的安全生产职责。

（一）在各自主管的业务工作范围内，负责相应的安全生产、职业卫生工作。

（二）每个人的具体责任由正职主持制订，并做到各负其责。

第九章　班组长的安全生产职责

第四十七条　认真贯彻执行有关安全生产、职业卫生的各项规章制度和规定，模范遵守安全操作规程，对本班组员工在生产中的安全负责。

第四十八条　根据生产任务、作业环境、员工思想状况等特点，具体布置安全工作；对新调入的员工进行现场和岗位安全教育，并在熟悉工作环境前指定专人负责其劳动中的安全。

第四十九条　经常对班组成员进行安全思想和安全技术的教育，组织学习集团公司安全生产规章制度和安全操作规程，检查执行情况，发现违章蛮干的行为应立即制止。

第五十条　认真执行交接班制度，班前班中要经常检查不安全因素，发现问题应及时解决或上报分厂（车间）。

第五十一条　定期分析班组安全生产状况，研究解决不安全因素的对策措施。

第五十二条　经常检查本班组设备安全装置是否完好，发现隐患及时上报，积极配合有关部门做好隐患整改。

第五十三条　如遇伤亡事故发生，应及时抢救伤员，保护现场，立即报告单位领导，并协助调查事故。

第五十四条　组织本班组成员开展好班组安全达标活动，按要求做好活动记录。

第十章　兼职技安员的安全生产职责

第五十五条　在单位行政一把手的领导下，具体负责本单位的日常安全管理工作。

第五十六条 贯彻执行安全第一、预防为主、综合治理的方针和安全生产、职业卫生各项政策、法规以及集团公司关于安全生产的各项制度。

第五十七条 制订本单位的安全生产、职业卫生技术措施计划和安全教育计划，并检查督促单位在规定时间内完成。

第五十八条　熟悉掌握本单位各工种岗位的安全操作规程及要害部位的安全管理要求。

第五十九条　负责本单位现场安全检查，发现问题及时处理，及时纠正各种违章指挥、违章作业以及违反劳动纪律现象，对作业现场出现严重危及员工生命和财产安全的现象，有权责令停止作业，并提出处理意见。

第六十条　搞好安全生产宣传教育工作，组织好新进员工的分厂（车间）级、班组级安全教育以及变换工种人员教育和复工人员的安全教育。

第六十一条　参加本单位新建、改建、扩建项目的设计审查，对本单位的新产品、新工艺、新工装、新材料进行审查，并参加投产前的验收。

第六十二条　推行现代安全科学管理方法，研究分析本单位伤亡事故发生规律，找出有效的防范措施。

第六十三条　参加本单位工伤事故的调查处理，提出预防类似事故发生的措施。

第六十四条　按规定及时填报各类安全反馈报表，认真做好各项安全生产记录。

第十一章　员工的安全生产职责

第六十五条　安全生产、人人有责，全体员工都要在各自的岗位上，认真履行各自的安全职责，对本岗位的安全生产负直接责任。

第六十六条　认真学习和严格遵守各项安全生产规章制度及安全操作规程，不违章作业，不冒险蛮干。

第六十七条　自觉接受各种安全教育培训，积极参加各种安全活动，不断提高自己的安全技术水平。

第六十八条　有责任劝阻、纠正他人违章作业和冒险蛮干，有权拒绝违章指挥和强令冒险作业。

第六十九条　按规定着装，正确使用各种防护器具，并爱护各种安全设施和防护设施。

第七十条　做好经常性安全检查，发现不安全因素及时向领导反映，并积极参加整改。

第七十一条　正确操作、精心维护设备，保持作业环境整洁，搞好文明生产。

第七十二条　发生事故应立即向领导报告，保护现场，并及时抢救伤员。

第十二章　附则

第七十三条　本制度自印发之日起施行。

第七十四条　本制度由集团公司综合事务部负责解释。

十三、企业安全生产岗位职责范文实例

公司安全生产岗位职责

一、施工员安全生产岗位职责

（一）认真贯彻执行国家安全产方针、政策、法令、规程、制度以及上级有关安全生产的指示、决议。

（二）贯彻“安全第一，预防为主”的思想，在参与编制施工组织设计，施工方案时要把“安全第一”的思想贯穿与施工组织设计的全过程。

（三）努力学习和掌握建筑施工专业理论和施工技术，严格按照国家施工验收规范、操作规程及检评标准执行。在组织全面施工技术管理的同时，要把工程质量安全的管理放在首要位置上。

（四）编制项目工程施工组织设计或施工方案时，一定要有安全措施；临时的用电组织设计或施工方案，需经部门负责人审批后进行。

（五）负责具体实施施工组织设计、施工组织计划，一定要在高速、低耗、安全的前提下，确保施工工期。

（六）负责所属工程的轴线、标高控制、定位放线、沉降观测、安全施工等技术管理工作。

（七）组织、参加主体结构中间验收、竣工验收以及隐蔽工程验收和签署。

（八）负责编制施工技术规程（包括施工、质量、安全施工方法，且要符合安全质量标准），并在每一分项工程施工前组织贯彻落实。

（九）及时、认真地做好所属工程施工技术记录、资料的记载、签署、收集、整理、归档。

（十）具体地解决、处理图纸和施工中的难题，消除质量隐患，确保工程安全生产无事故。

（十一）负责水准仪、经纬仪等仪器的使用、保管及检测。

（十二）针对不同工程结构特点，关键部位亲临现场、检查、落实监督有关的技术质量安全措施。

二、质检员安全生产岗位职责

（一）认真执行国家安全生产方针、政策、法令、规程、制度以及上级有关安全生产的指示、决议。

（二）在验收工程质量的同时，督促、检查安全生产的情况，发现问题立即回报上级，采取防范措施。

（三）会同安保、施工等部门编制安全技术教育培训计划，对职工进行安全技术教育培训。

（四）参加月、旬的综合大检查工作，同时检查安全生产中存在问题，提出整改意见，并督促问题单位及时整改。

（五）发扬团结友爱的精神，在遵守安全规章制度方面，互相监督，严于责己，带头执行。

三、总工程师安全生产岗位职责

（一）对施工中的一切技术问题负安全责任。

（二）认真贯彻执行国家安全生产的一系列方针、政策、法令、规章、制度以及上级有关安全生产的指示、决议，并检查执行情况。

（三）组织、审批施工方案设计。具体施工时要贯彻“安全第一、预防为主”的方针，把安全措施渗透到施工方案设计和具体施工的各个环节中去，使施工方案设计和具体施工成为科学的全面指导施工的依据并检查执行情况。

（四）负责领导安全技术方面的宣传、教育、培训工作，参加安全检查，对查出的隐患要从技术措施方面提出改进方案。

（五）参加重大伤亡事故的调查，并针对事故原因，在技术方面提出防范措施和意见。

四、项目经理安全生产岗位职责

（一）对本项目安全生产工作负全面责任，把安全工作列入议事日程，每月最少召开两次安全工作专题会议，分析研究安全生产情况，并做会议记录。

（二）认真贯彻执行国家安全生产方针、政策、法令、规程、制度以及上级批准的施工方案，并检查执行情况。

（三）督促、检查各职能部门人员执行安全生产责任制的情况。

（四）严格按照处、项目部现场文明施工管理规定对项目部全体干部、职工进行考核。

（五）对安全生产负直接领导责任，不违章指挥，制止违章作业。

（六）对所管的项目施工现场、环境、安全以及一切安全防护设施的完整、齐全、有效、符合要求负责任。

（七）在“五同时”的生产活动中，必须把安全工作贯穿到具体环节、班组中去。

（八）组织工人学习安全技术操作规程，并检查执行情况，教育工人正确使用防护用品。

（九）组织、参与月度安全生产检查，对查出的问题，应责成队、班组限期整改。

五、材料员安全生产岗位职责

（一）认真学习贯彻执行国家有关安全生产方针、政策、法令、规程、制度以及上级有关安全生产的指示、决议。

（二）安全网、安全带、安全绳必须进行张拉、冲击试验，合格后方可使用。

（三）钢材、水泥、商品混凝土等重要物资，一定要送交有关部门验收合格后方可购进。

（四）对重要物资、机械设备特别是“三大材”、“三宝”等物资一定要从质量信誉比较好的厂商购进，并要有厂家的质保书，产品合格书。

（五）供应给现场使用的一切扣具、附件等。购入时，必须有出厂合格证明；发放时，必须保持符合安全要求；回收时，必须检修。

（六）对负责代购的劳保用品，如安全帽、安全带、安全网等必须符合国家要求标准。

（七）对领导批准的安全设施所用材料，应纳入供应计划，及时采供。

六、试验员安全生产岗位职责

（一）认真学习国家有关安全生产方针、政策、法令、规程、制度以及上级有关安全生产的指示、决议。

（二）严格遵守和执行国家关于材料、试验标准方法和技术规定。负责工程原材料沙浆、混凝土及原构件的抽样试验，检验工作，以确保工程质量达标，且施工安全无事故。

（三）做好混凝土、沙浆配合比的设计及试配工作，并经常到工地查验配合比使用情况，确保工程质量，安全无事故。

（四）负责各种试验报告的填好、整理、汇总，将试验的结果及时向领导报告。

（五）经常深入工地了解情况，帮助工地掌握好混凝土、沙浆配合比，测定沙石含水率、含泥量，及时做好试块的取样、编号、养护、送压等工作。

（六）维护好试验机械设备，对试样、试验仪器、试验工具等擦拭干净，整齐存放，妥善管理。

（七）按标准方法做好钢材抽样复试和各种焊接接头的取样检验。

（八）使用混凝土时，做好配合比监测统计、记录工作。

（九）运用数理统计法对沙浆、混凝土强度进行评定，并进行动态控制。

（十）送检发现不符合标准的材料混凝土及时向项目经理报告试验、检测情况，以便及时纠正不合格产品的使用，将不安全因素扼杀在萌芽状态。

（十一）认真整理各类检验资料，备查。

七、资料员安全生产岗位职责

（一）严格遵守和贯彻执行国家安全生产方针、政策、法令、规程、制度以及上级有关安全生产的指示、决议。

（二）收集工程安全技术档案资料，做到及时、完整。若发现问题，则应及时汇报。

（三）经常深入工地了解工程进展与安全资料收集情况。

（四）工程竣工后，做到安全资料齐全，并分类保管、存档。

（五）保守工程机密。

（六）遵守各项安全规章、制度。

八、预算员安全生产岗位职责

（一）认真学习国家有关安全生产方针、政策、法令、规程、制度以及上级有关安全生产的指示、决议。

（二）贯彻执行国家（省）预算定额、施工定额、地方补充定额及相关暂行规定。坚持实事求是，反对弄虚作假，为工程质量创优和施工安全无事故提供可靠的依据保证。

（三）参加图纸会审，及时提出存在问题并给出相应建议。

（四）了解工程的施工条件、方法及前后分工的情况，根据施工图和施工组织设计编制施工预算，包括工程量、工料物件、劳动保护、数量分析表及汇总表、工程预算书，力求达到准确预算。

（五）审核工程经营部、队编报的工程预、结算书、设计变更，以便同建设单位或分包单位办理竣工结算。

（六）积累工程概、预算和施工预算的定额资料，编制缺项、补项以及预算定额的草案，报上级批准。

（七）经常深入工地了解劳动保护用品的发放情况。

（八）遵守各项安全规章、制度。

十四、企业销售经理岗位职责范文实例

公司销售经理岗位职责

第一条　在总经理领导下，全面负责公司产品的市场开发、客户管理以及产品销售组织工作。定期组织市场调研，收集市场信息，分析市场动向、特点及发展趋势，制订市场销售策略，确定主要目标市场、市场结构及销售方针，报总经理审批后组织实施。

第二条　根据企业的近期和远期目标、财务预算要求，协调各部门的关系，提出销售计划编制原则和依据；组织销售人员分析市场环境，制订和审核销售预算；提出产品价格政策实施方案，向销售人员下达销售任务，并组织贯彻实施。

第三条　掌握国内外产品市场的动态，每周在总经理主持下，分析销售动态、各部门销售成本、存在的问题以及市场竞争发展状况等，提出改进方案和措施，监督销售计划的顺利完成。

第四条　协调销售部和各部门之间的关系，经常保持与客户的密切联系，并同客户建立长期、稳定的良好合作关系。

第五条　提交产品重要销售活动和参加国内外产品展销活动的实施方案。对销售效果提出分析，并向总经理报告。

第六条　定期检查销售计划实施结果，提出销售计划调整方案，报总经理审批后组织实施。

第七条　掌握产品价格政策实施情况，控制公司不同客户对象及其不同季节的价格水平，定期检查计划实施结果，及时提出改进措施，保证企业较高的平均赢利水平。

第八条　定期走访客户，征求客户意见。掌握其他公司销售情况和价格水平，

分析竞争态势，调整产品销售策略，适应市场竞争。

第九条　参加公司收款分析会议，掌握客户拖欠款情况且分析原因，并负责客户拖欠款催收组织工作，防止长期拖欠。

第十条　培训和造就一支不同年龄和不同层次的产品销售队伍。

第十一条　制订销售部管理制度、工作程序，并监督贯彻实施。严格控制销售费用开支，规定开支范围和标准，监督销售费用的使用。

十五、企业销售主管岗位职责范文实例

公司销售主管岗位职责

第一条　应把公司及合作方的利益放在第一位，以为公司及合作方创造最大效益为目标，并对公司及合作方应有绝对的诚信。

第二条　协助销售经理共同进行项目组的管理工作，服从上级的安排，竭尽全力做好每一项工作。

第三条　积极进行日常销售工作，努力完成工作指标。

第四条　熟练掌握业务知识，及时处理各类突发事件。

第五条　主持本组日常工作，主持本组每日工作晨会，沟通上下级之间以及与其他部门的关系。

第六条　“顾客至上、科学管理”的宗旨，树立良好的企业形象，创造良好的工作环境，充分调动每一位销售员的积极性，并保持团结协作、优质高效的工作气氛。

第七条　根据销售经理制订的发展规划、对市场的预测以及总体销售计划，制订各组及各销售员的工作任务，定期向销售经理汇报销售推广计划。

第八条　协助销售员与客户签订购销合同，并审核销售员签订合同的有效性。

第九条　负责落实各组贷款的回收工作，督促销售员做好贷款的回收工作。

第十条　组织销售员按顺序进行工作，并使其能够相互配合地完成销售任务。

第十一条　做好每日的来电、来访登记及审查工作，负责销控表的销控核对，统计每日销售量，填报各项统计表格，以保证销售的准确性。并随时收集各项现场资料，进行相应的销售情况分析。

第十二条　负责组织销售人员及时总结交流销售经验，加强业务修养，不断提高业务水平。

第十三条　负责处理客户对产品或对销售员的投诉，并在调查分析后向销售经理汇报。

第十四条　对新销售员进行培训及工作指导。

第十五条　领导各销售小组及主持各小组的销售会议。

第十六条　督导培训销售员完成销售任务，并进行相应的业务考核。

第十七条　组织销售案例分析。

第十八条　随时准备完成公司临时性的工作安排。

第十九条　每月最后一日前向上级领导报送工作总结。

第二十条　疑问及时向销售经理反映。

第二十一条　完成销售经理临时安排的其他工作。

第六章　企业员工行为规范管理制度

第一节　企业员工行为规范管理制度制订规范

一、基本概念

行为规范是用以调节人际交往，实现社会控制，维持社会秩序的思想工具，它来自于主体和客体相互作用的交往经验，是人们说话、做事所依据的标准，也就是企业每名员工都应遵守的行为。

员工行为规范管理制度是企业用以调节员工人际交往，实现行为控制，维持生产、工作秩序的思想工具，是企业员工说话、做事所依据的标准。员工行为规范制度的主要任务是规范员工的“言”和“行”。这里的“言”和“行”，不是指员工的全部言行，而是与生产、工作相关的“言”和“行”。由此可见，员工行为规范制度是使员工的言行按照一定的规范和标准进行，其主要目的是为了更好地发挥员工的主人翁精神，提高其自身素质和企业经济效益。

二、基本特点

（一）规范性

没有规矩不成方圆。一家企业从筹建、运行到分立、撤并，从运行中的物质供应、生产制造到产品销售，每个环节、每个步骤、每个流程、每个岗位，都要有一定的规矩和标准；一家企业中的每名员工要有一定的规矩和标准，都要符合一定的准则。这个规矩、标准及准则是由企业根据自身的性质、生产特点、经营方式等方面来制订的。

（二）约束性

约束一词的原意是指将丝缠绕成一束称的动作为“约”，缠绕好的丝称为“束”。由此引申为制约、控制、束缚、限制、管束之意。这里所说的约束性是指企业必须制订约束员工行为的规范。企业不同于其他的生产组织，它需要有一定的规则、程序。如果违反了规则和程序，那么不但会影响企业的经济效益，甚至还会酿成事故。如本章所列举的《矿业公司准军事化升入井规范标准及考核标准》，就是为认真落实矿业公司《推行准军事化升入井实施方案》中的各项要求，规范员工升入井行为，增强其团队意识和执行力，不断提高其整体素质，而制订的。其中，对员工入井乘罐、乘车标准，员工升井乘车、入罐标准及其考核等做了六十四项规定。这些标准和规定，绝不是可有可无、可多可少的，而是企业必须制订、员工必须遵守的。同时，如果员工违反了行为规范，那么就必须受到相应的处罚。

三、基本内容

企业员工行为规范管理制度主要包括以三个方面的内容。

（一）企业员工行为规范综合管理制度

企业员工行为规范综合管理制度全面体现了员工的衣食住行言各个方面的规范性文书。主要包括企业员工守则、员工文明行为规范、职员礼仪守则以及劳动纪律管理等。

（二）不同企业员工行为规范管理制度

不同企业员工行为规范管理制度重点体现了企业或行业特点的员工行为规范综合管理制度。如服务行业员工文明服务行为规范、金融企业员工行为规范、机械行业员工行为规范以及矿业行业员工行为规范等。

（三）企业员工专业行为规范管理制度

企业员工专业行为规范管理制度将员工需要重点规范的行为作出明确的规定。主要包括员工形象准则、员工着装规定、员工就餐管理制度以及员工集体宿舍管理制度等。

四、基本格式

企业员工行为规范管理制度一般由标题、正文两部分组成。

（一）标题与结构

企业员工行为规范管理制度的标题与结构同企业人力资源综合管理制度。

（二）正文内容

企业员工行为规范管理制度应包括员工形象规范、员工岗位工作纪律、员工岗位规范、文明举止规范、文明语言规范、员工社交规范、职业道德规范、会议行为规范、办公行为规范、就餐行为规范、住宿行为规范、徒步行为规范、文明驾（停）车行为规范以及其他行为规范。

五、基本要求

（一）要切合企业生产和工作实际

不同的企业和行业，其生产和工作的程序都有自己家的特点。如机械行业与纺织行业、采矿行业、加工行业等都有自己的特点，这就需要在制订企业员工行为规范管理制度时，必须根据本企业或行业的特点写作。

（二）要体现人性化

规范是用来管理员工的，但是不能把员工管得过死。既要有约束，又不能把不需要规定的内容都写进去。如公交公司的驾驶员，他们的工作是非常辛苦的，甚至吃饭、喝水、上厕所都要受到工作条件的影响。在这种情况下，一定要把驾驶员的休息和健康因素考虑进去。因为，只有这样才能保证驾驶员的身体健康，从而保证乘客的安全。

（三）要有可操作性

制订了规范就必须执行，否则，规范就没有意义了。但是，不能把制度的条文写得过多，能做到的就写，不能做到的就不写，能做到几条就写几条。

第二节　企业员工行为规范管理制度范文实例

一、企业员工守则范文实例

公司员工守则

第一条　遵法纪。

学习理解并模范遵守国家的政策法律、本市的法规条例以及本公司的规章制度，不得损害公司的荣誉和利益，争当一名好公民、好市民、好员工。

第二条　爱集体。

（一）与公司荣辱与共，关心公司的经营、管理及效益；树立“质量是企业的生命”的思想，严格按照作业指导书操作；在实际操作过程中发现有更合理的操作方法，主动及时向相关部门提出，经技术确认后修改作业指导书。

（二）有创新精神和积极工作态度，学习经济及管理知识等新知识，提高工作能力和自身素质，多提合理化建议和改革措施。

（三）工作卡是代表公司的形象，要保持整洁、完好，不得随意涂改和损坏。如丢损工作卡，应立即报告公司并按相关制度申请补办，辞工时应将工作卡、工作服交回公司。

（四）牢固竖立“诚信、务实、开拓、进取”的观念和“诚信、敬业、创新、发展”的企业精神。

第三条　听指挥。

（一）服从领导听指挥，全面优质完成本职工作和领导交办的一切任务。

（二）按照民主集中制的原则，坚决支持、热情帮助领导开展工作。

第四条　严纪律。

（一）不迟到，不早退，出勤满，干满点。

（二）穿齐工作服，佩戴工作卡，不能穿拖鞋上班。

（三）在工作时间，不串岗，不窝工，不办私事，不饮酒，不在禁烟区吸烟。

（四）不私拿或损坏公物，爱护公司一切财产，损坏财产照价赔偿。

（五）不私设灶具自制饮食。

（六）未经允许，不得带领亲戚朋友进入车间；非上班时间未经允许，不准随便进入车间。

（七）同事间保持支持理解、团结协作、互勉共进，不搞拉帮结派，不做侮辱或诽谤他人等有损团结的事。

第五条　讲礼貌。

（一）使用礼貌用语，不以肤色、种族、信仰、服饰取人。

（二）与客人相遇时，要主动相让；与客人同行时，应礼让客人先行。

（三）与客人同乘电梯时，应让客人先乘。

（四）不高声说笑谈话，不得在公司嬉闹、打架，或者聚众群殴。

第六条　重仪表。

保持精神饱满，衣冠、头发整洁。男员工不准留长发、戴耳环、染彩发；女员工淡妆上岗，打扮适度。

第七条　讲卫生。

（一）常剪指甲，注意卫生，身上无汗味、异味。

（二）严禁在公司范围内乱丢烟头、杂物，随地吐痰；废弃物及垃圾应放在指定地点。

（三）工作前不得饮酒，吃蒜、韭菜等食品，保持口腔卫生。

第八条　讲站姿。

（一）挺胸、收腹、平肩，不得弯腰塌背、松松垮垮。

（二）双臂自然下垂在身体两侧或背后。双臂放在背后时，左手放在右手手背上。

（三）头部端正，目视前方，面部表情自然，略带微笑。不得前仰后合或依靠他物，不得插兜、叉腰、抱肩，不得前后叉腿或单腿打点，不得东张西望、摇头晃脑，不得站立聊天。

第九条　敬客户。

（一）文明接待，礼貌服务，彬彬有礼，不卑不亢。接待客人时，应面带微笑；谈话时，应站立端正，讲究礼貌，用心聆听，不抢话插话、争辩；讲话时，声音适度，有分寸，语气温和文雅，不大声喧哗；听到意见、批评时，应不辩解，冷静对待，及时记录上报，不得与客户争吵。

（二）遇到客人询问，做到有问必答，不能说服务忌语，不得以生硬、冷淡、烦躁的态度待客。

（三）尊重客人风俗习惯，不议论、指点、讥笑有生理缺陷的客户，不嬉戏客户小孩，不收受礼品。

（四）接电话时要细心聆听，不得抢话。声调要温和，勿忘使用本岗位礼貌用语，严禁使用服务忌语。

（五）会见客户时，不必主动握手；必须握手时，应面带笑容，姿势端正，用力适度，不能用左手；握手时，左手不得插兜。

（六）在客户面前，不得化妆、修指甲、剔牙、挖耳朵、打饱嗝、伸懒腰、打响指、哼小调。

（七）同事有业务接待时，尽量避免频繁经过，非受邀请，禁止在现场逗留、聆听，以免干扰交谈。

第十条　守机密。

（一）不与客户或外部人员谈论本公司的一切内部事务。

（二）不议论客户长短。

（三）一切内部文件、资料、报表等，都应做到先收锁再离人，保证桌上无泄密。

（四）公司财物（产品、元器件、材料、工具、资料等），未经许可任何人不得私自带出公司，不得泄露公司商业秘密（技术资料、设计图纸、生产工艺、生产流程、产品价格及合作单位等）。

第十一条　保廉洁。

（一）不拉关系、图私利。

（二）馈赠物品要如数交公不得私留。

（三）不贪污，不收受贿，不挪用公款，不以权谋私。

（四）勇于揭发问题，敢于同不良现象作斗争。

第十二条　勤节约。

（一）养成勤俭节约习惯，节约用电、用水、用料，不浪费饭菜，消灭长明灯、长流水等现象。

（二）节约使用文具和器材，爱惜各种设备和物品。

（三）要发扬勤俭兴业的好传统，为公司的增收节支作贡献。

二、企业员工文明行为规范范文实例

公司员工文明行为规范

第一章　总则

第一条　为不断提升员工队伍的整体素养和执行力，积极营造企业和谐有序的人文环境，塑造良好的企业形象，特制订本规范。

第二条　本规范适用于指导、监督、考核公司全体员工日常行为规范的养成与执行。

第三条　本规范坚持全员遵守、无一例外；从严治理、严肃考核；制度化、规范化的原则。

第二章　徒步行路规范

第四条　员工徒步行路要遵守基本交通规则。进入厂区必须靠道路右侧行走；有人行道（便道）必须走人行道（便道）；横穿车行道必须走斑马线。违者每项次罚款5～10元。

第五条　员工在厂区道路上行进过程中，两人及以上同行要成整齐单列行进。违者罚款5～10元。

第六条　员工不得在厂区道路上较长时间停留，确需较长时间停留时需躲开通行道路并到路边站立，以免妨碍交通或他人通行。违者罚款5～10元。

第七条　员工出入办公楼、宿舍楼，必须靠楼道、楼梯右侧单行行走，不得多人并排行走。违者每项次罚款5～10元。

第八条　员工上下楼梯过程中，不得在楼梯上或楼梯转角处长时间停留，以免影响他人通行。违者罚款5～10元。

第九条　员工在厂区道路、楼道、楼梯行进过程中应注意速度，非遇安全紧急情况不得快速奔跑，更不得推挤他人。违者每项次罚款5～10元。

第十条　员工在厂区道路、楼道、楼梯行进过程中，不得勾肩搭背和挽手、不得嬉戏打闹。违者每项次罚款5～10元。

第十一条　员工在厂区道路、楼道、楼梯行进过程中，严禁随地吐痰、吸烟、乱抛杂物和垃圾。违者每项次罚款50～100元。

第三章　行停车规范

第十二条　员工在厂区内骑自行车、电动车、驾驶摩托车、汽车行驶，须按厂区道路交通标识、标志行驶，路遇行人要坚持“车让行人”的原则予以让行。违者按自行车每项次罚款20元，电动车、摩托车、汽车每项次罚款50元。

第十三条　员工骑自行车、电动车、驾驶摩托车、汽车出入厂区须统一挂牌（由公司统一制作和发放）。违者禁止进入厂区。

第十四条　员工骑自行车、电动车、摩托车出入公司大门，须在大门两侧减速标识以外下车推行，待越过两侧减速标识后方可继续骑行。违者按自行车每次罚款20元，电动车、摩托车每次罚款50元。

第十五条　员工在厂区道路上骑自行车、电动车、摩托车，须在右侧行车道上靠右依次行驶，并注意保持3米以上距离，不得并行、急行（限速15千米/小时）、超行。违者按自行车每项次罚款20元，电动车、摩托车每项次罚款50元。

第十六条　员工要自觉将自行车、电动车、摩托车存入指定存车棚或本单位自有存车棚，不得乱停乱放；车辆停放要规矩，车尾统一朝外，并按照由里到外（或由右向左）的顺序依次停放。违者每项次罚款20元。

第十七条　员工出入车棚，应推行车辆，严禁骑行。违者按自行车每次罚款20元，电动车、摩托车每次罚款50元。

第十八条　员工驾驶汽车出入公司大门，须服从门岗执勤人员指挥，不得强行驶入驶出。两车在公司大门相遇，驶出车应在门内停车线停车让行，以避免在大门交汇。违者每项次罚款50元。

第十九条　员工驾驶汽车在厂区道路上行驶，须在右侧行车道上依次行驶，不得在人行道上驶行、不得超车和超速行驶（限速15千米／小时）、不得鸣放喇叭。违者每项次罚款50元。

第二十条　汽车必须规范停放在公司划定的停车场及停车位，严禁乱停乱放；停车场要按序号编排顺序使用；车辆停放要规矩，车尾统一朝外，并按照由里到外（或由右向左）的顺序依次停放。违者每项次罚款50元。

第四章　着装及仪容仪表规范

第二十一条　着装及仪容仪表是一个人精神、面貌的外在表现，是每个人道德修养、文明程度的具体展现。

第二十二条　员工在工作时间内，穿着及修饰应稳重大方、整洁清爽、干净利落。员工衣着要求得体、协调、整洁、悦目，衣服平整，符合时节，并遵守下列规范。

（一）不得穿拖鞋、跨栏背心、吊带背心、短裤、超短裙、露脐装等过露装及过透装。违者每项次罚款5～10元。

（二）不得将衣服搭在肩上、系在腰间或用手提拎着；更不得袒胸露背、打赤膊。违者每项次罚款5～10元。

（三）公司员工进入工作区域应自觉在左侧胸前佩戴公司统一发放的胸牌。违者每项次罚款5～10元。

第二十三条　员工仪容要做到自然、协调及美观。头发整洁、发型得体，不留怪异发型及彩色发型；不浓妆艳抹；不佩戴炫耀性和前卫性的首饰、物品。违者每项次罚款5～10元，并责令限期整改，逾期不整改者加倍罚款。

第五章　言谈举止规范

第二十四条　言谈举止是每个人道德修养、文明程度的具体展现，公司全体员工均应注重文明用语、注重举止有礼有节。

第二十五条　公司全体员工均应认真做到文明用语，即讲文明“问候语”、“接洽语”、“辞别语”、“致答语”、“致歉语”、“祈使语”、“赞美语”。

第二十六条　在公共场所或办公室内外吵闹、大声喧哗的，每次对责任人罚款5～10元。

第二十七条　在公共场合谩骂、侮辱、诋毁、造谣中伤他人的，每项次对责任人罚款100元。

第二十八条　利用各种媒介公开制造、传播损害企业形象的谣言，每次对责任人罚款200元，给企业造成严重不良影响的将从重处理，直至解除劳动关系。

第二十九条　在公共场合，严禁员工当众嚼口香糖、挖鼻孔或掏耳朵、吃零食、随地吐痰、随手乱扔垃圾。违者每项次罚款5～10元。

第六章　就餐行为规范

第三十条　员工应做到文明就餐，进入食堂就餐须自觉依次排队等候购餐，不得插队、挤号；不得在排队过程中打闹拥挤和大声喧哗。违者每项次罚款5～10元。

第三十一条　员工在食堂用餐，应注意保持环境卫生，严禁将饭菜、汤水抛撒在餐桌、坐椅及地面上；要保持规范的用餐姿势，严禁脚踩坐椅及蹲在椅子上；餐后要将剩余不要的饭菜倒入泔水桶。违者每项次罚款5～10元。

第三十二条　员工在食堂用餐过程中不得穿工装饮酒和班前饮酒，不得猜拳行令、过量饮酒、更不得酒后滋事闹事。违者每项次罚款5～10元。

第三十三条　非住宿员工在班中（岗位上）或办公室内用餐要注意保持所处环境卫生，餐后剩余饭菜要扔进附近垃圾筒。违者一次罚款5～10元。

第三十四条　为保证员工就餐饮食安全，除食堂工作人员外其他人员未经许可一律严禁进入食堂工作间，严禁非本区域员工进入职工食堂；严禁将有毒有害物品及宠物带入食堂。违者每项次罚款100元，并追究食堂管理人员同等责任。

第七章　住宿行为规范

第三十五条　为保证其他住宿员工的正常休息，住宿员工不得串宿舍休息；不得在寝室内、楼道内、宿舍楼区大声喧哗、奔跑、唱歌、打闹、打扑克以及猛烈关门和敲门。违者每项次罚款5～10元。

第三十六条　住宿员工应树立节能、节水意识，不得长明灯、长流水。违者每项次罚款5～10元。

第三十七条　住宿员工应注意保持宿舍环境卫生，寝室内卫生环境脏、乱、差的，对该寝室住宿员工每人罚款20元。

第三十八条　为保持宿舍环境卫生，住宿员工不得在宿舍内用餐。违者一次罚款50元。

第三十九条　严禁将宠物及有异味或可能给他人造成不良影响的物品带入宿舍。违者每项次罚款50元。

第四十条　住宿员工应树立防盗意识，离开宿舍要锁好门窗。违者每项次罚款50元。

第四十一条　员工不得在宿舍楼内或向宿舍楼外乱扔杂物、随地乱吐、随地方便；严禁裸体或只穿内裤在楼道内行走。违者每项次罚款50～100元。

第四十二条　为保证宿舍防火及安全，员工不得躺在床上吸烟；不得私接电线和电器；不得在宿舍内使用电炉、酒精炉、煤气灶等起火做饭；严禁将易燃易爆物品及其他危险品带入宿舍。违者除没收违禁物品外，每项次罚款100元。

第四十三条　集体宿舍是专门为住宿员工提供的工作之余生活和休息的场所，不得擅自留宿非住宿员工、家属及其他外来人员。违者每人次罚款100元。

第四十四条　员工在宿舍内聚众赌博或打架斗殴的，一经发现每人次罚款100元，并移交派出所按《中华人民共和国治安管理处罚办法》等法律法规进行处罚。

第八章　办公行为规范

第四十五条　公司各级管理和专业技术人员应做到文明、整洁、有序办公，并遵守下列行为规范。

（一）办公期间要保持端庄坐姿，腰背挺直，不得“斜腰拉胯”和跷“二郎腿”。违者每项次罚款5～10元。

（二）上级领导进入本办公室检查指导工作，工作人员应起立迎接、主动让座，以示尊敬。违者每次罚款5～10元。

（三）外来客人到办公室洽谈业务、联系工作，工作人员应遵守基本接待礼仪，不得出现有损公司形象的不礼貌行为。违者每项次罚款5～10元。

（四）要树立节能节水意识，在室内光线许可的情况下不得开“长明灯”，不得“长流水”。违者每项次罚款5～10元。

（五）要保持办公室卫生环境，做到物有定置、无积尘、无污迹，文件及书籍摆放要整齐。办公室环境脏乱差的，每次对责任人罚5～10元。

（六）要注意保持办公楼楼道及楼外环境卫生，不得向窗外和楼道乱扔杂物。违者每次罚款50～100元。

（七）工作时间内，要保持办公室严肃紧张的工作氛围，不得长时间聚众闲聊和做与工作无关的事。违者一次罚款50元。

（八）要树立防火防盗安全意识，较长时间离开办公室或下班后要关闭电器电源、锁好门窗。违者每项次罚款50元。

（九）接听电话应及时，一般铃响不应超过三声，如对方所找同事不能接听，离之最近的员工应主动接听，重要电话必须作好接听记录。

（十）员工接待公司内外人员咨询，应礼貌待人，注视对方，微笑应答，切不可冒犯客户。

第四十六条　除特殊情况外，未经允许，严禁着装不整的员工进入办公室或办公楼。违者每项次对责任人（包括门卫）罚款50元。

第四十七条　擅闯他人办公室，无理取闹、寻衅滋事影响正常办公秩序的，每次对责任人罚款100元，并按违反劳动纪律论处，记“三违”一次。

第四十八条　未经公司领导同意和批准，严禁将公司文件或其他重要资料外借外送。违者每份次对直接责任人罚款100元，并按违反劳动纪律论处，记“三违”一次。

第四十九条　员工有责任和义务保守企业机密。泄露企业机密，但未造成后果的，每次对责任人罚款100元，并按违反劳动纪律论处，记“三违”一次；造成后果的可视情节轻重，给予200元及以上罚款直至解除劳动合同。

第九章　会场会议规范

第五十条　筹备会议期间，相关人员应遵守下列规范。

（一）根据上级安排，会议的组织者应及时准确下达会议通知。因通知原因造成应与会员工未能按时参加会议的，一般会议每人次对责任人罚款20元，重要会议每人次对责任人罚款50元。

（二）接会议通知人员应及时准确转达给应与会员工。因通知转达不到位造成应与会人员未能按时参加会议的，对责任人按前款规定处理。

（三）会议组织者要积极做好会议筹备工作。因筹备不到位造成会议无法正常进行的，一般会议对主要责任人罚款200元，对次要责任人罚款100元，重要会议视情节轻重对主要责任人罚款50～1000元，其余责任人罚款200元。

第五十一条　召开会议是严肃的集体活动，应与会人员均应予以认真对待，并在会议正式开始前遵守下列规范。

（一）严守会议时间并准时到会。会议正式开始前，与会人员迟到10分钟以内按每分钟10元的标准予以罚款；迟到10分钟及以上的，罚款100元。

（二）公司组织的大型会议，各单位必须在会场外（办公楼外）整好队伍后由负责人带队入场。否则，对单位责任人罚款要100元。

（三）除会议指定坐位和为领导、主持人预留坐位外，与会人员应本着由左向右、由前向后（面向主席台或主持人席）的顺序依次就座，违者罚款20元。

（四）应与会人员未经会议组织者批准而擅自缺席会议的，按会议“一般”和“重要”两种程度分别对责任人罚款100元和200元。

第五十二条　在会议进行期间，全体与会者均应自觉维护会场秩序，保持会场安静，不得影响发言人的讲话与听众的倾听。违反下列条款者，每项次罚款20元。

（一）进入会场手机一律打振动，会议进行期间严禁接打电话；如遇特殊情况确需接打电话，须轻声离坐到会场外进行，但不得在会场外大声讲话。

（二）严禁随意在会场内走动、严禁交头接耳、未经会议允许，严禁在会场内吸烟。

（三）会议进行期间，除非进行讨论，不得中途打断他人发言，如有不同意见或做补充，须待他人发言结束举手并得到主持人允许后进行。

（四）参加会议，必须自始至终。严禁在会议中途逃会，如遇特殊原因，需要中途离去，须向会议组织者或主持人请假，经同意后方可离开会场。

第五十三条　参加公司大型会议的人员要按照第四章有关规定做到规范着装，违者将加倍罚款；在主席台就坐人员按夏季白色短袖衬衫，其他季节深色（蓝、黑）西服、白色衬衫的标准规范着装。

第五十四条　非与会人员擅闯会场并影响会议正常进行的，对责任人罚款100元；会议设有保安人员的将追究保安人员同等责任。

第五十五条　会议结束经主持人正式宣布散会后，与会人员方可退场，退场顺序以按照由近及远（以会场门口为准）、由右向左（面向主席台或主持人席）的顺序依次退场，走出会场人员严禁在会场门口逗留，以免影响他人出场。违者罚款20元。

第十章　其他行为规范

第五十六条　员工应自觉爱护公物及公共设施。损坏公物和公共设施要照价赔偿；故意损坏公物和公共设施者除照价赔偿外同时处以1～2倍的罚款。

第五十七条　员工应自觉爱护环境。对故意践踏草坪、损毁花卉及树木者，按具体损毁情况处以50元及以上罚款。

第五十八条　员工在厂区范围内乱写、乱贴、乱划的，一经发现每处罚款100元，内容属反动、侮辱、诽谤、中伤他人的将加倍罚款并进行强制教育。

第五十九条　在严禁烟火场所及部位（仓库、料场、油库）吸烟者，一经发现给予违禁者及相关责任人500元罚款，相关责任人在上述部分吸烟的将给予双倍罚款处理。

第六十条　公司门岗值勤人员应认真履行本岗职责，并遵守下列规范。违者每项次罚款50元。

（一）严禁与本区无关的私家车驶入并使用区域内停车场。

（二）严禁无关外来人员进入本区域。

（三）严禁人员携带宠物进入本区域。

（四）严禁明显带有精神疾患的外来人员进入本区域。

（五）上下班高峰期，门岗值勤人员应站立执勤。

第六十一条　对允许进入的外来车辆，门岗值勤人员和停车场秩序维持人员应给予正确导引，因导引不到位或导引错误造成违规停车，对责任人处以每辆次50元的罚款。

第十一章　附则

第六十二条　进入公司厂区的外来人员，均必须遵守本规范之规定，外来人员不遵守本规定，公司执法人员有权将其驱逐出厂区。

第六十三条　凡处公司区域内的其他兄弟单位均应遵照本规范教育所属员工并执行，违者公司执法人员有权禁止其进入或将其驱逐出厂区。

第六十四条　本规范未尽事宜按公司其他有关规定执行，其他有关规定与本规范相违背的按本规范执行。

第六十五条　本规范自印发之日起施行。

第六十六条　本规范由集团公司人力资源部负责解释。

三、企业职员礼仪守则范文实例

公司职员礼仪守则

第一章　公司内部礼仪

第一条　职员必须仪表端庄、整洁。具体要求如下。

（一）职员头发要经常清洗，保持清洁，男性职员头发不宜太长。

（二）指甲不能太长，应经常注意修剪。女性职员涂指甲油要尽量用淡色。

（三）胡子不能太长，应经常修剪。

（四）保持口腔清洁，上班前不能喝酒或吃有异味的食品。

（五）女性职员化妆应给人清洁、健康的印象，不能浓妆艳抹，不宜用香味浓烈的香水。

第二条　工作场所的服装应清洁、方便，不追求修饰。具体要求如下。

（一）无论是什么颜色的衬衫，领子与袖口不得过脏。

（二）外出前或要在众人面前出现时，应戴领带，并注意与西装、衬衫颜色相配。领带不得肮脏、破损或歪斜松弛。

（三）鞋子应保持清洁，如有破损应及时修补，并且不得穿带钉子的鞋。

（四）女性职员要保持服装淡雅得体，不得过分华丽。

（五）职员工作时不宜穿大衣或过分臃肿的服装。

第三条　在公司内职员应保持优雅的姿势和动作。具体要求如下。

（一）站立时，两脚脚跟着地，脚尖离开约45度，腰背挺直，胸膛自然，颈脖伸直，头微向下，使人看清你的面孔。两臂自然，不耸肩，身体重心在两脚中间。会见客户，或者出席仪式站立场合，或者在长辈、上级面前，不得把手交叉抱在胸前。

（二）坐下后，应尽量坐端正，把双腿平行放好，不得傲慢地把腿向前伸，或者向后伸，或者俯视前方。要移动椅子的位置时，应先把椅子放在应放的地方，然后再坐。

（三）公司内与同事相遇应点头行礼表示致意。

（四）握手时用普通站姿，并目视对方眼睛。握手时脊背要挺直，不弯腰低头，要大方热情，不卑不亢。伸手时，同性间应先向地位低或年轻的，异性间应先向男方伸手。

（五）进入房间，要先轻轻敲门，听到应答再进。进入后，回手关门，不能大力、粗暴。进入房间后，如对方正在讲话，要稍等静候，不要中途插话，如有急事要打断说话，也要看住机会。并且，要说："对不起，打断你们的谈话。"

（六）递交物件时，如递文件等，要把正面、文字对着对方的方向递上去；如是钢笔，要把笔尖向自己，使对方容易接着；至于刀子或剪刀等利器，应把刀尖向着自己。

（七）走通道、走廊时，要放轻脚步。无论在自己的公司，还是对访问的公司，在通道和走廊里不能一边走一边大声说话，更不得唱歌或吹口哨等。在通道、走廊里遇到上司或客户时，要礼让，不得抢行。

第二章　日常业务中的礼仪

第四条　正确使用公司的物品和设备，提高工作效率。

（一）公司的物品不能野蛮对待，挪为私用。

（二）及时清理、整理帐簿和文件、对墨水瓶、印章盒等盖子使用后及时关闭。

（三）借用他人或公司的东西，使用后及时送还或归放原处。

（四）工作台上不能摆放与工作无关的物品。

（五）公司内以职务称呼上司。同事、客户间以先生、小姐等相称。

（六）未经同意不得随意翻看同事的文件、资料等。

第五条　正确、迅速、谨慎地打、接电话。

（一）电话来时，听到铃响，至少在第二声铃响前取下话筒。通话时，要先问候，并自报公司、部门；对方讲述时，要留心听，并记下要点；未听清时，应及时告诉对方；结束时，礼貌道别，待对方切断电话，自己再放话筒。

（二）通话简明扼要，不得在电话中聊天。

（三）对不指名的电话，判断自己不能处理时，可坦白告诉对方，并马上将电话交给能够处理的人。在转交前，应先把对方所谈内容简明扼要告诉接收人。

（四）工作时间内，不得打私人电话。

第三章　与客户的业务礼仪

第六条　接待工作及其要求。

（一）在规定的接待时间内，不缺席。

（二）有客户来访，马上起来接待，并让座。

（三）来客多时，以序进行，不能先接待熟悉客户。

（四）对事前已通知来的客户，要表示欢迎。

（五）应记住常来的客户。

（六）接待客户时，应主动、热情、大方、微笑服务。

第七条　介绍和被介绍的方式和方法。

（一）无论是何种形式、关系、目的及方法的介绍，应该对介绍负责。

（二）直接见面介绍的场合下，应先把地位低者介绍给地位高者。若难以判断，可把年轻的介绍给年长的。在自己公司和其他公司的关系上，可把本公司的人介绍给别的公司人。

（三）把一个人介绍给很多人时，应先介绍其中地位最高的或酌情而定。

（四）男女间的介绍，应先把男性介绍给女性。男女地位、年龄有很大差别时，若女性年轻，可先把女性介绍给男性。

第八条　名片的接受和保管。

（一）名片应先递给长辈或上级。

（二）把自己的名片递出时，应把文字向着对方，双手拿出，一边递交一边清楚说出自己的姓名。

（三）接对方的名片时，应双手去接，拿到手后，要马上看，正确记住对方姓名后，将名片收起。如遇对方姓名有难认的文字，应马上询问。

（四）对收到的名片妥善保管，不得随意丢弃，以便检索。

第四章　附则

第九条　本守则自印发之日起施行。

第十条　本守则由集团公司人力资源部负责解释。

四、企业劳动纪律管理制度范文实例

公司劳动纪律管理制度

第一章　总则

第一条　为进一步加强劳动纪律管理，增强员工遵守劳动纪律的自觉性，确保集团公司生产经营工作的顺利进行，特制订本制度。

第二条　本制度适用于集团公司总部，各分、子公司可参照执行。

第二章　劳动纪律的内容

第三条　劳动纪律是指员工在共同劳动中必须遵守的规则或秩序，要求每名员工按规定的时间、程序及方法完成自己承担的工作（生产）任务。劳动纪律的主要内容包括组织方面的纪律、生产技术方面的纪律以及工作时间方面的纪律等。

第四条　组织方面的纪律是指员工服从组织安排和领导分配，严守国家秘密和集团公司商业秘密等。

第五条　生产技术方面的纪律是指遵守岗位责任制、工艺技术操作规程、安全操作规程、技术检查制度以及交接班制度等。

第六条　工作时间方面的纪律是指遵守工作时间制度和考勤制度等。

第三章　组织纪律

第七条　员工应服从领导，听从指挥与调度（违章指挥除外），不准无理取闹、与领导争吵。

第八条　员工应服从组织合理的分工与分配，不准讨价还价。

第九条　员工应严守国家与集团公司机密，不准说不该说的机密，不准问不该知道的机密，不准看不该看的机密，严禁在公共场所谈论集团公司的机密问题。

第十条　员工在岗应安心生产工作，按时完成生产工作任务，不准在岗位上聊天、玩游戏或干与工作无关的事；不准带与工作无关的人进入生产工作现场；不准因消极怠工而延误完成任务的时间。

第十一条　员工应坚守生产工作岗位，不准擅自离岗、串岗及私自顶岗。

第四章　生产技术纪律

第十二条　员工应严格执行生产工艺规范和操作规程，不准随意或越级更改生产工艺和违反操作规程进行操作。

第十三条　员工应严格按安全操作规程操作，不准违章指挥、违章操作以及随意或越级更改安全操作规程。

第十四条　员工应严格遵守技术检查制度，不准随意更改或放宽产品质量检验标准并据此进行检验。

第十五条　倒班员工应按时交接班，认真填写交接班记录并完好保管，不准提前或推迟交接班时间。

第五章　工作时间纪律

第十六条　员工应按时上、下班，不准迟到、早退。

第十七条　员工实际上班时间以到岗或打卡时间为准，实际下班时间以离岗或打卡时间为准。

第十八条　员工应严格遵守请假制度，除特殊情况外，不准事后补假或托人请假。

（一）员工请假半天以内的由班组长（室主任）批准，请假5天及以内的由其所在单位领导批准，5天以上的由集团公司主管领导批准，并报人力资源部备案。

（二）中层领导人员请假一天及以内的由集团公司主管领导批准；一天以上由集团公司党政主要领导批准，并报人力资源部备案。

（三）准假后员工方可在工作时间外出看病，看病时间按月累计，按病假处理。病假、工伤假以医院诊断书为准。

第十九条　员工应在规定工作时间出满勤，不准旷工。

第六章　违纪处理

第二十条　对一年之内违反组织纪律，不服从领导、指挥及调度，无理取闹，与领导争吵，拒绝执行集团公司指令，无正当理由不服从分工，工作讨价还价者，初次进行通报批评，责令其立即改正错误并作深刻检查，并视其认识错误的态度直至给予行政警告处分；再次视为严重违纪，集团公司解除其劳动合同。

第二十一条　无故缺勤、无特殊情况事后补假或托人请假均视为旷工。对旷工员工的处理按照“集团公司员工考勤管理办法”执行。

第二十二条　对违反集团公司保密规定，泄露国家机密或集团公司商业机密，损害集团公司利益者，按集团公司保密规定进行处理。

第二十三条　凡发生以下违纪行为之一者，视情节轻重给予通报批评或行政警告及以上处分。其中，给集团公司造成损失一万元及以下者，给予行政记过处分；给集团公司造成损失一万元以上者，给予行政记大过处分，并按经济损失的30%予以赔偿。

（一）随意或越级更改生产工艺和违反操作规程进行操作。

（二）随意或越级更改安全操作规程和违章指挥或违章操作。

（三）随意更改或越级放宽产品质量检验标准，并据此进行检验。

第二十四条　违纪处理程序。

（一）各单位将违纪情况如实报告集团公司人力资源部，经劳动纪律管理检查领导小组讨论形成处理意见，报总经理办公会议审议通过后执行。

（二）若本人对集团公司处理不服，则在集团公司作出处理决定15天内向集团公司劳动争议调解委员会申请调解。

（三）若调解无效，可向地方行政主管部门申请仲裁。

（四）对仲裁不服的，可向地方人民法院提起诉讼。

第七章　其他规定

第二十五条　集团公司实行员工个人签到考勤或打卡考勤，并实行考勤月报制度。各单位填写“月份员工出勤情况汇总表”并附各种假条，经单位领导审查签字后报送人力资源部。

第二十六条　劳动纪律管理实行单位领导负责制，各单位第一负责人对本单位的劳动纪律管理负责。集团公司将劳动纪律管理纳入各单位及其领导人员考核内容。

第二十七条　集团公司人力资源部组织相关单位成立劳动纪律管理检查领导小组，对各单位执行劳动纪律的情况进行检查，并依照本制度制订对违纪单位或人员提出处理意见。

第八章　附则

第二十八条　本制度自印发之日起施行。

第二十九条　本制度由集团公司人力资源部负责解释。

五、企业员工形象准则范文实例

公司员工形象准则

第一章　员工形象

第一条　着装要求。

（一）员工在工作时间内，穿着及修饰应稳重大方、整洁清爽、干净利落。

（二）员工衣着要求得体、协调、整洁、悦目，衣服平整，符合时节。

（三）会见客户时，员工必须着正装，不得穿牛仔裤、牛仔衣、旅游鞋或其他过于休闲的衣服。

（四）女士不得穿领口过低的衣服（不得低于锁骨下3厘米）、吊带衫、超短裙（及膝不得高于5厘米）、拖鞋、休闲服饰或其他有碍观瞻的奇装异服。夏天不得穿无袖或过于暴露衣裙，不得化浓妆，金银饰物或其他饰物应佩戴得当。

（五）男士不可穿圆领T恤、短裤、背心、拖鞋。销售部门着装要求为西装、衬衣、领带、西裤、皮鞋，衬衫整洁、下摆放在裤腰内，衬衫的领子与袖口不得污秽，领带不得肮脏、破损或歪斜、松弛，皮鞋保持光亮整洁。

（六）在隆重、庄严的正式场合及会见客户时，男士要着长袖衬衫、穿西服、打领带。女士要穿正式的职业服装。

（七）全体员工衣服颜色要大方得体，女士不能穿太花、太艳、太透的服装，男士不能穿颜色过于花哨的服装。

第二条　仪容仪表。

（一）员工上班应注意将头发梳理整齐。男士发不过耳，并不准留胡子；女士上班宜化淡妆，金银或其他饰物的佩戴应得当，不戴夸张的饰物。

（二）员工要注意个人卫生，勤洗头、勤洗澡、勤剪指甲。身上无汗味、异味。上班前，员工不能喝酒或吃有异味食品，保持口腔清洁。

第三条　行为举止。

（一）站姿：两脚脚跟着地，脚尖离开约45度，腰背挺直，颈脖自然伸直，头微向下，使人看清你的面孔。两臂自然，不耸肩，身体重心在两脚中间。

（二）坐姿：坐下后，应尽量坐端正，把双腿平行放好，不得把腿向前伸或向后伸；要移动椅子的位置时，应先把椅子放在应放的地方，然后再坐下。

（三）行走：男士抬头挺胸，步履稳健、自信，避免八字步。女士背脊挺直，双脚平行前进，步履轻柔自然，避免做作。

第二章　职场礼仪

第四条　公司内以职务称呼上司，如张经理、王主管；同事间以职位、职称、年龄状况称呼，如何工、卢师傅、赵姐、小杜等称呼；面对客户应以先生、小姐、女士等相称。

第五条　公司内与管理人员（主管、经理、老总等）相遇应面带微笑，并问好，“××总/××经理/××主管，您好！”；同事相遇应面带微笑点头行礼，以表示致意。

第六条　需要用手指引某样物品或接引客户时，食指以下靠拢，拇指向内侧轻轻弯曲，指示方向。

第七条　介绍和被介绍的方式与方法。

（一）直接见面介绍的场合下，应先把地位低者介绍给地位高者。若难以判断，可把年轻的介绍给年长的。在自己公司和其他公司的关系上，把本公司的人介绍给别的公司的人。

（二）把一个人介绍给很多人时，应先介绍其中地位最高的或酌情而定。

（三）男女间的介绍，应先把男性介绍给女性。男女地位、年龄有很大差别时，若女性年轻，可先把女性介绍给男性。

第八条　名片的接受和保管。

（一）名片应先递给长辈或上级。

（二）把自己的名片递出时，右手的拇指、食指和中指合拢，夹着名片的右下部分使对方好接拿，以弧状的方式递交于对方的胸前。应把文字向着对方，双手拿出，一边递交一边清楚说出自己的名字。

（三）接对方的名片时，应双手去接，拿到手后，要马上看，正确记住对方姓名后，将名片收起。如遇对方姓名有难认的文字，应马上询问。

（四）对收到的名片妥善保管，以便检索。

（五）会客前检查和确认名片夹内是否有足够的名片。

（六）不要将名片放在裤袋里。

第九条　向距离远的人打招呼时，伸出右手，右胳膊伸直高举，掌心朝着对方，轻轻摆动。

第十条　握手时，手要洁净、干燥和温暖。先问候再握手。伸出右手，手掌呈垂直状态，五指并用，握手约3秒钟。不要用左手握手。与多人握手时，遵循先尊后卑、先长后幼、先女后男的原则。若戴手套，先脱手套再握手。切忌戴着手套握手或握完手后擦手。握手时注视对方，不要旁顾他人物品。用力要适度，切忌手脏、手湿、手凉和用力过大。与异性握手时用力轻、时间短，不可长时间握手和紧握手。掌心向上，以示谦虚和尊重，切忌掌心向下。

第十一条　为表示格外尊重和亲密，可以双手与对方握手。要按顺序握手，不可越过其他人正在相握的手去同另外一个人握手。

第十二条　共乘电梯的礼仪。

(一) 先按电梯，让客户先进。若客户不止一人时，可先进电梯，一手按“开”，另一手按住电梯侧门，对客户礼貌地说：“请进！”

(二) 进入电梯后，按下客户要去的楼层数。侧身面对客户。如无旁人，可略作寒暄。如有他人，应主动询问去几楼，并帮忙按下。

(三) 到目的地后，一手按“开”，一手做请出的动作，说：“到了，您先请！”客户走出电梯后，自己立即步出电梯，在前面引导方向。

第十三条　与客户及同事交谈，站立应端正，就坐要挺直，用心倾听对方讲话，讲话时语气温和，语言文明。

第十四条　接听电话时语音语调要柔和，铃响三声内必须接听电话。电话主机接听时，应说：“您好，××公司。”电话分机接听：“您好，××部，我是××。”接听电话应及时，一般铃响不应超过三声，如对方所找同事不能接听，要做好电话记录，记清对方姓名、单位、电话号码、联络事项等。

第十五条　进入个人办公室前，要先轻轻敲门，听到应答后再进入。进入后，回手关门，不能大力、粗暴；如对方正在讲话，要稍等静候，不要中途插话，即使要打断说话，也要看住机会，而且要说：“对不起，打扰一下。”

第十六条　递交物品时，如递文件，应把正面文字对着对方的方向递送，如是笔、剪刀等利器，应把尖边朝向自己，以便对方接拿。

第十七条　无论在自己的公司，还是在其他场合，在通道和走廊里不能一边走一边大声说话，更不得唱歌或吹口哨。在通道、走廊里遇到上司或客户要礼让，不得抢道。

第十八条　员工在办公区域内不得吸烟，不得当众挖鼻孔，剪指甲，掏耳朵。

第十九条　公司内与同事相遇应打招呼，表示致意，办公区域内应讲普通话、不得讲脏话粗话，礼貌用语，尊重他人。

第二十条　公司员工进入工作区域须自觉佩带员工号牌，工牌必须外露，充分展示公司形象，不得隐藏于衣服内。

第三章　办公环境

第二十一条　员工应保持良好的办公室环境，不得随地乱丢垃圾，且应将垃圾丢入垃圾桶。

第二十二条　员工离开座位时应保持桌面清洁，桌面文件栏、电话机等物品摆放整齐，文件栏内文件应作好相关标识，废纸、杂物等到不得存放文件栏。桌面不得有其他杂物，离开座位应将椅子归位，不得随意摆放。

第二十三条　公司墙面张贴公司企业文化内容和公司有用信息，应在公司行政部统一安排下张贴和悬挂，不得将个人信息和影响美观和整体布局物品张贴墙面。

第二十四条　文件柜、图书柜等上的文件、书籍等应摆放整齐，并作好相关标识。

第二十五条　培训教室和会议室使用完后，由使用部门或组织部门负责清理现场。使用空调或电脑的，应及时关闭电源。

第二十六条　培训教室和会议室的桌椅是专配的，不能随意搬到部门内使用，保证部门内部区域使用同一类型的办公椅。员工内部亦不能私自交换其他人的桌椅。

第二十七条　手袋、电脑包、饮料瓶及雨伞不能放在桌面和阳台上，应该放在抽屉内或统一整齐摆放在部门经理指定的收纳处。

第二十八条　报刊、杂志、废纸、饮料瓶等可变卖的杂物及时交给行政部统一处理，不要长时间留在部门内或丢在垃圾篓内，影响办公室整洁。

第二十九条　空调使用责任人严格按照当前执行的空调管理规定执行，行政部负责开关电源总闸。

第三十条　办公区域禁止讲方言，提倡普通话，禁止大声喧哗。

第四章　办公秩序

第三十一条　员工上下班必须自觉到电子指纹考勤机处打卡，考勤考核按公司当前执行的考勤制度执行。

第三十二条　工作期间，不得无故离岗、串岗，不得闲聊、吃零食、大声喧哗，确保办公场所安静有序。上班时间，严禁做与工作无关的事情，如浏览与工作无关的网站，上网聊天、玩游戏，阅读与工作无关的书报，长时间或频繁拨打私人电话等。不得喧哗、嬉闹、唱歌、打牌、趴伏、躺卧、用电脑玩游戏、不准聚众闲聊，不准看与工作无关的书籍和报纸杂志。

第三十三条　不得在办公区域就餐，上班时间不得吃零食，并且禁止携带异味物品进入办公区域。

第三十四条　上班时间不准做与工作无关的事情，不乱窜办公室干扰其他人员工作。

第三十五条　除销售部门之外，工作时间内员工手机必须调成振动模式。

第三十六条　除总经理会客室等特殊场所外，所有工作区域及卫生间、洗漱间、走廊内严禁吸烟。吸烟者只能在楼梯间限时吸烟，并注重卫生，不得乱弹烟灰，乱扔烟头。上班期间，禁止饮用含酒精类饮料，禁止在办公区域包括楼梯间或走道处就餐。

第三十七条　杂物一律倒入垃圾桶内，严禁向茶水间的水池倾倒茶叶渣滓等。

第三十八条　请自觉保持洗手间卫生，手纸及废弃物品不得随意丢弃，便后应冲洗便池。

第三十九条　员工接待完来访客户之后，应主动打扫接待室，以保持接待室内整洁。

第四十条　员工应在每天工作时间开始前和工作时间结束后做好个人工作区内的卫生保洁工作，保持物品整齐，桌面清洁。下班离开公司前，必须关好门窗，关闭计算机、电灯、空调、茶水桶等设施电源。

第四十一条　发现办公设备（包括通讯、照明、影音、计算机、建筑等）损坏或发生故障，应立即向行政部报修。

第四十二条　严禁使用QQ和上网玩游戏，内部信息沟通一律使用OA系统。如有特殊情况必须使用QQ者，必须报部门经理审批，并到行政部登记备案。

第四十三条　员工外出必须经部门经理同意，出门必须如实填写外出登记表，返回公司须及时销号。

第四十四条　爱护公司的一切物品，不得有意破坏、私用、私拿、公司的各种物品。

第四十五条　工作期间，私人电话尽量避免，确需处理时，力求简短。

第四十六条　下班后，办公桌上不能摆放文件、纸张以及其他杂物；电话要放好，资料物品放置于文件夹内，书籍之类可放进文件柜或整齐的放在办公桌上；椅子必须放正，不要歪歪斜斜；最后离开办公室的人要关闭办公设备、灯具以及其他不用的电源。

第五章　处罚条例

第四十七条　凡一个月内，违反上述规定一次者，扣除20元。

第四十八条　凡一个月内累计两次及以上违反者，自第二次开始每次给予扣行政一分。

第六章　附则

第四十九条　本准则自印发之日起施行。

第五十条　本准则由集团公司人力资源部负责解释。

六、服务行业员工文明服务行为规范范文实例

供电营业员工文明服务行为规范

第一章　总则

第一条　为规范供电营业员工文明服务行为，根据公司管理制度的有关规定，特制订本规范。

第二条　本规范适用范围全公司供电营业员工，包括客户代表、装表接电、用电检查、用电稽查、营业抄表、营业收费、用电业扩、业扩施工、热线服务、咨询服务、电力紧急服务以及负荷管理等岗位的工作人员。

第二章　基础行为规范

第三条　品质、技能、纪律是文明服务行为规范的基础规范，是对供电营业员工在职业理想、职业道德、职业技能及职业纪律等方面提出的总体要求，也是落实文明服务行为规范必备的综合素质。

第四条　品质。敬业爱岗、忠于职守。

(一) 坚持“人民电业为人民”的行业宗旨和“优质、方便、规范、快捷”的供电服务方针，牢固树立全心全意为人民服务的思想观念，做到服务人民，奉献社会，让政府放心，让客户满意。

(二) 强化市场意识、服务意识、效益意识、形象意识， 具有强烈的职业责任感和事业心，做到对工作兢兢业业，对同志满腔热忱，对客户服务周到，维护客户与供电企业的共同利益。

(三) 讲究文明礼貌、仪表仪容，树立诚信观念和信用意识，真诚对待客户，做到诚实守信，规范服务，公平、公正。

(四) 发扬团队精神，维护企业整体形象，部门之间、上下工序之间、员工之间相互尊重，密切配合，团结协作。

第五条　技能。勤奋学习、精通业务。

(一) 树立终身学习理念，勤奋学习科学文化知识，加强思想道德修养，积极

参加文化、技术培训，努力增强综合素质，不断提高分析、认识、解决问题的能力和交往、协调、应变等方面的能力。

（二）刻苦钻研业务，苦练基本功和操作技能，精通业务规程、岗位操作规范和服务礼仪，熟练掌握与本职工作相关的业务知识和专业技能。不断充实、更新现代业务知识和工作技能，努力学习和运用最新的科学技术。

第六条　纪律。遵章守纪、廉洁自律。

（一）模范遵守国家法律、法规及规章，熟练掌握与本职业务相关的法律知识，廉洁自律，秉公办事，不以电谋私，不吃拿卡要，不损害客户利益，不徇私情，按照工作程序和权限履行职责。

（二）严格遵守企业的各项规章制度，自觉执行劳动纪律、工作标准、作业规程及岗位规范，不迟到，不早退，工作时间不办私事，不擅自离岗、串岗，不聊天，不做与工作无关的事情。

第三章　外在形象规范

第七条　着装、仪容及举止是供电营业员工的外在表现，它既反映了员工个人修养，又代表企业的形象。

第八条　着装。统一、整洁、得体。

（一）服装整洁得体，端庄大方，无污渍。按规定佩戴好统一编号的服务证（牌）。

（二）着西装时，打好领带，扣好领扣，不挽袖口和裤脚。衬衣下摆束入裤腰和裙腰内，袖口扣好，内衣不外露。

（三）鞋、袜保持干净卫生，在工作场所不打赤脚，不穿拖鞋。

第九条　仪容。自然、大方、端庄。

（一）头发梳理整齐，修饰得当，不染彩色头发，不戴夸张的饰物。颜面和手臂保持清洁，不留长指甲，不染彩色指甲。

（二）男员工头发长不覆额，侧不掩耳，后不触领，不留胡须。女员工淡妆上岗，工作时间不能当众化妆。

（三）保持口腔清洁，工作前忌食具有刺激性气味的食品。

第十条　举止。文雅、礼貌、精神。

（一）精神饱满，保持微笑，注意力集中。

（二）坐姿良好，上身自然挺直，不用手托腮，不跷二郎腿，不抖动腿。椅子过低时，女员工应双膝并拢侧向一边。

（三）站姿端正，抬头、挺胸、收腹，双手自然下垂，双脚并拢。走路步幅适当，节奏适宜。

（四）避免在客户面前打哈欠、伸懒腰、打喷嚏、挖耳朵等，尽量减少不必要的手势和动作。

第四章 一般行为规范

第十一条 接待、会话、服务、沟通属文明服务的一般行为。供电营业员工必须从客户的需求出发，科学、规范地做好接待和服务工作，赢得客户的满意和信赖。

第十二条 接待。微笑、热情、真诚。

（一）接待客户热情、周到、真诚，做到来有迎声，去有送声，有问必答，百问不厌。

（二）属于供电企业职责范围内的业务，不论是否对口，接待人员都要认真倾听，热心引导，快速衔接，并为客户提供准确的联系人、联系电话及地址。

第十三条 会话。亲切、诚恳、谦虚。

（一）使用文明礼貌用语，语音清晰，语气诚恳，语速平和，语意明确，语言简练，态度亲切，提倡讲普通话。严禁说脏话，尽量少用生僻的专业术语。

（二）与客户交谈时，要认真倾听，专心致志，面带微笑，注意谈话艺术，不随意打断客人的话语。

第十四条 服务。快捷、周到、满意。

（一）认真、仔细询问客户的办事意图，快速办理相关业务。接到同一客户较多业务时，要帮助他们分出轻重缓急，合理安排好前后顺序，缩短办事时间。

（二）遇到两位以上客户办理业务时，既要认真办理前面客户的业务，又要礼貌地与后面的客户打招呼，请其稍候。

（三）遇到不能办理的业务时，要向客户说明情况，争取客户的理解和谅解。

第十五条 沟通。冷静、理智、策略。

（一）耐心听取客户的意见，虚心接受客户的批评，诚恳感谢客户提出的建议，做到有则改之，无则加勉。不能顶撞和训斥客户，更不能与客户发生争执。

（二）如果属自身工作失误，要立即地向客户赔礼、道歉。

（三）自己拿不准的问题，不回避，不否定，不急于下结论，应及时向领导汇报后再答复客户。

第五章 具体行为规范

第十六条 具体行为规范是指与业务工作更直接相关的服务规范。要通过高效、真诚、周到、优质的服务，让客户高兴而来，满意而去，为供电企业开辟更广阔的市场。

第十七条　柜台服务。优质、高效、周全。

（一）按时营业，工作人员至少提前5分钟上岗，检查计算机、打印机以及触摸服务器等营业厅服务设施，做好营业前的各项准备工作。

（二）实行首问负责制，被客户首先访问的工作人员，有责任引导客户办好各种手续。

（三）接待客户时，应起身相迎，微笑示座，认真倾听，准确答复。客户办完业务离开时，应微笑与客户告别。

（四）需要客户填写业务登记表时，要将表格双手递给客户，并提示客户参照书写示范样本填写。认真审核客户填写的业务登记表，如填写有误，应礼貌地请客户重新填写，并给予热情的指导和帮助。

（五）坚持“先外后内”的原则，当有客户来办理业务时，应立即放下手中的其他工作，马上接待客户；如手中工作确实不能立即放下，应先向客户致歉，请客户稍候，并尽快接待客户。

（六）因系统出现故障而影响业务办理时，如短时间内可以恢复的，应请客户稍候，并致歉；需较长时间才能恢复的，除向客户道歉外，应留下客户的联系电话，再另行预约。

（七）残疾人及行动不便的客户来办理业务时，应上前搀扶，代办填表等事宜，并请客户留下联系电话和地址，以便上门服务。对听力不好的老年人，声音应适当提高，语速放慢。

（八）因前一位客户办理时间过长，让下一位客户久等时，应礼貌地向客户致歉。

（九）当客户的要求与政策法规及本企业制度相悖时，要向客户耐心解释，争取客户理解，不能与客户发生争执；当客户过于激动时，可由专人接待并做好进一步解释工作。

（十）临下班时，对于正在处理中的业务应照常办理完毕后方可下班。下班时仍有等候办理业务的客户，不可生硬拒绝，应迅速请示领导，视具体情况加班办理。

第十八条　信息服务。畅通、方便、高效。

（一）时刻保持电话畅通，电话铃响5声内接听（超过5声的应首先道歉），应答时要首先问候，然后报出单位名称。

（二）受理客户咨询业务时，应耐心、细致地答复。不能当即答复的问题，应向客户致歉，并留下联系电话，经研究或请示领导后，尽快答复。

（三）接到客户电话报修时，详细询问故障情况。如判断是客户内部故障，电话引导和协助客户排除故障；如无法判断故障原因或判断确属于供电部门维修范围内的故障，要详细记录客户的姓名、电话、地址，立即通知抢修部门前去处理。

（四）因线路检修引起停电时，应主动向客户致歉，并告知客户预计恢复供电的大约时间。

（五）接到客户投诉或举报时，应向客户致谢，详细记录具体情况后，立即转递相关部门或领导处理。投诉电话应在5日内，举报电话应在10日内，给予答复。

（六）当客户打错电话时，应礼貌地作出说明。遇到骚扰电话时，应严正指出其错误行为，但不能使用脏话。

（七）在接听电话过程中，重要内容要注意重复、确认。通话结束时，必须等客户先挂断电话后再挂电话，不可强行挂断。

（八）负责网上业务查询、报装、投诉及咨询服务的人员，要制作分门别类、色彩明快的各种表格，方便客户正确使用。网上内容应包括停电通知、电费电价、业务流程、日常用电常识及各项电力政策法规等，并设有导航服务系统和“请点击”的字样，首行文字应键入“感谢您进入××网页”字样。

（九）准时打开网络服务器，及时回复业务受理情况，并公布办理结果。

第十九条　现场服务。安全、守信、满意。

（一）在服务前，应与客户预约时间，讲明工作内容和工作地点，请客户予以配合。

（二）与客户会面时，应主动出示工作证件，并进行自我介绍。遵守客户内部有关规章制度，尊重客户的风俗习惯。

（三）现场工作时，需借用客户物品（如椅子等），应征得客户同意，用完后应先清洁再轻轻放回原处，并向客户致谢。需进入客户室内时，应先按门铃或轻轻敲门，主动出示工作证件或做自我介绍，征得同意后，戴上鞋套，方可入内。工作结束时，应及时清理工作现场并向客户致谢。

（四）发现客户有违约或窃电行为时，用电检查等人员应依据有关法规礼貌地向客户指出。遇到态度蛮横，拒不讲理的客户，要及时报告有关部门，而不要与其吵闹，以防止出现过激行为。

（五）发现因客户责任引起的电能计量装置损坏，应礼貌地与客户分析损坏原因，由客户确认，并在工作单上签字。

（六）用电工程验收中，发现有不符合规程要求的问题时，应向客户耐心说明，并留下书面整改意见。尽量满足客户的合理要求，遇有客户提出非正当要求或要求无法达到时，应向客户委婉说明原则。

（七）如损坏了客户原有设施，必须为客户恢复原貌或等价赔偿，尽力让客户满意。

（八）工作中，如给交通安全等带来不便，要有安全措施，如悬挂施工单位标志、安全标志及礼貌标志等。

（九）工作结束后，应清理好现场，不能留有残留物和污迹，做到设备、场地清洁。同时，主动征求客户意见，并将本部门联系电话留给客户。

第六章　基本文明用语

第二十条　基本文明用语中列出了十条常用服务用语。各单位可根据具体实际和地域特点，在遵循本规范总体要求的基础上予以适当调整。

第二十一条　文明礼貌用语。

（一）您好，请坐，请问您需要什么帮助吗？

（二）请稍候，我们马上为您办理！

（三）再见，您慢走！

（四）打扰了，再见，谢谢您的合作！

（五）别客气，这是我们应该做的！

（六）您好！我是××供电公司（局）的××，现在来抄表（收费、装表、换表等），请您给予支持和配合！

（七）您好！××供电公司（局）×号为您服务。请您稍候，我们将立即派人前去修复。

（八）您好！因为线路检修（或线路故障），导致您那里停电了，请谅解。大约会在×时送电。

（九）（与客户交谈时）您好、请、谢谢、麻烦、再见、打扰了。

（十）（工作出现差错时）对不起，请原谅，欢迎你多提宝贵意见。

第七章　附则

第二十二条　本规范自印发之日起施行。

第二十三条　本规范由公司人力资源部负责解释。

七、金融企业员工行为规范范文实例

银行员工行为规范

第一章 总则

第一条 为加强全行员工职业道德建设，规范员工工作行为，提高员工整体素质，保证本行各项业务稳健发展，实现本行“商业化、现代化、国际化”的发展目标，特制订此行为规范。

第二条 本行为规范是全行员工必须遵循的准则，它是评价员工职业行为的标准，是规范全行员工内外行为的依据。

第三条 全行各级领导要以身作则遵守行为规范，并抓好所辖部门的行为规范教育、培训、监督、考核工作。全行员工言行应遵循行为规范，共同塑造本行良好的企业形象。

第四条 本行为规范适用于全行员工，包括全行在职干部、职工、离退休返聘人员以及从事本行工作的其他人员。

第五条 本行为规范的解释权归本行人力资源部。

第二章 员工职业道德规范

第六条 加强纪律，执行政策。认真执行金融政策，自觉遵守各项纪律和规章制度。

第七条 廉洁奉公，拒腐防变。自觉抵御各种腐朽思想和生活方式的侵蚀，坚决反对以权谋私和以工作之便谋取私利的行为，敢于同各种经济犯罪活动作斗争。

第八条 精神饱满，着装整洁。以良好的精神面貌，向社会展示良好的企业形象。

第九条 客户第一，信誉至上。属守信用，秉公办事。守约有信，尊重客户，不断提高工作质量和服务艺术，为客户提供一流的服务。

第十条 文明服务，礼貌待人。自觉使用文明用语，对客户和蔼可亲，服务耐心细致，展示良好的行风行貌。

第十一条 爱行爱岗，敬业尽责。以主人翁态度对待工作，认真办事，忠于职守，为本行的业务发展勇于奉献。

第十二条 团结同事，协力工作。相互理解、关心同事，乐于助人，服从大局，服从工作分配。

第十三条　提高警惕，维护安全。要严格遵守规章制度，树立防范意识，保护资金安全。

第十四条　勤奋学习，精通业务。刻苦钻研业务知识，熟练掌握本岗位业务技能，不断提高业务水平。

第十五条　严守机密，维护信誉。增强保密意识，保守国家、建设银行及客户的机密，维护建设银行在客户中的信誉。

第三章　员工职业形象要求

第十六条　本行员工职业形象要求包括仪表、举止、语言、纪律、卫生及服务态度。

第十七条　着装整洁、仪表大方。

（一）着装整洁。本行员工上班时，应着装整洁，保持服装洁净得体，衣扣整齐，不敞胸露怀，不挽袖挽裤。因气候和办公条件限制，各地方行制订着装要求时，应因地制宜。

（二）男员工应穿深色皮鞋、袜子；女员工应穿黑色或白色皮鞋，穿裙子时避免露出袜口。

（三）发型大方。头发应整洁，发型大方得体，经常洗理。不得染异色。男员工不蓄长须长发；女员工不得有怪异发型。

（四）装饰得体。女员工可适度化妆，不得浓妆艳抹，不留长指甲，不涂有色指甲油，不能佩戴过多过于耀眼的饰物，每只手戴的戒指不超过一个。男员工应保持面部清净，不能留小胡子，不得戴有色眼镜从事工作。

第十八条　举止大方，行为端庄。

（一）站姿挺拔。站立时应保持收腹挺胸，不弯腰。男员工站立时双脚分开，与肩同宽；女员工站立时双脚并拢，双手自然下垂，交叉于腹前、背后。

（二）坐姿文雅。坐时臀部应坐在椅子的三分之二处，胸口与桌面平齐。伏案书写，应以肘撑起上身重量，姿态端正，不倾斜。不要趴在桌子或斜躺在椅子上。

（三）行姿稳重。行走时，身体重心可微向前倾，收腹挺胸，抬头平视，两臂自然摆动。多人同行时不要勾肩搭背，不要并成一排。遇有紧迫事情，可加快步伐，但不可慌张奔跑。

（四）行为文明。在客户面前或工作场合，不能剪指甲、化妆、抠鼻子、剔牙齿、挖耳朵、打哈欠、脱鞋、颤腿、伸懒腰。

第十九条　语言文明，言辞得当。

（一）语言文雅。说话时音量适中，语句清晰，并注意在不同场合运用适当的语言及称谓。

（二）在办公和营业场所须保持安静、和谐，不可大声说话，高声喧哗。

（三）在日常工作中，提倡使用普通话。

（四）在各场合中用语文雅、礼貌。在使用电话、办理业务、接受咨询时，应语气平和，并坚持使用“十字”文明用语，“您好、请、对不起、谢谢、再见”。接电话时，应主动自报单位，“您好，××银行”。

（五）日常文明用语示例。

1．与同事、客户相遇时：您早、您好。

2．得到别人帮助时：谢谢。

3．要求别人做事、帮助时：请您……

4．向别人表示歉意时：对不起。

5．他人向自己表示歉意或谢意时：没关系、别客气、不用谢。

6．与他人道别时：再见。

（六）对同事、客户用语平和，语言规范，不讲粗话、脏话，在公众场合不要叫他人的外号、小名等。

第二十条　纪律严明，工作有序。

（一）遵守劳动纪律。

1．不擅自代班岗，不迟到早退，不串岗离岗。

2．不聚众聊天、嘻笑打闹。

3．不得在公务时间和禁烟场所吸烟。

4．工作时间不吃零食，不干私活，不看与工作无关的书报、电视，不占用电话聊天。

5．非工作或接待需要，不准在午休或工作时间饮酒。

（二）遵守业务纪律。

1．严守各项业务工作纪律。

2．认真执行各项管理制度和业务操作规程。

3．严禁压票压汇、无理拒付等各类违规行为。

4．严禁在工作中弄虚作假，营私舞弊。

第二十一条　讲究卫生，保持整洁。

（一）环境整洁。自觉维护工作场所的环境卫生，保持桌椅、柜面、地面、栏杆、门窗、设备干净，使工作环境符合本行企业形象建设的有关规定。

（二）保持卫生。不乱扔果皮、纸屑，不随地吐痰。

（三）放置整齐。办公台上各类办公用具、资料、票据摆放整齐。

（四）装贴正确。业务公告或宣传标语应按规定整齐挂贴在规定位置。

第二十二条　微笑服务，热诚待客。

（一）亮牌上岗，接受监督。本行所有员工应佩带统一的识别牌，并按要求佩挂在制服的统一位置。

（二）微笑服务，热诚待客。接待客户咨询、业务、来访时，应面带微笑，礼貌热情，对客户热心、诚心、耐心。

（三）对所有客户认真诚挚，一视同仁。

（四）虚心听取客户意见，忍让宽容，得理让人，对合理要求尽量满足。

第四章　附则

第二十三条　本规范自印发之日起施行。

第二十四条　本规范由本行人力资源部负责解释。

八、企业员工着装规定范文实例

公司员工着装规定

员工得体着装不仅反映个人的修养品位，同时也是从另一个侧面体现公司的风貌。为此，公司对员工的着装规定如下，要求全体员工严格遵守。

一、上班时间一律着正式服装，做到仪表整洁，大方。

二、男士可着西装、夹克、系领带。夏季气温较高情况下，可穿长袖、短袖衬衫。不得穿汗衫、短裤、拖鞋上班。

三、女士可着套装、套裙，不得穿短裤、超短裙、拖鞋或过于透明过于暴露的服装上班。

四、女士上班可化淡妆，但不宜佩戴过于夸张的饰物，不应在公共场合随意补妆。

五、男士不得留长发（左右不得过耳、后面不得过衣领）、剃光头，不得蓄胡须。

六、出席展会、商务会晤等正式场合时，男士一律着深色西装，黑色皮鞋，佩领带；女士应着套装，化淡妆。

七、公司员工衣着应大方、得体，显示出应用的文化修养，不应穿着奇装异服，还应考虑场合地点，选择便于工作和舒适的服装。

九、企业准军事化班前会规范标准及考核标准范文实例

矿业公司准军事化班前会规范标准及考核标准

为认真落实公司"推行准军事化班前会实施方案"要求，强化管理人员的执行力和员工的服从意识，使员工行为规范化、日常工作标准化，特对各单位准军事化管理班前会规范标准及考核标准规定如下。

一、班前会会场纪律及标准要求

员工上岗前必须经过班前会安全教育，无论井上还是井下都必须按准军事化管理的要求参加班前会。

（一）参加班前会的员工必须按规定的时间准时进入会议室，着便装的员工要穿戴整齐，换好工作服的员工要佩戴好安全帽，工作服要系好纽扣、扎好袖口，不准敞胸露怀。

（二）进入会议室，员工要按本人固定的位置对号入座，入座后要坐姿端正，不准斜腰拉胯。会议室内严禁吵闹和大声喧哗，严禁吃各种食物，严禁吸烟，不准随地吐痰，严禁玩游戏、发短信、打接电话，手机要调至振动。

（三）主持班前会议的管理人员（当班值班人员），要准时进入会议室。主持人要着装整齐、仪表端庄、举止文明，站到会议室讲台上。关门后，班长喊："起立！"全体员工起立，主持人问候员工："大家好！"员工回答："领导好！"主持人喊："请坐下！"全体落座。

（四）会议开始后，人员不得随意进出，确保会场安静、严肃。确有特殊情况晚到的员工要站在门外喊"报告"，当主持人喊"进来"时，方可进入会议室。

二、班前会议程序及内容

（一）班前安全确认签到。主持人对照当班签到本，按顺序逐个点名、确认、签到。当点到某位员工时，员工要起立立正喊"到，状态良好"。主持人确认该员工无问题后，说一声："请坐"，然后员工落座，再点下一名员工，如此循环。

（二）事故案例教育。每周进行两次多媒体事故案例教育（原则上为周二、周五，地面单位可安排在周二、周四），而且每周更新一次事故案例内容。事故案

例的材料可以是本单位、本公司的，也可以是集团公司内外的，但必须用多媒体播放，每次播放时间不少于10分钟。

（三）危险预知和安全工作布置。主持人首先传达公司以及上级部门的安全会议精神，传达各项指示、指令、及要求，通报有关事故。然后对本单位当天安全生产工作进行分析，分析要透彻，讲解要清楚，要求要明确，措施方法要全面。

（四）安全理念背诵和安全宣誓。

1. 安全理念背诵。全体员工起立、立正，目视前方安全理念牌板，由主持人领读一句安全理念标题，然后由员工跟着背诵一遍内容。具体内容如下。

(1) 主持人领读："安全目标。"员工背诵："平安、健康、零伤亡。"

(2) 主持人领读："安全价值观。"员工背诵："安全第一、生产第二；生命只有一次，遵章守规是保护神。"

(3) 主持人领读："安全防范理念。"员工背诵："纠正每一个细小差错。"

(4) 主持人领读："安全协作理念。"员工背诵："确保他人安全是我的责任。"

(5) 主持人领读："安全操作理念。"员工背诵："先确认、后操作。"

(6) 主持人领读："三个系统。"员工背诵："理念引领系统、行为养成系统、安全环境系统。"

(7) 主持人领读："八个导入因素。"员工背诵："理念共鸣、行为养成、应激调适、危险预知、走动管理、系统追问、安全识别、手指口述。"

2. 安全宣誓，主持人与全体员工一起立正，举起右手（右手握拳）面向安全理念牌板，主持人首先领读："在工作中我坚决做到。"然后，与员工一起背诵安全誓词："安全第一、生产第二，对自己安全负责，对工友安全负责，对我的家庭负责，规范操作，决不违章。"

（五）安全讲评、工作布置及散会。

1. 当班盯岗人员站在讲台上，首先总结上一班本班的安全生产情况，对本班在安全生产工作中作出成绩的班队或小组进行表扬。对上一班本班生产作业过程中存在的问题进行剖析，按照"四个要素、五个层次"组织员工对存在的安全隐患或发生的事故进行系统追问，指出问题存在的原因及防范措施，对存在问题人员公布考核结果。

2. 当班班队长对当天的具体工作进行布置时，要在会议各程序结束后进行布置，并保证会议时间不少于30分钟。

3. 班前会议各项程序完成后，由当班盯岗人员、班队长负责打旗（旗子以点班为单位分：6点班、2点班、10点班，或大修班、井上单位，或辅助单位的8、

4、零点班)，依次按座次起立，排队去更衣室更衣。

三、相关要求

(一) 各单位要把班前会会议程序用牌板的形式悬挂在会议室前方，牌板要规范，字迹清晰。

(二) 班前会必须由当天值班的区直人员主持，不准他人代替主持。

(三) 会议室卫生由工会主席或当天值班人员负责，每次班前会结束后及时清理干净并上锁。钥匙由值班人员统一管理。

四、考核规定

(一) 对无正当理由而迟到的员工，视迟到时间长短，一次罚款30～50元。迟到15分钟以上者，不准参加班前会并禁止其入井。

(二) 穿工作服开班前会的员工不佩戴好安全帽，会议主持人要令其改正，并一次罚款30元。

(三) 穿工作服开班前会的员工不系好工作服纽扣和扎好袖口，会议主持人要令其改正，并一次罚款30元。

(四) 着便装开班前会的员工着装不整齐，会议主持人要令其改正，并一次罚款30元。

(五) 着便装开班前会的员工敞胸露怀，会议主持人要令其改正，并一次罚款50元。

(六) 参加班前会的员工斜腰拉胯、坐姿不端正，会议主持人要令其改正，并一次罚款30元。

(七) 参加班前会的员工不对号入座，会议主持人要令其改正，并一次罚款30元。

(八) 参加班前会的员工随地吐痰，会议主持人要令其擦净痰迹，并一次罚款50元。

(九) 参加班前会的员工吵闹或大声喧哗，会议主持人要令其改正，并一次罚款30元。

(十) 参加班前会的员工吃食物，会议主持人要令其改正，并一次罚款30元。

(十一) 参加班前会的员工吸烟，会议主持人要令其改正，并一次罚款30元。

(十二) 参加班前会的员工使用手机玩游戏或发于工作无关的的短信，会议主持人要令其改正，并一次罚款50元。

(十三) 参加班前会的员工手机没有调整震动提示方式，会议主持人要令其改正，并一次罚款30元。

（十四）主持班前会的管理人员迟到或着装不规范，一次罚款50元（由员工举报或被督导检查组检查发现）。

（十五）主持班前会的管理人员不按程序主持会议，一次罚款100元（由员工举报或被督导检查组检查发现）。

（十六）迟到员工不喊报告直接进入班前会会议室的，一次罚款30元（迟到另行罚款）。

（十七）主持人不按规范用语问候参加班前会员工的，一次罚款30元（由员工举报或被督导检查组检查发现）。

（十八）参加班前会的员工不按规范用语回答主持人问候的，一次罚款30元。

（十九）参加班前会的员工不按指令要求起立、立正、坐下的，一次罚款30元。

（二十）参加班前会的员工不按规定要求回答开会点名和身体状况确认，一次罚款30元。

（二十一）参加班前会的员工不按规定要求背诵安全理念的，一次罚款30元。

（二十二）当班盯岗人员不按规定要求进行安全讲评的，一次罚款30元（由员工举报或被督导检查组检查发现）。

（二十三）当班班队长布置工作不具体，一次罚款30元（由员工举报或被督导检查组检查发现）。

（二十四）散会后，盯岗人员或班队长不打旗列队的，一次对盯岗人员和班队长各罚款100元。

（二十五）散会时，参加班前会的员工不依次按座次起立排队的，一次对每名违规员工罚款50元。

（二十六）当天值班的区直人员无正当理由不主持班前会的，一次罚款200元（由员工举报或被督导检查组检查发现）。

（二十七）会议室卫生不达标的，一次对工会主席和当天值班人员各罚款50元。

（二十八）因特殊原因致使四分之一以上员工不能按时参加班前会的，班前会应分批召开，但会议内容不能减少，会议程序不能更改，会议标准不能降低。否则，对会议主持人员罚款100元。

（二十九）参加班前会的员工故意扰乱会议秩序或者酒后滋事的，要将其劝离会场、禁止其当班上岗，并依照公司有关规定，一次对责任者罚款500元直至行政处分。

（三十）对责任区科党政正职及主管副职的罚款依照“矿业公司准军事化员工班前会监督检查及考核办法”执行。

十、企业准军事化班前会监督检查及考核办法范文实例

矿业公司准军事化班前会监督检查及考核办法

为认真落实公司“推行准军事化班前会实施方案”要求，积极推进“班前会规范标准及考核标准”的深入落实，建立和规范公司对员工班前会的监督、检查、考核工作流程，促进员工班前会文明行为规范的养成，特制订本办法。

一、监督检查考核机构的设置

根据公司“推行准军事化班前会实施方案”要求，成立“准军事化班前会监督检查考核小组”（以下简称“检查小组”），负责公司员工班前会的监督检查，并按“班前会规范标准及考核标准”中的具体考核规定进行检查考核。

检查小组成员由安管部、党建部成员等组成，由安管部部长负责牵头召集小组成员统一行动。

二、监督检查考核工作的实施

（一）监督检查考核内容。

根据“准军事化班前会规范标准及考核标准”的规定内容，检查小组对员工班前会会议程序、会议纪律、会议内容、主持人及员工仪表和行为、会议室卫生等三十项规范标准进行监督检查，对会议主持人和员工的不规范行为予以纠正，并按标准考核。

（二）监督检查考核工作流程。

1．检查小组发现会议主持人和与会员工不规范行为，应按下列规范和流程进行考核：

（1）走近违规员工，并主动问好（如“您好”），向其申明违规内容（如“您违反了公司“班前会规范标准及考核标准”第几项第几条……，按标准应对您罚款50元，请您配合）。

（2）填写“员工班前会违规行为检查考核罚款通知单”，准确记录员工姓名、工号、单位、违规事实、处罚依据、罚款数额，员工本人签字、检查人签字、牵头单位责任人审核签字。

“员工班前会违规行为检查考核罚款通知单”一式两份，一份交员工所属单位

存根，另一份由安管部落实罚款。

(3) 检查小组每次检查结束后，应及时对检查情况汇总，并对违规员工所属单位党政正职、主管副职作出相应处罚，下达“员工班前会违规行为管理者责任追究罚款通知单”。

2. 按对违规员工罚款总额的标准，扣罚所属单位党政正职及主管副职当月资金。

3. “员工班前会违规行为管理者责任追究罚款通知单”一式两份，一份连同“员工班前会违规行为检查考核罚款通知单”一并下达给所属单位，另一份由安管部落实罚款。

三、有关规定和要求

(一) 检查小组每周对各单位班前会情况巡回检查一次。

(二) 检查小组成员要统一佩带“纠察”胸章，在对员工进行教育及处罚过程中要有礼有节，严格落实处罚。

(三) 对违规员工和责任单位党正正职及主管副职的处罚通知，要在一周内下达给有关单位。

(四) 各单位要高度重视，深刻认识公司推行准军事化管理的目的和意义，加大“班前会规范标准和考核标准”的宣传与学习，加大对员工不规范行为的内部教育和管理力度，积极抓好内部自查、自纠，服从公司的处罚决定，达到班前会规范标准要求。

十一、企业准军事化升入井规范标准及考核标准范文实例

矿业公司准军事化升入井规范标准及考核标准

为认真落实矿业公司“推行准军事化升入井实施方案”要求，规范员工升入井行为，增强员工的团队意识和执行力，不断提高员工整体素质，特制订本规范标准及考核规定。

一、人员入井乘罐、乘车标准

(一) 当班上岗人员更衣后，支取自救器、矿灯。盯岗人员和班队长在灯房集合整队，由班队长打旗带队，员工站成一路纵队去井口。不得有串队、插队、编外列队的情况。许可在饮水站接、喝水，然后入列按顺序排罐。在井口排罐时，栅栏里只准排一列，栅栏外可排两列，单位之间不准相互插队。

（二）入井人员必须穿、戴公司统一发的劳动保护用品。工作服要系好纽扣，袖口扎紧；矿灯，自救器要穿入灯带上，灯带系好固定在腰间；安全帽要系好帽带，帽带的长度以勾住下颚为标准，不得过松；胶靴必须全沿护腿，不得半截反边。

（三）支领机件、配件的人员必须由班队长在灯房等候，待支领队员到齐后，列队去井口库支领配件或机件。机件支领到位后，由班队长举旗在队列前方排成一路纵队去井口入井。

（四）候罐排队过程中，严禁拥挤、打闹、起哄，不得划擦宣传牌板。入罐划卡时要依次进行，后边人员不得超越前方人员划卡。

（五）入罐时，要等下罐人员走完，信号把勾工口述“可以上罐”后，依次排队上罐。入罐人员在大罐中要排成纵队，待一纵队到位后，再依次排第二纵队、第三纵队。新风井、八号井、十二号井罐笼排三列纵队，十号井罐笼排四列纵队，二号井、四号井排二列纵队。

（六）罐内满员后，信号把勾工放罐帘。罐内人员不得脚踩、蹬罐帘杆，严禁“背罐”。乘罐人员乘罐过程中严禁打闹、拥挤及插编队。

（七）大罐到位后，待下井口信号工拉开罐门，打开罐帘，口述“可以下罐”后，再依次排队下罐。

（八）到下井口后，单位当班盯岗人员或班队长要组织员工重新列队。带队人先到下口时，要等候员工；员工先到下口时，要列队等候带队人员。重新列队后，排成一路纵队去井底车场乘车。

（九）携带机件、大件、重件（公司规定可以装袋的机件）人员，必须按公司规定在底层乘罐。乘罐时要有本单位班队长带队，将机件放好后，听从井口把勾工指挥，不得超员乘罐。机件要平放到罐底上，严禁超出罐帘杆之外。人员不得脚踩机件乘罐。

（十）在下井口列队期间应避免各单位间相互交叉和随意编队，特别是××井下井口，排成一队去井底车场，并做到不拥挤。

（十一）乘坐人坐车时要遵守乘车管理规定，不准违规乘车。

（十二）乘坐通勤火车、班车的员工更衣室更衣支领矿灯后，由指定的班队长或当班组长带领打旗排队去乘车，下车后排队打旗去井口。

（十三）对零散人员，不得单独行走，应就近排到其他单位队伍后边，排队去井口。

（十四）机关各部门管理人员无论是在B区更衣，还是在A区更衣，都要在更衣室前列队去乘通勤火车或去井口。

二、人员升井乘车、入罐标准

（一）各工作面、作业地点人员换班后要集体列队，班队长在前打旗，员工排成一队，盯岗人员在最后，列队去乘车乘罐。

（二）倒勾车停稳拉电后下车列队，班队长在前打旗领队到下井口，排队候罐、上罐、罐内秩序同入井时一样。

（三）大罐到上井口后，要等把勾工口述“可以下罐”后，再下罐。并且，下罐要排队依次刷卡并接受危险物品安全检查。

（四）列队走出安检口后，许可到饮水站饮水。然后，由带班盯岗人员、班队长打旗重新整队。待本单位升井人员到齐后打旗排成一路纵队到灯房，交矿灯、自救器。

（五）由B区各井升井的A区人员，升井后要由本点班带队的盯岗人员或班队长带队打旗排成一路纵队去乘通勤火车或班车。

（六）辅助单位零散升井人员必须有本单位班队长以上管理人员带队，等候班车时，要排成一路纵队候车。

（七）乘通勤车下车后，要整队由本点班带队盯岗人员或班队长打旗排成一路纵队到矿灯房、自救器房交灯、自救器。

（八）零散工种列队升井由本点班盯岗人员或班队长带领有困难的，需提前将带队的人员名单上报安管部值班室。

（九）对瓦斯区、地质科、机电科、机采科、井运区等辅助单位携带机件、仪器的人员，必须依照机件、仪器的正确携带方式携带，严禁斜跨、随意拎拉。携带机件、仪器人员必须编入本单位队列。

三、考核规定

（一）盯岗人员和班队长在灯房不集合整队，班队长不打旗带队，不组织员工在井口排罐时列一路纵队去井口。一次对盯岗人员和班队长各罚款100元。

（二）员工在井口排罐时，有串队、插队、编外列队的，管理人员和班队长要责令其立即改正，并对违纪人员每人罚款50元。

（三）入井人员不穿、戴公司统一发的劳动保护用品，不准其下井，责令其改正，并罚款100元。

（四）工作服不系好纽扣，袖口不扎紧，一次罚款50元。

（五）矿灯、自救器不穿入灯带上，灯带不系好固定在腰间，一次罚款50元。

（六）安全帽不系好帽带，帽带的长度过松，一次罚款50元。

（七）胶靴必须全沿护腿，出现半截反边，一次罚款50元。

（八）支领机件、配件的人员所在单位班队长，不在灯房组织列队去井口库支领配件或机件，一次对班长罚款100元。

（九）机件支领到位后，班队长不举旗在队列前方排成一路纵队去井口入井，一次对班长罚款100元。

（十）候罐排队过程中，出现拥挤、打闹、起哄现象，一次对带班管理人员、班队长每人罚款100元，责任人罚款100元。

（十一）在井口划擦宣传牌板的，一次罚款100元。

（十二）入罐划卡时，要依次进行。若后边人员超越前方人员划卡，一次罚款100元。

（十三）入罐时，不等信号把勾工口述“可以上罐”后依次排队上罐，一次罚款50元。

（十四）入罐人员在大罐中不按次序排成纵队乘罐，一次对责任人罚款50元。

（十五）罐内满员后，信号把勾工才能放罐帘，否则对信号把勾工罚款50元。

（十六）罐内人员出现脚踩、蹬罐帘杆、“背罐”的，一次罚款50元。

（十七）乘罐人员乘罐过程中打闹、拥挤和插编队的，一次罚款100元。

（十八）大罐到位后，不等下井口信号把勾工拉开罐门，打开罐帘，口述“可以下罐”后，依次排队下罐的，一次罚款100元。

（十九）到下井口后，单位当班盯岗人员或班队长不组织员工重新列队，带队人和员工不相互等候，排成一路纵队去井底车场乘车的，一次对当班管理人员和班队长各罚款100元。

（二十）携带机件、大件、重件（公司规定可以装袋的机件）人员，不按公司规定在底层乘罐的，一次罚款50元。

（二十一）带件乘罐无有本单位管理人员或班队长带队，一次对单位值班人员罚款50元。

（二十二）带件乘罐时，不将机件放好，不听从把勾工指挥，超员乘罐，一次对责任人罚款50元。

（二十三）带件乘罐时，机件不平放到罐底上，超出罐帘杆之外，人员脚踩机件乘罐，对带件人员一次罚款50元。

（二十四）在下井口列队期间出现各单位间相互交叉和随意编队，一次分别对责任单位带班管理人员及班队长各罚款100元。

（二十五）乘坐人坐车时不遵守乘车管理规定，违规乘车，一次对责任人罚款

100元。

（二十六）乘坐通勤火车、班车的人员支领矿灯后，没有班队长或当班组长带领打旗排队去乘车，下车后排队打旗去井口，一次对单位值班人员罚款50元。

（二十七）零散人员单独行走，不就近排到其他单位队伍后边行走，一次罚款50元。

（二十八）机关各部门管理人员无论是在B区更衣，还是在A区更衣，都要在更衣室前列队去乘通勤火车或去井口，不列队的，一次对责任人罚款100元。

（二十九）各工作面、作业地点换班员工不集体列队下班，班队长不在前打旗，员工不排成一队，盯岗人员不在最后，不列队去乘车乘罐，一次对盯岗人员及班队长各罚款100元。

（三十）倒钩车停稳拉电后下车不列队，班队长不在前打旗领队到下井口，排队候罐、上罐，一次对盯岗人员及班队长各罚款100元。

（三十一）大罐到上井口后，不等把勾工口述“可以下罐”后下罐，一次罚款50元。

（三十二）下罐不排队依次刷卡，不接受危险物品安全检查，一次罚款100元。

（三十三）列队走出安检口后，带班盯岗人员、班队长不打旗重新整队，不排成一路纵队到灯房，交矿灯、自救器，对带班盯岗人员及班队长各罚款100元。

（三十四）由B区升井的A区人员，升井后本点班带队的盯岗人员或班队长，带队不打旗排成一路纵队去乘通勤火车或班车，对带班盯岗人员及班队长各罚款100元。

（三十五）辅助单位零散升井人员，无有本单位班队长以上管理人员带队，等候班车，不排成一路纵队候车，对带班盯岗人员及班队长各罚款100元。

（三十六）乘通勤车下车后，本点班带队盯岗人员或班队长不整队打旗排成一路纵队到矿灯房、自救器房交灯、自救器，对带班盯岗人员及班队长各罚款100元。

（三十七）零散工种列队升井，由本点班盯岗人员或班队长带领有困难的，不提前将带队的人员名单上报安管部值班室的，一次对单位值班人员罚款50元。

（三十八）辅助单位携带机件、仪器的人员升入井，不依照机件、仪器的正确携带方式携带，不编入本单位队列升入井的，对责任者罚款50元。

（三十九）员工不排队，列队不整齐、单独出行的一次罚款50元，并累计考核。

（四十）机关管理人员不列队升入井的，罚款100元。

（四十一）对故意扰乱乘罐秩序，不服从指挥，打闹滋事者，一次给予200～500元罚款，情节、性质严重的给予行政处分。

十二、企业准军事化升入井监督检查及考核办法范文实例

矿业公司准军事化升入井监督检查及考核办法

为认真落实矿业公司“推行准军事化升入井实施方案”要求，积极推进“员工升入井规范标准及考核规定”的深入落实，建立和规范公司对员工升入井过程的监督、检查、考核工作流程及工作行为，以此规范员工的行为养成和升入井秩序的改善，特制订本办法。

一、监督检查考核机构的设置

（一）根据公司“推行准军事化升入井实施方案”要求，成立“员工升入井综合检查考核小组”（以下简称为“检查小组”），负责公司员工升入井的监督检查，并按“员工准军事化升入井规范及考核规定”中的具体考核标准进行检查考核。

（二）检查小组成员由安全管理部、生产部、技术部成员组成，同时各成员单位要明确一名副职负责协调与沟通。

（三）根据公司准军事化升入井综合检查考核组的安排，由安全管理部负责牵头召集小组成员统一行动。

二、监督检查考核工作的实施

（一）监督检查考核内容。

根据“员工准军事化升入井规范标准及考核规定”的要求，检查小组分别围绕员工升入井，集体列队入井、列队上罐、列队下罐、列队乘车、列队进入工作面以及下班时集体列队出工作面、列队乘车、列队下罐、列队到灯房等10个方面的行为规范进行监督检查，对员工不规范行为予以纠正，并按标准严格考核。

（二）监督检查考核工作流程。

1. 检查小组发现员工有违反“准军事化升入井规范标准及考核规定”的，应按下列规范和流程进行考核。

(1) 走近违规员工，并主动问好，向其申明违规内容。如“您好，您违反了公司‘准军事化升入井规范标准及考核标准’第几项第几条……按标准应对您罚

款50元，请您配合。”

(2) 填写“员工升入井不规范行为检查考核罚款通知单”，准确记录员工姓名、工号、单位、违规事实、处罚依据、罚款数额，员工本人签字、检查人签字以及牵头单位责任人审核签字。

“员工升入井不规范行为检查考核罚款通知单”一式两份，一份交员工所属单位存根，另一份由安管部落实罚款。

(3) 检查小组每次检查结束后，应及时对检查情况汇总，并对违规员工所属单位党政正职、主管副职作出相应处罚，下达“员工升入井不规范行为管理者责任追究罚款通知单”。

2. 按对违规员工罚款总额的标准，扣罚所属单位党政正职及主管副职当月奖金。

“员工升入井不规范行为管理者责任追究罚款通知单”一式两份，一份连同“员工升入井不规范行为检查考核罚款通知单”一并下达给所属单位，另一份由安管部落实罚款。

三、有关规定和要求

(一) 检查小组每周对准军事化升入井情况，集中巡回检查一次，同时还将不定期进行抽查。

(二) 检查小组成员要统一佩带“纠察” 胸章，在对员工进行教育及处罚过程中要有礼有节，一视同仁、按章处罚。

(三) 对违规员工和责任单位党政正职及主管副职的处罚通知，要在一周内下达给相关单位。

(四) 各单位要高度重视，深刻认识公司推行准军事化管理的目的和意义，加大“准军事化升入井规范标准和考核标准”的宣传与学习，加大对员工不规范行为的内部教育和管理工作力度，积极抓好内部自查自纠，服从公司的处罚决定，努力达到升入井规范标准要求。

十三、企业员工就餐管理制度范文实例

公司员工就餐管理制度

第一章　总则

第一条　为规范员工食堂的工作，为公司员工提供良好的后勤保障服务，营

造良好的就餐环境特制订本制度。

第二条 本制度适用于集团公司总部，各分、子公司可参照执行。

第二章 就餐人员范围

第三条 符合下列条件的员工，均可在本公司公司总部，各分、子公司所属食堂就餐。

（一）公司所有工作中正式员工、试工人员以及临时行政安排人员。

（二）经总经理或人力资源部批准，在本企业工作的临时人员。

第三章 就餐管理

第四条 员工餐厅每日供应三餐，根据公司实际情况，制订用餐时间。员工必须在规定的时间到餐厅就餐，不能提前。

第五条 公司员工进入餐厅就餐一律要带工号牌，凭餐卡打饭菜。

第六条 就餐人员进入餐厅后，必须遵守就餐秩序，依次排队打饭，不允许插队、拥挤。

第七条 员工应在员工餐厅用餐，不得将饭菜带出餐厅。因工作原因不能按时来餐厅用餐，经行政经理同意方可由他人代其打饭。

第八条 就餐人员必须按自己饭量盛饭打汤，不得倒掉饭菜，不允许故意造成浪费。

第九条 员工用餐后的餐具放到餐厅指定地点。不得把餐具拿出餐厅或带回办公室占为私有。

第十条 餐厅内不准随地吐痰，不准抽烟，不准大声起哄、吵闹，做到文明用餐。

第十一条 在餐厅用餐人员一律服从餐厅管理和监督，爱护公物，讲究道德。

第十二条 患有传染病人员在发病期间，禁止在员工餐厅就餐。

第四章 堂餐卡的使用及管理

第十三条 食堂员工用餐卡每人一张，凭卡就餐。用餐卡不得转借，每餐只能划卡一次。公共用餐卡每部门一张，每餐可划卡多次，由部门经理管理使用。

第十四条 员工遵照“就餐卡使用注意事项”正确使用就餐卡。

第十五条 就卡餐卡丢失应及时到人力资源部登记挂失，补办新卡。制作新卡的费用由个人负担。

第十六条 因个人原因造成餐卡损坏，制作新餐卡的费用由员工个人负担。

第十七条 各部门新员工入职，到人力资源部统一办理员工用餐卡。

第十八条 公司内部员工调动工作，由员工所在原部门用餐管理人员负责到人力资源部办理变更手续。

第十九条　员工办理离职手续时，应将餐卡退人力资源部。

第二十条　在每月月初，由餐厅办公室负责按每月实际工作日为员工的餐卡充值。每卡每月充值一次，且在充值时将卡中未消费的剩余金额冲销。

第五章　附则

第二十一条　本制度自印发之日起施行。

第二十二条　本制度由集团公司人力资源部负责解释。

十四、企业员工集体宿舍管理制度范文实例

公司员工宿舍管理制度

第一章　总则

第一条　为加强员工宿舍的管理，保证宿舍的安全、文明、整洁，使员工有一个安静、整洁、卫生、舒适、安全的的生活环境，以提高工作效率，特制订本制度。

第二条　本制度适用于公司内住宿员工。

第三条　公司员工宿舍管理由人力资源部负责。管理职责包括员工宿舍人员出入手续情况登记、负责员工宿舍公共设施的购买、维护及统计报修，监督检查员工宿舍的各种安全、卫生情况。

第二章　入住与退房相关手续

第四条　公司为员工提供宿舍，由人力资源部统一规划宿舍设施，员工本人有权选择是否住宿舍；凡是住宿舍的员工，必须遵守“员工宿舍管理制度”的规定，若有违反者，人力资源部视情况给予处罚或取消其住宿资格。

第五条　员工申请住宿条件及方式。

（一）公司员工于辖区内无适当住所或交通不便者，可至人力资源部申请住宿。

（二）凡患有传染病者或有不良嗜好者，不得住宿。

（三）不得携眷住宿。

（四）需遵守本管理制度。

第六条　员工离职（包括自动辞职、解聘等）时，应于离职当日内到人力资源部办理移交手续，清点财物，迁离宿舍，不得借故拖延，违者由保卫人员强制

迁出；员工因其他原因不需在员工宿舍住宿，应至人力资源部提出申请并立即办理宿舍相关物品（如房间钥匙等）移交手续，并于当日内在人力资源部指定人员监督下将个人物品搬离员工宿舍。

第三章　宿舍日常管理制度

第七条　任何员工未经公司许可，不得擅自留宿外人；法定假日若有本厂员工亲属需留宿者，必须填写书面申请，经部门经理部经理或部门经理批准后，方可留宿，否则，一律不得留宿。若有违反者，给予罚款50元。

第八条　公司为每位员工配置床位一个，员工必须严格服从人力资源部的统一安排，未经批准，任何人不得私自调换房间或床位；严禁乱住、混住，若有违者，给予罚款50元。若有更改则由行政人事部统一安排；对于每月不在宿舍住宿达5天（特殊情况除外）的员工，公司将收回床位，取消该员工住宿资格，另行安排人员入住。

第九条　宿舍选出宿舍长，负责本宿舍的管理工作，住宿人员必须服从舍长的有关安排，不服从者将依规定处罚。

第十条　员工不得于宿舍内有酗酒、赌博、打架斗殴、骂架等行为。凡被查获员工宿舍赌博者，给予无经济补偿解雇；无理取闹者，送交公安机关处理。

第十一条　员工不得攀爬宿舍窗户；在未受邀请或得到室员允许的情况下，不得私自进入他人宿舍或动用他人物品；违者一经发现以盗窃嫌疑论处，视情节轻重处理或交公安机关。

第十二条　注意宿舍内安全用电，严禁在宿舍私拉电源线、电源插头以及电炉、煤油炉、电饭煲等。若有违反者，给予罚款100元，后果严重者送交公安机关处理。人员离开宿舍务必检查并关掉所有电器。

第十三条　注意安全，放火防盗；员工离开宿舍必须关好门窗；室内严禁使用或存放危险及违禁物品；现金、财物等应妥善保管，贵重物品应避免携入，遗失由各自负责。

第十四条　员工宿舍的公用水电设施若有损坏，宿舍长必须及时报告人力资源部派人修理，如不报告出现事故由该房室员负责。室员不得擅自违章维修，因此造成的后果由责任人承担

第十五条　为保障员工的安全，避免非本公司人员进入宿舍，请员工出入宿舍大门时，自觉出示工作证，配合当值保安人员的检查；针对不自觉出示工作证或不接受当值保安人员检查的，给予罚款50元。

第十六条　宿舍当值保安员应加强宿舍检查及管理，杜绝已辞工、解雇、离

职等人员留宿宿舍。凡因当值保安员值班不严，造成留宿宿舍者，给予当值保安员从重处理。

第十七条　住宿舍的员工，必须在晚上24:00时之前返回宿舍，超过24:00时未返回宿舍者，宿舍当值保安员有权拒绝公进入宿舍。

第十八条　休息后，不得有干扰他人宁静之行为。上、下夜班员工应保持安静。针对无理取闹者，上报人力资源部从重处理（工作原因除外）。

第十九条　爱护宿舍各类公用设施，保障设施的完好。住宿人员不得有意损坏宿舍公共财产及设施，如造成损坏，由公司人力资源部酌情处理，由责任人员负担该项修理费或赔偿费并视情节轻重予以其他处罚。

第二十条　除有关人员查房、检修外，任何男士不得进入女宿舍，女员工不得长时间（超过两小时）在男宿舍逗留；员工亲友来访，男性不得进入女宿舍，女性不得长时间（超过两小时）逗留；若确需长时间逗留，必须报经人力资源部批准。

第二十一条　员工宿舍应保持良好的卫生状况并应遵守。

（一）个人物品摆放整齐；不得随手乱抛垃圾；垃圾应及时清理至垃圾池。

（二）每个宿舍由宿舍长安排卫生值日人员并应保持地面及门前清洁；每周应最少组织一次大扫除以清洁卫生死角；保持宿舍内整洁卫生，室内无杂物，地面、墙面无污迹，天花板无蛛网，空气清新、无异味；下水道因卫生不清洁造成的堵塞由责任人承担其维修费用，如无法明确责任则由所住房间员工平均分摊。

（三）污秽、废物、垃圾等应集中于指定场所倾倒。

（四）宿舍及宿舍区内一律禁止饲养家禽、家畜。

（五）不得于墙壁、橱柜上随意张贴字画或钉物品。

第二十二条　人力资源部每周对宿舍卫生状况进行不定期检查并根据检查情况每月综合评比一次，确定相关的奖惩制度并据以实施。

第二十三条　宿舍来访人员必须遵守以下规定制度。

（一）来访人员必须服从管理人员的指挥安排。

（二）来访人员必须出示有效证件，并在来登记表上如实填写。

（三）来访人员不得擅自进入非探访地段。

（四）来访时间：8:00～22:00。

第二十四条　员工必须团结一致，互谅互让，互勉互助，取长补短，和睦相处。

第二十五条　处罚规定。违反上述款项者将视情节轻重给予批评、警告、通报、记过、开除以及10～100元罚款等处罚。

第四章　附则

第二十六条　本制度自颁布之日开始实行。

第二十七条　本制度由公司人力资源部负责解释。

第七章　企业员工薪酬管理制度

第一节　企业员工薪酬管理制度制订规范

一、基本概念

薪酬是员工因向所在的组织提供劳务而获得的各种形式的酬劳。狭义的薪酬指货币和可以转化为货币的报酬。广义的薪酬除了包括货币和可以转化为货币的报酬以外，还包括获得的各种非货币形式的满足。

根据货币支付的形式，可以把薪酬分为两大部分。一部分是直接货币报酬的形式支付的工资，包括基本工资、奖金、绩效工资、激励工资、津贴、加班费、佣金、利润分红等；另一部分则体现为间接货币报酬的形式，如间接地通过福利以及服务支付的薪酬。

企业员工薪酬管理制度，是企业在自身发展战略指导下，对员工薪酬支付原则、薪酬策略、薪酬水平、薪酬结构、薪酬构成进行确定、分配及调整的动态管理过程的规范性文书。企业薪酬制度是企业管理工作中的重头戏。某些民营企业在制订薪酬制度时，要么随心所欲，要么顾此失彼，要么面面俱到，不能很好地利用薪酬这个无形的“杠杆”来转动员工这个“车轮”，以达到企业快速、稳定发展的目的。

企业员工薪酬管理制度的主要任务是通过员工薪酬管理制度，制订明确的员工薪酬标准，以此体现并强化企业内部一致的薪酬公平观。

二、基本特点

（一）合法性

薪酬管理制度必须符合党和国家的政策与法律，如有关最低工资、职工保险等问题的法律、法规等。

（二）竞争性

企业制订的薪酬标准应该在社会上和人才市场中有吸引力。

（三）激励性

薪酬标准应对员工有吸引力，且企业内部各级、各类职务的薪酬水平应适当拉开差距，以调动员工的工作积极性，从而提高劳动生产率。

（四）经济性

较高的薪酬水平能提高员工的竞争意识和工作积极性，但也必然导致企业人力成本上升。一套经济合理的薪酬管理制度应当既保持最大可能的劳动生产率，又能保持企业产品的市场竞争力。

三、基本内容

企业员工薪酬管理制度主要包括以下四个方面的内容。

（一）企业员工薪酬综合管理制度

企业员工薪酬综合管理制度主要包括企业薪酬管理制度、企业工资管理制度、企业员工薪酬待遇管理规定、企业新进人员待遇支付办法、企业薪酬管理实施细则以及企业员工薪酬制度实施改善细则等。

（二）企业工资总额与二次分配制度

企业工资总额与二次分配制度主要包括企业分、子公司工资总额管理办法、企业劳动定额管理办法、企业二次分配管理办法以及企业员工工资分配和政效挂钩实施办法等。

（三）企业员工基础工资管理制度

企业员工基础工资管理制度主要包括企业员工基础工资初次定薪管理制度等。

（四）企业计件工资管理制度

企业计件工资管理制度主要包括企业员工工资调整申报与审批制度、企业员工机动加薪办法等。

四、基本格式

企业员工薪酬管理制度一般由标题、正文两部分组成。

（一）标题与结构

企业员工薪酬管理制度的标题与结构同企业人力资源综合管理制度。

（二）正文内容

企业员工薪酬管理制度应包括薪酬管理原则，薪酬管理目标，薪酬支付方式(职位、能力及业绩)，设计适合员工需要的福利项目，有效的监督制度和沟通机制，战略薪酬管理体系，不同职类职位薪酬的合理定位，薪酬结构的选择与结构参数的确定，员工能力与薪酬挂钩方式，管理人员的薪酬激励，聘用协议与绩效评估，福利与非现金奖励，企业文化与薪酬管理，薪酬运作模式，以及薪酬管控模式等。

五、基本要求

（一）正确处理企业内部薪酬的公平问题

薪酬的内部公平，是指员工对自身工作在企业内部的相对价值认可。根据亚当斯的公平理论，员工将自己的付出、所得与企业内其他员工的付出、所得进行比较，进而判断自己所获薪酬是否具有内部公平性。当员工发现自己的“收入—付出比”与其他员工的“收入—付出比”相同时，他就会获得薪酬的内部公平感；反之，则产生内部不公平的感受。

企业内部公平是薪酬管理的一个重要目标。企业在薪酬管理中能否做到公平地对待所有员工，极大地影响着员工的满意度和忠诚度，进而影响着员工工作的积极性、进取心，甚至还影响着他的去留。从企业服务价值链的角度看，如果薪酬没有体现内部公平，员工满意度会降低，必然影响由员工向客户提供的、决定客户满意度的服务价值，进而影响客户的忠诚度。因此，在制订薪酬管理制度中，内部公平是管理者必须高度关注的问题。

（二）准确评价员工的职位

职位评价就是根据各职位对企业经营目标的贡献，对企业中的各个职位的价值进行综合评价，决定企业中各个职位相对价值的大小，从而确立一个合理、系统、稳定的工作结构，开发一个工作价值的等级制度，在此基础上确定各职位的薪酬级别和职位待遇。职位评价立足于岗位，从劳动多样性的角度设计薪酬，依靠价值定待遇，使不同职位之间的比较科学化、规范化，让员工相信公司每个职位的价值都反映了该职位对公司的贡献。由于职位评价对薪酬的基础作了明确、清晰地限定，避免了由于薪酬基础限定模糊引起的员工不信任和对偏袒、歧视的怀疑。由于职位评价的作用，员工对各职位间的价值差的接受性相对较高，对绝对薪酬差距的心理承受能力也随之增强，易于获得薪酬的内部公平感。

（三）体现员工劳动的多样性和能动性

关注职位相对价值，同工同酬。这里的“同酬”不是指相同的薪酬绝对值，而是指相同的薪资带。企业内部各个职位在工作要求、工作责任等方面是各不相同的。在制订薪酬的过程中要充分关注员工劳动的多样性，公平确定企业内部各职位的相对价值。不同职位的薪酬水平的排列形式必须保持公平性和一致性，在薪酬水平等级的多少、不同薪酬水平之间级差的大小以及确定薪酬级差的标准等方面体现出公平。同时，还要关注个人绩效，按绩分配。一个内部公平的薪酬制度必须关注员工是否真正创造了价值，创造了多少价值。只有本着“有多少有效付出，就会获得多少回报”的原则，这样的薪酬制度才是公平的。

第二节　企业员工薪酬管理制度范文实例

一、企业薪酬管理制度范文实例

公司薪酬管理制度

第一章　总则

第一条　按照公司经营理念和管理模式，遵照国家有关劳动人事管理政策和公司经营发展情况及配套有关规章制度，特制订本制度。

第二条　本制度适用于集团公司总部，各分、子公司可参照执行。

第二章　员工工资制

第三条　本制度适用于与公司签订正式劳动合同的所有员工。

第四条　工资制订原则包括经济效益原则、总量控制、分级管理的原则以及按劳分配和按生产要素分配相结合的原则。

第五条　工资模式与结构采用岗位贡献工资制与其他多种分配形式并存的模式。

第六条　具体工资结构如下。

员工工资＝岗位基础工资＋效益贡献工资＋效益奖金＋年功工资＋福利补贴

第三章　工资内容

第七条　岗位基础工资，是岗位贡献工资制的基础部分，它以岗位劳动四大要素为基础，按照岗位测评和岗位归级标准，用工资体现不同岗位的劳动差别和劳动力市场价位。各岗位基础工资标准参照集团公司岗位贡献工资制标准执行，在工资总额中占50%，是公司的保障工资。

第八条　效益贡献工资，简称效益工资是员工工资的主体部分，占工资总额50%，主要突出工资的激励作用。加大活工资在工资结构中的比例，用以激发各部门和员工的工作积极性。

（一）效益贡献工资与各部门的经济效益和工作业绩挂钩，按考核结果每月发放。各部门领导及员工的效益贡献工资每月随本部门的效益情况上下浮动。效益贡献工资为员工的“浮动工资”。

（二）具体考核指标和分配办法见“效益贡献工资核发办法”。

第九条　年功工资，是随着员工工作年限延长而逐年递增的工资，是对员工工作经验和劳动贡献的积累所给予的承认和补偿，即工龄工资和对老员工的一次性积累贡献补贴。

第十条　效益奖金，是效益贡献工资的一个辅助部分，主要根据公司效益情况和部门效益情况及公司工资基金的承受能力确定，与各部门完成任务目标、利润指标，工作业绩的综合性阶段成果确立。其主要形式有效益提成工资、特殊贡献嘉奖、单项奖（项目奖励）、一次性效益奖、季度奖金以及年终奖金。效益奖金约占工资总额的20%。

第四章　其他事项

第十一条　各类假期依据公司请假管理办法，决定工资的扣除。

第十二条　各类培训教育依据公司培训教育管理办法，决定工资的扣除。

第十三条　员工加班补贴，按月统计，计入工资总额。

第十四条　各类补贴、津贴依据集团公司各类补贴管理办法计入工资总额。

第五章　非正式员工工资制

第十五条　适用范围，订立非长期劳动合同的临时工。一般指试用期员工和临时用工人员。

第十六条　工资模式，临时用工合同中的商议临时工资制。

第十七条　非正式员工的考核、评价同正式员工一样，每月按其工作业绩、效益成果，出勤、各种假期、加班等情况综合汇总，确定每月实发工资总额。

第十八条　非正式员工不但享有国家规定的各种保险津贴，还享有公司的福利待遇。

第六章　附则

第十九条　公司月支薪日为每月 20 日，统一在中国工商银行为员工建立个人工资账户，员工凭牡丹卡（即工资卡）到指定中国工商银行各营业部支取。

第二十条　以上工资均为含税工资，

第二十一条　本制度自印发之日起施行。

第二十二条　本制度由集团公司人力资源部负责解释。

二、企业工资管理制度范文实例

公司工资管理制度

第一章　总则

第一条　为加强本公司工资管理，提高各部门及员工的工作积极性，特制订本制度。

第二条　岗位贡献工资制实行公司统一考核，分级管理，总量控制。公司人力资源部和财务部统一负责全员岗位基础工资部分的管理。

第三条　各部门领导（项目经理）负责本部门考核办法的制订、实施及考核发放工作。

第二章　工资发放形式

第四条　工资计算时间及支付日规定。

（一）工资的计算时间为上月全月天数，每月 20 日支付。

（二）工作支付日若遇法定节假日或周末休假日时，则提早于休假前一日发放。

（三）公司因正当理由（如不可抗力、经营周期困难等）而无法按期支付时，事前与职工工会组织协商后张贴布告通知员工。

第五条　工资支付形式。

（一）员工工资原则上以月工资制为准。所谓月工资制是以岗位基础工资为工资制订的标准，它作为加班工资、各种假期工资支付的基数，对各种考勤、请假、停职等要从工资中扣除。

（二）新进员工工资规定。新进员工的工资，根据该月实际出勤工作日数按日计算并给付。

第六条　不在定期加薪范围的员工包括临时工、试用期人员、外聘人员以及公司特别制订工资的员工。

第七条　工资调整，公司每年加薪一次，在1～2月份绩效考核后实施，于下一个工资支付日兑现。

第八条　下列情形实施特别加薪，并在通知后的下一个工资支付日开始实施。

（一）开发成果突出并足以成为公司之楷模者，由部门领导（项目经理）推荐及人力资源部评定后，认为绩效优良有加薪必要时报总经理审批后执行。

（二）有特殊任务的员工，成绩突出经人力资源部评定后认为有加薪必要时报总经理批准、执行。其他业绩突出表现优秀的员工或受到表彰而使公司认为有加薪必要时，由部门领导（项目经理）推荐及人力资源部评定后，认为有加薪必要的报总经理审批、执行。

第三章　岗位基础工资管理

第九条　公司员工岗位基础工资按集团公司制订的“岗位基础工资标准”执行。

第十条　应届毕业生，在见习期内实行临时工资待遇，见习期满经考试考核合格后竞聘上岗，见习及上岗工资按“公司新进大学应届毕业生见习及上岗起薪工资标准”执行，经见习考核未能上岗者，公司与其解除劳动合同。

第十一条　社会招聘人员工资，试用期间按临时用工合同中的协商工资执行，试用期满经考核认为有能力胜任本岗位者，按照公司所在地劳动力市场价位和本公司工资水平确定。工资标准按照“公司招聘人员薪资参照标准”执行。

第十二条　未上岗的在册人员工资待遇按省基本保障工资待遇，每月按考勤发放基本保障费用，经三个月或一年培训仍未上岗，公司与其解除劳动合同。

第四章　效益贡献工资及奖金管理

第十三条　效益贡献工资部分，公司与各部门（项目组）效益指标及工作任务目标完成情况挂钩，具体挂钩办法见“公司效益工资核发办法”。充分体现部门分配靠效益，员工分配评贡献的分配原则，由公司考核各部门（项目组），各部门

(项目组)考核员工，依据考核结果按月发放。

第十四条　各部门(项目组)结合本部门的特点自行制订分配办法(上报人力资源部备案)，严格考核，按业绩成果、贡献大小，合理拉开分配档次，掌握分配原则，不得截流。

第十五条　奖金完全依据公司或各部门的效益好坏来确定。若效益好，公司有支付能力，则考虑以奖金的某一种形式[提成工资制、特殊贡献嘉奖、单项奖(项目奖励)、一次性效益奖、季度奖金、年终奖金]发放。若公司或部门效益不好则没有奖金。具体奖金管理按“公司奖金核发办法”执行。公司奖金原则上在每年6月及12月份两次确定并发放，依据公司对各部门(项目组)的效益指标和业绩情况等综合考核结果分配。

第五章　福利补贴

第十六条　公司实行岗位贡献工资制后，保留的工资津贴有政府特贴、专家津贴，其余补贴为福利补贴。

第十七条　福利补贴包括公司给员工的各种保险及待遇，主要包括养老保险、失业保险、工伤保险、医疗保险、住房公积金、住房补贴、采暖费补贴及医药费补贴等。

第六章　效益工资和效益奖金挂钩办法

第十八条　为合理确定公司与各部门的分配关系，搞活工资结构，调动部门及人员的能力和积极性，体现效率优先、兼顾公平的原则，公司对各部门和项目组实行效益贡献工资、效益奖金与经济效益指标挂钩的办法，将效益贡献工资作为工资结构中的浮动工资部分，每月随各项目组效益情况上下浮动。部门的绩效考评和效益指标考核由人力资源部和财务部统一进行，结果报总经理审批，额度与各部门每月利润指标和工作任务目标完成情况挂钩，分配完全按“效益贡献工资和效益奖金核发办法”进行，由总经理以“奖金票”的形式分至各部门(项目组)，再由所在部门领导(项目经理)依据个人考评结果进行二次分配，员工的绩效考评由各部门按自己的考核标准每月以考核分数形式上报人力资源部备案，做到平时月考核，季小结、年评价与公司人事考核制度配套进行，

第七章　工资的分配形式

第十九条　岗位贡献工资制是公司各部门(项目组)最基本的分配制度，岗位基础工资是公司给予员工的保障工资，效益贡献工资分配形式灵活多样，主要有提成工资制、特殊贡献嘉奖、项目奖励(单项奖)、一次性效益奖以及其他奖金。

第八章　附则

第二十条　本制度自印发之日起施行。

第二十一条　本制度由公司人力资源部负责解释。

三、企业员工报酬待遇管理规定范文实例

公司报酬待遇管理规定

第一章　总则

第一条　为保障员工的合法利益，贯彻多劳多得，奖勤罚懒原则，特制订本规定。

第二条　本规定所指各种报酬待遇仅适用于正式聘用员工，短期聘用员工待遇由劳动合同确定。

第二章　报酬待遇基本内容

第三条　凡在本公司就业的正式聘用员工可享受工资类、津贴类、奖励类及福利类四类报酬待遇。

（一）工资类包括基本工资、工龄工资、浮动工资及年终双薪。

（二）津贴类包括职务补贴、物价补贴、住房补贴及加班补贴。

（三）奖励类包括创汇奖、全勤奖、年终奖及年终先进个人奖。

（四）福利类包括夏季饮料费、劳保费、节日补助、医疗费、独生子女费、子女教育费、供暖补助及丧葬补助等。

第四条　各类报酬待遇的标准如下。

（一）工资类。

1. 基本工资分成四类十等（附表略）。

2. 工龄工资以服务公司的时间计算，每月一年××元。

3. 浮动工资由公司拿出相当全部员工基本工资15%的奖金，作为浮动工资（其分配原则另定）。

4. 年终双薪，每年12月对在本公司干满一年以上的员工发双薪。

（二）津贴类。

1. 职务补贴：分成六级（附表略）。

2. 物价补贴：根据物价上涨浮动确定，一般每月每人不低于××元。

3. 住房补贴：对公司应该提供住房而没有提供住房的员工，限部门经理以

下，每人每月补助××元；部门经理以上，每人每月补助××元。

（三）奖励类。

1．创汇奖：达到核定指标的，奖给人民币××元。并且，每超过1%，奖人民币××元。

2．全勤奖：全勤每人每月××元。

3．年终奖：根据年终经济效益确定。

（四）福利类。

1．夏季饮料费：6～9月，每人每月××元。

2．劳保费：每人每月××元。

3．节日补助：元旦，每人×××元；春节，每人×××元；五一节，每人×××元；国庆节，每人×××元；三八妇女节，妇女每人×××元。

4．医疗费：员工每月发医疗津贴×××元，住院治疗经医院证明支付90%，工伤医疗费由公司全额负担。

5．独生子女费，属独生子女家属员工，每年发独生子女费×××元（独生子女年满18岁停发）。

6．子女教育费：有子女在校学习的员工，按在校子女每人每月×××元发给子女教育费。

7．供暖补助；按照本市政府规定补助。

8．丧葬补助：直系亲属（父母、岳父母、兄弟、姐妹、子女）丧葬，每次补助×××元。

第五条　员工的每月工资、奖金、各种补贴，在发薪日一并领取，每月××日为发薪日，当月发上月工资。

第六条　有关扣薪扣奖事宜的处理。

（一）缺勤扣除。

1．迟到、早退、私自外出。

2．病假。

3．事假。

按考勤管理规定扣除工资、奖金及其他待遇。

（二）工作负伤疾病的缺勤。

因工伤缺勤时，应于一周内提供医院证明，工资及其他待遇照常付给。

（三）特别休假。

下列情况下，凡未超出公司其他规定范围的，报酬待遇照常付给。

1．婚假、丧假。

2．年度带薪休假。

3．行使公务权时。

4．法定节假日。

5．女性员工产假。

6．休假日加班后补休。

7．公假。

第三章　报酬待遇调整

第七条　报酬待遇的调整。公司员工报酬待遇的调整审定由公司总经理与人力资源部共同商议确定。其基本程序是每年年初或特定时期，由人力资源部作出调整备案，交总经理核准后实施。

第四章　附则

第八条　本规定自印发之日起施行。

第九条　本规定由公司人力资源部负责解释。

四、企业新进人员待遇支付办法范文实例

公司新进人员待遇支付办法

第一章　总则

第一条　本办法依据本公司人事管理规则制订。

第二条　本公司新进人员（工人除外）的任用待遇适用本办法。

第二章　主要内容

第三条　本公司新进人员主要有新毕业学生、社会招聘人员（项目人员、协议人员、特聘人员、临时用工人员）以及集团公司内调入人员三大类。

第四条　本公司新进大学本科以上毕业生，试用期三个月，见习期一年，试用（见习）期间待遇支给应按（附表1）的规定办理。表现突出者，试用期三个月结束后可提前转正上岗，并拿岗位工资。

第五条　本公司社会招聘人员试用期一般为三个月，试用期间的待遇按（附表2）的规定办理。能力、水平突出者可直接上岗任用，直接拿岗位工资。

第六条　集团公司调入人员试用期三个月，试用期间和上岗后待遇由公司按照集团公司相应岗位工资标准执行。

第七条　新进人员试用届满后正式任用或需延长试用期间，由试用部门（项目经理）领导到人力资源部领取转正考核申请单，填写对该人的考核评价意见和转正薪资意见送人力资源部研究后，转呈总经理核定审批。

第八条　新进人员经正式任用后薪资核定标准应按下列规定。

（一）新进人员无工作经验或虽有工作经验但与现工作无关，其薪资核定依（附表1）规定办理。

（二）新进人员有工作经验者，其薪资核定应依其担任岗位性质、毕业学校所学专业，能力水平、工作经验等因素并参照本公司社会招聘人员薪资核定标准的不同等级确定相当的工资待遇。

第九条　本公司员工在业余时间继续更高教育学习而获得正式毕业文凭者，必须视其担任岗位职务的需要提供证明文件及文凭证书，呈请核准更改学历并更改其原来的初任薪资。

第三章　其他

第十条　本公司新进人员在延长试用期间届满后，任用与否，依人力资源部考核的有关规定办理。

第十一条　新进人员本薪每年依考核办理调整，但自到职日起算工作不满6个月者不予调整。

第四章　附则

第十二条　本办法自印发之日起施行。

第十三条　本办法由公司人力资源部负责解释。

附表1　新进毕业生见习及上岗薪资核定表

附表2　公司招聘人员薪资参照标准

附表1　新进毕业生见习及上岗薪资核定表

学历制	见习试用	按三个月试用或一年见习期满考核调整标准			
	70～74.9分（乙下）	75～79.9分（乙上）	80～84.9分（甲下）	85～89.9分（甲上）	90～100分以上（优）
博士毕业，不分专业	4000	4500	4500	5000	5000～8000
硕士毕业，不分专业	2500	3000	3500	4000	4000～5000

续表

学历制	见习试用	按三个月试用或一年见习期满考核调整标准			
	70～74.9分（乙下）	75～79.9分（乙上）	80～84.9分（甲下）	85～89.9分（甲上）	90～100分以上（优）
国家六所重点大学毕业，不分专业（清华大学、北京大学、上海交通大学、复旦大学、浙江大学、南京大学）	2500	3000	3500	4000	4000～5000
国家100所重点大学毕业，相关专业（西安交通大学、天津大学、吉林大学等 ）	1800	2000	2500	2500	2500～4000
普通院校大学本科毕业，相关专业	1500	1800	2000	2500	2500～3000
大学专科毕业，不分科系	800	900	1000	1200	1200～3000
大学专科以下	500	600	700	800	800～2000

附表 2　公司招聘人员薪资参照标准

学历制	试　用	按三个月试用或一年见习期满考核调整标准			
	70～79.9分	80～89.9分	90～99.9分	100分以上	特聘人才协议工资
	（丙）	（乙）	（甲）	（优）	—
博士毕业，不分专业	2500～5000	3000～6000	3500～7000	4000～8000	4000～10000
硕士毕业，不分专业	2000～4000	2500～4500	3000～5000	3500～5500	3500～8000
国家六所重点大学毕业，不分专业（清华大学、北京大学、上海交通大学、复旦大学、浙江大学、南京大学）	1500～4000	2500～4500	3000～5000	3500～5500	3500～8000
普通院校大学本科毕业，相关专业	1000～2500	1500～2800	2000～3000	2500～3500	2500～4000
大学专科毕业，不分科系	800～1200	1000～1500	1200～1800	1500～2000	1500～2500
大学专科以下	500～1000	700～1200	900～1500	1000～1800	1000～2000

五、企业薪酬管理实施细则范文实例

公司薪酬管理实施细则

第一章　总则

第一条　为建立具有一定市场竞争力的企业内部分配制度，客观评价员工业绩，奖励先进、鞭策后进，提高员工工作兴趣和热情，体现选拔、竞争、激励、淘汰为核心的用人机制，特制订本方案。

第二条　本方案是依据国家法律、法规及公司设计的薪酬管理方案及薪酬设计方案订立的，是员工获得正当劳动报酬的保证，也是维持企业效率和持续发展的基本保证，体现了企业效益与员工利益相结合的原则。

第三条　根据集团公司有关用工方案，实行全员劳动合同制度，劳动合同以一年、三年、五年为期限。全员实行岗位聘任制度，建立逢缺必竞的机制。

第四条　本方案设置了三个薪等工资标准，标准一比标准二、标准二比标准三分别高一个薪级。第一次试行时执行标准三，今后每年根据集团公司经营、效益状况决定所执行的标准或调整薪资标准。

第五条　每年根据岗位适应度或绩效考核结果进行评价，对员工进行岗位或薪等（级）调整。

第六条　本细则适用于集团公司及分、子公司的员工。

第二章　薪酬内容与结构

第七条　员工的薪酬水平主要是根据员工所在的岗位、个人所具备的能力与资质、业绩及市场价值来确定。

第八条　薪酬体系采用带宽薪等制（即一岗多薪），共分二十二个薪等，最低是三等，最高是二十四等，每等薪酬递增14%。

第九条　员工所在岗位是确定员工薪酬的基础，每个岗位在薪资表中都对应着一个中位值，也就是最适合这个岗位（刚好符合岗位职责要求）的员工所拿到的薪酬总额；能力超出或低于岗位任职要求的员工，根据岗位适应度评价结果，其薪酬在中位值上下浮动，浮动范围必须限定在薪资表确定的岗位带宽（附表1）中。

第十条　员工实行差异化薪酬结构。根据岗位特点将岗位分为经营团队、职能管理人员、职能人员、生产技能人员、技能辅助人员、设计人员及销售人员七类，不同类别岗位的薪酬结构及发放方式都有所不同（附表2）。

第十一条　薪酬构成包括固定工资、浮动工资、福利和保障、额外补助及递延收入（附表3）。

第十二条　岗位工资。

（一）在薪资表中，员工薪等中位值所对应的薪酬称薪等工资，员工薪级所对应的薪酬称薪级工资，以下统称为岗位工资。

（二）确定岗位工资的原则。

1．以岗定薪，岗变薪变，实现薪酬与岗位价值挂钩。

2．以岗位价值为主、技能因素为辅，岗位与技能相结合。

3．针对不同的职能系列设置晋级通道，鼓励不同专业人员专精所长。

（三）岗位工资是确定员工收入其他部分的基础，并作为基本工资和绩效工资的计算基数。

（四）在第一次岗位适应度评价前，员工原则上按照薪等的中位值，即薪等工资起薪。根据员工个人的能力情况可以在中位值上、下一个薪级起薪，但下的比例要高于上的比例。对个别岗位可以下两个薪级起薪。

（五）员工岗位工资不包括工龄补贴、年终奖金、超额项目提成、销售提成以及技术技能补贴等。

第十三条　绩效工资。

（一）绩效工资是根据集团公司、各分（子）公司、各部门及员工的业绩而计付的工资，体现了员工和团队对集团公司的价值贡献。

（二）绩效工资的主要形式有年薪制工资、计件工资、计时工资、个人业绩挂钩工资（业绩工资）以及小组业绩挂钩工资（小组或部门业绩）。

（三）年终奖金发放的前提是工资总额未达到集团公司制订的工资总额上限，其数额由总经理办公会依据集团公司年度经营业绩确定，然后根据各分、子公司和各职能部门的年度表现确定发放比例；分、子公司和各职能部门根据员工个人业绩确定每位员工的年终奖金并报集团公司人力资源部审批、备案。

（四）提成工资和年薪制工资也属于业绩工资的范畴，但在薪酬构成中单列出来。提成工资主要包括项目提成、销售提成及回款提成。

（五）集团公司实行全员分层分类绩效考核，绩效工资与企业经营指标、分（子）公司经营指标、部门经营指标或岗位业绩挂钩，以超额有效劳动为依据，按考核周期提取绩效工资，具体办法见集团公司“绩效管理实施方案”。

第十四条　递延收入包括风险抵押金、股票期权、虚拟股权等，是对集团公司、分（子）公司经营团队以及核心骨干的长期激励，其方案由集团公司另行制订。

第三章　年薪制

第十五条　经营团队实行年薪制。年薪制岗位员工的收入计算公式如下。

年薪制收入＝$\sum$（月预提年薪＋各项补贴）＋年终年薪补足＋递延收入－各项罚金

月预提年薪＝每月预提月岗位工资×40%

第十六条　年终年薪补足指的是在理论岗位工资中扣除每月预提、各项补贴之后的剩余部分。

第十七条　与集团签订的经营业绩合同的经营者，按照签订的经营业绩合同计算。其他经营者（薪酬特区的经营者除外）根据年初同集团公司签订的业绩合同计算年薪总额。

第十八条　年薪制的递延收入采用风险抵押金的形式，年底结算时将年薪的10%作为风险抵押金转入个人风险抵押金账户，根据第二年经营业绩合同的完成情况，计算风险抵押金兑现收入。

第四章　绩效工资制

第十九条　职能管理人员、职能人员、技能辅助人员实行绩效工资制。员工的收入计算公式如下。

绩效工资制收入＝$\sum$（月基本工资＋绩效工资＋各项补贴－各项罚金）＋年终奖金

第二十条　集团公司职能管理人员和分、子公司职能管理人员、各分厂（车间）领导人员，其月基本工资占岗位工资的50%，绩效工资占岗位工资的50%。绩效工资中的10%作为递延收入（风险抵押金），根据第二年考核结果兑现，20%依据部门绩效考核结果按月发放，其余20%在年底根据部门绩效考核发放。

第二十一条　职能人员月基本工资占岗位工资的70%，另20%依据个人绩效考核结果按月发放，其余10%在年底根据部门绩效考核发放。

第二十二条　技能辅助人员月基本工资占岗位工资的70%，另30%依据个人绩效考核结果按月发放。

第五章　计时（计件）工资制

第二十三条　生产技能人员采用计时（计件）工资制，由分厂（车间）实行二次分配。

（一）分公司计时（计件）工资制的收入计算公式如下。

计时（计件）工资制收入＝$\sum$[月基本工资＋计时（计件）工资＋各项补贴]＋

年终奖金

月基本工资＝岗位薪等工资×30%＋（岗位薪级工资－岗位薪等工资）

计时工资＝岗位薪等工资×70%×实际完成工时／（168×达额率）

（二）子公司计时（计件）工资制的收入计算公式如下。

计时（计件）工资制收入＝∑[月基本工资＋计时（计件）工资＋各项补贴]＋年终奖金

月基本工资＝岗位薪等工资×30%＋（岗位薪级工资－岗位薪等工资）

实际完成工时在制度工时以内的计时工资计算公式如下。

计时工资＝岗位薪等工资×70%×实际完成工时／168

实际完成工时超过制度工时以上的计时工资计算公式如下。

计时工资＝（实际完成工时－168）×超额小时工资单价

计件工资＝生产合格产品数量×单价

第二十四条　小组工作方式的生产岗位按照第二十三条第二款计算小组薪酬总额，由分厂（车间）领导将薪酬分配到个人，并报分、子公司人力资源部审核。

第六章　项目提成工资制

第二十五条　项目提成工资制适用于参与项目的研发、设计人员。员工的收入计算公式如下。

项目提成工资制收入＝∑（月基本工资＋绩效工资＋项目提成＋各项补贴）＋年终奖金

第二十六条　实行项目提成工资制的人员，其月基本工资占岗位工资的40%；绩效工资占岗位工资的20%，每月对日常绩效指标和项目跟踪情况考核发放；岗位工资剩余的40%按照项目提成的方式考核兑现，上不封顶，下不保底。

第二十七条　项目提成执行各分、子公司相应的项目管理和分配办法。

第七章　销售提成工资制

第二十八条　营销公司和分、子公司可以根据所在行业的销售规律和惯例制订销售人员的提成办法。

第二十九条　销售人员可以采用销售提成工资制和大包方案。

（一）销售人员、配套销售人员采用销售提成工资制，其员工的收入计算公式如下。

销售提成工资制收入＝∑（月绩效工资＋销售提成＋各项补贴）＋年终奖金

（二）销售人员、配套销售人员绩效工资占岗位工资的100%，依据绩效考核结果发放。

（三）零销人员采用大包方案，员工的收入计算公式如下。

大包制收入＝$\sum$销售提成＋年终奖金

第八章　附加薪酬

第三十条　工龄补贴。

（一）标准为5元／年。

（二）工龄每年7月1日调整一次。

第三十一条　加班费。

（一）常年倒班岗位的非计时（计件）工作人员，在国家法定假日（元旦、春节、五一、十一）加班的，支付加班补贴，加班补贴标准日个人工资的三倍。

（二）属于集团公司或分、子公司统一安排的在休息日加班的职能部门的工作人员，按照日个人工资的2倍的标准支付加班补贴。

（三）员工在正常工作时间内未完成工作任务而采取的加班作为补救措施，不支付加班补贴或安排调休。

第三十二条　技术／技能补贴（科技带头人津贴、关键技能带头人津贴）、交通补贴、住房补贴及教龄津贴的具体数额和支付方式依据集团公司的相关规定执行。

第三十三条　分厂（车间）生产班组（工段）长补贴来自各分厂（车间）二次分配，由分厂（车间）领导确定补贴数额，并报各级人力资源部备案。

第三十四条　夜班补贴是集团公司给轮班员工在夜晚上班的补贴（不是晚上加班），按照不超过30元／夜班的标准，由各级人力资源部酌情制订。

第三十五条　年终奖金适用于对集团公司有突出贡献的员工，其奖金总额不超过集团公司薪酬总额的7%。享受年终奖金的员工名单，由各单位、部门领导提名，各级人力资源部审核，集团公司总经理批准后执行。

第九章　薪酬总额

第三十六条　薪酬总额包括年度薪酬总额基准、年度实际薪酬总额以及月度薪酬总额。

第三十七条　年度薪酬总额基准的确定依据为年度的经营效益预测（销售收入、利润等）、通货膨胀水平以及集团公司的工效挂钩和薪酬政策。确定年度薪酬总额基准的目的在于强化集团公司的工资总额和实际人工成本控制。

第三十八条　每年12月中旬之前，集团公司人力资源部根据年度经营计划大纲和预测情况，计算下一年度薪酬总额基准，提出薪酬政策建议和薪酬方案，经总经理办公会审核、董事会批准后，总经理监督人力资源部和财务部执行。

第三十九条　月度薪酬总额的确定依据为月度的销售收入、利润变动情况及其他相关经营指标。

第四十条　集团公司人力资源部根据各分（子）公司上报的工资总额和目标人工成本核定薪酬调整系数。具体的计算公式如下。

薪酬调整系数＝目标工资总额／上报工资总额

调整之后的员工薪酬计算公式如下。

员工薪酬＝单位上报的薪酬×薪酬调整系数

当调整系数大于1时，员工薪酬＝单位上报的工资总额，不乘以调整系数。

第四十一条　年度实际薪酬总额为各月实际发生额的累加。未经集团公司批准，年度实际薪酬总额不得超过年度薪酬总额基准。

第十章　福利制度

第四十二条　集团公司按国家有关法律规定，为员工办理社会保险（包括养老保险、失业保险等）和住房公积金，社会保险的基数按员工上年的总收入核定。

第四十三条　员工依法享受年休假、探亲假、婚假、产假、丧假期间，岗位工资和工龄补贴照发。

第四十四条　集团公司为员工提供符合国家规定的劳动安全卫生条件和必要的劳动保护用品，对从事有职业病危害的员工定期进行健康检查。

第四十五条　工伤与死亡。

（一）员工因工伤缺勤，应在一周内提供定点医院证明，医疗期间的岗位工资及各项补贴照常支付。属于个人不当行为引起的工伤则对当事人进行处罚，并追究事故责任。

（二）工伤按国家有关规定界定，并给予医疗费用的报销。报销费用首先从工伤保险和人身重大意外伤害保险等保险费用中支出，不足部分由集团公司承担。

（三）员工因公致残、丧失劳动能力或死亡，按国家规定给予补偿金或抚恤金。补偿金或抚恤金首先从工伤保险、人身意外重大伤害保险等保险费用中支出，不足部分由集团公司补足。

（四）非因公或自然死亡，按国家规定给予丧葬费和抚恤金。丧葬费和抚恤金首先从各种保险费中支出，不足部分由集团公司承担。

第四十六条　病休。

（一）员工如果因病而不能正常工作，集团公司允许请病假。病假期间，每病休一天扣减月岗位工资的3%。扣减后低于地方政府规定的最低生活费标准的按照最低生活费标准支付薪酬。

（二）员工请假必须提供定点医院开具的病假证明，在任何情况下，员工若不能按时上班，均应及时通知部门主管。

第四十七条 病退。

员工在合同期内，因长期疾病不能正常上班工作，在规定的医疗期内集团公司按第四十六条第一款给付该员工的薪酬；超出医疗期，符合内退条件的员工，可以根据定点医院证明与集团公司协商办理内部退休手续；不符合内退条件的员工，集团公司与其解除、终止劳动关系。

第四十八条 集团公司为员工提供部分采暖补贴，补贴标准依据现行相关规定。

第四十九条 晋升、人才储备及培训。

（一）晋升：提供员工向其他岗位或更高等级岗位发展的机会。

（二）人才储备：作为某岗位的储备，员工可以享受该岗位的部分薪酬和待遇，包括进入该岗位的薪酬区域、获得部分特殊津贴等。

（三）培训：为奖励有优秀表现的员工，可以提供带薪培训的机会或者对培训经费给予一定补助。具体可以由其部门主管上级提出，报集团公司人力资源部批准。

第五十条 本章各项福利，不得以同一事故而重复给付。如因战争或其他不可抗拒的天灾等变故或自杀、犯罪致残或死亡，均不适用本章所列各事项的给付规定。

第十一章 薪酬扣减

第五十一条 集团公司实行无薪事假，即员工在休事假期间，按日计扣月岗位工资。

第五十二条 旷工。

（一）旷工一天按日计扣月基本工资，依此类推，并扣除当月全额绩效工资。

（二）旷工两天扣除三个月全额绩效工资。

（三）一个月内旷工三天及以上者，集团公司解除其劳动合同。

第五十三条 下列各款项须从薪酬中扣除。

（一）员工个人所得税。

（二）应由员工个人承担的住房公积金。

（三）应由员工个人缴纳的社会保险。

（四）地方政府征收的、法律法规规定的以及集团公司规章制度规定的应从薪酬中扣除的款项。

（五）司法、仲裁机构判决、裁定中要求代扣的款项。

（六）集团公司、分（子）公司、分厂（车间）决定的各项罚款。

第十二章　薪酬管理与支付

第五十四条　按照统核统发的办法，全体员工月工资由各级人力资源部统一管理。基层单位按员工考核情况、出勤情况编制工资表，报各级人力资源部审核后，交各级财务部复核并发放。

第五十五条　工资计算时总额若有未达到元之尾数，一律四舍五入为整元。

第五十六条　员工每月出勤以21个工作日标准计算。员工因事假未达到应出勤天数的，基本工资按员工实际出勤核发。

第五十七条　月度工资的核算周期为每月1～31日。年度工资的核算周期与企业财政年度一致。

第五十八条　当月的基本工资和上个月的绩效工资于每月的18日发放，半年绩效工资为7月底发放，年绩效工资为次年4月底发放。如遇发薪日为休假日，则顺延至休假日后的第一个工作日发放。

第五十九条　集团公司以银行转账的方式支付工资（新员工的银行卡将于第一个发薪日发给员工），员工如有疑问可于三日内到各级人力资源部查询。

第六十条　集团公司依法与员工解除或终止劳动合同时，由员工本人向集团公司人力资源部提出书面申请，经批准并办妥相关手续后一次结清工资和经济补偿金。

第十三章　薪资变动

第六十一条　薪资变动分为薪资标准变动和个人薪资水平调整两种。薪资标准变动是依据企业经济效益、市场通货膨胀情况和企业薪资政策调整来决定的，变动有加薪和减薪两个调整方向。具体由集团公司人力资源部每年提交集团人力资源投资收益分析，提出薪资政策建议，集团公司根据经营增长状况于次年1月份确定下一年度的薪资方案，提交董事会批准，总经理负责监督集团公司人力资源部和财务部执行。

第六十二条　当发生下列情况时，可以进行临时调薪，其标准由集团公司董事会与工会召开联席会议确定。

（一）集团公司经营效益或经营目标发生重大变化。

（二）集团公司组织机构发生重大调整。

（三）出现重大劳资纠纷事件。

（四）其他集团公司认定的情况变化。

第六十三条　个人薪资水平依据个人所在岗位薪等（级）和岗位适应度评价

结果及绩效考核结果确定。

（一）集团公司每年对个人进行岗位适应度评价，评价员工的价值贡献，并依据评价结果调整员工岗位和对应的薪等（级），具体办法另见集团公司“岗位适应度评价实施方案”。

（二）考核周期为月度的员工，其考核结果连续半年为“优异”者，直接上级可以向各级人力资源部提出薪级在原基础上晋升一级，晋升后的薪级不能超过该岗位薪酬带宽的上限。

（三）考核周期为月度的员工，当年考核结果为连续三次不合格或半年内考核结果超过三次为不合格者，其薪级下调一级，下调后的薪级原则上不低于该岗位薪酬带宽的下限；薪级下调后员工绩效考核仍不理想的，对该员工进行岗位调整或待岗处理，待岗工资见“与薪酬有关的其他事项”一章 。

第十四章 与薪酬有关的其他事项

第六十四条 新进集团公司的大中专、技校应届毕业生和复转军人签订一年期的劳动合同，试用期为 1 个月，另 11 个月为见习期。其发放标准如下。

（一）硕士研究生为 3000 元／月。

（二）重点大学本科毕业生为 2500 元／月，其他大学本科毕业生为 2000 元／月。

（三）大学专科毕业生为 1800 元／月。

（四）其他员工按地方最低工资标准执行。

第六十五条 见习期满通过人力资源部考核后转正进岗，进入薪等不得高于中位值，但不低于见习期发放标准。

第六十六条 对招聘来的有关键价值的员工，可以进入薪酬特区。

第六十七条 待岗工资按照地方政府最低生活费发放，但仍然保留其他福利待遇。

第六十八条 新进集团公司员工工作未满一个月离职，按照实际上班天数结算薪资。

第六十九条 辞职和辞退员工在办理离职手续后，按当月实际工作日计算岗位基本工资，在次月工资发放时计发，但不发放当月绩效工资。

第七十条 辞职和辞退的员工在所有离职手续未办理完时，不得结算薪资。

第七十一条 因员工个人原因给集团公司造成损失应赔偿的，集团公司有权在本人月薪中扣除全部绩效工资与部分基本工资。

第七十二条 在员工正常上岗并完成本职工作前提下，其月薪支付不得低于地方政府规定的最低工资标准。

第七十三条　如发生非员工个人原因一个月以上停工，集团公司保证支付给员工地方政府规定的最低工资标准。

第十五章　薪酬特区

第七十四条　设立薪酬特区的目的。

（一）使薪酬政策重点向对集团公司有较大贡献的、市场上稀缺的人力资源倾斜，以激励和吸引优秀人才。

（二）使企业与外部人才接轨，提高企业对关键人才的吸引，增强集团公司在人才市场上的竞争力。

（三）灵活招聘社会临时用工，降低集团公司人力资源成本。

第七十五条　设立薪酬特区的原则。

（一）谈判原则：特区薪酬以市场价格为基础，由双方谈判确定。

（二）保密原则：为保障特区员工的顺利工作，对薪酬特区的人员及其工资严格保密，员工之间禁止相互打探。

（三）限额原则：特区人员数目实行动态管理，依据企业经济效益水平和发展情况限制总数，宁缺毋滥。

第七十六条　特区人才的选拔以外部招聘为主，其具体招聘条件如下。

（一）名优院校硕士及以上毕业生。

（二）企业人力资源规划中急需或必需的人才。

（三）行业内人才市场竞争激烈的稀缺人才。

（四）生产单位的临时用工。

第七十七条　有以下情况者自动退出人才特区。

（一）考核总分低于预定标准。

（二）人才供求关系变化，不再是市场稀缺人才。

（三）临时用工需求缓解。

第七十八条　集团公司人力资源部从招聘源头严格控制薪酬特区人才的数量和质量，并定期考核。

第七十九条　薪酬特区人才的薪酬和福利方案谈判确定后，不受薪酬管理方案中其他章节制约。

第十六章　附则

第八十条　集团公司董事会审议集团公司薪酬方面的政策、标准并形成决议，交由集团公司管理层执行。

第八十一条　当年薪酬管理方案的执行情况由集团公司督察部监督。

第八十二条　集团公司人力资源部负责集团及分、子公司薪酬体系的日常管理，处理一切与集团公司薪酬有关的事项，包括负责人力资源成本核算与分析、负责拟订企业各种福利和津贴标准、计算绩效工资、编制工资报表交财务部发放以及提供员工薪资咨询等。

第八十三条　根据《中华人民共和国劳动合同法》的规定，集团公司在不违反上级主管部门核定的工资总额的前提下，有权自主决定集团公司内部一般员工的工资关系和工资标准，有权决定一般员工调岗调薪及其奖惩方案。

第八十四条　对于本方案所未规定的事项，按集团公司人力资源部相关管理规定执行。

第八十五条　本细则自印发之日起施行。

第八十六条　本细则由集团公司人力资源部负责解释。

附表1　带宽表

附表2　岗位分类表

附表3　薪酬构成表

附表1　带宽表

岗位类别	带　宽	带宽比例
经营团队	9	6.77%
职能管理人员	9	6.77%
职能人员	7	6.77%
生产技能人员	7	6.77%
技能辅助人员	5	6.77%
设计人员	11	6.77%
销售人员	7	6.77%

附表2　岗位分类表

类　别	岗　位	薪酬结构
经营团队	1．集团公司领导岗位(含助理) 2．分、子公司领导岗位(含助理、总监、专务)	年薪制

续表

类 别	岗 位	薪酬结构
职能管理人员	1. 集团公司职能部门领导岗位 2. 分、子公司职能部门领导岗位 3. 分、子公司各分厂(车间)领导岗位	绩效工资制
职能人员	1. 集团公司职能部门管理岗位 2. 分、子公司职能部门管理岗位 3. 分、子公司生产辅助部门管理岗位 4. 分、子公司研发中心(部)非设计类岗位 5. 分、子公司各分厂(车间)(工段)非生产岗位	
生产技能人员	分、子公司各分厂(车间)(工段)计时(计件)岗位	计时(计件)工资制
技能辅助人员	1. 集团公司职能部门辅助岗位 2. 分、子公司职能部门辅助岗位 3. 分、子公司各分厂(车间)(工段)非计时岗位	绩效工资制
设计人员	分、子公司研发设计岗位	项目提成工资制
销售人员	销售／配套／零销岗位	销售提成工资制

附表3 薪酬构成表

薪酬类别	内 容
固定工资	基本工资
浮动工资	业绩工资、提成工资、年终奖金
福利和保障	社会保险、补充商业保险
额外补助	工龄补贴、技术／技能补贴、生产班组长津贴、夜班补贴、交通补贴、住房补贴、教龄津贴、培训补贴
递延收入	风险抵押金、股票期权、虚拟股权

六、企业员工薪酬制度改善实施办法范文实例

公司员工薪酬制度改善实施办法

第一章 总则

第一条 为完善薪酬分配体系，调整分配关系，合理控制人工成本增长，使工资分配合理拉开差距，稳定和吸引人才，逐步解决复杂劳动收入低于劳动力市

场价位和简单劳动收入高于劳动力市场价位的状况，形成与现代企业制度相适应的薪酬分配制度，更好的发挥薪酬分配的激励作用，特制订本办法。

第二条　本制度适用于集团公司总部，各分、子公司可参照执行。

第二章　薪酬制度改善原则

第三条　薪酬制度改善坚持以下基本原则。

（一）坚持市场定薪的原则。

（二）坚持以体现岗位价值为核心，兼顾体现员工能力提升的原则。

（三）坚持工资分配与员工绩效考核相挂钩的原则。

（四）坚持公平、公正、公开的原则。

第三章　具体办法

第四条　工资制度。

本次薪酬制度改善继续延用集团公司岗位工资制，采用岗位绩效工资制。岗位绩效工资制是本公司的基本工资制度，决定着本公司的薪酬定位和支付标准。

第五条　工资结构与分配办法。

（一）工资结构。

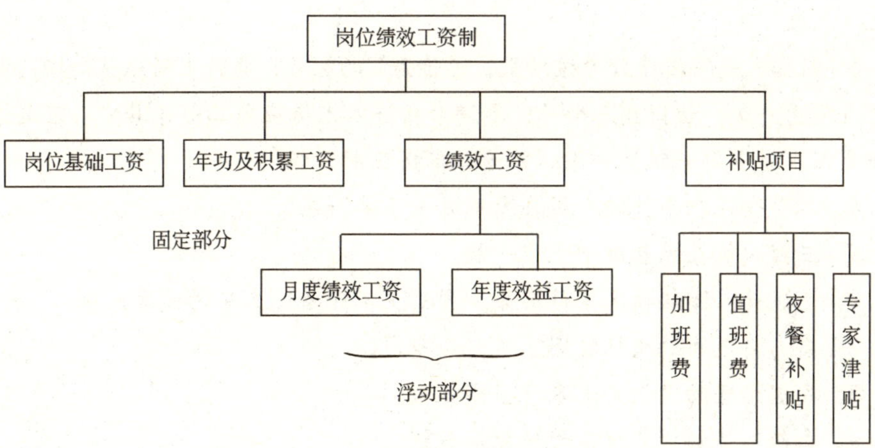

（二）本次薪酬制度改善后，继续执行原年功工资以及积累贡献工资政策，各补贴项目维持原标准不变。

第六条　固定与浮动工资的比例关系。

（一）管理、技术序列固定工资与浮动工资中的月度绩效工资比例定为4：6，使浮动部分大于固定部分，加大与绩效考核挂钩的比例，使绩效考核结果在工资收入中得到充分体现。

（二）生产操作序列固定工资与浮动工资中的月度绩效工资比例定为6:4，加大了固定部分的比例，使员工收入预期安全性得到提高。同时，加大加班费支付基数为原来的2.7倍，在原来获得100元加班费的情况下能够获得270元加班费，增加了额外劳动带来的报酬。

第七条　岗位基础工资的设置。

工资标准划分为管理、技术岗位和生产操作服务岗位两个序列，均设十个岗，岗内设级，其中管理、技术序列中不包含高级经理岗位；各类岗位的工资标准设置交叉部分。岗位基础工资标准详见“公司岗位工资标准表”。

第八条　岗位基础工资的初次确定（具体内容详见“岗位基础工资初次定薪管理规定”）。

（一）专业技术管理人员（含二级经理）。

本次上岗和定级以上一年度绩效考核结果为主要依据，围绕应用三级进行正态分布，具体绩效考核以及人事调整情况详见“关于人事调整的指导意见”。

1．符合任职条件的人员，初次定级在本岗应用三级。

2．根据上一年度绩效考核结果，评价为A的人员，初次定级在应用三级基础上上浮1级。

3．根据上一年度绩效考核结果，评价为D的人员，竞聘上岗后试岗期内初次定级在应用一级，试岗期三个月，期满合格进入本岗应用二级；其中，应届本科毕业生在本岗应用一级满一年后可进入本岗应用二级。

4．不符合任职条件的人员在原基础上下降一级。

5．三级人员在原基础上上浮一级。

6．上述升、降级情况累计有效，原则上不能超过本岗的应用五级。

7．岗与岗之间的指标原则上不允许串用。

8．高级经理助理人员上本岗应用五级。

9．二级人员初次定级在十岗应用五级。

（二）新入职大学生及硕士生。

本次上岗和定级从应届本科及硕士毕业生开始按照本规定执行。

1．新入职本科生初次定级在五岗应用一级，硕士生初次定级在六岗应用一级。

2．转正定级满一年后，本来岗位在五岗的本科生，直接晋升至五岗应用三级；本来岗位在六岗的本科生，直接晋升至六岗应用一级；本来岗位在七岗的本科生，直接晋升至七岗应用一级。

3. 转正定级满两年后，本来岗位在五岗的本科生，符合任职条件的可晋升至五岗应用四级，不符合任职条件的不晋升；本来岗位在六岗的本科生，符合任职条件的可晋升至六岗应用三级，不符合任职条件的可晋升至六岗应用二级；本来岗位在七岗的本科生，符合任职条件的可晋升至七岗应用三级，不符合任职条件的可晋升至七岗应用二级。

4. 硕士生转正定级后晋升原则与本科生相同。

5. 本科生及硕士生转正定级满两年后随公司整体考核。

（三）生产操作人员。

本次上岗定级考虑技能因素，作为上岗定级主要依据。围绕应用三级进行正态分布，其中在应用五级的人员不超过本部门本岗的5%，且需要说明初定级在应用五级的理由。

第九条 岗位基础工资的晋升。

根据各单位的绩效考核情况，每年年初下发一定比例的奖励晋级指标。在日常的岗位变动调整中，当员工由低岗向高岗变动时，采取就近原则调整至相应岗级中大于等于原岗位基础工资水平的级别；当员工由高岗向低岗变动时，直接调整至相应岗级中和原岗位基础工资应用级别相同的级别（具体内容详见“岗位基础工资管理规定”）。

第十条 加班费的计算。

（一）岗位基础工资作为加班费、各种假期加班费的支付基数。

（二）当加班以及放假或培训情况均出现时，需对加班天数进行冲减。

第十一条 固定工资的计提办法。

改变原岗位基础工资根据月出勤情况发放的方式，实行岗位基础工资按工作天数考核发放的方式，体现日工资的理念；公司组织放假或培训时，按照相应放假或培训工资标准兑现工资，使员工最低收入得到保障（具体标准详见“公司员工培训、放假工资标准”。具体计算公式如下。

固定工资＝岗位基础工资标准/20.9天×工作天数＋培训日工资标准×培训天数＋放假日工资标准×放假天数＋年功工资＋积累贡献工资

第十二条 月度绩效工资标准的确定。

依据公司薪酬水平定位和固定工资、浮动工资的比例关系确定月度绩效工资标准，每岗设置一个月度绩效工资标准（具体标准详见“公司岗位工资标准表”）。

第十三条 月度绩效工资的计提办法。

改变原效益贡献工资直接与产量挂钩的计奖方式，实行月度绩效工资按月年计划完成率结合绩效考核发放的方式，不同群体员工，绩效考核内容不同。具体计算公式如下。式中，n为全体在岗员工数。

$$月度绩效工资=\sum_{i=1}^{n}（月度绩效工资标准）\times 绩效考核$$

部门（车间）管理技术人员绩效考核＝70%×部门绩效考核＋30%×上月年计划完成率

车间生产操作人员绩效考核＝上月年计划完成率×车间平衡劳动负荷系数×上月部门绩效关联系数

部门辅助生产操作人员绩效考核＝平均上月年计划完成率×平均平衡劳动负荷系数×上月部门绩效关联系数

第四章　其他相关规定

第十四条　关于月度绩效工资的考核发放周期。由于管理技术人员按照季考核、生产操作人员按照月考核的方式，月度绩效工资发放额度是对上个考核周期考核结果的兑现，因此管理、技术人员月度绩效工资在每季度后两个月全额发放，下季度第一个月按照季度考核结果兑现发放；生产操作人员月度绩效工资采取“月考核、月发放”的计提方式。

第十五条　关于月度绩效工资的二次分配。各单位二次分配时，原则上月度绩效工资依照本单位本岗所有人员岗位基础工资比例浮动发放，管理、技术人员月度绩效工资指标与生产操作人员月度绩效工资指标不允许串用。

第十六条　关于车间定员人数的核减。由于车间生产操作员工的月度绩效工资按照定员人数计算，各车间定员人数均大于实际人数，每年年初生产部需对上一年度各车间的空岗数核减50%。

第十七条　关于年度效益工资的发放。根据公司年度整体产销量和效益目标完成情况以及预算工资总额的承受能力，由公司通过对整体工资预算的执行情况分析，结合绩效考核情况提出具体实施方案，报公司经管会审批后实施，以加发双薪的形式奖励。

第五章　薪酬水平定位及正常增长机制

第十八条　本次薪酬制度改善，依据市场情况引入了年度总收入的概念，逐步建立市场化的工资水平增长机制，目的是为了改变员工将收入水平与产量线性挂钩的观念，引导员工建立收入与市场水平相联系的理念，即员工在公司工作，完成其工作目标，将获得与市场水平相适应的工资收入。

第十九条　本次薪酬水平定位，管理、技术人员平均为3690元/月；生产操作人员平均水平为2100元/月。

第二十条　根据市场定薪的原则，薪酬水平每年将随物价上涨指数及劳动力市场价位调整，不依据产量的增长而调整。

第二十一条　年功工资每年1月1日自然增长。

第六章　个人所得税的缴纳

第二十二条　本次薪酬制度改善后，员工个人所得税由个人缴纳，公司不再代扣代缴。

第七章　实行弹性福利制度

第二十三条　计划推行弹性福利计划，提供一种新的分配模式，解决原有实物福利分配遗留下的诸多问题。弹性福利采用类似菜单的方式，给予员工自由选择的机会。这样每个员工可以根据自身的需求偏好，从企业提供的福利项目中挑选出最理想的项目。

第二十四条　为探寻员工对新福利项目的认可情况，同时为了给本公司员工提供更好的社会保障，公司计划近期为员工投保住院起付标准和人身意外伤害保险两项商业保险。

第八章　附则

第二十五条　本次薪酬制度改善，处于本公司发展的关键时期，是建立符合市场经济和现代企业制度的需要。因此，各部门要提高认识，加强领导，做好细致的宣传教育工作，要让广大员工认识到改善是企业发展的必然要求，是公司全体员工共同长远利益所在，使广大员工正确认识、理解并支持改善。

第二十六条　各单位要发动员工积极参与，加强民主监督，做到公开、公正、公平，从而调动广大员工学习技术、钻研业务的积极性，鼓舞广大员工克服困难，努力为提高公司效益和公司可持续发展而奋斗。

第二十七条　本次薪酬制度改善，各单位要根据本单位实际情况，做好相关的准备工作。

第二十八条　起薪时间：20××年×月×日。

第二十九条　本办法由公司人力资源部负责解释。

七、企业分、子公司工资总额管理办法范文实例

公司分、子公司工资总额管理办法

第一章　总则

第一条　为加强集团公司对分、子公司工资总额的管理，强化人工成本控制，根据集团公司对成员单位工资总额工效挂钩办法及要求，特制订本办法。

第二条　本办法适用于集团公司及各分、子公司（不含上市公司）。

第二章　管理原则

第三条　分、子公司工资总额管理坚持以下原则。

（一）企业工资总额增长低于企业效益增长，员工实际平均工资增长低于企业劳动生产率增长的“两低于”原则。

（二）工资总额与销售收入、利润双挂钩的原则。

（三）效率优先、兼顾公平的原则。

（四）动态管理、考核兑现的原则。

第三章　管理办法

第四条　集团公司对分、子公司工资总额的管理，实行月份控制、季度考核及年底清算的办法。

第五条　年初，集团公司人力资源部依据各分、子公司销售收入、利润及人工成本年度目标指标，制订本年度工资总额计划。

第六条　分、子公司年度实际发放工资总额，以年度计划工资总额为基础，按实际销售收入和利润完成情况上下浮动。

第七条　集团公司依据分、子公司主要经营指标完成情况，进行工资总额奖惩。

第四章　月份控制

第八条　集团公司人力资源部按分、子公司上月完成产值，制订月份工资总额计划，提交财务部进行资金预算控制，分、子公司不得超计划发放月份工资。

第九条　月份计划工资总额的核定公式如下。

月份计划工资总额＝全年计划工资总额×0.5×上月完成产值／年度工业总产值＋全年计划工资总额×0.5/12

第十条　每月27日前，各分、子公司将本月完成产值、下月计划工资总额

报集团公司人力资源部门审核，核定后转集团公司财务部门控制发放。

第五章　季度考核

第十一条　每季度结束后10日内，集团公司人力资源部对分、子公司工资总额发放情况进行考核，通报考核结果，并于次季度对超发工资总额的分、子公司按月核减工资总额。

第十二条　季度工资总额的核定公式如下。

季度计划工资总额＝全年计划工资总额×（0.8×季度实际完成销售收入／年度目标销售收入＋0.2×季度实际完成利润／年度目标利润）

式中，当季度实际完成利润＜0时，0.2×季度实际完成利润／年度目标利润＝0。

第十三条　分、子公司季度实际发放工资总额大于季度考核应发工资总额，集团公司人力资源部按超额的1/3核减次季度月份计划工资总额。

第十四条　集团公司财务部于每季度结束后5天内，向集团公司人力资源部提供各分、子公司上季度实际完成销售收入和利润情况。

第六章　年底清算

第十五条　年度工资总额的清算公式如下。

年度应发工资总额＝全年计划工资总额×（0.8×年度实际完成销售收入／年度目标销售收入＋0.2×年度实际完成利润／年度目标利润）

式中，当年度实际完成利润＜0时，0.2×年度实际完成利润／年度目标利润＝0。

第十六条　分、子公司年度实际发放工资总额大于年度清算应发工资总额，致使人工成本超标，按“分、子公司绩效考核实施办法”规定，扣减分、子公司班子成员绩效得分。同时，在核定分、子公司下年度工资总额时，核减超发总额。

第十七条　年底清算分、子公司工资总额有结余，可结转下年度用于以丰补歉。在保证完成利润目标的情况下，允许当年内提取结余工资总额的80%，发放员工年终奖或第13个月工资，另20%结余工资额，结转下年度用于以丰补歉。

第七章　工资总额奖惩

第十八条　分、子公司年度实际完成主营业务收入和利润总额达到和超过发展目标，集团公司按超基准线利润额的20%实施工资总额奖励。

第十九条　分、子公司在产品开发和经营管理等方面取得突出成绩，集团公司实施工资总额奖励，具体奖励额度由集团公司总经理办公会确定。

第二十条　分、子公司未完成年度利润目标，按低于基准线利润额的50%扣减工资总额，扣减工资总额在下年度核定工资总额时予以核减。

第八章　其他规定

第二十一条　分、子公司根据实际情况，可低于月份计划工资总额发放工资，结存额转下月。

第二十二条　生产不均衡的分、子公司，个别月份生产任务不饱满，又没有结存工资额度，可以按月计划工资额的80%借支员工工资，借支单位须在三个月内补足借支金额，但第三季度后不再借支。

第二十三条　分、子公司计划发放工资额度大于集团公司核定额度时，应按“薪酬实施方案”及时启动薪酬调整系数，发放员工工资。

第二十四条　分、子公司执行集团公司统一安排的工资改革、工资调整或内部自主进行的工资调整，应在本办法核定的工资总额内进行。

第二十五条　分、子公司依据本办法，制订内部工资分配具体实施办法，合理使用工资额度发放员工工资。

第九章　附则

第二十六条　本办法自印发之日起施行。

第二十七条　本办法由集团公司人力资源部负责解释。

八、企业劳动定额管理办法范文实例

公司劳动定额管理办法

第一章　总则

第一条　为提升企业管理水平，建立健全劳动定额标准体系，加强成本控制、降低能耗、物耗及劳动消耗，充分发挥劳动定额在企业管理中的基础作用，特制订本办法。

第二条　劳动定额是在一定的生产技术条件下和一定劳动工具的基础上，完成生产单位合格产品或一定量的工作任务而规定的额定消耗时间，或者在单位时间内生产合格产品或完成某项任务的额定数量。

第三条　劳动定额是企业管理的基础，是劳动业绩及分配标准的依据，是衡量企业产品设计与工艺技术水平高低的尺度。劳动定额的管理包括劳动定额的规划、制订、修订、统计、分析、考核以及人员队伍建设等工作。

第四条　本办法适用于集团公司及各分、子公司。

第二章 劳动定额工作指导思想和原则

第五条 劳动定额工作的指导思想。

以科学发展观为指导，以集团公司发展战略为核心，以工业工程方法研究为方式，以提高效率、降低消耗为目的，健全劳动定额管理体系，强化劳动定额管理，为建立高效低耗的现代企业和提高企业核心竞争能力奠定坚实基础。

第六条 劳动定额管理原则。

（一）坚持先进合理的原则。

（二）坚持相互协调、平衡的原则。

（三）坚持循序渐进的原则。

（四）坚持标准化的原则。

第三章 劳动定额的制订与修订

第七条 根据集团公司的生产特点，劳动定额主要表现形式为工时定额和产量定额，其制订方法有统计分析法、验收分析法、技术测量法及技术计算法等。

第八条 劳动定额的制订范围。

（一）产品的科研试制产品。

（二）产品的定型产品。

第九条 集团公司以现代工业工程的研究方法，参照同类企业、同类产品的定额尺度，逐步规范。以合理的生产、劳动组织为基础，制订、修订劳动定额，保持安全、效率、质量、节约四者之间的协调关系。

（一）产品科研试制产品根据工艺流程，结合试制量、精度、难度制订试制工时定额，并填写"工序单件工时定额表"。

（二）产品定型产品现行定额，以蓝图工艺为标准，制订单件产品工时定额，并填写"工序单件工时定额表"。

第十条 为保证劳动定额的科学性、合理性、相对的稳定性，随着产品工艺技术、产量、工装、设备等条件的改变，在下列情况下对劳动定额进行定期或不定期的修订，劳动定额每两年至少修订一次。

（一）科研试制订额在设计定型试生产过程中，根据工艺技术、产量及员工操作熟练程度等情况进行修订。

（二）生产组织、设备、工装、工艺发生较大变化，需要大范围调整工时的产品。

第四章 劳动定额的管理

第十一条 产品劳动定额，由分、子公司人力资源部编制，经分、子公司领导批准后下发。劳动定额一经批准颁布，即成为生产过程的法规性文件，未经批准，不得随意修改、变动。

第十二条　劳动定额具有约束力，分、子公司根据劳动定额组织生产，合理配置劳动力，做到人机匹配、人岗平衡，消除无效劳动消耗。

第十三条　分、子公司人力资源部按月向集团公司人力资源部呈报劳动定额报表。

第十四条　劳动定额资料由分、子公司人力资源部统一管理，并对产品科研、生产劳动定额信息资料保密。

第五章　管理机构和人员

第十五条　劳动定额工作由分、子公司人力资源部实行一级管理。集团公司人力资源部负责对分、子公司劳动定额工作监督、检查、指导、考核。

第十六条　分、子公司人力资源部配备专、兼职劳动定额工作人员，劳动定额工作人员应熟悉专业知识及单位生产业务，热爱本职工作、坚持原则。

第十七条　劳动定额工作人员职责。

（一）正确贯彻执行上级批准和颁布的劳动定额和劳动定额标准。

（二）组织开展劳动定额工作，为合理组织生产、正确贯彻按劳分配原则提供依据。

（三）核定完成任务工时，制订计件工资单价。

（四）参加经济活动分析和设计评审、工艺评审等活动，了解生产条件、生产组织、劳动组织及生产过程等变化情况和存在的问题，提出改善措施并配合有关部门组织实施。

（五）总结推广先进操作方法，提高劳动定额水平。

（六）积极参加专业技术培训，掌握劳动定额新知识、新技术，了解劳动定额发展动态。

第六章　附则

第十八条　本办法自印发之日起施行。

第十九条　本办法由集团公司人力资源部负责解释。

九、企业二次分配管理办法范文实例

公司二次分配管理办法

第一章　总则

第一条　为严肃集团公司薪酬分配纪律，规范二次分配行为，降低人工成本，特制订本办法。

第二条　本办法适用于集团公司及各分、子公司。

第二章　二次分配原则

第三条　职能管理人员实行收入唯一原则。

第四条　各单位要严格执行集团公司“薪酬管理实施方案”，职能管理人员实行收入唯一，严禁违背规定以二次分配或其他方式发放工资、奖金、补贴等。

第五条　分厂（车间）职能管理人员薪酬纳入分、子公司人力资源部管理、考核及发放。

第三章　分厂（车间）二次分配规定

第六条　各分、子公司分厂（车间）计时、计件人员，严格按完成工时、工件数量考核兑现薪酬。

第七条　允许分厂（车间）用外协加工提成收入和提高劳动定额水平后节余的资金，对管理、工艺技术及辅助生产人员在严格考核合理拉开差距的基础上，以二次分配的方式兑现绩效工资，但最高不得超过绩效工资标准的1.5倍。

第八条　因生产工作需要，分厂（车间）安排管理、工艺技术及辅助生产人员休息日加班，允许各分厂（车间）用二次分配资金支付加班费。

第九条　各分厂（车间）结合本单位的实际情况，制订二次分配实施细则，报分、子公司人力资源部批准后执行。

第四章　其他单位二次分配规定

第十条　除营销、研发部门外，集团公司及各分、子公司职能部门不允许进行二次分配。

第十一条　允许能源公司、物业公司、通讯公司用创收收入进行二次分配，但必须制订二次分配实施办法，报集团公司人力资源部批准后执行。

第五章　监督检查

第十二条　员工休病假、事假及其他假期，必须如实上报，严禁截留工资。

第十三条　集团公司及分、子公司人力资源部要加强员工薪酬审核和管理，发现问题及时纠正。

第十四条　集团公司人力资源部会同督察部，不定期对二次分配情况进行抽查，发现违反本规定滥发工资、奖金、补贴或截留工资的，对分厂（车间）领导人员进行诫勉谈话；情节严重的，追究相关责任人的行政责任。

第六章　附则

第十五条　本办法自印发之日起施行。

第十六条　本办法由集团公司人力资源部负责解释。

十、企业员工岗位基础工资管理规定范文实例

公司员工岗位基础工资管理规定

第一章　总则

第一条　本规定依据公司一体化管理体系要求及“人力资源管理程序”编制。

第二条　为加强公司基本工资制度管理，建立岗位基础工资的晋升机制，开发员工潜能，调动员工工作积极性，特制订本管理规定。

第三条　本规定由公司人力资源部提出并归口管理。

第四条　本规定由公司人力资源部负责起草。

第五条　岗位基础工资奖励晋级管理流程。

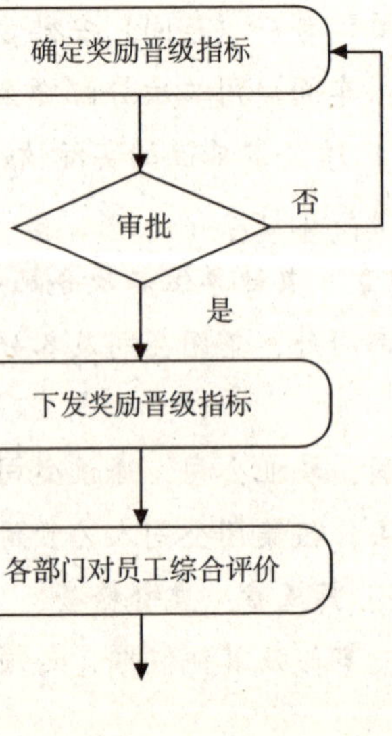

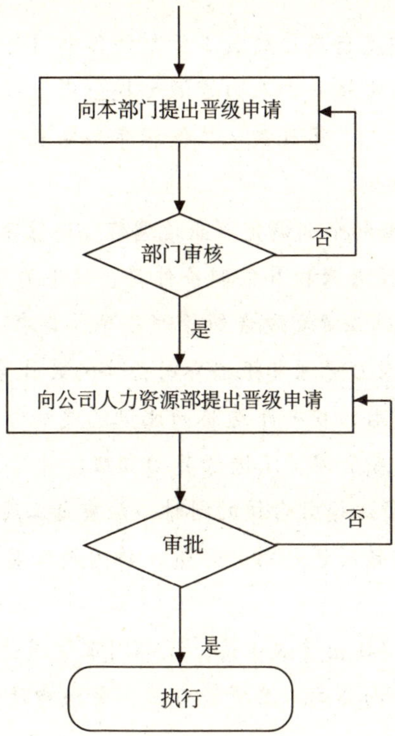

第二章　适用范围

第六条　公司内实行岗位绩效工资制和岗位贡献工资制的在册员工。

第三章　术语和定义

第七条　岗位绩效工资制。岗位绩效工资由固定工资（含岗位基础工资、年功工资以及积累贡献工资）、浮动工资（含月度绩效工资、年度效益工资）以及津贴、补贴项目（由加班费、值班费、夜餐补贴、专家津贴等）构成。

第八条　岗位基础工资制。岗位基础工资是岗位绩效工资制的基础，它以劳动者所在劳动岗位的劳动强度、劳动条件、劳动技能及劳动责任四大要素进行岗位评估为基础，参照劳动力市场价位，确定工资标准，体现不同岗位的劳动差别。

第四章　职责

第九条　公司经管会为公司岗位基础工资管理的决策单位，负责公司岗位基础工资标准、晋级指标的审批及相关决定。

第十条　公司人力资源部是岗位基础工资的归口管理部门，负责岗位基础工资标准的制订，晋级指标的测算、下发，对员工岗位基础工资晋级进行审批以及日常管理和监督。

第十一条　公司内实行岗位绩效工资制的各部门是岗位基础工资的日常管理单位，负责员工的日常考核并向人力资源部提出岗位基础工资晋级申请。

第五章　工作程序和要求

第十二条　基本原则。

（一）坚持整体调整和个别调整（业绩调整、岗位变动调整）相结合的原则。

（二）坚持以员工绩效考核和任职条件符合情况为依据晋级的原则。

第十三条　岗位基础工资奖励晋级管理程序和要求。

（一）每年2月，人力资源部根据公司整体的效益情况和各部门的考核结果，经公司经管会研究确定后，统一下达不同比例的奖励晋级指标，对年度绩效考核结果为“A类”的部分或全部员工进行奖励晋级。

（二）各部门执行员工绩效考核的同时，注重员工能力水平的培训。在年底对员工的绩效考核和能力情况进行综合评价，作为员工奖励晋级指标分配的依据，确定晋级人员。

（三）科室向本部门提出晋级申请，经部门审核通过后，报公司人力资源部审批。公司直属科室直接向公司人力资源部提出晋级申请。经人力资源部审批通过后执行。

（四）各分公司需经本单位人力资源部审批，报公司人力资源部审核同意后执行。

（五）如果岗位性质和工作内容没有太大变化，员工晋级原则上不准突破本岗位应用级别上限。

（六）晋级指标使用不当，员工反映强烈，人力资源部负责调查，如情况属实则取消已晋级员工的晋级资格，人力资源部收回晋级指标。

（七）有以下情况之一者无晋级资格。

1．录用不满一年者。

2．除因工伤之外的原因导致上个考核周期缺勤合计数达到两个月以上者。

3．在考核期中，受到过处罚者。

4．正在提退养、放假申请者。

5．在考核期中，被拘留者。

第十四条　岗位基础工资日常动态管理程序和要求。

（一）员工发生岗位变动，由其所在部门向人力资源部提出岗位变动申请，并填写“员工调岗申报表”，岗位基础工资部分由人力资源部审核通过后执行。

（二）员工岗位基础工资变动审核的原则，当员工由低岗向高岗变动时，采取就近原则调整至相应岗级中大于等于原岗位基础工资水平的级别；当员工由高岗向低岗变动时，直接调整至相应岗级中和原岗位基础工资应用级别相同的级别。

（三）员工由生产操作岗位转为专业技术管理岗位，由专业技术管理岗位转为二级经理岗位，以及新竞聘上岗的专业技术管理岗位员工。试岗期内，岗位基础工资按相应岗位等级应用一级执行；试岗期结束，考核合格后，岗位基础工资调整至应用二级。

（四）新招聘入公司的在专业技术管理岗位的应届本科毕业生及硕士生在见习期内执行见习期工资标准，标准见“公司新录用员工见习期工资标准”。见习期满，经考试考核合格的本科生定在五岗应用一级，硕士生定在六岗应用一级。转正定级满一年后，本来岗位在五岗的大学生，直接晋升至五岗应用三级；本来岗位在六岗的本科生，直接晋升至六岗应用一级；本来岗位在七岗的本科生，直接晋升至七岗应用一级。转正定级满两年后，本来岗位在五岗的本科生，完全符合任职条件的可晋升至五岗应用四级，部分符合任职条件的不晋升；本来岗位在六岗的本科生，完全符合任职条件的可晋升至六岗应用三级，部分符合任职条件的可晋升至六岗应用二级；本来岗位在七岗的本科生，完全符合任职条件的可晋升至七岗应用三级，部分符合任职条件的可晋升至七岗应用二级。硕士生转正定级后晋升原则与本科生相同。本科生与硕士生转正定级满两年后随公司整体考核。

（五）外单位调入员工，岗位基础工资初定在所在岗位的应用一级。其中，管理、技术序列半年后考核合格可晋升一级，操作服务序列一年后考核合格可晋升一级，以后随公司整体考核晋级。

（六）依据年度考核结果，按人力资源部下发比例对绩效考核结果为D类的员工进入人力资源“蓄水池”管理，工资按下岗工资标准执行。

（七）各分厂员工的岗位变动。

1．各部门负责本部门员工岗位基础工资变动的日常管理工作。

2．每季度最后一个月的25日，各部门将本部门在岗人员岗位基础工资综合统计分析表报公司人力资源部审核。

第六章　附则

第十五条　本办法自印发之日起施行。

第十六条　本办法由公司人力资源部负责解释。

附表　岗位晋级申请表

附表　岗位晋级申请表

<table>
<tr><td colspan="2">单位</td><td colspan="9"></td></tr>
<tr><td colspan="2">部门</td><td colspan="9"></td></tr>
<tr><td rowspan="2">姓名</td><td rowspan="2">工号</td><td rowspan="2">性别</td><td rowspan="2">出生日期</td><td colspan="3">原岗位</td><td colspan="3">拟调岗位</td><td rowspan="2">本人签字</td></tr>
<tr><td>原岗位名称</td><td>岗</td><td>级</td><td>拟调岗位名称</td><td>岗</td><td>级</td></tr>
<tr><td></td><td></td><td></td><td></td><td></td><td></td><td></td><td></td><td></td><td></td><td></td></tr>
<tr><td></td><td></td><td></td><td></td><td></td><td></td><td></td><td></td><td></td><td></td><td></td></tr>
<tr><td></td><td></td><td></td><td></td><td></td><td></td><td></td><td></td><td></td><td></td><td></td></tr>
<tr><td></td><td></td><td></td><td></td><td></td><td></td><td></td><td></td><td></td><td></td><td></td></tr>
<tr><td></td><td></td><td></td><td></td><td></td><td></td><td></td><td></td><td></td><td></td><td></td></tr>
<tr><td></td><td></td><td></td><td></td><td></td><td></td><td></td><td></td><td></td><td></td><td></td></tr>
<tr><td></td><td></td><td></td><td></td><td></td><td></td><td></td><td></td><td></td><td></td><td></td></tr>
<tr><td colspan="4">部门意见</td><td colspan="3">安全部意见</td><td colspan="4">人力资源部审批</td></tr>
<tr><td colspan="4" rowspan="2">原部门副经理签字：　　拟调部门副经理签字：
经理签字：</td><td colspan="3" rowspan="2"></td><td colspan="2">薪酬管理科</td><td colspan="2">经理意见</td></tr>
<tr><td colspan="2">签字：</td><td colspan="2">签字：</td></tr>
</table>

十一、企业员工岗位基础工资初次定薪管理规定范文实例

公司员工岗位基础工资初次定薪管理规定

第一章　总则

第一条　岗位基础工资初次定薪工作是薪酬制度改善、实行新的岗位绩效工资制的必要前提。为保证本次薪酬制度改善顺利进行，岗位基础工资晋升留有足够空间，使该套工资体系达到预期使用年限，特制订岗位基础工资初次定薪管理

规定。

第二条　本办法适用于公司各部门。

第三条　岗位基础工资初次定薪坚持以下基本的原则。

（一）坚持实事求是、客观公正的原则。

（二）坚持以绩效和任职资格定级的原则。

第二章　岗位基础工资初次定薪的具体内容

第四条　专业技术管理人员（含二级经理）岗位基础工资初次定薪。

本次上岗和定级以上一年度绩效考核结果为主要依据，围绕应用三级进行正态分布。

（一）符合任职条件的人员，初次定级在本岗应用三级。

（二）根据上一年度绩效考核结果，评价为A的人员，初次定级在应用三级基础上上浮一级。

（三）根据上一年度绩效考核结果，评价为D的人员，竞聘上岗后试岗期内初次定级在应用一级，试岗期三个月，期满合格进入本岗应用二级；其中，应届大学生在本岗应用一级满一年后可进入本岗应用二级。

（四）不符合任职条件的人员在原基础上下降一级。

（五）三级人员在原基础上上浮一级。

（六）上述升、降级情况累计有效，原则上不能超过本岗应用五级。

（七）岗与岗之间的指标原则上不允许串用。

（八）高级经理助理人员上本岗应用五级。

（九）二级人员初次定级在十岗应用五级。

第五条　新入职应届本科生及硕士生岗位基础工资初次定薪。

（一）新入职应届本科毕业生初次定级在五岗应用一级，硕士生初次定级在六岗应用一级。

（二）转正定级满一年后，本来岗位在五岗的本科生，直接晋升至五岗应用三级；本来岗位在六岗的本科生，直接晋升至六岗应用一级；本来岗位在七岗的本科生，直接晋升至七岗应用一级。

（三）转正定级满两年后，本来岗位在五岗的大学生，符合任职条件的可晋升至五岗应用四级，不符合任职条件的不晋升；本来岗位在六岗的本科生，符合任职条件的可晋升至六岗应用三级，不符合任职条件的可晋升至六岗应用二级；本来岗位在七岗的本科生，符合任职条件的可晋升至七岗应用三级，不符合任职条件的可晋升至七岗应用二级。

（四）硕士生转正定级后晋升原则与本科生相同。

（五）本科生及硕士生转正定级满两年后随公司整体考核。

第六条　生产操作人员岗位基础工资初次定薪。

本次上岗定级考虑技能因素，作为上岗定级主要依据。围绕应用三级进行正态分布，其中在应用五级的人员不超过本部门本岗的5%，且需要说明初定级在应用五级的理由。

第三章　验收阶段

第七条　按照下列程序进行验收。

（一）各部门将“岗位基础工资初次定薪审批表”经本部门主管领导签字后报人力资源部。

（二）人力资源部对各部门岗位基础工资初次定薪工作进行横向综合评估，对不合理和特殊情况与各部门进行沟通，提出调整意见并返给各部门调整。

（三）人力资源部依据本管理规定兑现。

第四章　工作要求

第八条　做好岗位基础工资初次定薪的基本要求。

（一）各部门要加强领导、精心组织，注意做好职工的思想政治工作。岗位初次定薪工作要做到公平、公正、公开，并依靠群众，实行民主监督。

（二）岗位基础工资初次定薪结果要客观、真实、准确的反映本部门岗位和岗位人员的实际情况，做到纵向拉开差距，横向综合平衡。

第五章　附则

第九条　本办法自印发之日起施行。

第十条　本办法由公司人力资源部负责解释。

十二、企业员工工资分配和政效挂钩实施办法范文实例

公司员工工资分配和政效挂钩实施办法

第一章　总则

第一条　工资分配制度的深化改革，能充分调动员工和骨干的积极性，减少盲目性，提高科学性。

第二条　在公司真正形成一个“吸引人才、留住人才、用好人才”的激励机制，真正体现“政策留人、感情留人、事业留人”。

第三条 建立公司“按劳取酬、按能力取酬、按贡献取酬、按效益取酬”的工资分配原则，形成有效工资分配政策，真正做到“按劳分配”、“养干分开”、“养站分开”，使强者更强，弱者变强。

第四条 在全公司、各部门和项目中建立市场经济和效益第一的观念，以效益为中心，一切围绕市场转，一切围绕效益转。使各项经营工作和考核工作与经济效益全面挂钩。

第五条 打破工资分配中的大锅饭和项目经理终身制的一贯做法，培养锻炼一批优秀人才，建立一批有能力、有水平的骨干队伍。

第二章 指导思想

第六条 建立一个合理有效的分配体系，形成吸引人才、留住人才的激励机制。实现“快速反应”、“快速决策”、“快速开发”、“快速投入”、“以快取胜”的效益公司。

第三章 指导原则

第七条 真正在公司实现工资能“升”能“降”，人员能“进”能“出”，坚持政效挂钩，继续实现五个打破，即“打破职务界限、打破职称界限、打破岗级界限、打破资历界限、打破用工界限”，一切凭贡献。

第四章 工资

第八条 将公司各类人员的工资分两部分组成，一部分为基本工资，占50%；另一部分为效益工资（即浮动工资），占50%。每月给项目经理50%浮动工资的额度，项目经理根据本部门及员工政绩考核情况，有权依据额度总数分配部门内员工上下浮动工资的权利。

第九条 亏损项目，原则上效益工资不发。现阶段只在50%的效益工资总额里先下浮30%的效益工资，如一个季度内继续亏损，从第四个月开始再增加下浮比例10%，即在50%的效益工资总额内下调效益工资的40%。

不亏损的项目，每月同样把50%浮动，有的项目某个月亏损但年终整体盈利，公司则将当年每月扣除的效益工资累计一次补发，即效益工资的50%能基本拿回。应得奖金也由财务部补发。

第十条 经过领导班子讨论后，公司投入的研发项目、储备项目，在规定开发期内只和政绩挂钩，不与效益挂钩。但经过规定时间完成的研发任务投入市场后，也同其他项目一样进入正常项目考核。

公司依据整体效益情况和每个项目组情况，根据自己的承受能力，随时增加一定比例的效益工资进行浮动，以体现工资能升能降。

第十一条　对于效益工资，各部门对员工要做到“上不封顶，下不保底”。

第十二条　新进人员的工资，由人力资源部审核办理，全部增加到各项目工资总额里。

第五章　奖金

第十三条　公司奖金。年终根据各部门完成的效益指标额度，拉开档次计算出每个部应得奖金的数额，由公司财务部定出奖金发放办法。没完成额度的单位不发奖金。

第十四条　政策投入的项目，原则上也不发效益奖金。但项目在规定期间内提前完成的项目，要给予项目奖励或单项奖励起到激励作用。

第十五条　年终和半年，公司根据效益创收情况发放效益奖金。效益奖金的发放必须分出档次，亏损无效益的单位，不发效益奖，每次发放应由财务部和人力资源部拿出“效益奖金发放办法”。

第六章　工资的考核和发放

第十六条　部门基本工资和效益工资（浮动工资），每月由项目经理考核分配到员工，由公司主管副总经理审核批准后报财务部执行。

第十七条　工资保密发放，各部门不能混淆，不许询问。如发现泄密，项目经理及相关人员各扣发当月效益工资及效益奖金。

第十八条　工资总额度由总经理分配给项目组，公司做到每半年对各项目的效益情况、工作任务完成情况组织一次评估，提出整改意见措施。年终时对全年亏损的项目，经公司领导班子讨论后予以撤消。

第十九条　各部门要制订好自己的效益工资考核办法报人力资源部，人力资源部统一制订公司各类人员的考核制度。

第二十条　工作考核，效益考核及每个月效益工资情况由人力资源部制订统一的考核表，逐层审批，财务部执行。

第二十一条　项目经理的考核，由公司领导班子统一考核确定。同样拿出50%实行政效挂钩浮动，每月由主管副总经理审核后报财务部。

第二十二条　管理人员的工资，也按50%浮动，拿公司的平均效益。

第二十三条　有关人员的调动，必须经过人力资源部办理人事调动手续，然后及时调整工资和效益工资，加强管理。每月10日由项目经理报人力资源部，人力资源部统一将人员变动信息报财务部，并上报公司主管副总经理及总经理。

第七章　附则

第二十四条　本办法自印发之日起施行。

第二十五条　本办法由公司人力资源部负责解释。

十三、企业员工工资调整申报与审批制度范文实例

公司员工工资调整申报与审批制度

第一章　总则

第一条　为了更准确地对员工的工作进行评价，对工资调整实施有效管理，特制订工资调整的申报与审批制度。

第二条　本规定适用于员工的特别调整、定期调整及转正定级，应聘员工的起薪和转正工资标准按公司相关规定执行。

第二章　基本内容

第三条　转正定级。指试用期满（一般为三个月，应届毕业生为一年）经考核符合公司用人标准，予以转正或试用期未满但表现特别突出，需要提前转为正式员工。

第四条　工资特别调整。指有特别表现或特殊贡献，业绩显著的员工或相反因个人过失给公司业务或声誉造成重大损失者，对其工资可进行特殊调整，不受时间限制。

第五条　工资定期调整。工资调整一般一年一次（3月底前完成）。主要根据员工日常业绩成果综合评议后由部门经理提出相应的调薪意见，对于工作不到一年的新员工调薪时间，根据个人的实际表现状况，周期可缩短，实行“领头羊”的原则。

第三章　等级权限

第六条　建议权。各部门经理根据本部门人员的实际表现向部门主管副总经理和人力资源部提出调薪建议。

第七条　申报者。对本人的工作情况认真总结，填写“员工工资调整（转正定级）申报（审批）表”，各部门经理根据实际情况对其任职资格能力、工作绩效、工作态度等方面作出评价，并提出调薪建议。

第八条　审核者：对调薪对象的实际工作表现考查，调查其实际工作能力和工作绩效与态度，并对调薪标准进行审查。核实申报材料的真实性和调薪标准的合理性。

第九条　审批者。根据公司的工资政策对审核后的调薪建议进行审批，审批

的结果应符合公司的工资结构和工资政策。

第四章　工作规则

第十条　从申报开始，必须逐级会签，同时申报者和审核者必须了解被调薪者的实际情况。

第十一条　对于建议调整对象的工资已超出标准等级范围者，主管工作部门可以向总经理提出建议决定是否提出申报。

第十二条　各部门经理和审核者应履行职责，以事实为依据，提出具体、实际的考核与审查意见，使员工得到合理公正的评价。

第十三条　各部门的调薪幅度和人员比例应与其部门整体绩效相一致。同时，整体上要求人均效益是增长的。

第五章　附则

第十四条　本制度自印发之日起施行。

第十五条　本制度由集团公司人力资源部负责解释。

十四、企业员工机动加薪办法范文实例

公司员工机动加薪办法

第一章　总则

第一条　为使成绩优异的正式员工及时获得加薪的鼓励，故特制订本办法，使其能随时发挥机动效果。

第二条　本办法适用于公司各部门。

第二章　基本内容

第三条　各部门推荐机动加薪人员，必须符合下列各项条件之一。

（一）能为公司创造一定经济效益者。

（二）能为公司节省可观费用者。

（三）开发成果和研究对本公司确具价值者。

（四）能为公司增加收益者。

（五）一个人能担任两人以上工作，且经过考验确能完全胜任者。

第四条　凡符合以上规定的机动加薪人员，各部门（项目）经理应先到人力资源部领取机动加薪人员表，推荐时应有具体事实，不得含糊笼统，最好有数字根据说明。

第五条 各部门（项目组）推荐机动加薪人员应先送人力资源部查证后，方可逐级上呈。

第六条 各单位推荐机动加薪人员每月以一次为限，其加薪范围以不超过该部门（项目组）全部薪金的0.2%为原则。

第三章 附则

第七条 本办法自印发之日起施行。

第八条 本办法由公司人力资源部负责解释。

第八章　企业员工绩效考评管理制度

第一节　企业员工绩效考评管理制度制订规范

一、基本概念

从语言学的角度来看，绩效包含成绩和效益两个方面的意思。用在经济管理活动方面，绩效是指社会经济管理活动的结果和成效；用在人力资源管理方面，绩效是指企业员工主体行为或工作结果中的投入产出比。

绩效管理，是指企业管理者和员工为了达到组织的目标，共同参与的绩效计划制订、绩效辅导沟通、绩效考核评价、绩效结果应用以及绩效目标提升的持续循环过程，绩效管理的目的是持续提升个人、部门及组织的绩效。

企业员工绩效考评管理制度是企业根据本单位实际，对绩效管理功能地位、组织设置、职责范围、工作分工以及参与评议人员的责任、权限、义务及要求所作出的规定。

企业员工绩效考评管理制度的主要任务：以人力资源管理系统结合企业管理制度规范来制订绩效管理制度和实施方案；明确规定绩效管理的目标程序和步骤，以及对各类人员考评方法、依据作出详细解释；详细说明绩效考评的类别、层次、期限及使用的表格填写要求和考评程序；对考评结果的应用以及与之配套的人力资源薪酬、奖惩、人事异动等作出相关规定；对各职能部门月、季、半年、年度报告和总结以及员工申诉等作出明确的规定。

二、基本特点

（一）实用性

企业员工绩效考评不是停留在考评结果的数据上，而是通过恰当的激励机制，激发员工的主动性、积极性，以充分利用组织的内部资源来提高员工的个人能力与素质，最大限度地提高个人绩效，从而促进部门和组织绩效提升，同时将考评结果具体运用到员工的薪酬或待遇中。

如员工绩效考评的结果分为能力、业绩、行为等几个方面数据，这些数据一般应用在员工的培训和开发、工资的调整、奖金的发放以及岗位的调配与晋升。同时，这些数据还为人力资源综合管理提供基础数据，用于招聘、培训、规划以及绩效指标的完善等方面。

（二）时效性

绩效考评不是固定不变的，这是因为影响绩效的因素有很多，并且这些因素还在不断变化，所以绩效也会不断发生变化，从而体现出一定的时效性。

（三）多样性

就目前来说，我国的企业存在着行业、规模、性质、所有制等方面的差别，表现在绩效管理模式上，也有所不同，大体上有以下几种典型模式。

1．**德能勤绩式**　业绩方面考核指标相对“德”、“能”、“勤”方面比较少；在大多数情况下，考核指标的核心要素并不齐备，没有评价标准，更谈不上设定绩效目标。

2．**检查评比式**　按岗位职责和工作流程详细列出工作要求及标准，考核项目众多，单项指标所占权重很小；评价标准多为扣分项，很少有加分项；考核项目众多，考核信息来源是个重要问题，除非个别定量指标外，绝大多数考核指标信息来自抽查检查；在大多数情况下，公司组成考察组，对下属单位逐一进行监督检查，颇有检查评比的味道，不能体现对关键业绩方面的考核。

3．**共同参与式**　绩效考核指标比较宽泛，缺少定量硬性指标，这给考核者留出很大余地；崇尚 360 度考核，上级、下级、平级以及自我都要进行评价，而且自我评价往往占较大的比例；绩效考核结果与薪酬发放联系不紧密，绩效考核工作不会得到大家的极力抵制。

4．**自我管理式**　通过制订激励性的目标，让员工自己为目标的达成负责；上级赋予下属足够的权利，一般很少干预下属的工作；很少进行过程控制考核，大都注重最终结果；崇尚能者多劳的思想，充分重视对人的激励作用，绩效考核结果除了与薪酬挂钩外，绩效考核结果还决定着员工岗位的升迁或降职。

三、基本内容

企业员工绩效考评管理制度包括以下内容。

（一）企业员工考勤管理制度

企业员工考勤管理制度主要对员工有效劳动时间，规范员工请假等行为，以提高企业的工作效率。

（二）企业员工奖惩及晋升制度

企业员工奖惩及晋升制度主要包括企业员工奖惩管理制度、企业员工晋升制度、企业科技成果奖励办法、企业中层以上领导人员考核办法以及企业岗位适应度评价实施方案等。

（三）企业员工绩效考评管理制度

企业员工绩效考评管理制度主要包括企业绩效考核挂钩办法、企业绩效管理实施方案、企业绩效考核实施细则以及企业总部绩效考核管理办法等。

（四）企业员工分类考核制度

企业员工分类考核制度主要包括企业项目人员考核办法、企业管理人员考核办法、企业市场营销人员考核办法以及企业技术员考核办法等。

四、基本格式

企业员工绩效考评管理制度一般由标题、正文两部分组成。

（一）标题与结构

企业员工绩效考评管理制度的标题与结构同企业人力资源综合管理制度。

（二）正文内容

企业员工绩效考评管理制度应包括绩效管理组织与职责，绩效管理系统，绩效考评方法与流程，绩效管理工具，绩效结果应用，关注团队绩效提升，以及绩效管理改进与保障制度等。

五、基本要求

（一）完整理解绩效考评内容

绩效考评是指企业在一定时期内，针对每位员工所承担的工作，根据人力资源管理的需要，应用各种科学的定性与定量方法，对员工的工作结果以及影响其工作结果的行为、表现及素质特征所进行的考核评估的过程。由此大家可以看出，在对员工进行绩效考评时应该同时关注两方面的内容，即员工的工作结果与其在工作过程中所表现出来的行为。为了便于操作和准确性，对考评指标尽可能量化和可量度性。

（二）科学设计绩效考评指标

绩效考评指标的设计既应注意科学性，又当兼顾其可操作性。如在设计对管理人员考评二级指标体系的时候，要把 “能”的考评指标体系考虑进去，具体包括组织能力、决策能力、分析能力、判断能力及解决实际问题的能力等。

（三）确定绩效考评周期

所谓考评的周期，就是指多长时间进行一次考评。这与考评的目的和被考评职位有关系。如果考评的目的主要是为了奖惩，那么自然就应该使考评的周期与奖惩的周期保持一致；而如果考评是为了续签聘用协议，则考评周期与企业制订的员工聘用周期一致。实践中，一般没有将任务绩效考评和周边绩效考评指标分开设定考评周期，而是统一设定考评周期后，对周边绩效考评指标更注意各周期之间的联系考查和趋势判断。

（四）清晰界定绩效考评重点

员工绩效考评的根本目的是通过对员工的工作品德、工作能力、工作态度、工作业绩及工作潜力等的正确评价，结合人事调配、晋升、报酬以及教育培训等管理手段，提高每位员工的能力、素质及士气，实现企业不断发展的目标。

第二节　企业员工考评管理制度范文实例

一、企业员工考勤管理办法范文实例

公司员工考勤管理办法

第一章　总则

第一条　为保证员工的有效劳动时间，规范员工的工作行为，促使集团公司生产经营有条不紊的进行，提高集团公司的整体工作效率，特制订本办法。

第二条　本办法是在保证员工依法享有各类假期的基础上，以杜绝迟到、早退、旷工及不合理休假为原则订立的。

第三条　本办法适用于集团公司总部在岗员工，各分、子公司可参照执行。

第二章　工作时间

第四条　各单位严格遵守集团公司统一规定的上、下班时间。

第五条　各单位因工作需要加班，而又需要倒休的，必须报经人力资源部审批后方可执行。原则上加班要在当月内（最迟不得超过加班次月）给予同等时间的倒休。

第三章　请假及假期薪酬处理

第六条　事假。

（一）为了不影响工作，员工的私事应尽量在休息日、节假日办理。必须占用工作时间的，要事先请假，经领导批准后，方可离开工作岗位。

（二）员工请假按照集团公司“劳动纪律管理制度”执行。

（三）集团公司实行无薪事假，即员工在休事假期间，按日计扣月岗位工资。

（四）见习人员如遇特殊情况需要休假，单位领导可酌情给假，休假期间工资正常发放。

（五）因打架斗殴致伤不能上班者，考勤比照事假处理；因见义勇为等致伤者，在住院或休息时间，其工资正常发放。

第七条　病假。

（一）员工在工作时间看病时，应向单位领导请假，看病时间按月累计计算，按病假处理。

（二）员工因病或非因公负伤请假休息时，必须有医院开具的病假证明。病假期间，每病休一天扣减月岗位工资的3%。扣减后低于地方政府规定的最低生活费标准的按照最低生活费标准支付薪酬。急诊患者，必须有城市区、农村乡级及以上医院不超过三天的急诊病休证明，否则不能按病假处理。

（三）因病全休三个月及以上、不满六个月的员工，需要复工时，必须持有医院的恢复健康证明。

（四）员工在合同期内，因长期疾病不能正常上班工作，在规定的医疗期内按集团公司“薪酬管理实施方案”的有关规定给付该员工的薪酬；超出医疗期，符合内退条件的员工，可以根据医院证明与集团公司协商办理内部退休手续；不符合内退条件的员工，集团公司按实际情况，根据国家有关法律、法规酌情处理。

第八条 工伤假。

（一）员工因工伤缺勤，应在一周内提供定点医院证明，医疗期间的岗位工资及各项补贴照常支付。

（二）属于个人不当行为引起的工伤，则对当事人进行相应处罚，并追究事故责任。

第九条 探亲假。

（一）探亲假应事前请假，假后凭车票报销，否则按事假处理。员工在休假期间，岗位工资照发。

（二）已婚、异地分居员工探望配偶时，每年给探亲假30天；探望父母的，每四年给假一次（四年中的任何一年休假有效），假期为20天。

（三）未婚员工探望父母的，每年给假一次，假期20天；如因工作需要不能休假或员工自愿，可两年休假一次，假期45天。

（四）员工探亲期间因病延长假期，需有城市区、农村乡级及以上医院开具的住院证明和急诊诊断书。

（五）见习人员不享受探亲假待遇。

第十条 婚丧假。

（一）员工本人结婚给婚假3天，实行晚婚者另增加7天。

（二）员工的直系亲属（父母、配偶、子女）和供养亲属（岳父母、公婆）死亡时，由单位领导批准，给丧假3天。

第十一条 产假。

女员工计划内生育的休产假90天，难产另增加15天；多胞胎生育，每多生一胎增加产假14天；实行晚育者，在上述法定产假的基础上，再增加晚育奖励假30天。

第十二条 哺乳假。

（一）女员工有不满18个月的婴儿，每天在工作时间内可为婴儿哺乳两次，每次30分钟；多生儿每次哺乳时间延长30分钟。

（二）集中一次使用哺乳时间，每天为80分钟。

第十三条 年休假。

员工依法享受年休假，工资照发。

第十四条 旷工。

（一）旷工一天按日计扣月基本工资，依此类推，并扣除当月全额绩效工资。

（二）旷工两天扣除三个月全额绩效工资。

（三）年度内旷工六天及以上者，集团公司解除其劳动合同。

第四章 考核与处罚

第十五条 各单位考勤员应认真负责，坚持每天查岗制度，做好每月报表工作，不得弄虚作假。每发现一次，扣罚考勤员及部门领导当月绩效工资各50元，并对该单位进行通报批评。

第十六条 员工迟到、早退要有记载，迟到、早退时间累计计算。对无故迟到、早退者，要进行批评教育。员工本人迟到、早退每累计两次，减发半天基本工资；累计满四次，减发一天基本工资，同时取消当月绩效工资。

第十七条 通勤员工，凡因气候、交通等原因不能按时上班的，按迟到处理。

第十八条 当月平均累计迟到、早退人数占单位员工总数1%～5%的，扣该单位绩效考核分3～5分。

第十九条 对一次检查迟到、早退人数占在册人数5%以下未如实上报的单位，按第十八条之规定加倍处罚；超过5%的，扣罚单位领导当月绩效工资。

第二十条 员工未经批准，凡请病假、事假及其他有薪假从事个体经营、贩运等活动，或者私自受聘、承担外单位工作，一律按旷工处理。

第五章 其他规定

第二十一条 管理考勤工作的业务部门为集团公司人力资源部，各单位指定专人兼管考勤工作。

第二十二条 各单位必须健全考勤记录，准确记载员工每天出勤、缺勤、旷工及迟到、早退等情况，由考勤员填写“月份员工出勤情况统计表”及“年度员工考勤卡”，并按规定的时间报送集团公司人力资源部。

第二十三条 坚守生产工作岗位，不做与生产无关的事情，不做妨碍他人工作的活动。员工在工作时间长时间离岗办私事，需向班组长（办公室室主任）请假，由考勤员记录，并在“不在岗登记表”上注明。

第六章 附则

第二十四条 本办法自印发之日起施行。

第二十五条 本办法由集团公司人力资源部负责解释。

二、企业员工奖惩管理办法范文实例

公司员工奖惩管理办法

第一章 总则

第一条 为鼓励员工奋发向上，作出更大业绩，防止和纠正违法违纪失职渎职行为，维护集团公司正常的生产工作秩序，提高工作效率和经济效益，根据国家有关法律、法规，特制订本办法。

第二条 员工必须遵守国家法律、法规、集团公司劳动纪律及规章制度，爱护集团公司财产，学习和掌握本职工作所需要的知识、技能、能力、态度等，努力做好本职工作。

第三条 奖惩遵循公平、公正、公开的原则，以事实为依据，根据事实性质、情节以及对企业的影响程度决定奖惩。

第四条 员工对奖惩有申诉的权利，允许依照组织程序提出申诉，相关负责人不得置之不理，拒不回复。

第五条 本办法适用于集团公司及各分、子公司。

第二章 奖励内容

第六条 奖励种类。本办法规定之奖励分为服务年资奖、创造奖、功绩奖及全勤奖四种。

第七条 服务年资奖。员工服务年资满十年、二十年及三十年，且其服务成绩及操行均属优良者，分别授予服务十年奖、服务二十年奖及服务三十年奖。

第八条 创造奖。员工符合下列各项条件之一者，得经审查合格后授予创造奖。

（一）开拓新业务，对本公司有特殊贡献者。

（二）从事有益业务之发明或改进，对节省经费，提高效率或对经营合理化之其他方面具有贡献者。

（三）根据“其他奖励”屡次接受奖励或接受奖励之提案，其效果显著者。

（四）在独创性方面虽未达发明之程度，但对生产技术等业务上确有特殊之努力，因而对本公司具有重大贡献者。

（五）前列各款至少应观察六个月以上之实际绩效，经判断确具有效果者，方属有效。

第九条　功绩奖。员工符合下列各项之一者，得经审查后授予功绩奖。

（一）从事对本公司有显著贡献之特殊行为者。

（二）对提高本公司之声誉，具有特殊功绩者。

（三）对本公司之损害，能防患于未然者。

（四）遇非常事变，如灾害事故等能临机应变，措施得当，具有功绩者。

（五）冒险犯难，救护公司财产及人员于危难者。

（六）其他具有足为本公司楷模，有益于公司及员工之善行者。

（七）根据“其他奖励”屡次接受奖励或其功绩经重新评定应属更高者。

第十条　全勤奖。员工连续三年未请病、事假或迟到早退者，得经审查后授予全勤奖。其奖励方式系于公司成立纪念日时，颁发奖品。

第三章　奖励方式

第十一条　对员工的奖励分为表扬、记功、记大功、通令嘉奖、授予荣誉称号、晋升提级等行政奖励及其他奖励。

第十二条　有以下事迹之一者，集团公司予以表扬。

（一）品行端正，诚实可信，工作认真负责，完成工作任务成绩优良者。

（二）拾金（物）不昧，事迹突出者。

（三）积极参与集团公司各种活动，表现优秀者。

（四）发挥模范作用，为集团公司增光添彩者。

（五）热心服务，助人为乐，有感人事迹者。

（六）有其他类似功绩者。

第十三条　有以下事迹之一者，集团公司予以记功。

（一）对于生产技术或管理制度有积极建议，采纳实施后卓有成效者。

（二）节约物料或利用废料卓有成效者。

（三）遇有灾变，勇于保护集团公司财产者。

（四）检举盗窃案件，维护集团公司利益者。

（五）对出卖国家秘密或集团公司商业秘密等行为，敢于斗争并及时检举者。

（六）有其他类似功绩者。

第十四条　有以下事迹之一者，集团公司予以记大功。

（一）遇有重大事故或灾害时奋不顾身，避免集团公司重大损失者。

（二）保护他人财物、人身安全卓有功绩者。

（三）维护集团公司利益，避免重大事故发生者。

（四）有重大技术改进或管理制度改善，使集团公司获重大利益者。

（五）记功满三次以上，功绩突出者。

（六）有其他类似功绩者。

第十五条　有特别重大贡献者，集团公司予以通令嘉奖。

（一）有创造发明，对集团公司卓有贡献，使成本剧降、利润突增者。

（二）积极挖潜，解决集团公司重大困难或避免集团公司重大损失，卓有成效者。

（三）在市场营销、管理创新、技术改进或者提出合理化建议等方面，取得重大成果或者显著成绩者。

（四）在提升企业管理、提高经济效益方面贡献突出，成绩显著者。

（五）领导有方，带领员工保质保量超额完成各项工作生产任务者。

（六）被集团级及以上单位表彰或授予荣誉称号，使集团公司获得较大社会荣誉者。

（七）有其他类似功绩者。

第十六条　有下列表现之一者，可视具体表现和贡献大小授予优秀员工、技术技能创新奖、销售能手奖、优秀经营管理者等荣誉称号。

（一）致力技术创新、工程优化，使成本降低、利润增加，巩固集团公司核心技术，确有重要贡献者。

（二）在改进集团公司经营管理、提高经济效益方面作出显著成绩，起表率作用者。

（三）超额完成生产（工作）计划，工作绩效特别显著者。

（四）从事科研开发，获得重大技术成果或发明专利，为集团公司带来显著经济效益者。

（五）在安全、质量管理工作中成绩突出者。

（六）有其他类似功绩者。

第四章　颁奖程序

第十七条　审查手续。应奖励事项，由主管部门经理将有关文件向总经理申请。

第十八条　奖励种类及等级的评定，由员工奖励审查委员会具体负责，审查委员会由副总经理担任主任委员。总经理、企划部经理、业务部经理、业务部副经理、财务副经理、人力资源部经理及人力资源部副经理担任委员。以人力资源部为主办单位。

第十九条　奖励实施程序。

（一）员工推荐，本人自荐或单位提名，并有书面事迹材料。

（二）集团公司人力资源部或工会核实，形成书面报告提交集团公司总经理办公会议讨论批准后实施。

（三）实施奖励的单位，应当及时宣传受奖者的先进事迹，以鼓励和教育其他员工。

（四）奖励必须根据个人的客观条件、事迹、作用以及对集团公司影响的大小全面衡量，按照本办法的奖励种类、条件及程序，应及时、正确实施。

第二十条　奖励之核定及颁发，呈请总经理批准。

第二十一条　颁奖日期。奖励原则上每年一次，于本公司成立纪念日颁发。

第五章　惩处

第二十二条　对员工的惩处分为警告、记过、记大过、辞退（开除）、罚款等行政处罚以及其他处罚。

第二十三条　有以下情形之一者，集团公司给予警告。

（一）不遵守集团公司门卫制度，妨碍保安人员工作，不服检查、询问者。

（二）顶撞领导，不服教育者。

（三）一个月内累计迟到、早退五次及以上者。

（四）随地吐痰、乱扔杂物，在禁烟区域吸烟者。

（五）上班不按规定穿戴劳动防护用品，被劝戒二次及以上者。

（六）无正当理由不执行上级指示或命令者。

（七）工作时间擅自离岗、上网玩游戏、聊天，影响工作者。

（八）未经批准，自作主张，造成不良后果，情节轻微者。

（九）因个人工作失误，发生工作错误，情节轻微者。

（十）其他所犯类似错误者。

第二十四条　有以下情形之一者，集团公司给予记过处分。

（一）在工作场所酗酒滋事，影响生产（工作）秩序者。

（二）一年内无故旷工一天以上、三天以下者。

（三）顶替签到、签离、刷卡、打卡者（本人及顶替者）。

（四）未经准许，擅自带非集团公司员工到工作区域参观者。

（五）因个人工作失误而使集团公司名誉或利益受损者。

（六）机器、车辆、仪器及具有技术性的工具，未经使用人同意或主管人员同意或未有操作证件，擅自操作者。

（七）一年内受警告处分两次，功过无法抵消者。

（八）对窃密或失泄密行为知情不报者。

（九）弄虚作假，歪曲事实真相，使集团公司名誉受损者。

（十）破坏集团公司的生产经营秩序，情节轻微者。

（十一）其他所犯类似错误者。

第二十五条 有以下情形之一者，集团公司给予记大过处分。

（一）携带违禁品、危险品进入工作场所者。

（二）不接受上级领导安排的工作或指挥，消极怠工，且经教育无效或对上级有威胁行为者。

（三）丢失秘密文件资料或泄露国家秘密、集团公司商业秘密者。

（四）隐瞒、虚报事实、事故者。

（五）一年内无故旷工三天及以上、六天以内者。

（六）私自把客户介绍给外单位，向客户索取介绍费者。

（七）向集团公司请病、事假而在其他公司上班者。

（八）用假学历、假文凭或假证件欺骗、隐瞒组织者。

（九）挪用公款谋取私利者。

（十）造成严重的债务纠纷、质量问题、服务问题或严重影响集团公司信誉的直接责任人。

（十一）一年内受记过处分两次，功过无法抵消者。

（十二）其他所犯类似错误者。

第二十六条 受警告、记过、记大过惩罚者，视其情节轻重给予相应的罚款或降级惩罚。

第二十七条 有以下情形之一者，集团公司予以开除。

（一）一年内连续旷工三天及以上或累计旷工十天者。

（二）公司内部工作异动，不按时或不按要求执行者。

（三）怂恿外人闹事，严重影响集团公司正常生产工作秩序者。

（四）欺骗集团公司，用不正当手段获取利益者。

（五）盗窃集团公司或他人财物者。

（六）故意破坏集团公司财物，损害集团公司利益者。

（七）未经集团公司许可，在外兼职或从事与集团公司利益相冲突的工作者。

（八）故意毁损、涂改、窃取重要文档，给集团公司造成重大损失者。

（九）煽动员工怠工，造成生产经营任务完不成任务者。

（十）伪造、变造或盗用集团公司印信者。

（十一）故意泄露集团公司技术、经营管理秘密者。

（十二）利用集团公司名义在外招摇撞骗、损坏集团公司名誉者。

（十三）玩忽职守，违反技术操作规程、安全规程等规章制度造成事故，使人身、设备、财产遭受重大损失者。

（十四）触犯刑律，被追究刑事责任者。

（十五）参加非法组织者。

（十六）挑拨是非，拉帮结派，破坏团结者。

（十七）一年内受记大过处分两次，功过无法抵消者。

（十八）其他所犯类似错误者。

第二十八条　惩处实施程序。

（一）由直接领导或部门负责，对违纪者的违纪事实进行查证，并写出书面材料，主管领导签字后，报集团公司人力资源部。

（二）集团公司人力资源部根据情节轻重及对企业的危害，提出处罚意见，报集团公司总经理办公会议讨论批准后实施。

（三）给予员工行政处分和经济处罚，必须弄清事实，取得证据，经过讨论，征求有关部门意见，并允许当事人申辩。

（四）员工受到行政处分，应当书面通知本人，并记入其档案。

第六章　领导责任和纪律监察

第二十九条　各级领导应当以身作则，严于律己，严格遵守和执行集团公司的各项规章制度，对员工进行经常性的纪律教育，增强其组织纪律观念。对发现违纪行为制止不力或不予制止的，应当给予相应的处分；对带头违纪的，从重处罚。

第三十条　各级领导必须按照本办法条件和程序，正确地实施奖惩。对滥施奖惩或利用奖惩以权谋私的，应当给予批评或处分。

第三十一条 对错误奖惩，一经发现并核实，立即给予纠正和撤销。

第七章 附则

第三十二条 各分、子公司可根据本办法制订员工奖惩实施细则。

第三十三条 本办法自印发之日起施行。

第三十四条 本办法由集团公司人力资源部负责解释。

三、企业员工晋升制度范文实例

公司员工晋升制度

第一章 总则

第一条 为提升员工个人素质和企业核心竞争力，充分调动全体员工的主动性和积极性，并在公司内部营造公平、公正、公开的竞争机制，完善公司人才成长机制，实现企业可持续发展和员工职业生涯发展的“双赢”，全面体现公司的人才观、用人观，更好地吸引人才、培育人才、使用人才、留住人才，构建公司人才梯队，规范公司员工的晋升、晋级工作流程，特制订本制度。

第二条 本办法适用于集团公司及各分、子公司。

第二章 内容及程序

第三条 员工晋升基本原则。

（一）公司员工晋升，坚持必须符合公司的发展需要原则。

（二）公司内部出现职位空缺时，坚持首先考虑公司内部员工原则。

（三）公司内部员工晋升，坚持有利于提高员工的综合素质，做到量才适用，有利于增强员工的凝聚力和归属感，减少员工流动率原则。

（四）管理层的晋升，坚持必须建立在考核结果的基础上，遵循有利于提高其综合素质的原则。

（五）坚持德能和业绩并重的原则。

（六）坚持逐级晋升与越级晋升相结合的原则。

（七）坚持直线晋升与交叉晋升相结合的原则。

（八）坚持能升能降的原则。

第四条 公司可根据工作需要，对员工的岗位或职位进行必要的调整；在公司职位空缺的情况下，员工也可以根据本人的意愿申请公司部门之间的调动。

（一）员工晋升可分为员工部门内晋升和员工部门之间的晋升。

1. 员工部门内晋升是指员工在本部门内的岗位变动，由各部门经理根据部门实际情况，经考核后，具体安排，并报人力资源部存档。

2. 公司员工部门之间的晋升是指职员在公司内部各部门之间的流动，需经考核后拟调入部门需填写“员工晋升（转正）表”，由所涉及部门的主管批准并报总经理或常务副总经理批准后，交由人力资源部存档。

（二）员工晋升分为三种类型。

1. 职位晋升，薪资晋升。

2. 职位晋升，薪资不变。

3. 职位不变，薪资晋升。

（三）员工晋升的形式分为定期或不定期。

1. 定期：公司每年根据公司的营业情况，在年底进行统一员工晋升。

2. 不定期：在年度工作中，对公司有特殊贡献，表现优异的员工，随时予以晋升。

3. 试用期员工在试用期间，工作表现优秀者，由试用部门推荐，提前进行晋升。

第五条　晋升通道。

公司员工可以从以下三个通道晋升职位，实现自己的职业发展目标。

（一）技师通道。

（二）技术人员通道。

（三）管理人员通道。

第六条　晋升依据。

（一）公司普通员工，在原工作岗位上工作半年时间（不含试用期工作时间），经部门经理评定工作表现优秀。

（二）公司部门经理级员工，在原岗位上工作时间一年（不含试用期工作时间）经总经理评定工作优秀。

（三）因公司需要，经总经理特批的其他情形的晋升。

第三章　晋升操作办法

第七条　员工晋升以各单位和人力资源部的绩效考核为依据，择优聘用为主，举荐、自荐考核聘用为辅，公开招聘为补充。

第八条　员工晋升工作一般半年开展一次，技师、副主任工程师、中层副职及以上职位和用人单位申请在全公司范围聘用的职位由人力资源部组织；其他职位由用人单位组织。

第九条　各单位成立考核聘用领导（工作）小组，制订方案，并经人力资源部核准。

第十条 员工一般只能申报晋升上一级职位，同等条件下，本单位员工优先。

第十一条 员工每晋升或下降一级职位，用人单位考核聘用的，薪酬自行确定；由人力资源部考核聘用的（用人单位申请的除外），享受公司规定的相应待遇。

第十二条 晋升管理权限。

（一）总经理、副总经理及总经理助理由董事长核定。

（二）部门经理或主管，由总经理以上级别人员提议并呈董事长核定。

（三）普通员工的晋升分别由部门经理或主管提议，呈总经理核定，并通知人力资源部。

第四章 说明事项

第十三条 岗位晋升后，相关部门必须做好新到员工的部门培训工作，若有必要，相关部门可以指定人员专人带领或引导。

第十四条 员工晋升后，试用期为一个月，在试用期内员工薪资暂不做调整。

第十五条 对试用期合格的员工，薪资将根据其在试用期内的工作表现和参照公司的薪资标准执行；对试用期不合格的员工，公司将恢复其原来的岗位，薪资保持不变。

第十六条 公司员工当年若迟到或早退二十次、旷工一次以上及其他违反公司规章制度的行为，次年不能晋升职位和薪资。

第十七条 公司各级员工接到晋升通知后，应在指定时间内办妥移交手续，就任新职。

第五章 建立公司人才储备库

第十八条 人力资源部定期统计分析公司各单位的人员结构，建立公司人才储备库。依据员工绩效考核结果和日常考察情况，筛选出各层级的核心、优秀、后备人才，对各专业、各层次的人才做到有计划开发、适当储备、合理流动、量才使用，并以此指导公司的培训、引才、留才工作。

第六章 权责

第十九条 综合部负责制订公司的员工晋升制度。

第二十条 相关部门经理负责对晋升员工的考核。

第二十一条 公司总经理、副总经理负责对员工晋升的最终审核。

第七章 附则

第二十二条 本制度自印发之日起施行。

第二十三条 本制度由集团公司人力资源部负责解释。

四、企业绩效考评管理制度范文实例

企业绩效考评管理制度

第一条　本制度适用于与公司签订劳动合同的员工。

第二条　通过考评反映被考评人的工作态度、工作能力、职责履行以及工作完成情况，为员工绩效工资支付、员工晋级、升职等提供依据，激励员工努力完成工作任务。

第三条　考评的依据。

（一）公司总体经营目标。

（二）各部门的职能、员工的岗位职责。

（三）公司的规章制度。

第四条　考评的原则。

（一）公平公正原则。

（二）实事求是原则。

（三）具体问题具体分析的原则。

第五条　考评的职责划分。

（一）部门经理（负责人）的职责。

1．依据岗位职责和部门重点工作制订月度绩效考核目标。

2．指导本部门员工制订月度绩效考核目标。

3．对本部门员工工作绩效进行考评。

4．负责本部门员工考评工作的组织及管理。

5．协助人力资源部处理本部门内员工的考评申诉。

6．负责本部门员工的绩效面谈，并帮助员工制订绩效改进计划。

（二）人力资源部的职责。

1．负责公司绩效考评的具体组织工作。

2．指导各部门依据公司目标制订绩效考核目标。

3．对各部门员工考评过程进行指导、监督及检查。

4．建立部门和员工考评档案。

5．绩效考评结果的运用与实施。

6．协调、处理各级人员关于考评申诉的具体工作。

第六条　工作目标的制订。

（一）制订工作目标的原则。

1. 工作目标的制订要与公司的经营目标、本部门职责、个人岗位职责挂钩，实行经营目标与管理目标相结合，经营目标作为重点考核内容。

2. 确定关键业绩指标。部门负责人或主管人员，必须设订相应的量化工作目标。若不能量化的，则应尽量细化、流程化。

3. 部门上报本部门的工作目标至总调处，由总调处审定后送人力资源部备案。

（二）部门的工作目标。

依据部门职责范围，结合公司整体战略目标，制订本部门的绩效考核目标。

（三）员工的工作目标。

依据个人职责，结合部门工作重点，制订本人绩效考核目标。

第七条　考评的周期与内容。

（一）考评周期。

每月进行一次绩效考评。

（二）考评内容。

包括任务绩效、态度绩效。任务绩效主要考评工作目标完成情况；态度绩效主要考评协作性、责任心与纪律性以及制度与职责的执行力。

第八条　考评的方法。

（一）部门的绩效考评方法。

1. 部门经理（负责人）对上月部门的工作业绩和态度进行自我考评。

2. 人力资源部和总调处对各部门进行考核，并出具考核意见。

3. 总经理办公会根据公司总体目标完成情况、各部门目标完成情况及安全检查情况等确定部门绩效分值。

（二）员工的绩效考评方法。

1. 员工（含部门负责人）本人对上月的工作业绩进行自我考评。

2. 直接上级对员工上月的工作业绩和态度进行“上评下”考评，并将考评情况填写在“员工月度绩效考评表”上。

第九条　考评的评分与绩效系数。

（一）考评实行记分制，其中任务绩效总分为80分（若因不可抗力、意外事件，不能完成工作目标的，可根据情况视同完成）。

（二）态度绩效考评评分为20分，其中协作性为8分，责任心和纪律性为6分，制度和职责执行力为6分。

（三）加分条件。公司奖惩制度中应当给予奖励者，加分不超过20分。

（四）减分条件。绩效工作目标未完成，或者触犯公司处罚规定者。

（五）部门（员工）的绩效得分。

部门（员工）绩效得分=任务绩效考评评分+态度绩效考评评分

人力资源部按100分为1.00系数的比例折算为绩效系数。

第十条 考评的结果与绩效工资。

个人考评结果和部门考评结果同与本人绩效工资挂钩。具体计算方法如下。

个人绩效工资=绩效工资×部门绩效系数×个人绩效系数

第十一条 考评结果的其他用途。

考评结果作为升职、晋级、年终奖发放、降级、转岗、辞退等的参考依据。

第十二条 违纪的处理办法。

部门负责人应当将绩效管理作为日常工作的重点，严格按照绩效考评制度执行。对不能客观公正地进行考评的，由人力资源部上报总经理办公会，对部门负责人，第一次给予罚款100～200元，第二次通报批评；情节严重，影响较大的，给予降职、免职或转岗、辞退的处罚。

第十三条 申诉受理机构。

被考评人若对考评结果不清楚或持有异议，应该向人力资源部提交申诉书，由人力资源部负责协调、处理。经调查核实，申诉成立的，部门应纠正其评分，由人力资源部在次月补回绩效工资。

第十四条 本制度实施后，与本制度有抵触的，一律以本制度为准。

第十五条 本制度由公司人力资源部负责解释。

第十六条 本制度自公布之日起实施。

五、企业绩效考核挂钩办法范文实例

公司绩效考核挂钩办法

第一章 总则

第一条 为奖励对公司作出贡献的员工，创造竞争机制和意识，使优秀人才脱颖而出，特制订本办法。

第二条 本办法适用于公司的各部门（项目组）。

第三条　员工绩效考核体系机构为公司绩效考评委员会，由项目经理以上领导组成。

第四条　本办法适用于除人力资源部以外，所有部门、项目组的员工。

第二章　考核办法

第五条　依据年初公司经营目标分解表中的任务，来确定各部门当年的工作目标。

第六条　按年工作目标确定各部门利润指标。

第七条　由各部门（项目）经理对工作目标和效益指标进行季、月、周分解，作出任务进度表，每月5日各部门（项目）经理以电子邮件的形式将该月完成情况和下月工作计划上报人力资源部，并发至总经理和副总经理审阅。

第八条　财务总监每月考核各部门（项目组）的利润指标完成情况，进行二级核算，发布各部门（项目组）当月项目利润成本明细表，并将其结果呈报给总经理，以作为各部门（项目组）效益目标完成情况的依据，确定奖金数额和奖惩部门及人员。

第三章　挂钩办法

第九条　员工绩效考核结果与每个部门（项目组）的奖金和工资挂钩。

第十条　超额完成目标（工作目标和利润目标），按超额利润的多少与公司相关规定提取奖金。

第十一条　基本完成目标，按完成利润情况，获得公司的平均奖金。

第十二条　接近完成目标，从平均奖金中扣除差额利润或没有奖金。

第十三条　未完成目标，停发奖金。

第四章　发放办法

第十四条　每月随工资一同发放奖金，并做到分层考核逐级发放。

第十五条　依据财务总监的效益利润表、各部门（项目组）的任务完成情况表以及公司的相关规定，来确定各部门（项目组）的奖金数额，由总经理签字发至各部门（项目）经理，

第十六条　部门（项目）经理依据每个人的考核分数确定其奖金数额，并将名单直接发至财务部。

第五章　附则

第十七条 本办法自印发之日起施行。

第十八条 本办法由公司人力资源部负责解释。

六、企业绩效管理实施方案范文实例

公司绩效管理实施方案

第一章　总则

第一条　为达成集团公司目标所预期的利益和产出，并推动团队和个人作出有利于组织目标达成的行为，使绩效管理与薪酬相挂钩，形成激励手段，以正确引导员工行为，实现其职业的正常发展，从而最终形成以结果为导向的企业文化，特制订本方案。

第二条　本方案是依据国家法律、法规及公司绩效管理设计方案制订的，是对员工工作成果的评价，也是企业可持续发展的基本保证，更是企业效益与员工利益联结的纽带。

第三条　通过建立绩效管理体系可以让所有的部门和员工明确自己所从事的活动是否达到了企业的要求，绩效管理是各级管理人员进行工作管理和人员管理的一项重要手段。

第四条　绩效管理体系将围绕业绩这一核心，推动绩效计划、绩效实施与推进、绩效评估及绩效反馈四个环节的操作，促进绩效计划与企业目标的关联、绩效实施与日常工作管理的关联、绩效评估与岗位适应度评价的关联、绩效反馈面谈与主管督导以及员工培训和发展的关联，最终使绩效管理与企业管理的其他方面形成统一的整体。

第五条　绩效管理采取公开化、透明化的操作，对绩效计划（工作指令）施行契约化的约束管理。同时，注重成果导向，根据经营发展的需要动态调整考核指标，对工作过程进行跟踪，对结果及时反馈。

第六条　本方案适用于集团公司及各分、子公司。

第二章　绩效管理体系框架

第七条　绩效管理体系为“三三”制，即三个维度：组织考核、项目考核、岗位考核；三个层次：集团公司对职能部门和分、子公司考核、分、子公司对部门和分厂（车间）考核、部门对岗位考核；三个阶段：月度考核、季度考核及年度考核。

第八条　组织考核。

组织是与独立的个人相对应，是多人组成的单元，包括集团公司职能部门，分、子公司，分、子公司职能部门，分厂（车间），以及分厂（车间）内的班组等，这些是集团公司内部的不同规模的组织，也是绩效考核管理体系的管理范畴。

第九条　项目考核。

集团公司所有项目式运作的工作都要进行绩效考核，包括技改项目、产品研发项目、市场开发项目、工程施工项目、信息系统开发项目以及临时成立的其他项目等。

第十条　岗位考核。

集团公司所有人员的在岗工作情况都要进行绩效考核。根据岗位工作的类别，分别采用不同的考核方式和考核周期。

第三章　绩效评价标准

第十一条　绩效评价标准是衡量企业所有活动的一个尺度，不同的部门、不同的岗位、在不同的战略阶段有不同的绩效评价标准。

（一）集团公司绩效评价指标体系依据集团公司制订的指标整体展开。

（二）责任目标落实到集团公司内部各部门和具体岗位，必须与完成该项职能和事项要求所做的工作相结合。标准是评价该项工作是否完成，以及完成数量与质量的情况。绩效管理体系只对考核期间内与本岗位工作相关的活动与成果进行评价，不对考核期和岗位工作以外的事实和行为进行评价。

（三）工作标准的制订有结果导向和过程导向两种评价体系。结果导向的评价，简单而直接，突出的是企业效益；过程导向的评价，则较为复杂，隐含有一个前提——假设员工的努力与企业效益成正比，突出的是员工的努力。从集团公司目前的观念导向来看，注重结果导向的评价。

（四）工作结果按照量化度分为可以直接衡量的定量指标和难以直接衡量的定性指标。定量指标，如销售收入、回款、产量、利润等；定性指标，一般是通过评价的方法来量化，如一般人员的工作完成情况、专项工作完成情况、工作量大小、工作质量、客户满意度等。

第十二条　集团公司层面的绩效评价标准。

（一）包括对集团公司高管，分、子公司，以及集团公司职能部门的绩效评价标准。主要由集团公司下达的责任指标分解和初步展开，同时结合集团公司当年的经营计划，从主要职能落脚点的角度来选择可度量的指标项。

（二）指标分为主要经营目标、管理责任目标、专项任务以及其他。

1. 主要经营目标：以财务性分析来提供数据，包括主营业务收入、利润、现金流，反映企业的成长性。

2．管理责任目标：以财务性分析提供的数据或者通过事先指定的目标状态、事后评价达标情况来获得数据，包括市场扩张（产品市场占有率）、资本运营（投资规模或数量）、产品研发（产出数量质量或投入规模）、工艺改进（投入规模或产出效率）以及管理优化（成本费用率、存货、应收账款）等指标，反映企业成长的强壮性。

3．专项任务：即重点工作，是指各单位为达成管理责任目标所要完成的主要任务，是企业根据战略目标和年度经营计划确定的，如项目上马、人力资源新体系建设等。

4．其他：具有本系统和集团特色的一些专项指标，可以事先指定目标状态、过程跟踪，事后自我总结、各级评价达标情况，来获得数据。主要包括企业稳定性、党风廉政建设等。

（三）集团公司职能部门和分、子公司所有考核指标都应该是从这四类指标选择、展开（甚至多级展开）、组合而来。指标之间相互不应该重叠，管理责任目标中分解出专项任务的，应减小权重或不再做考核汇总。

（四）集团公司下达的所有的指标，都是年度评价标准。集团公司经营计划部通过组织制订年度经营计划把所有工作进行展开，形成各分、子公司和集团公司职能部门的年度工作目标。各级人力资源部则在此基础上组织进行集团公司指标的分解与落实，制订指标考核权重，形成各级各岗位的责任书。

（五）考核权重值见表1。

表1　考核权重值表

<table>
<tr><td colspan="3">有经营目标的岗位</td></tr>
<tr><td>主要经营目标</td><td>权重 60%</td><td></td></tr>
<tr><td>管理责任目标</td><td>权重 15%</td><td rowspan="3">约束性指标的日常考核直接扣减被考核单位总绩效收入，各级班子会决定相关岗位分解扣减方式(下同)</td></tr>
<tr><td>专项任务</td><td>权重 20%</td></tr>
<tr><td>其　他</td><td>权重 5%</td></tr>
<tr><td colspan="3">无经营目标的岗位</td></tr>
<tr><td>主要经营目标</td><td>权重 60%</td><td></td></tr>
<tr><td>管理责任目标</td><td>权重 15%</td><td></td></tr>
<tr><td>专项任务</td><td>权重 20%</td><td></td></tr>
<tr><td>其　他</td><td>权重 5%</td><td></td></tr>
<tr><td>备　注</td><td colspan="2">各分项权重由总经理办公会根据工作重要和紧迫程度确定</td></tr>
</table>

（六）每年度开展一次对集团公司高管的绩效考核。由集团公司人力资源部组织，集团公司总经理和党委书记主持。每季度初，各高管对自己分管的工作和各项指标在总经理办公会上作出工作计划，并对上季度完成情况作出总结，总经理办公会进行督促与评价。

（七）每季度开展一次对集团公司职能部门，分、子公司，分、子公司职能部门，以及分厂（车间）的考核。

1．每季度初集团公司总经理办公会（分、子公司班子会）确定各被考核单位本季度重点考核内容与标准，各被考核单位负责人填写“绩效考核表”。

2．季度考核内容的指定应该根据业务开展的周期特点来制订，关注专项任务的完成，可以直接选取岗位责任书的指标项。最后一个季度的考核指标采用全面指标，单独对全面指标增加一次考核。

（八）加强过程管理，引入工作计划管理方法。

1．每月初分、子公司和集团公司各职能部门制订本月工作计划，分管领导跟进执行情况。各单位月末进行总结，制订下月工作计划。

2．每季度末各级财务部和专业管理部提供考核数据，集团公司总经理办公会（分、子公司班子会）确定考核结果，分管领导与各单位负责人进行绩效沟通来反馈考核结果。

第十三条　职能部门岗位绩效评价标准。

（一）集团公司职能部门，分、子公司职能部门（含营销部门）、分厂（车间）每月开展一次绩效考核。每月初部门负责人与下属通过绩效沟通来确定各被考核人本月重点考核内容与标准，各被考核人填写“绩效考核表”。其中，对部门费用指标必须在第二、第四季度作出考核，每个专项任务必须有两个以上季度作出考核。

（二）加强过程管理，引入工作计划管理方法。要求所有职能岗位人员在直接主管指导下进行月度的计划与总结，部门负责人在工作完成过程中，不断监督、指导及跟进下属工作完成情况，最终每月对被考核人作出评价并通过绩效沟通来反馈评价结果。

第十四条　项目绩效评价标准。

（一）集团公司内部所有项目式工作都要进行绩效考核，包括阶段性目标完成情况和最终成果验收情况。绩效标准包括质量、进度、成本等方面，并根据合同、项目计划和项目预算制订的内容，通过与项目经理（负责人）签订协议的方式来确认。

（二）研发项目的过程评价考核和成果评价考核，由各单位项目管理委员会完成；基建项目的过程评价考核和成果评价考核，由资产管理人员完成。

（三）项目绩效与岗位绩效实行交叉管理，参与项目的岗位既接受来自项目的绩效评价又接受来自职能部门的绩效评价。

（四）研发人员的绩效工资主要与参与研发项目关联，由项目经理考核，以项目提成方式反映，由研发部负责人综合多个项目提成的总和，按季度审核发放。

（五）产品研发过程的质量反映有时会有延迟效应，所以经研发部负责人提议、项目管理委员会批准可以提取一定比例的质量风险金，在项目结束六至十二个月之后发放。

第十五条　销售岗位绩效评价标准。

（一）销售类岗位采取的是销售提成工资制，其岗位绩效评价标准同第十三条职能部门岗位绩效评价标准。

（二）零售类采取的是大包管理方式，即按照销售量与回款情况确定业绩，根据比例获取提成（所有在岗收入），完全根据业绩评价销售人员。

（三）超额（时）欠款应该作为经营风险冲抵部门和岗位的销售业绩，同时计算资金占用利息。

第十六条　计时（计件）岗位绩效评价标准。

（一）由分、子公司人力资源部每年核定各岗位的标准产出（即社会平均劳动水平下的产出效率）作为绩效标准。

（二）根据合格产品数量或工时的完成情况和个人考核得分率确定岗位工作绩效。

（三）个人考核指标主要有数量、品种、进度、质量、成本以及工作态度等。

第十七条　辅助性岗位绩效评价标准。

（一）集团公司和分、子公司的所有技能辅助性岗位和后勤管理岗位，引入工作计划管理方法，确定绩效考核标准，分管领导跟进执行情况，各单位月末进行总结和考核，并制订下月工作计划。

（二）集团公司和分、子公司的所有一般辅助性岗位，引入工作记录管理方法，要求由派工人员（主管）确定工作要求，在岗人员进行工作记录（过程），管理人员通过巡视检查工作成果，在工作记录上予以确认。

第十八条　特殊岗位绩效评价标准。

（一）所有在试用期内的人员（包括招聘和内部转岗）的在岗绩效标准，由各级人力资源部与其所在岗位上级管理人员协商确定，并以书面形式下达。岗位上级管理人员利用月度工作计划管理的方法对其进行引导与管理。试用期满由各级人力资源部和岗位上级管理人员共同评价考核。

（二）内部转岗人员尽量在原岗位考核兑现完成后转岗。跨考核期的，按前后实际工作时间考核结算。

（三）处于“三期”的女员工，在岗期间的工作量适当地由本部门其他人员分担，岗位绩效工资相应减少并给予承担其工作的人员，减少额度由部门负责人与相关人员协商确定。脱岗期间，工作量他人无法承担的，部门负责人可以向同级人力资源部申请临时用工，由同级人力资源部在待岗人员中推荐人选，部门负责人择优聘用，签订临时用工协议，明确工作要求，并利用月度工作计划管理的方法对其进行引导与管理。

第十九条 其他评价标准。

（一）体系检查。质量管理体系、现场管理体系、消防安全管理体系、保密管理体系、财务内控体系、纪检督察体系等对企业的运营和管理目标的达成起到监督、检查作用，相应都有各自的管理考核要求，被作为必须达到的约束性标准。各体系运作后的考核结果，作为一次性奖惩直接与被考核单位或个人的收益挂钩，体系整改活动作为工作要求列入被考核单位或个人的下一考核期工作计划或本考核期的临时追加计划。

（二）客户投诉。客户既包括来自企业外部的消费者、客户、机构、上级机关，也包括企业内部相互有工作关联但无直接管理考核关系的岗位和部门。投诉（包括曝光）则是对部门或岗位工作成果的质量、工作态度的不满意反馈。企业被投诉的部门或岗位经审计确定责任后接受处理，处理结果视情节轻重、影响大小有辞退、行政处分、待岗、降级、档案记录或一次性罚金等。

（三）外部表彰。外部指企业外部的消费者、客户、机构、团体或个人。表彰是指对部门或岗位工作成果的质量、工作态度的满意反馈，或者是对个人超出道德水准之上行为的赞美。企业被表彰的部门或岗位由其主管提出申请，经集团公司审批直接给予一次性奖金、晋级、提干、特殊福利或通报表扬等嘉奖。

第四章 绩效管理体系职责划分

第二十条 根据集团公司的特点，采用分级负责制。整个绩效管理体系中的角色与职责细分见表2。

第二十一条 各个角色考核责任的落实，要通过上级与下级之间签订“年度岗位责任书”的方式确定下来。

表 2　绩效管理角色与职责表

绩效考核参与人员	职　　责	备注
股东	考核公司班子和派出人员(结合述职与报告制度)	
董事会	对企业整体、长期绩效负责，考核公司领导层	
监事会	监督企业整体运行，考察董事会履行职责情况	
集团公司总经理为首的经营团队	1．对企业考核期内的绩效表现负责 2．讨论、建立企业绩效管理体系 3．集团公司和分、子公司年度绩效目标的确定 4．根据集团规定定期述职和报告 5．定期对分、子公司和集团公司职能部门作出考核 6．对除总经理和党委书记之外的其他人员作出年度考核 7．作出特别奖惩决定 8．及时主动与分管下属沟通绩效要求 9．反馈绩效结果 10．提出绩效改进建议 11．提出绩效结果使用建议	
人力资源副总经理	推进考核体系的运作	
集团公司职能部门职能管理人员	1．按时完成本部门的工作计划与总结 2．按时完成对专业体系监督管理、提供考核依据 3．参与集团公司及分、子公司年度绩效目标的制订	
	1．及时主动与下属沟通绩效要求 2．反馈绩效结果 3．提出绩效改进建议 4．提出绩效结果使用建议	
集团公司人力资源部	1．组织制订年度绩效管理办法和年度绩效目标 2．考评活动的组织与参与 3．考评表格的发放与收取 4．考评结果的统计汇总 5．提出绩效结果使用建议 6．员工申诉的处理	
分、子公司班子	1．按时完成本单位的工作计划与总结 2．推动本单位绩效管理工作 3．分子公司职能部门和分厂(车间)年度绩效目标的确定	
	1．及时主动与分管下属沟通绩效要求 2．反馈绩效结果 3．提出绩效改进建议 4．提出绩效结果使用建议	

续表

绩效考核参与人员	职　　责	备注
分、子公司职能部门管理人员	1．按时完成本部门的工作计划与总结 2．按时完成对专业体系监督管理、提供考核依据 3．参与分、子公司职能部门和分厂(车间)年度绩效目标的制订	
	1．及时主动与下属沟通绩效要求 2．反馈绩效结果 3．提出绩效改进建议 4．提出绩效结果使用建议	
分、子公司人力资源部	1．组织制订本公司年度绩效管理细则和年度绩效目标 2．本公司考评活动的组织与参与 3．本公司考评表格的发放与收取 4．本公司考评结果的统计汇总与上报 5．提出绩效结果使用建议 6．本公司员工申诉的处理	
职能部门职能人员	1．按时完成本部门的工作计划与总结 2．按时完成对专业体系监督管理、提供考核依据 3．参与集团公司及分、子公司年度绩效目标的制订	
项目经理(负责人)	1．按时完成项目的工作计划与总结 2．及时主动与项目成员沟通绩效要求	
	1．反馈绩效结果 2．提出绩效改进建议 3．提出绩效结果使用建议	
项目设计人员	按时完成本人的工作计划与总结	
技能辅助人员	按时完成本人的工作计划与总结	

第五章　绩效考核周期

第二十二条　各类岗位的特点和各类考核指标的数据采集特点均不同，所以不同层次、不同类别的岗位采用不同的考核周期。

第二十三条　集团公司经营团队绩效考核周期。

（一）集团公司绩效考核的结果直接与集团公司经营团队绩效工资挂钩。

（二）集团公司每年将绩效考核指标分解到各分管领导之后，通过工作计划管理体系将各项工作分解到每个月推动起来，各分管领导负责推动所分管的各项工作的开展。

（三）总经理办公会通过每季度的计划总结管理对各分管领导负责的工作进行全面检查和督促，年终对岗位责任书中的各项指标完成情况进行考核，根据考核结果确定年度绩效工资数额，提交集团公司董事会批准后发放。

（四）集团直接支付年薪的，超出年度绩效工资数额部分上缴集团公司财务部。

第二十四条　分、子公司经营团队绩效考核周期。

（一）分、子公司绩效考核的结果直接与分、子公司经营团队绩效工资挂钩。

（二）集团公司每年将绩效考核指标分解到各单位之后，通过工作计划管理体系将各项工作分解到每个月推动起来，各职能部门对分、子公司进行专业管理监督和检查。

（三）主要经营目标。财务部每月提供经营分析数据，跟踪各项财务指标的变动情况，每季度末总经理办公会对各项财务指标完成情况进行回顾，对分、子公司的完成情况进行考核，年终汇总兑现一次（与绩效工资挂钩）。

（四）管理责任目标。各职能部门对分、子公司各专业管理体系的运行情况进行月度检查跟踪，每季度末向总经理办公会提交检查情况汇总作为季度考核依据。对于体系检查发现的问题当月处理，年终兑现（与绩效工资挂钩）。

（五）专项任务指标。通过工作计划管理体系，由分管领导每月对分、子公司完成情况进行跟踪、检查，每季度末向总经理办公会提交检查情况汇总作为季度考核依据，年终兑现（与绩效工资挂钩）。

（六）其他指标。年度总结与考核（与年度绩效工资挂钩）。

第二十五条　职能部门职能管理人员绩效考核周期。

（一）集团公司职能部门和分、子公司职能部门绩效考核的结果直接与职能管理人员绩效工资挂钩。

（二）集团公司每年将绩效考核指标分解到各单位之后，通过工作计划管理体系将各项工作分解到每个月推动起来。分管领导指导各职能部门职能管理人员每月制订部门工作计划（包含专项工作），指定重点考核项（考核内容、标准及要求），跟进计划实施情况，分派临时任务，月底进行计划总结。班子会每月检查各项工作完成情况、每季度考核重点工作完成情况，由分管领导与职能部门职能管理人员进行绩效沟通，反馈意见与建议，半年兑现。

（三）集团公司各职能部门同时承担对分、子公司进行专业管理监督和检查的责任，分、子公司各职能管理部门同时承担对各分厂（车间）进行专业管理监督和检查的责任。

（四）成本费用类指标。财务部每月提供经营分析数据，跟踪各项财务指标的变动情况，每季度末总经理办公会或分、子公司班子会对各项成本费用指标完成情况进行检查。

第二十六条 职能部门职能人员、技能辅助人员绩效考核周期。

（一）职能部门一般岗位的绩效考核结果直接与在岗职能人员、技能辅助人员的绩效工资挂钩。

（二）部门职能管理人员每年将各项工作落实到各岗位，通过工作计划管理，指导在岗职能人员每月度制订工作计划，通过绩效沟通来指定重点考核工作，明确考核的内容与标准。在工作完成过程中，不断监督和指导，跟进下属工作完成情况，每月结束时在岗人员作出工作小结，部门职能管理人员作出评价，以绩效沟通来反馈评价结果。按照集团公司“薪酬管理实施方案”规定，岗位工资的20%依据个人绩效考核结果按月发放，另10%在年底根据部门绩效考核发放。

第二十七条 设计人员绩效考核周期。

（一）参与项目的设计人员，考核周期与项目周期一致。

（二）项目经理的工作按照项目计划推进，每月向所在职能部门职能管理人员作出书面汇报，在项目结束时向项目管理委员会递交项目管理总结，作出项目考核。

（三）项目成员平时项目工作情况由项目经理（负责人）实时监督与控制，以项目工作总结（或工作日志）的形式每月向所在职能部门职能管理人员进行工作汇报，每季度接受来自职能部门职能管理人员的考核。

第二十八条 分、子公司分厂（车间）领导人员绩效考核周期。

（一）分、子公司分厂（车间）绩效考核的结果直接与分子公司分厂（车间）领导人员绩效工资挂钩。

（二）分、子公司每年将绩效考核指标分解到各单位之后，通过工作计划管理体系将各项工作分解到每个月推动起来，分、子公司各职能部门对分厂（车间）进行专业管理监督和检查。

（三）主要经营目标。分、子公司财务部门每月提供经营分析数据，跟踪各项财务指标的变动情况，每季度末分、子公司班子会对上季度各项财务指标完成情况进行回顾，对分厂（车间）的完成情况进行考核，半年汇总兑现（与绩效工资挂钩）。

（四）管理责任目标。分、子公司各职能部门对分厂（车间）各专业管理体系的运行情况进行月度检查跟踪，每季度末向分、子公司班子会提交检查情况汇总作为季度考核依据。对于体系检查发现的问题当月处理，半年兑现（与绩效工资挂钩）。

（五）专项任务指标。通过工作计划管理体系，由分、子公司班子会直接对完成情况进行跟踪、检查，半年兑现（与绩效工资挂钩）。

（六）其他指标。年度总结与考核（与年度绩效工资挂钩）。

第二十九条　分、子公司分厂（车间）生产技能人员绩效考核周期。

（一）主要经营目标。岗位人员按照质量体系要求完成在岗工件的数量、品种、进度，由质量管理人员实时监控、月度汇总，分厂（车间）领导当月考核、当月兑现。

（二）体系检查。由各管理体系的专业管理人员实时监控、月度汇总，分厂（车间）领导当月考核、当月兑现。

第三十条　分、子公司分厂（车间）职能人员、技能辅助人员绩效考核周期。

（一）分厂（车间）领导每年将各项工作落实到各班组、各岗位。通过工作计划管理，分厂（车间）领导或班组负责人指导在岗人员每月度制订工作计划，通过绩效沟通来指定重点考核工作，明确考核的内容与标准。在工作完成过程中，不断监督和指导，跟进下属工作完成情况，最终每月度结束时在岗人员作出工作小结，分厂（车间）领导或班组负责人作出评价，以绩效沟通来反馈评价结果。

（二）体系检查：由各管理体系的专业管理人员实时监控、月度汇总，分厂（车间）领导当月考核、当月兑现。

第三十一条　销售人员绩效考核周期。

（一）营销公司和分、子公司销售部门绩效考核的结果直接与销售人员绩效工资挂钩。

（二）集团公司每年将绩效考核指标分解到各单位之后，通过工作计划管理体系将各项工作分解到每个月推动起来。分管领导指导营销公司和分、子公司销售部每月制订工作计划（包含专项工作），指定重点考核项（考核内容、标准及要求），跟进计划实施情况，月底进行计划总结。各级财务部每月检查各项指标完成情况，由分管领导与营销公司或分、子公司销售部进行绩效沟通，反馈意见与建议，按月兑现。

第六章　绩效评价方法

第三十二条　对于整个集团公司而言，除了计时（计件）的工作岗位可以直接从产出情况获得量化结果，其他岗位的工作都必须通过评价或约束扣分的方法把定性的概念量化。

第三十三条　对分、子公司班子的考核评价方法，项目的考核评价方法，以及分、子公司内部考核，均沿用现有方案，考核基数见集团公司“薪酬管理实施方案”。

第三十四条 为了简化整个考核工作，将所有的绩效成果标准分成五个等级，作为评价的依据。绩效标准及等级划分见表3。

表3 绩效标准及等级划分表

绩效等级	等级评价说明	对应分值
A（出色）	工作绩效始终超越本岗位常规标准要求，通常具有下列表现：在规定的时间之前完成任务，完成任务的数量、质量等明显超出规定的标准，得到来自客户(包括内部其他部门人员，下同)的高度评价	115%～120%
B（优良）	工作绩效经常超出本岗位常规标准要求，通常具有下列表现：严格按照规定的时间要求完成任务并经常提前完成任务，经常在数量、质量上超出规定的标准，获得客户的满意	105%～114.9%
C（常态）	工作绩效经常超出本岗位常规标准要求，通常具有下列表现：严格按照规定的时间要求完成任务并经常提前完成任务，经常在数量、质量上超出规定的标准，获得客户的满意	90%～104.9%
D（需改进）	工作绩效经常维持或偶尔超出本岗位常规标准要求，通常具有下列表现：基本上达到规定的时间、数量、质量等工作标准，没有客户的不满意投诉	70%～89.9%
E（不良）	工作绩效显著低于常规本岗位正常工作标准的要求，通常具有下列表现：工作中出现大的失误，或在时间、数量、质量上达不到规定的工作标准，经常突击以完成任务，经常有投诉发生	70%以下

第三十五条 每一个需要考核的指标项，都可以根据表3中的等级打出分来。各项指标评价分值最终加权汇总成被考核者的总体绩效分值。对部门的考核可以直接用排序法，分出名次。

第三十六条 部门内部的人员考核排序采用强迫分布法，即要求各部门人员考核的最终结果符合正态分布规律。考核结果分布见表4。

表4 考核结果分布表

绩效等级	分值区间	人员比例
A	115%～120%	不超过5%
B	105%～114.9%	约20%
C	90%～104.9%	约50%
D	70%～89.9%	约20%
E	70%以下	约5%

第七章　绩效考核结果运用

第三十七条　绩效反馈。

(一) 绩效管理的根本目的是提高被考核者的工作业绩，因此集团公司实行绩效考核反馈制度。对部门的考核结果公开，岗位绩效考核结果不要求公开，由经理经理掌握。

(二) 主管领导或部门经理必须与被考核者通过面谈方式进行总结与反思，及时反馈考核结果。面谈可以是正式场合或非正式场合。实施绩效面谈时，上级有责任对下属表现好的方面进行表扬，对需改进处进行指导，通过沟通辅导员工成长。

(三) 部门或员工对考核结果有异议的，可以向部门主管，分、子公司人力资源部，或者集团公司人力资源部提出疑问并提请复评。

第三十八条　与绩效工资挂钩。

(一) 在集团公司“薪酬管理实施方案”中，不同类型的岗位有不同比例的绩效工资划分出来，与绩效考核结果挂钩。

(二) 各类岗位绩效工资比例及发放方式见表5。

表5　绩效工资比例及发放方式表

岗位类	绩效工资比例	绩效工资发放方式
集团公司经营团队，分、子公司经营团队	100%	各月度预发月度岗位工资40%，年终考核实发至90%，10%风险抵押
职能部门职能管理人员，分、子公司分厂(车间)领导人员	50%	20%月度发放，20%年度发放，10%风险抵押
职能部门职能人员，分、子公司分厂(车间)职能人员	30%	20%月度发放，10%年度发放
设计人员	60%	20%月度工作考核，40%项目考核
销售人员	100%	100%分月度发放
生产技能人员	70%	70%分月度发放
技能辅助人员	30%	30%分月度发放

(三) 各类岗位薪酬考核方式及挂钩方式见表6。

(四) 普通岗位绩效工资发放标准见表7。

(五) 研发类岗位项目绩效工资激励发放标准见表8。

表 6　各类岗位薪酬考核方式及挂钩方式表

岗位类	被考核方式	薪酬挂钩方式
集团公司经营团队，分、子公司经营团队	月度监控季度考核	年度
职能部门职能管理人员，分、子公司分厂(车间)领导人员	月度监控季度考核	月度
职能部门职能人员，分、子公司分厂(车间)职能人员	实时监控月度考核	月度
设计人员	月度监控项目完成考核	项目结束的季度
销售人员	实时监控月度考核	月度
生产技能人员	实时监控月度考核	月度
技能辅助人员	实时监控月度考核	月度

表 7　普通岗位绩效工资发放标准表

考核等级	普通岗位绩效工资发放标准
A	115%～120%
B	105%～114.9%
C	90%～104.9%
D	70%～89.9%
E	70% 以下

表 8　研发类岗位项目绩效工资激励发放标准表

考核等级	研发类岗位项目绩效工资发放标准
A	300%～400%
B	200%～299.9%
C	100%～199.9%
D	60%～99.9%
E	60% 以下

第三十九条　与企业绩效和部门绩效挂钩——红利分享计划。

（一）根据对集团公司整体薪酬的测算，每年可以拿出一部分利润作为所有在岗人员的年终奖金，让员工共享企业成长带来的当年收益增长。具体由集团公司人力资源部提出发放办法（约为当年的平均月薪，不做复杂考核），集团公司总经理办公会讨论通过后下达实施。

（二）发放的基本规则。

1．与集团公司效益挂钩的整体奖金比例不超过当年集团公司利润增长总量的35%。

2．当年未完成主要经营指标的分、子公司不得发放年终奖金。

3．当年因主观原因未能完成专项任务的职能部门不得发放年终奖金。

4．年终奖金根据年度考核结果直接发放到个人手上，各单位不得截流做二次分配。

5．缺勤达21天以上的人员不得发放年终奖金。

第四十条　特别奖惩。

（一）因在岗人员的特殊表现而受到来自集团公司或分、子公司的特别奖励或处罚的，经济奖惩决定作出的三个月内在收入中体现出来。

（二）对分、子公司经营团队超额完成任务的奖励及其考核办法另行制订。

第四十一条　与培训挂钩。

对员工反映需培训的知识和技能，或者领导感到员工有必要加强的岗位工作技能，可以由部门经理组织部门内部培训，或者向各级人力资源部提出培训申请、统一进行培训。

第八章　绩效管理操作指导

第四十二条　操作流程。

集团公司每年度的绩效管理工作由总经理提出，人力资源副总经理负责组织和推动，集团公司人力资源部具体操作。具体的操作步骤见表9。

表9　绩效管理操作流程表

流程步骤	流程内容	实施者
1	确定集团公司本年度战略部署	总经理办公会、董事会
2	接受集团下达指标和任务	集团公司高管
3	集团指标分解	集团公司规划发展部为主，其他集团公司职能部门参与

续表

流程步骤	流程内容	实施者
4	确定各下属单位本年度指标和工作重点	总经理办公会
5	签订各单位经营管理责任书 (同步核定各单位岗位和编制)	集团公司规划发展部组织并汇集资料，集团公司总经理和各单位领导参与
6	集团公司下达指标和任务的分解	分、子公司综合管理部组织，其他职能部门参与
7	确定各下属单位本年度指标和工作重点	分、子公司领导层
8	分、子公司签订各单位经营管理责任书 (同步核定各单位岗位和编制)	分、子公司综合管理部组织并汇集资料，分、子公司负责人和各单位负责人参与；资料上报集团公司规划发展部和人力资源部
9	根据部门任务和基本工作职责，制订本部门年度工作计划，分解各项任务	分管领导、各部门负责人；人力资源部门分级参与(资料收集与保管)
10	各部门明确内部工作任务与分工，各在岗人员编写年度工作计划，填写岗位责任书	部门负责人、各在岗人员；人力资源部门分级参与(资料收集与保管)
11	日常体系检查考核	各职能部门专业管理人员
12	每季度绩效计划与标准确定	各级领导、各职能岗位人员、各项目人员
13	按月计时(计件)考核	分厂(车间)、各计时(计件)岗位人员
14	按月工作计划管理(部门 / 人员)	各级领导、各职能岗位人员、各项目人员
15	按季工作考核，考核反馈	各级领导
16	半年指标审查	集团公司规划发展部组织，总经理办公会决策，集团公司人力资源部、财务部参与(资料收集与新指标下达)
17	各单位年度考核汇总	各级人力资源部
18	部分岗位的岗位适应度评估	各级人力资源部
19	集团公司年度工作总结	集团公司行政管理部组织编订，总经理办公会讨论通过；报董事会、集团、职代会

第四十三条　绩效考核的时间规定。

(一) 集团考核周期与时间对集团公司内部的考核有一定影响，尤其是考核与薪酬挂钩的兑现时间。因此，集团公司日常的考核照常进行，年度先进行集团所有考核项目的自检自查，待集团考核完成之后再进行结果的微调和年度绩效工资的发放。

(二) 月度考核。每月 30 日前完成对上一月度的考核。

（三）季度考核。下季度第一个月10日前完成对前一季度的考核。

（四）年度考核。次年2月15日前完成对上一个年度的考核。

第九章 附则

第四十四条 集团公司董事会审议集团公司绩效管理方面的政策、标准并形成决议，交由集团公司管理层执行。

第四十五条 集团公司人力资源部负责集团公司绩效管理体系的日常工作，当年绩效管理方案的执行情况由集团公司督察部门监督。

第四十六条 对于本方案所未规定的事项，按集团公司相关人力资源管理规定执行。

第四十七条 本方案自印发之日起施行。

第四十八条 本方案由集团公司人力资源部负责解释。

七、企业绩效考核实施细则范文实例

公司绩效考核实施细则

第一章 总则

第一条 为提高组织效率，实现组织目标，促进员工工作有效改进并使工作成果最大化，结合集团公司“绩效管理实施方案”，特制订本细则。

第二条 集团公司根据各单位经营特点、各部门工作类别、各岗位工作差异，合理分类，实行量化考核，实现激励与约束相结合的新机制。同时，绩效考核结果与绩效工资挂钩。

第三条 本细则适用于集团公司各分、子公司、直属职能部门及其各岗位、个人。

第二章 绩效考核得分计算公式

第四条 经营团队及职能管理人员绩效考核得分计算公式如下。

$$W_1 = T_1 \times [\sum(A_1K_1 + A_2K_2 + A_3K_3 + A_4K_4) + \sum B\ K_5 + \sum C\ K_6 + \sum D\ K_7]$$

式中，W_1 表示被考核单位（人）的实发绩效工资总额；T_1 表示被考核单位（人）的应发绩效工资总额；A_1 表示被考核单位（人）的集团公司销售收入得分；A_2 表示被考核单位（人）的集团公司利润得分；A_3 表示被考核单位或考核人所主管的分、子公司销售收入得分；A_4 表示被考核单位或考核人所主管的分、子公司利润得分；$\sum B$ 表示各项管理责任目标得分之和，根据各项管理责任目标完成情况，分别确定B值；$\sum C$ 表示各项专项任务得分之和，根据各项专项任务完成情况，分别确定C值；$\sum D$ 表示其他各项任务得分之和，根据其他各项任务完成情况，分别确定D值；K_1，K_2……K_7 分别表示该项指标考核权重，见表1。

表1 $K_1 \sim K_7$ 考核权重表

单位：%

单位	主要经营目标(A)				管理责任目标(B)	专项任务(C)	其他(D)
	集团销售收入	集团利润	单位销售收入	单位利润			
	K_1	K_2	K_3	K_4	K_5	K_6	K_7
分、子公司	—	—	30	30	15	20	5
财务部门	5	15	—	—	40	30	10
计划部门	15	5	—	—	30	40	10
其他部门	10	10	—	—	30	40	10

第五条 职能人员绩效考核得分计算公式如下。

$$W_2 = T_2 \times (\sum E\ K_8 + \sum F\ K_9)$$

式中，W_2 表示被考核单位（人）的实发绩效工资总额；T_2 表示被考核单位（人）的应发绩效工资总额；E表示工作计划完成率考核得分；F表示工作态度考核得分；K_8 与 K_9 分别表示该项指标考核权重，见表2。

表2 $K_8 \sim K_9$ 考核权重表

单位：%

工作计划完成率(E)				工作态度(F)		
K_8				K_9		
任务	质量	效率	效益	纪律性	协调性	积极性
30	20	20	10	10	5	5
80				20		

第三章 经营团队及职能部门考核指标及办法

第六条 经营团队绩效工资上不封顶，下不保底。

第七条 集团公司职能管理人员和职能人员绩效工资浮动比例为60%～120%。

第八条 A值的确定。

（一）主要经营目标即销售收入或利润计划完成率（精确到小数点后1位）。

计划完成率＝实际完成数／计划数

（二）A值的确定标准见表3。

表3 A值确定对应表

序号	主要经营目标计划完成率	A值
1	100%以上，每增加1%	+2%
2	99.9%~95%，每减少1%	-2%
3	94.9%~90%，每减少1%	-3%
4	89.9%~85%，每减少1%	-4%
5	84.9%以下，每减少1%	-5%

第九条 B值的确定。

（一）每一项管理责任目标的B值，最高为200%，最低为0。

（二）B值的确定标准见表4。

表4 B值确定对应表

<table>
<tr><th>序号</th><th>指标类别</th><th colspan="3">管理责任指标及完成情况</th><th>B值</th><th>考核单位</th></tr>
<tr><td rowspan="2">1</td><td rowspan="14">绝对指标</td><td rowspan="2">工资总额</td><td>完成</td><td>每少发生1%</td><td>+2%</td><td rowspan="6">财务部</td></tr>
<tr><td>未完成</td><td>每多发生1%</td><td>-5%</td></tr>
<tr><td rowspan="2">2</td><td rowspan="2">教育经费</td><td>完成</td><td>每少发生1%</td><td>+1%</td></tr>
<tr><td>未完成</td><td>每多发生1万元</td><td>-4%</td></tr>
<tr><td rowspan="2">3</td><td rowspan="2">审减金额</td><td>完成</td><td>每增加1万元</td><td>+2%</td></tr>
<tr><td>未完成</td><td>每减少1万元</td><td>-3%</td></tr>
<tr><td rowspan="2">4</td><td rowspan="2">对外宣传报道篇次</td><td>完成</td><td>每多于1篇次</td><td>+1%</td><td rowspan="6">督察部</td></tr>
<tr><td>未完成</td><td>每少于1篇次</td><td>-4%</td></tr>
<tr><td rowspan="2">5</td><td rowspan="2">对内宣传稿件</td><td>完成</td><td>每多于10篇</td><td>+2%</td></tr>
<tr><td>未完成</td><td>每少于10篇</td><td>-5%</td></tr>
<tr><td rowspan="2">6</td><td rowspan="2">采纳群众性合理化建议</td><td>完成</td><td>每增加1条</td><td>+2%</td></tr>
<tr><td>未完成</td><td>每减少1条</td><td>-10%</td></tr>
<tr><td rowspan="2">7</td><td rowspan="2">存货周转率(次数)</td><td>完成</td><td>每增加0.1次</td><td>+2%</td><td rowspan="2">财务部</td></tr>
<tr><td>未完成</td><td>每减少0.1次</td><td>-5%</td></tr>
</table>

续表

序号	指标类别	管理责任指标及完成情况			B值	考核单位
8	绝对指标	上缴款项	完成	每提前1天	+3%	财务部
				每多上缴1%	+10%	
			未完成	每推迟1天	−2%	
				每少上缴1%	−5%	
9	相对指标	净资产收益率	完成	每增加0.1%	+3%	
			未完成	每减加0.1%	−5%	
10		技术开发费用占销售收入比例	完成	由主管领导酌情增减	0～10%	
			未完成		−20%～−1%	
11		工艺改进投入费用占销售收入比例	完成		0～10%	
			未完成		−20%～−1%	
12		管理费用占销售收入的比例	完成	每减少0.1%	+1%	
			未完成	每超过0.1%	−2%	
13		销售费用占销售收入比例	完成	每减少0.1%	+1%	
			未完成	每超过0.1%	−2%	
14		制造成本占销售收入比例	完成	每低于1%	+10%	
			未完成	每高于1%	−20%	
15		人工成本占销售收入比例	完成	每低于0.1%	+1%	
			未完成	每高于0.1%	−2%	
16		上年应收账款回款率	完成	每增加1%	+5%	
			未完成	每减少1%	−3%	
17		当年销售收入回款率	完成	每增加1%	+4%	
			未完成	每减少1%	−4%	
18		预算执行率	完成	每高于1%	+5%	
			未完成	每低于1%	−10%	
19		工时定额达额率	完成	每低于1%	+2%	人力资源部
			未完成	每高于1%	−1%	
20		人均销售收入	完成	每增加1万元	+5%	
			未完成	每减少1万元	−10%	

续表

序号	指标类别	管理责任指标及完成情况			B值	考核单位
21	相对指标	产品合同履约率	完成	100%履约	满分	规划发展部
			未完成	每减少1项	-10%	
22		重伤事故频率	完成	每低于0.02‰	+5%	综合事务部
			未完成	每超过0.02‰	-20%	
23		轻伤事故频率	完成	每低于0.5‰	+3%	
			未完成	每超过0.5‰	-3%	
24		质量损失率	完成	每减少0.1%	+2%	
			未完成	每增加0.1%	-4%	
25		一次交验合格率	完成	每增加1%	+5%	
			未完成	每减少1%	-5%	
26		万元销售收入综合能耗降低率	完成	每降低0.1%	+1%	能源公司
			未完成	每升高0.1%	-2%	
27		职代会提案落实率	完成	每增加1%	+2%	督察部
			未完成	每减少1%	-5%	
28		员工参与文化娱乐及体育竞赛人次占员工总数比例	完成	每增加1%	+1%	党群工作部
			未完成	每减少1%	-3%	
29		员工维权申诉接待满意率		每发生1人次接待不满意	-10%	督察部
30		无骨干人才流失		每流失1人	-10%	人力资源部
31		无重大违法违纪事件		每发生1人次	-50%	党群工作部
32	否决指标	无死亡事故、急性职业中毒事故、重大火灾事故、环境污染事故		每发生1次	0	综合事务部
33		无重大质量问题和重大质量事故		每发生1次	0	
34		无失泄密事件		每发生1人次	0	
35		领导人员离任审计率		每发生1人次未审计	0	党群工作部
36		对外无群体性越级上访事件		每发生1次	0	
37		保证重大事项提交职代会一次性通过		有1次未通过	0	督察部

第十条 C值的确定。

（一）该项为专项任务完成的考核情况，完成得满分。

（二）属于集团公司重点工作，该项工作由于主观原因没完成得0分，由于客观原因没完成得一半分，且该部门不得发放年终奖金。

（三）重大专项任务由总经理办公会讨论决定给予特殊奖励或惩罚。

第十一条 D值的确定。

（一）该项为其他工作完成考核得分，由主管领导根据工作完成情况，酌情给定各考核项得分。

（二）绩效考核办公室综合平衡后，可以适当修正得分值。

第四章 职能人员考核指标及办法

第十二条 每月初职能部门职能管理人员向职能人员下达本月工作计划，月末考核职能人员工作计划完成情况、工作态度等。

第十三条 工作计划完成率。按照工作计划的时间节点要求，保质保量地完成工作。

（一）任务。考核工作量大小、工作是否饱满。

（二）质量。考核工作质量高低，有无差错或事故。

（三）效率。考核工作是否简捷、高效，是否按时完成任务。

（四）效益。考核工作产生的经济效益和社会效益。

第十四条 工作态度。认真履行工作职责，爱岗敬业，团结协作，协同、高效完成任务。

（一）纪律性。考核是否严格遵守工作纪律和规定，按时提出工作计划和总结报告。

（二）协调性。考核是否积极主动协助上级和同事工作，努力使单位团结、活跃、协调；是否具有较强的团队意识，能够有效沟通交流，与团队人员密切合作、融洽共事，在相互协作中取长补短、和衷共济，共同完成所承担的工作任务。

（三）积极性。考核是否对分配的任务不讲条件，工作主动积极，不断创新，乐于奉献，勇于向困难挑战；是否始终保持饱满的工作激情和旺盛的工作动力，不断追求新的工作目标，努力创造一流业绩。

第十五条 各职能部门职能管理人员将与员工沟通后的考核结果，报集团公司人力资源部。

第五章 绩效考核工作流程

第十六条 各职能部门每月25日前将经主管领导审核签字的下月份部门工作

计划报经营计划部门。每迟报一天，扣减该部门员工当月绩效工资总额和职能管理人员下月基本工资的2%。

第十七条　经营计划部每月底下达下月份职能部门工作计划。每迟下达一天，扣减该部门员工当月绩效工资总额和职能管理人员下月基本工资的2%。

第十八条　各职能部门每月底将经主管领导审核签字的月份部门工作计划总结表报经营计划部和人力资源部。每迟报一天，扣减该部门员工当月绩效工资总额和职能管理人员下月基本工资的2%。

第十九条　各职能部门每月3日前将员工考核结果报人力资源部。每迟报一天，扣减该部门职能管理人员下月基本工资的3%。

第二十条　人力资源部月度考核于次月5日前结束，季度考核于次季度第一个月10日前结束，年度考核于次年2月15日前结束。每推迟完成一天，扣减该部门员工当月绩效工资总额和职能管理人员下月基本工资的2%。

第二十一条　月度绩效考核结果经人力资源副总经理审核批准后生效，季度及年度考核结果经总经理办公会讨论通过后生效。

第二十二条　经营团队、职能管理人员的绩效反馈由绩效考核办公室以书面形式通知。

第二十三条　职能人员的绩效反馈由职能管理人员按照反馈面谈的方式进行，帮助员工分析完成计划任务的心得、未能完成计划任务的原因、应该从哪些方面进行改进等。

第六章　绩效考核组织领导

第二十四条　集团公司绩效考核领导小组组长由总经理担任，副组长由党委书记和人力资源副总经理担任，成员由集团公司领导及各职能部门主要负责人组成。

第二十五条　领导小组下设绩效考核办公室，办公室设在集团公司人力资源部。

第七章　附则

第二十六条　对直属职能部门技能辅助人员的考核参照职能人员的考核办法执行。

第二十七条　绩效工资扣完为止，不出现负值。

第二十八条　各分、子公司参照本细则制订本单位的考核细则，报集团公司人力资源部备案。

第二十九条　本细则自印发之日起施行。

第三十条　本细则由集团公司人力资源部负责解释。

八、企业总部绩效考核管理办法范文实例

公司总部绩效考核管理办法

第一章　总则

第一条　为进一步加强集团公司的绩效考核管理工作，完善激励约束机制，促进部门及员工工作持续改进，结合集团公司“绩效管理实施方案”及“绩效考核实施细则”，特制订本办法。

第二条　本办法适用于集团公司总部各职能部门及其各岗位、员工。

第三条　总部绩效考核坚持以下基本原则。

（一）公开、公平、公正性原则。

（二）全员考核、层级管理原则。

（三）定量与定性、总结与指导相结合原则。

（四）部门考核与个人考核相结合原则。

第二章　组织机构和职责

第四条　集团公司成立绩效考核领导小组，组长由主管人力资源的集团公司领导担任，成员由集团公司各职能部门主要负责人组成。

第五条　绩效考核领导小组的职责。

（一）制订集团公司绩效考核管理实施方案及办法，报经总经理办公会审议批准。

（二）组织实施、指导、监督集团公司的绩效考核工作。

（三）审定考核意见及决定考核结果。

（四）仲裁部门及个人考核意见申诉，调查了解和修正考核结果运用。

第六条　绩效考核领导小组成员应严格按规定实事求是地进行考核，对在考核过程中有徇私舞弊、弄虚作假行为的，将严肃追究其领导责任。

第七条　绩效考核领导小组办公室设在人力资源部，办公室主任由人力资源部负责人兼任。

第三章　部门考核

第八条　通过部门绩效考核评估机制，重点对各部门“经营管理责任书”、月度工作计划以及集团公司安排的临时性专项任务完成情况进行考核、跟进及控制，促进集团公司各项工作有序进行。部门考核分为月度考核与年度考核。

第九条　月度考核。

（一）重点考核各部门月度工作计划、日常工作质量以及集团公司安排的临时性重点工作完成情况。部门月度工作计划的编制要以“经营管理责任书”的工作内容为主要依据，实现定量与定性相结合。管理责任指标、专项任务均要分阶段列入工作计划，明确时间节点、责任人，规定出相应的权重，报绩效考核会议审定。

（二）月度考核实行百分制，考核计分办法如下。

1. 月度工作计划考核指标项（单项），主观因素未完，该项分值为0；客观因素如属不可抗力因素未完不扣分，属可抗力因素未完分值减半。

2. 月度工作计划属集团公司或主管领导安排的重点工作，未按时间进度完成，每拖延1天扣2分，提前1天加1分。工作质量得到集团公司领导认可、效果显著，加1～3分；受到领导批评、效果不好，扣1～5分。

3. 一般性工作计划的完成情况不高于此项指标基本分。如未在规定的时间节点内完成，每拖延1天扣1分；工作质量差，受到领导批评、效果不好，扣2分。

4. 计划外工作属集团公司安排的重点工作，在规定的时间节点内，提前1天加1分。工作质量得到集团公司领导认可、效果显著，加2分；受到领导批评、效果不好，扣3分。

5. 一般性计划外的工作，原则上不加分。未在规定的时间节点内完成，每拖延1天扣1分，质量不好扣2分。

6. 各部门工作计划总结与事实不符，该项指标考核分值为0。

7. 部门月度考核由集团公司主管领导评价和集团公司人力资源部考核共同完成。

8. 部门月度考核结果与职能管理人员20%的岗位工资挂钩。具体计算公式如下。

职能管理人员月度绩效工资＝岗位工资×20%×部门月度考核得分

9. 集团公司主管领导评价主要是对所分管部门的日常工作质量与效果进行综合评定，评定标准为出色、优良、常态、需改进、不良等五个等级，出色加3～5分，优良加0～2分，常态不加分，需改进扣0～2分，不良扣5分。

10. 各部门合计加分的上限为基本分（100分）的20%，合计扣分的下限为基本分的40%。

第十条　年度考核。

（一）年度考核以月度考核为依据，重点对各单位“经营管理责任书”的完成情况及相关的指标进行考核。部门年度考核成绩的计算公式如下。

部门年度考核成绩＝部门年度月份考核平均得分× 50%+ 部门年度绩效考核得分× 40%+ 部门主管领导评分× 10%

（二）按照各部门年度绩效考核成绩高低，分为出色、优良、常态、需改进、不良等五个等级，并作为年度评先、领导人员考核的依据之一。

（三）部门年度绩效考核成绩与职能管理人员绩效工资（20%的岗位工资）及员工年终绩效工资（10% 的岗位工资）挂钩。具体的计算公式如下。

职能管理人员年终绩效工资＝岗位工资× 20% ×年度部门考核得分

职能人员年终绩效工资＝岗位工资× 10% ×年度部门考核得分

第四章 职能人员考核

第十一条 职能人员绩效考核实行月度考核、次月兑现的方式，由所属部门组织实施，考核标准可沿用原办法，也可制订更加细化的考评标准。

第十二条 各部门职能人员月绩效考核平均分值不能高于部门月度考核分值3 分。

第十三条 职能人员月份考核与部门考核结果挂钩，部门考核的加减分值必须落实到相关的责任人， 真正体现员工在工作量、质量、效率、工作态度等方面的差异。职能人员月度绩效工资的计算公式如下。

职能人员月度绩效工资＝岗位工资× 20% ×月度绩效考核得分

第十四条 职能人员每月 26 日前需向部门领导提交本人下月详细的工作计划，部门领导审核修改后，确定每项工作任务相应的权重和时间节点，下达给部门员工，并进行过程监督控制，确保按时保质保量完成工作。

第十五条 各部门领导对员工的绩效考核工作要实事求是、客观公正、严肃认真，实行过程（20%）和结果（80%）双控评价考核机制，明确责任，使绩效考核真正发挥作用。

第十六条 各部门员工绩效考核结果要符合正态分布，如某部门员工绩效考核结果搞平均，拉不开差距，或者部门领导对员工考核不认真，考核分值普遍偏高，一经发现，扣减该部门当月绩效工资总额和职能管理人员下月基本工资的2%。

第五章 技能辅助人员考核

第十七条 技能辅助人员绩效考核实行月度考核、次月兑现的方式，由所属部门组织实施。

第十八条 技能辅助人员绩效考核力求简化，各部门技能辅助人员绩效考核平均分值 10 人以下的不能高于 103 分，10～20 人以下的不能高于 101 分，20 人以上的不能高于100分。

第六章 绩效考核工作流程

第十九条 每月28日前，各部门将月度工作计划总结表（附表1）经主管领导签字后，报送人力资源部，绩效管理领导小组办公室对相关指标项进行考核。各部门总结每迟报1天，扣减该部门当月绩效工资总额和职能管理人员下月基本工资的2%。

第二十条 每月30日前召开部门绩效考核工作会议，通报各部门月度考核情况，同时研究制订各部门下月工作计划。

第二十一条 经营计划部门对绩效考核会议审定后的部门工作计划认真疏理，每月2日前下发月度部门工作计划（附表2）。

第二十二条 每月3日前，各部门将员工月度绩效考核结果报送人力资源部。每迟报1天，扣减该部门职能管理人员下月基本工资的3%。

第七章 绩效结果运用

第二十三条 部门年度绩效考核结果将作为年度部门及领导人员评先的依据之一，如考核结果为合格或需改进，取消其评先资格。

第二十四条 员工绩效考核结果连续半年为“出色”者，各部门负责人可以向绩效考核领导小组提出薪级在原基础上晋升1级，晋升后的薪级不能超过该岗位薪酬带宽的上限；当年考核结果为连续3次“不良”或半年内考核结果超过3次“不良”者，其薪级下调1级，下调后的薪级原则上不低于岗位薪酬带宽的下限；薪级下调后员工绩效考核仍不理想的，对该岗位员工进行岗位调整或待岗处理。

第八章 附则

第二十五条 本办法自印发之日起施行。

第二十六条 本办法由集团公司人力资源部负责解释。

附表1 部门月度工作计划总结表

附表2 部门月度工作计划表

附表1　部门月度工作计划总结表

部门：　　　　　　　　　　　　　　　　　　　　　　　　　　　计划期间：　　年　　月

<table>
<tr><td colspan="2">部门主管姓名</td><td colspan="5"></td></tr>
<tr><td>序号</td><td>工作计划内容</td><td>时间要求</td><td>权重</td><td>责任人</td><td>完成情况</td><td>备注</td></tr>
<tr><td></td><td></td><td></td><td></td><td></td><td></td><td></td></tr>
<tr><td></td><td></td><td></td><td></td><td></td><td></td><td></td></tr>
<tr><td></td><td></td><td></td><td></td><td></td><td></td><td></td></tr>
<tr><td colspan="7">计划外工作内容</td></tr>
<tr><td>序号</td><td>计划外工作内容</td><td colspan="2">时间要求</td><td colspan="2">完成情况</td><td>备注</td></tr>
<tr><td></td><td></td><td colspan="2"></td><td colspan="2"></td><td></td></tr>
<tr><td></td><td></td><td colspan="2"></td><td colspan="2"></td><td></td></tr>
<tr><td></td><td></td><td colspan="2"></td><td colspan="2"></td><td></td></tr>
<tr><td colspan="7">主管领导月份工作综合评定：

主管领导签字：</td></tr>
</table>

部门领导签字：　　　　　　　　　　　　　　　　　　　　　　　报出日期：　　年　　月　　日

附表2　部门月度工作计划表

部门：　　　　　　　　　　　　　　　　　　　　　　　　　　　计划期间：　　年　　月

<table>
<tr><td colspan="2">部门主管姓名</td><td colspan="4"></td></tr>
<tr><td>序号</td><td>工作计划内容</td><td>时间要求</td><td>权重</td><td>责任人</td><td>备注</td></tr>
<tr><td></td><td></td><td></td><td></td><td></td><td></td></tr>
<tr><td></td><td></td><td></td><td></td><td></td><td></td></tr>
<tr><td></td><td></td><td></td><td></td><td></td><td></td></tr>
<tr><td colspan="6">主管领导指定计划工作内容</td></tr>
<tr><td>序号</td><td>工作计划内容</td><td>时间要求</td><td colspan="2">完成情况</td><td>备注</td></tr>
<tr><td></td><td></td><td></td><td colspan="2"></td><td></td></tr>
<tr><td></td><td></td><td></td><td colspan="2"></td><td></td></tr>
<tr><td></td><td></td><td></td><td colspan="2"></td><td></td></tr>
</table>

九、企业岗位适应度评价实施方案范文实例

公司岗位适应度评价实施方案

第一章　总则

第一条　为加强集团公司岗位管理工作，通过岗位适应度评价活动对在（进）岗人员是否符合岗位要求作出判断，作出人岗适配的决定，特制订本方案。

第二条　本方案是针对集团公司所有岗位提出的系统化的适应度评价解决方案。

第三条　本方案适用于集团公司及分、子公司的全体员工。

第四条　岗位适应度评价的原则。

（一）公平、公正、公开。

（二）不求最好，只求合适。

（三）与时俱进，动态优化。

（四）行先于知，成果重于过程。

第五条　岗位适应度评价的目标。

（一）通过科学的评价，使得“人适其岗，岗适其人”。

（二）引导在岗员工努力提高水平，引导有水平的员工努力工作。

（三）建立员工职业发展通道，为集团公司发展培养人才。

第二章　岗位适应度评价的方法

第六条　本方案的评价体系是以事为主、人与事结合的综合评价体系。

第七条　由集团公司人力资源部负责整个评价体系的建立、运作以及定期（每年一次）的修订。

第八条　集团公司采用统一的岗位适应度评价指标体系，针对不同类型的岗位、不同的员工进岗时间而采用不同的评价指标群集合；采用统一的岗位适应度评价方法、工具及流程，对同类指标的考核采用统一的方式进行。

第九条　对所有员工的岗位适应度评价，可以分指标、分阶段完成，也可以一次性组织完成。

第三章　岗位适应度评价指标体系

第十条　对集团公司所有员工的岗位适应度评价都从绩效表现、专业知识与技能、身体条件、一般认知能力、动力因素、行为风格六个方面来综合衡量，同

时考虑个人对企业和岗位的认知情况、个人职业取向与岗位的契合度以及职业道德风险等独立项目，最终得出人岗适配与否的判断。

第十一条　指标说明。

（一）所有评价指标的选择不求面面俱到，力求抓住重点，突出该项指标对个人在岗绩效与表现的影响。

（二）绩效表现通常可以用人员在岗时的工作成果和工作表现来衡量。在一般情况下，业绩是最直接的衡量因素，如果没有明确的业绩指标，则衡量在岗时的平均工作量是否达到要求。

（三）本方案选择了计划完成率、工作量饱和程度以及专项任务完成情况三个指标。

（四）本方案的绩效表现直接采用集团公司《绩效管理实施方案》的考核结果来进行选取。

第十二条　具体指标。

（一）专业知识与技能。

1．在岗人员能够承担何种职责和具体工作任务主要由个人的专业知识能力决定。

2．使用专业资格作为衡量标准，将其他的衡量要求作为辅助。

（二）身体条件。

1．集团公司所有岗位都有职业健康的要求，一些特定岗位对身体和外貌还有一定要求。

2．在具体测评时，身体条件指标还可以作为独立评价项目，即单项不达标可直接否决。

（三）一般认知能力。

本方案选择了语言表达能力、分析判断能力、快速反应能力及数学思维能力四项作为考察项。

（四）动力因素。

1．本方案选择了权力动力、成就动机及创新动机作为考察项。

2．将个人职业取向与本岗位的契合度作为评价时的特殊加分项来处理。

（五）行为风格。

本方案以卡特尔16FP模型为基础，选取了合作性、自控力及执行力三个与工作表现和态度高度关联的指标参与岗位适应度评价，来衡量在岗人员的个人性格对工作稳定性、工作效率以及压力承受能力等方面的职业取向。

（六）其他指标。

1．本方案增加了两个指标，即对企业和岗位的了解、职业道德风险提示。

2．对企业和岗位的了解是衡量在岗人员对企业和岗位的关注程度，该指标参与整个岗位适应度综合考评。

3．职业道德风险提示作为单独评价项。

(1) 对外招聘人员的评价由集团公司人力资源部进行尽职调查。

(2) 内部人员的评价由集团公司督察部人员根据平时掌握的情况直接评价，单项不达标即直接否决。

第十三条　指标评价标准。

通过对以上因素的研讨，选取、总结、提炼评价所需要的指标项，结合各类职业资格评价标准，制订了相应的指标评价标准。

第四章　岗位适应度评价指标分类运用

第十四条　在岗时间。

（一）在考核指标的选取上，同一岗位，由于在岗时间不同，因此需要采取不同的考核指标。

（二）一般的，招聘人员以能力评价和态度评价为主，在岗人员则以业绩评价为主。

第十五条　岗位类别。

（一）对于不同岗位，因为工作的方式、方法有差异，对人的素质要求、动力要求都有所不同，所以不同的岗位选取不同的指标参与评价。

（二）具体说明。

1．基层管理岗位，包括项目经理、班组长、队长等。

2．专业管理岗位，包括战略管理、人力资源管理、财务管理、安全设备管理、生产计划管理、法律、督察等。

3．技术岗位，包括研发、工艺、质量体系管理等。

4．质检岗位，包括所有现场质量检验、工具和仪表检测等。

5．技能辅助岗位，包括设备维修、水暖、司机（含特种车辆）、库管等。

6．一般辅助岗位，包括搬运、清洁、护卫等。

第十六条　分指标权重。

（一）对于不同岗位而言，因为工作方式、方法有差异，对人的素质要求、动力要求都有所不同，即使是同一个评价指标，在其整体评价中的重要程度都是各不相同的，所以同一指标在不同的岗位采取不同的指标权重参与评价。

（二）所有在岗人员，以工作业绩为最重要，均占50%。

（三）管理类人员，能力和素质比重较大，其他指标比重小。

（四）技术类人员，与技术关联的指标（如专业知识、专业经验等）和动力因素比重大，其他指标比重小。

（五）技能类人员，与技能关联的指标（如专业设备操作能力等）和执行力因素比重大，其他指标比重小。

第十七条　分岗位标准值。

（一）企业对每一类岗位的在岗人员条件都会有所预期，即标准值。

（二）标准值是选择合乎岗位基本要求的人员状态，对应指标权重表和评价标准表来打分、测算出的数值。总分达到总标准值可以视为被评人员总体上基本合乎岗位要求；单项达到单项标准值可以视为被评人员所具备条件基本合乎该项指标要求。

（三）岗位评价达到标准值的，薪酬决定时对应本岗位薪酬等级的中位值。

（四）集团公司人力资源部负责核定各类岗位的标准值，并根据企业对各类人才的要求进行调整。

第五章　岗位适应度评价关系的确定

第十八条　考核评价关系是指岗位适应度评价活动中，谁是测评人，谁是被测评人。

第十九条　不同层级的岗位，评价者都有所不同。

第二十条　一般而言，由直接上级为主，包括其他有工作接触的人参与评价。

第二十一条　岗位适应度评价的具体关系。

（一）集团公司督察部门参与所有部门负责人及以上的岗位评议。一般岗位由岗位上级主管提出申请，督察部根据岗位重要程度和工作安排情况选择参与。

（二）分、子公司党群工作部参与分、子公司所有班组长及以上的岗位评议。一般岗位由岗位上级主管提出申请，党群工作部根据岗位重要程度和工作安排情况选择参与。

（三）集团公司工会组织员工代表参与对集团公司高管层的评价。

（四）分、子公司工会组织员工代表参与对分、子公司领导层和分厂领导层的评价。

第六章　岗位适应度评价的手段

第二十二条　岗位适应度测评的基本方法。

第二十三条　基本工具。

（一）面试评价。

（二）笔试题库（测试软件）。

1．由集团公司人力资源部收集、编写各类专业的考题，建立题库（笔试和面试），自行编订各专业考试的试卷。

2．可以按照六大测评项指标的要求收集、编写对应的考题，建立题库（笔试和面试），自行编订各类指标的考试试卷。

3．也可以通过组织人员参与国家考试的方式进行相关岗位的评定。

第二十四条　评价和阅卷工作。

（一）评价人必须秉持公正的心态，领会各类指标评价标准的指向，认真观察被评价者的举动，分辨其行为背后的内涵，判断其表述中所体现的专业水准、基本素质、心态等。

（二）论文评论者需对专业刊物、专业网站有所涉猎。

第七章　岗位适应度评价的工作程序

第二十五条　在岗人员岗位适应度评价。

（一）所有在岗人员必须每年进行一次岗位适应度评价活动，作为岗位晋级和降级的依据。

（二）工作程序。

1．集团公司人力资源部会同分、子公司人力资源部拟订年度岗位适应度评价方案，经集团公司总经理办公会讨论后公布实施。

2．各在岗人员按照评价要求准备如下评价资料。

（1）本人的主要职责及评价期内完成的主要工作。

（2）本人工作表现评述、工作态度评述。

（3）个人工作能力评价、当年参与培训情况、获取的专业资格情况。

（4）个人能力提升计划、希望参与的培训、计划获取的专业资格。

（5）对集团公司的意见与建议。

3．直接上级审核资料真实性。

4．集团公司人力资源部和分、子公司人力资源部按计划分级组织岗位适应度评价活动。

5．活动组织人员汇总考评结果，提出考评结果运用建议，形成总结报告。

6．按照人事权限，集团公司领导班子和分、子公司领导班子分级审议总结报告。

7．集团公司人力资源部和分、子公司人力资源部下达岗位级别调整通知。

8．集团公司人力资源部汇总形成年度考评报告。

第二十六条　外部招聘人员岗位适应度评价。

（一）公司在公开招聘外部人员进入本企业岗位时，适用本程序。

（二）工作程序。

1．集团公司人力资源部公示招聘要求。

2．应聘人员资料收集（个人招聘书、简历、学历及资格证明）。

3．集团公司人力资源部门根据岗位要求进行初步筛选（尽职调查、背景调查）。

4．集团公司人力资源部组织应聘人员笔试。

5．集团公司人力资源部组织应聘人员面试。

6．集团公司人力资源部汇总形成招聘活动总结报告。

第二十七条　试岗人员岗位适应度评价。

（一）对于每一位试岗人员（包括外部招聘和内部转岗），都有一个完成试用期工作、准备被正式录用的评价程序，即试岗人员的岗位适应度评价。

（二）工作程序。

1．各试岗人员按照评价要求准备如下评价资料。

（1）本人的主要职责及评价期内完成的主要工作。

（2）本人工作表现评述、工作态度评述。

（3）个人工作能力评价，哪些方面与岗位要求契合，哪些方面需要提升。

（4）个人能力提升计划、希望参与的培训、计划获取的专业资格。

（5）对集团公司的意见与建议。

2．直接上级审核资料真实性。

3．集团公司人力资源部和分、子公司人力资源部按人员所属单位情况分级组织岗位适应度评价活动。

4．活动组织人员汇总考评结果，提出考评结果运用建议（录用与否、培训计划），形成总结报告。

5．按照人事权限，集团公司领导班子和分、子公司领导班子分级审议总结报告。

6．集团公司人力资源部和分、子公司人力资源部下达试用期满考核通知。

7．集团公司人力资源部跟踪试岗人员岗位适应度情况，修订公开招聘和内部竞聘的评价指标和评价方法。

第二十八条　转岗人员岗位适应度评价。

（一）内部员工通过竞聘方式转换岗位的，适用第二十七条第二款的工作程序，在准备评价资料时，应准备如下资料。

1．本人的简历。

2．本人对自己在原岗位工作的评价。

3．本人转换岗位的原因。

4．本人专业能力与工作经验适合于所聘岗位要求之处。

5．本人对所聘岗位的认识与工作思路。

（二）内部员工通过竞聘方式转换岗位的，试用期结束时的考核适用第二十七条第二款的工作程序。

（三）内部员工通过直接调动转换岗位的，试用期结束时的考核适用第二十八条第二款工作程序。

第八章　岗位适应度评价结果的使用

第二十九条　结果的使用。

（一）总成绩作为各被评价人员岗位等级确认的依据，对应不同的薪酬等级；不达标者被降级、淘汰。

（二）分项考评成果。

1．通过分析，作为制订人力资源规划（预算）的依据。

2．通过分析，作为制订员工培训计划的依据。

第三十条　结果的反馈。

（一）对评价的结果予以小范围公示，让员工参与本项活动，能够有积极的反响。

（二）部门负责人及时了解本部门所有人员的岗位评价结果。

（三）作为企业员工成长的指导者，部门负责人必须与每一位员工进行正式沟通，反馈评价成绩，分析不足，指出改进的方式、方法，在未来的工作中提供条件，帮助下属的成长。

第九章　附则

第三十一条　本方案自印发之日起施行。

第三十二条　本方案由集团公司人力资源部负责解释。

十、企业中层以上领导人员考核办法范文实例

公司中层以上领导人员考核办法

第一章　总则

第一条　为逐步建立和完善符合现代企业制度要求、突出强化经营业绩的中层以上领导人员考核评价体系，本着客观公正、实事求是及注重实绩的原则，对中层以上领导人员在民主评议的基础上，根据岗位要求，以品德、知识、能力为重点，以实际业绩为核心，实行分类考核，特制订本办法。

第二条　本办法适用于集团公司班子副职及集团公司管理的中层领导人员。

第二章　考核内容

第三条　考核内容包括思想政治素质、组织领导能力、工作作风及工作实绩等。

第四条　思想政治素质。

（一）思想品质。政治上靠得住，工作上有本事，作风上过得硬；公道正派，诚实守信；正确行使权力，做到德才兼备。

（二）政策理论水平。注重理论学习，运用理论解决实际问题。

（三）组织观念。做到政令畅通，具有大局意识和责任意识。

（四）原则性。按章办事；在是非问题上，态度明朗、旗帜鲜明，抵制不正之风，不拿原则做交易。

（五）廉洁自律。为政清廉，忠于职守，甘于奉献。

第五条　组织领导能力。

（一）开拓创新能力。在经营管理等工作上能结合本单位（部门）或分管工作的实际，就集团公司体制改革、机制创新、资本运作、市场营销、产品开发及人力资源管理等方面提出了新观念、新思路及新方法；能将自己及班子成员的新观念、新思路及新方法经集体讨论后，认真贯彻实施。

（二）驾驭能力。能深刻领会、及时传达集团公司的战略部署，准确把握本单位（部门）在集团公司和同行业所处的位置，全方位的把握本单位（部门）生产、经营、管理和员工队伍整体能力的提升。

（三）协调沟通能力。协调各方力量，沟通上下信息，注重市场攻关行为，培养团队精神。

（四）科学决策能力。经过综合分析所作出的决定、决策具有合理性、合法性、及时性、同步性、实效性及长远性；决策体现班子共识、员工认可；重大决策无失误，无短期行为；决策事项应调研充分，资料、信息、数据应完备。

（五）解决问题能力。遇事冷静，思路清晰，果断处理。

第六条　工作作风。

（一）事业心和责任感。勇于吃苦，乐于奉献，谦虚谨慎，求知好学，敬业爱岗。

（二）求真务实。脚踏实地，一丝不苟，成事能力强，办事实事求是，追求高效率。

（三）群众观念。深入基层，联系群众，坚持以人为本，把企业发展和员工发展统一起来；尊重知识和人才，尊重劳动和创造，充分调动员工的积极性。

（四）团结协作。注重发挥群体效应，进行有效的沟通，实现既定的目标。

第七条　工作实绩。

（一）工作思路。目标清晰，分解落实到位，措施科学具体。

（二）履行职责。尽职尽责，敢成事，做成事。

（三）工作创新。在原基础上的创新经营、创新管理所取得的新的成效及所带来的效益增长和提升式发展。

（四）年度责任目标。年初下达的责任书落实及完成情况或所取得的成效，包括主要经营目标、管理责任目标、专项任务以及其他等具有本企业特色的专项指标（依据《经营发展责任书》或《经营管理责任书》）。

第三章　考核主体

第八条　集团公司党政副职。集团公司党政主要领导、集团公司其他班子成员、分（子）公司党政主要领导、集团公司职能部门中层领导以及人力资源部领导。

第九条　集团公司职能部门中层领导。集团公司党政主要领导、集团公司部门主管领导、集团公司其他班子成员、集团公司职能部门其他中层领导以及本部门员工（职工代表）、考核组。

第十条　分（子）公司班子成员。集团公司党政主要领导、集团公司其他班子成员、分（子）公司党政主要领导、分（子）公司其他班子成员以及主管单位（部门）中层领导、考核组。

第十一条　分（子）公司下属各单位中层领导。分（子）公司党政主要领导、单位主管领导、单位其他班子成员以及本单位员工（职工代表）、考核组。

第四章 考核权重及评价评分

第十二条 考核评价评分按千分制计算。考核对象思想政治素质、组织领导能力、工作作风、工作实绩评分分别为240分、200分、100分、460分。

第五章 考核程序

第十三条 考核准备。

（一）制订考核方案，做好考核的各项准备工作。

（二）组成考核组。

（三）培训考核人员。

（四）进行考核预告。考核组提前向考核对象所在单位进行考核预告，公布考核对象、时间、方法、程序以及参加考核评价人员范围等有关事项。

（五）考核对象就年度（阶段）主要工作和履行岗位职责等情况，简要列出最能反映本人实绩的工作项目，包括发挥作用、工作成效以及存在的不足。各单位（部门）要填写《部门（领导人员）年度考核项目表》，作为简要述职材料送考核组，然后转各评价主体。

第十四条 民主评议。

考核组区分不同层面分别召开会议，对考核对象进行民主评议。民主评议会议程序为进行考核动员、作填表说明、填写评价表以及收回评价表等。

第十五条 个别谈话。

考核组根据平时掌握的情况、考核对象的述职情况和考核前员工反映的有关问题，有针对性地进行个别谈话，全面准确了解掌握考核对象的有关情况。对本单位（部门）班子成员进行个别谈话，其他谈话人员另行确定。

第十六条 综合评价。

考核组根据考核对象本人述职、个别谈话、查看资料及调查核实等情况综合作出评价，形成考核评价分析材料。

第六章 考核结果的评定

第十七条 考核结果确定为“优”、“良”、“中”、“平”、“差”五个档次，原则上分别按15%、50%、30%、3%、2%的比例掌握。

第十八条 评为“优”的总得分要达到850分，评为“良”的总得分要达到800分。

第十九条 其余人员根据得分从后到前按领导人员总数的2%和3%评出“差”和“平”，其他评为“中”。

第七章　考核结果的使用

第二十条　以适当方式公布考核结果，并向领导班子和本人进行反馈。

第二十一条　考核结果作为调整和表彰的重要依据。

第二十二条　考核结束后，填写《领导人员考核登记表》并存档。

第八章　考核纪律

第二十三条　各考核主体和考核组要认真履行考核职责，严格考核纪律，按照规定程序和要求实施考核。

第二十四条　实行考核工作回避制度。

第二十五条　建立举报制度和申诉制度。

第二十六条　考核对象要正确对待考核，如实汇报和客观反映情况。凡有弄虚作假或采取不正当手段影响考核评价工作的，一经查实，将严肃处理。

第九章　组织领导

第二十七条　集团公司成立领导人员考核领导小组，组长由集团公司党政主要领导担任，成员由集团公司主管领导及人力资源部、党群工作部及督察部负责人组成等。

第二十八条　集团公司领导人员考核领导小组办公室设在人力资源部，办公室主任由集团公司主管领导兼任。

第十章　附则

第二十九条　本办法自印发之日起施行。

第三十条　本办法由集团公司人力资源部负责解释。

附表1　集团公司党政副职考核评价、评分权重

附表2　集团公司职能部门中层领导考核评价、评分权重

附表3　分（子）公司班子成员考核评价、评分权重

附表4　分（子）公司下属各单位中层领导考核评价、评分权重

附表5　集团公司中层以上领导人员考核评价表

附表6　部门领导人员年度考核项目表

附表1　集团公司党政副职考核评价、评分权重

序号	评价人	权重
1	集团公司党政主要领导	30%
2	集团公司其他班子成员	20%
3	分子公司党政主要领导	15%
4	集团公司职能部门中层领导	20%
5	组织人事部门领导	15%

附表2　集团公司职能部门中层领导考核评价、评分权重

序号	评价人	权重
1	集团公司党政主要领导	25%
2	集团公司部门主管领导	25%
3	集团公司其他班子成员	10%
4	集团公司职能部门其他中层领导	10%
5	本部门员工(职工代表)	15%
6	考核组	15%

附表3　分（子）公司班子成员考核评价、评分权重

序号	评价人	权重
1	集团公司党政主要领导	25%
2	集团公司其他班子成员	10%
3	分子公司党政主要领导	25%
4	分子公司其他班子成员	15%
5	主管单位中层领导	10%
6	考核组	15%

附表4　分（子）公司下属各单位中层领导考核评价、评分权重

序号	评价人	权重
1	分子公司党政主要领导	25%
2	单位主管领导	25%
3	单位其他班子成员	15%
4	本单位员工(职工代表)	20%
5	考核组	15%

附表5　集团公司中层以上领导人员考核评价表

姓	思想政治素质						组织领导能力					工作作风				工作实绩				综合评价意见				
	①	②	③	④	⑤	⑥	①	②	③	④	⑤	①	②	③	④	①	②	③	④	优	良	中	平	差
	[A] [B] [C] [D] [E]	[A] [B] [C] [D] [E]	[A] [B] [C] [D] [E]	[A] [B] [C] [D] [E]	[A] [B] [C] [D] [E]	[A] [B] [C] [D] [E]	[A] [B] [C] [D] [E]	[A] [B] [C] [D] [E]	[A] [B] [C] [D] [E]	[A] [B] [C] [D] [E]	[A] [B] [C] [D] [E]	[A] [B] [C] [D] [E]	[A] [B] [C] [D] [E]	[A] [B] [C] [D] [E]	[A] [B] [C] [D] [E]	[A] [B] [C] [D] [E]	[A] [B] [C] [D] [E]	[A] [B] [C] [D] [E]	按照《部门年度考核项目表》要求，进行评价打分，并将分值填写在评分栏内。	[A]	[B]	[C]	[D]	[E]
	[A] [B] [C] [D] [E]	[A] [B] [C] [D] [E]	[A] [B] [C] [D] [E]	[A] [B] [C] [D] [E]	[A] [B] [C] [D] [E]	[A] [B] [C] [D] [E]	[A] [B] [C] [D] [E]	[A] [B] [C] [D] [E]	[A] [B] [C] [D] [E]	[A] [B] [C] [D] [E]	[A] [B] [C] [D] [E]	[A] [B] [C] [D] [E]	[A] [B] [C] [D] [E]	[A] [B] [C] [D] [E]	[A] [B] [C] [D] [E]	[A] [B] [C] [D] [E]	[A] [B] [C] [D] [E]	[A] [B] [C] [D] [E]		[A]	[B]	[C]	[D]	[E]
	[A] [B] [C] [D] [E]	[A] [B] [C] [D] [E]	[A] [B] [C] [D] [E]	[A] [B] [C] [D] [E]	[A] [B] [C] [D] [E]	[A] [B] [C] [D] [E]	[A] [B] [C] [D] [E]	[A] [B] [C] [D] [E]	[A] [B] [C] [D] [E]	[A] [B] [C] [D] [E]	[A] [B] [C] [D] [E]	[A] [B] [C] [D] [E]	[A] [B] [C] [D] [E]	[A] [B] [C] [D] [E]	[A] [B] [C] [D] [E]	[A] [B] [C] [D] [E]	[A] [B] [C] [D] [E]	[A] [B] [C] [D] [E]		[A]	[B]	[C]	[D]	[E]

评价人签字：

附表6　部门领导人员年度考核项目表

部门（领导姓名）：

项目	定义	年度所签订的责任书条款	年底预计完成情况	不能完成情况说明	有关业务部门或分管领导确认	有经营目标岗位(权重)	无经营目标岗位(权重)	评价分数
						(310分)		
主要经营目标	以财务性分析提供数据，包括利润、主营业务收入、现金流等					60%	20%	
管理责任目标	以财务性分析提供数据或者通过事先指定目标状态、事后评价达标情况来获得数据，包括市场扩张(产品市场占有率)、资本运营(投资规模或数量)、产品研发(产出数量质量或投入规模)、工艺改进(投入规模或产出效率)、管理优化(成本费用率、存货、应收账款)等指标					15%	30%(40%)	
专项任务	即重点工作，是指各单位为达成管理责任目标所要完成的主要任务，是企业根据战略目标和年度经营计划确定的，如条保项目上马、人力资源新体系建设等					200%	40%(30%)	
其他	具有本企业特色的一些专项指标，可以事先指定目标状态、过程跟踪、事后自我总结、各级评价达标情况来获得数据，包括企业稳定性、党风廉政建设等					5%	10%	

评价人签字：

十一、企业科技成果奖励办法范文实例

公司科技成果奖励办法

第一章　总则

第一条　为贯彻科教兴企和可持续发展战略，提升集团公司整体科技水平，奖励在科技成果中作出重要贡献的员工，充分激发科技人员工作积极性，特制订本办法。

第二条　科技成果的评审工作本着公平、公正、公开的原则。

第三条　科技成果奖每年评审一次，二等奖以上的项目推荐参加集团的评审。

第四条　本办法适用于集团公司及各分（子）公司。

第二章　奖励范围

第五条　新产品、新技术、新工艺的开发应用和技术改造、技术创新、计算机软件开发等。

第六条　引进、消化、吸收、开发、应用国外先进技术与产品。

第三章　评审标准

第七条　科技成果奖励根据技术水平、技术难度和深度、经济效益以及提升企业科技进步作用等方面进行综合评价。

第八条　科技成果奖励分为特等奖、一等奖、二等奖、三等奖及鼓励奖五个等级。

（一）特等奖。达到同类项目的国际领先水平，技术难度与深度极大，提升企业科技进步作用重大，并取得重大经济效益。

（二）一等奖。达到同类项目的国际先进水平，技术难度与深度很大，提升企业科技进步作用重大，并取得显著经济效益。

（三）二等奖。达到同类项目的国内领先水平，技术难度大，提升企业科技进步作用很大，并取得很大经济效益。

（四）三等奖。达到同类项目的国内先进水平，技术难度较大，对企业的科技进步、提高经济效益起到较大的推动作用。

（五）鼓励奖。有一定技术难度，对企业的科技进步、提高经济效益起到推动作用。

第四章　评审机构

第九条　集团公司成立科技成果奖励委员会（以下简称委员会），主任由集团公司总经理担任、副主任由主管科技的集团公司副总经理担任，成员由集团公司班子成员以及集团公司科技带头人、关键技能带头人组成。

第十条　委员会聘请专家对科技成果项目进行评审。

第五章　有关规定

第十一条　各分（子）公司的新产品、新技术开发等项目需列入集团公司年度经营计划，经批准立项并按项目负责人或项目经理制管理，明确项目组成员，签订科技项目合同，明确项目的技术指标、研制费用、设计质量、完成期限以及工艺的可行性、可靠性等内容。

第十二条　科技项目实施费用由集团公司按项目计划进行审核，并在分（子）公司的技术开发费中列支，专款专用，进入当期成本。

第十三条　科技成果奖励额度在项目中予以确定，报集团公司备案。项目奖励额度一次在两万元及以上和个人奖励额在一万元及以上项目，需经集团公司批准。

第十四条　科技项目完成情况需附详细的评价材料，由分（子）公司组织初审，报送集团公司科技管理部。

第十五条　奖励额度

（一）特等奖。奖励额度为10万元。

（二）一等奖。奖励额度为6万元。

（三）二等奖。奖励额度为4万元。

（四）三等奖。奖励额度为2万元。

（五）鼓励奖。由分子公司根据为本单位带来的经济效益情况确定奖励额度。

第六章　异议、处罚

第十六条　任何单位或个人对公布的授奖项目持有异议，应在公示之日起7天内书面实名向委员会或集团公司科技管理部提出异议内容，并提供必要的证明材料。

第十七条　异议分为实质性异议和非实质性异议（对评审等级的意见，不属异议范围）。

（一）凡对涉及候选人、候选单位所完成项目创新性、先进性、实用性以及推荐书填写不实所提出的异议为实质性异议。

（二）对候选人、候选单位及其排序的异议，为非实质性异议。

第十八条　实质性异议由委员会负责协调解决，必要时组织专家进行调查，提出处理意见。非实质性异议由推荐单位负责协调解决。

第十九条　授奖项目如有剽窃、弄虚作假等重大问题，经查实后，在媒体上公布并撤消其奖励，追回奖状、证书及奖金，在三年内取消所在单位和个人的奖项申报资格。

第七章　附则

第二十条　本办法自印发之日起施行。

第二十一条　本办法由集团公司人力资源部负责解释。

十二、企业项目人员考核办法范文实例

公司项目人员考核办法

第一章　总则

第一条　考评的目的。

（一）引导公司内各部门和员工完成公司赋予的使命和责任。

（二）改善业绩，发展能力。

（三）确保实现奖勤罚懒，奖优罚劣，做到“五个打破”，即考核中打破工人和干部界限，职位高低界限，领导与群众界限，职称高低界限及学历界限，一切成绩凭贡献。

（四）实现责权利的捆绑和绩效考核与经济效益挂钩，充分调动各项目人员的积极性，激发竞争意识和员工的上进心。

（五）挖掘人才，培养人才，吸引人才。

第二条　本办法适用于集团公司及各分（子）公司。

第二章　考评原则

第三条　考评对象包括所有参与项目开发的各种身份人员，即研发部所有人员（包括项目协议人员）。

第四条　考评前提为已签订项目合同，目标明确、内容透明、指标量化以及体现了公司的战略导向。

第五条　考评过程力求公正、公开、公平，充分体现成果导向和过程控制相结合，以便持续改进，科学客观。主要依据该人在项目合同或协议中实施目标计划或技术支持工作成果为依据。由各部门主管或项目经理分别对所属员工平时工

作成绩随时记录严密考核。

第六条　考核结果与工资、奖金、奖惩挂钩，为实行激励措施提供依据，真正达到评价、激励及发展的作用。

第三章　考评方法

第七条　绩效考评基本方法。

（一）项目考核和劳勤考核区分开来，强调项目导向。

（二）平时和年度考评结果的计算公式如下。

平时和年度考评结果＝项目考核×80%+劳勤×20%。

（三）平时和年度考评结果采用排队法和基准标定法相结合的办法将考评结果分为特等、一等、二等、三等、四等及五等六个档次。

第八条　项目考核采用KPI目标考核办法。

（一）按年初公司下达给各部门的工作目标任务表及效益目标指数确定考核内容。

（二）个人目标考核与所在部门及公司的目标完成情况相结合。

（三）根据不同岗位在公司价值链中的不同作用和特点，设置不同的关键业绩考核指标（KPI）。

（四）逐级分解考核目标，层层授权，逐级考核。

第九条　各部门主管对所属员工的工作评价，应尽可能用数字化的指标来衡量工作成果和成长状况，不可只凭主观感觉和印象等方式来考核，以免造成不公平现象。

第十条　项目人员考核与公司人事考核同步进行，是人事考核的子项考核，其考核成绩占人事考核的主要部分。

第十一条　项目考核分为阶段性考核、平时考核及年终考核。

（一）平时考核。于每月5日前以E—mail形式传至人事部门主管考核人员进行记录和汇总做月奖金依据。

（二）阶段性考核。当项目进行阶段性完成时，所进行的考核，时间不固定，多以汇报和审查方式进行，其考核结果可与当月奖金挂钩，也可作为一次性奖惩。

（三）年终考核。在第二年的1月15日以前进行完。先各部门主管考核部门项目人员，在由部门主管对公司总经理汇报总结，考核项目一年来完成情况，该考核工作可同年终人事考核一同进行，其考核结果作为项目经理和项目人员年终奖金、奖惩及升调依据。

第十二条　项目人员考核成绩分数满分为100分，其中项目考核的分数占

80%，劳勤等其他考核占20%。起等第参考分数及各等第所占百分比如下。

考绩等级	参考分数	百分比
特级	100分以上	不在百分比限内
一等	90～100分	10%
二等	80～89分	40%
三等	70～79分	40%
四等	60～69分	10%
五等	未满60分	不在百分比限内

第四章　附则

第十三条　本办法自印发之日起施行。

第十四条　本办法由集团公司人力资源部负责解释。

十三、企业管理人员考核办法范文实例

公司管理人员考核办法

第一章　总则

第一条　为建立和完善公司管理人员考核评价体系，本着客观公正、实事求是和注重实绩的原则，对公司管理人员以实际业绩为核心，实行分类考核，特制订本办法。

第二条　本办法适用于公司班子副职以上管理人员。

第三条　本办法坚持切合实际，客观公平，逐级考核评价的原则。

第二章　考评办法

第四条　建立管理人员岗位和技术工人服务岗位人员考核表，在每人每月实行定期考核的基础条件，按百分制对每个人月工作情况进行综合打分。

第五条　考核按照以下办法进行。

(一) 管理人员考核要素为当月主要工作、创新工作、解决的问题、协调性事项以及对目前工作的合理化建议。

(二) 技术、服务工人考核要素为工作内容、质量、工作态度及工作效率。

（三）依据不同岗位和每人每月工作考核分，考勤情况确定每人的当月考核总分（满分100分，其中工作分占80%，考勤分占20%）

（四）每月对每个人工作进行考核打分，分类排队，管理、技术、服务各一队，建立综合部考核台账，每半年、一年进行一次打分汇总，并将此排队结果作为每人奖励和尾者处罚的基础。

第三章　附则

第六条　本办法自印发之日起施行。

第七条　本办法由集团公司人力资源部负责解释。

十四、企业市场营销人员考核办法范文实例

公司市场营销人员考核办法

一、考核范围

全公司涉及营销的所有人员（含集成部与研发中心）。

二、考核内容

1．日常工作考核。根据综合部行政考核的意见执行。

2．年经营指标考核。按年初的经营计划指标考核。

3．经营利润指标考核。按公司核定的效益指标考核。

三、考核时段

按年初的经营计划、利润指标分解到季度，确定任务考核。

四、实施方案

（一）绩效工资与经营指标挂钩。所有营销人员的绩效工资60%参与考核。每季度计划完成后一次性补发，完不成任务指标不补发。如全年计划指标完成则补发该季度扣发的60%绩效工资。全年任务不能完成的，则扣发全年绩效工资的60%。

（二）经营利润考核与应得奖金挂钩。按半年度考核。完成利润指标，按公司计发奖金的办法发放奖金；不能完成利润指标，则不发奖金。年终完成利润指标，全年奖金按公司计发奖金办法一次性补足。

（三）超利润提成。年终超额完成利润指标，按超额部分的30%提取奖金。利润指标的完成情况根据公司财务的最终决算结果确定。

五、重大失误考核

（一）在营销过程中给公司形象造成不良影响者，视情节分别处以扣发奖金、扣发工资、下岗、除名等处分。

（二）在营销过程中给公司造成重大经济损失者，视情节分别处以扣发工资、下岗、除名等处分。

（三）在营销过程中，由于个人的失误，导致项目损失或丢失者，视情节分别处以扣发工资、下岗、除名等处分。

六、特殊工作业绩与任务认定

特殊情况下的工作业绩认定由公司总经理批准，并由总经理确定奖励标准。

七、附则

本考核条例自公布之日起开始执行，解释权归公司总经理办公室。

十五、企业技术员考核办法范文实例

公司技术员考核办法

第一章　总则

第一条　为提高技术员工作的主观能动性和责任感，实现业绩、能力、绩效挂钩，更好的改进产品工艺、创新产品、提升部门管理水平，特制订本办法。

第二条　本办法适用于集团公司及各分（子）公司技术部的技术员岗位。

第二章　权责

第三条　技术部负责技术员绩效考核的实施与评定。

第四条　人力资源部负责监督考核管理办法的贯彻执行。

第五条　常务副总经理负责对考评后的数据确认。

第三章　考评办法

第六条　考核采用月度考核的办法来评定当月员工的工作实效，依此发放当月的考评工资，并备年终综合评价，分为以下三个考评要素。

（一）工作业绩考评。对员工在本职工作中完成任务的结果进行考评。主要从数量、质量及效率方面进行业绩评价。

（二）工作能力考评。对岗位工作需要的基本能力及经验能力考评，包括工作相关的专业知识、技能、理解力、判断力及创新力。

（三）工作态度考评。对工作积极性、配合度等方面的考评。

第七条　年度考核采用每月考评分数汇总后的平均值。

第四章　考评办法的实施

第八条　技术员根据岗位职责、部门年度、月份工作计划及临时事宜，在每月25日前制订出下月个人具体的工作计划，交技术部长批准确认后实施。

第九条　技术部长月底审查确认各技术员工作计划完成状况，并结合实际工作给予考评。

第五章　考核激励机制

第十条　月度考核与工资挂钩方式。

(一) 当月总工资的计算公式如下。其中，考评分数与工资比额的关系见表1。

总工资＝基本工资＋基本工资×工资比额

表1　考评分数与工资比额的关系表

考评分数	工资比额
50分以下	0
51～55分	55%
56～60分	65%
61～65分	75%
66～70分	85%
71～75分	95%
76～80分	100%
81～85分	110%
86～90分	120%
91～95分	130%
96～100分	150%

(二) 基本工资为现行工资的五分之一，且现行技术员基本工资为1500～5200元。

第十一条　年度考核与晋级升降、职务待遇改善方面的关系见表2。

第十二条　每年综合评定量化的业绩，作为下一年度薪酬调整、劳保待遇、职务升迁的条件。

表 2　年度考核与晋级升降、职务待遇改善方面的关系表

年度考评分数	考评结果应用
80～100 分	优先调薪，作为后备干部培养
60～79 分	维持现状
50～59 分	培训改善
40 分以下	换岗

第六章　附则

第十三条　本办法自印发之日起施行。

第十四条　本办法由集团公司人力资源部负责解释。